国家社科基金
GUOJIA SHEKE JIJIN HOUQI ZIZHU XIANGMU
后期资助项目

再造土司：清代黔东南的社会治理及变迁

Remaking the Headmen: Social Governance and
Changes in Southeast Guizhou
During the Qing Dynasty

卢树鑫　著

社会科学文献出版社
SOCIAL SCIENCES ACADEMIC PRESS (CHINA)

国家社科基金后期资助项目
出版说明

　　后期资助项目是国家社科基金设立的一类重要项目，旨在鼓励广大社科研究者潜心治学，支持基础研究多出优秀成果。它是经过严格评审，从接近完成的科研成果中遴选立项的。为扩大后期资助项目的影响，更好地推动学术发展，促进成果转化，全国哲学社会科学工作办公室按照"统一设计、统一标识、统一版式、形成系列"的总体要求，组织出版国家社科基金后期资助项目成果。

全国哲学社会科学工作办公室

西南的代理人与王朝秩序的展开（代序）

温春来

树鑫大作杀青，邀我作序。我欣然应允，不只因为树鑫是我学生，更重要的是，我认为本书对深入理解明清西南如何进入王朝秩序有重要价值，我很乐意与读者分享我的这一认识。

西南国家传统 vs. 无君长传统

十多年来，在多次学术演讲与数篇（部）论著中，我不断强调《史记·西南夷传》对认识整个传统时期西南社会格局的意义。两千多年前，曾亲履巴郡、蜀郡、邛、筰、昆明等地的司马迁，将在西南辽阔地域中繁衍生息着的众多人群分为两大类。一类有某种政权形式，存在较大聚落与君长统治，如夜郎、滇等，他用高度概括的语言描述道：

> 西南夷君长以什数，夜郎最大；其西靡莫之属以什数，滇最大；自滇以北君长以什数，邛都最大：此皆魋结，耕田，有邑聚。

另一类人群则比较松散，缺乏制度化、阶层化的权力架构，人们居无定所，"随畜迁徙，毋常处，毋君长，地方可数千里"。[①]

上述两种基本的社会形态，在西南历史中长期延续。虽然自西汉起，中央王朝就开始了对西南的大规模经营开拓，但其进程反反复复，并非一个统治越来越深入的线性过程。到宋代，西南许多地方性政权完全游离于大一统体系之外，我称之为"多'国'林立的宋代西南地区"。宋王朝也从未把统治西南视为显示自身正统性的必要条件，据说宋太祖鉴于唐朝与

---

① 《史记》卷116《西南夷传》。

南诏关系的教训，"乃弃越巂诸郡，以大渡河为界，欲寇不能，欲臣不得"，是为"御戎之上策"。① 由此，在后世演绎出了广为流传的"玉斧画河"的传说。对于历史上两种秩序在西南并存的局面，我用"西南国家传统 vs. 无君长传统"来形容。

许多地方性政权都有书写自身的能力，而关于中央王朝在西南的各种开拓与施政，也因需要面对这些地方性政权的存在而留下了相对较多的记载。与此相应，既往的西南民族史研究，成果偏重于有"国家"传统的区域与人群。我自己也不例外，过去二十多年，我在故纸堆中钩沉索隐，在田野中探幽析微，神思冥游于西南山地中长期存在的众多"国家"之中，考察它们的政权结构、典章制度、文字文明以及与中央王朝的关系，围绕传统中国的"版图"观念，提炼出"异域"→"羁縻"→"新疆"→"旧疆"的模型，以解释大一统秩序如何在南方地区展开。此后我又将"西南国家传统"作为我另一本小书的关键词，以此考察西南非汉人群如何因应、参与中国从传统王朝国家向现代民族国家转型的过程，在新的政治、社会环境中，他们怎样努力打破汉、满、蒙、回、藏五族共和框架的桎梏，建构自己的"夷族"身份及其与中华民族的关联。其间我也不时思考过西南的无君长社会，却因精力所限无暇深究。但我坚持认为，这一领域，是将西南民族史研究推向深入的主要方向之一，并已着手撰写一部相关的小书。最近，有意识地就此努力的作品，有谢晓辉的《制造边缘性：10~19世纪的湘西》，该书以"各有君长"的湘西北及其南部无君长统属的苗区为研究对象，致力于考察王朝秩序在此两大类型社会中推进的过程、它们彼此之间的伴生关系以及它们如何在上千年间持续作为"边缘"而存在。到了20世纪，这两个在地理与交通、生态与生计等外部条件方面都很相似的地区，最终呈现出截然不同的面貌，湘西北几乎被视为汉人社会，而湘西南却成为著名的民族地区。②

树鑫所研究的区域，与晓辉所考察的湘西南苗区毗邻且有着诸多共性，但文献与田野的结合程度，在树鑫的大作中呈现得却相对不那么明显——尽管他也在黔东南做过深入的田野调查，这多少有点令人感到遗

---

① 李心传：《建炎以来系年要录》卷105，绍兴六年九月癸巳，《景印文渊阁四库全书》第326册，台湾商务印书馆，1983，第444页。

② 谢晓辉：《制造边缘性：10~19世纪的湘西》，生活·读书·新知三联书店，2020。

憾。在树鑫之前，黔东南苗区已吸引了历史学者的关注，产生了一些富有学术价值的论著。在前人的基础上，本书在史料发掘与史实揭示方面均有重要推进，但我认为本书最大的特色在于，它是一部问题意识明确、注重社会语境的制度史著作，围绕土弁制度，紧扣社会经济变迁，结合地方人群的主体性，探索清代王朝秩序在无君长传统的黔东南苗疆推行的过程。我深以为，这是近年来西南民族史研究的重要成果之一。

寻找代理人

较之现代国家，传统国家的官僚机构规模都比较小，公务人员的数量非常有限，其统治秩序在地方的建立与维持，非常有赖于一些正式官僚机构之外的代理人、社会权威或组织。我们熟知的绅士、宗族、吏胥等，都可以放到这一框架下去理解。而在王朝过去未曾有效管控的边远地区，情形更为复杂，在远离中心、交通险阻、地形复杂的区域，面对着语言不通、风俗不同、心理认同殊异的非汉人群，王朝不得不更多放弃直接统治的尝试，因地制宜，因俗而治，而其中的关键之一，在于找到恰当的代理人。

以西南而言，在那些存在君长传统的地区，有现成的首领，民众也形成了接受统治的习惯，王朝将其纳入大一统秩序时，直接将相应的首领委任为代理人即可，比较简单。通过正统宣示以及朝贡、承袭审批等制度，王朝不但在名义上确立了对该地区的统治权，而且迫使代理人（而非其下面的民众）向自己缴税应役（王朝能在多大程度上获得这种收益，视其对代理人的控驭程度而定）乃至为自己征战（王朝通常要为此支付粮饷并给予表彰），而代理人对地方的实际控制以及地方既有的权力结构，大体上得到维持。由此，王朝以较低的行政与军事成本，建立了一种不同于内地的统治秩序。这种安排的典范，就是元王朝渗入西南地区多"国"林立的格局之后所建立的土司制度，这一制度被明、清王朝所继承，其余波一直延续到民国时期。正是在这个意义上，我一直认为，不应把西南君长传统简单理解为王朝拓展大一统秩序的障碍，某些君长的权威固然能聚集起强大的反叛力量，但在总体上他们助推了王朝秩序的落地。当然，王朝的最终抱负是将那些非汉人群籍为编户齐民并以流官管理之，所以一旦站稳脚跟之后，就会积极寻觅可乘之机。因此自明初开始，改土归流就不断发生，西南土司区域持续被压缩，尚存的土司，其实际统治权力也大多不断受到侵蚀。

有意思的是，在一些存在君长传统的地区，王朝改土归流之后，未能很快培育起一个在儒家意识形态中更具正统性的士绅阶层，面对着那些不通汉语、对官府充满隔膜且在心理上仍然认同土司权威的本地民众，朝廷与地方官员不得不容忍在过去土司体制中享有权势的土目群体，让他们成为新形势下的代理人，在他们的协助下征税派役并处理各种命盗案件。当一些觉察到官府、朝廷才是更高权威的本地民众起而挑战土目时，官员们一方面借机打击土目，压缩其权势，一方面又担心土目完全丧失权威之后地方不易管理，力图在二者之间寻求最佳平衡点。①

在无君长传统之地，王朝建立统治秩序在某种程度上更为不易。同无数桀骜不驯且没有被统治习惯的非汉人群打交道，远比同一个能有效统治众多人群的代理人打交道艰难，成本也要高出许多。没有庞大的官僚与公务人员系统，缺乏合适的代理人，极大增加了建立统治秩序的难度。所以西南的许多这类地区，进入王朝秩序的时间都比较晚，甚至到民国时期尚游离在政府的管控之外。

当王朝进入无君长传统之地特别是那些地形复杂、交通艰险的地区时，挑选并扶植一个或若干个代理人，提升他们在地方的权威，授予他们相当的权力，成为一种可行的选择。近年来，我经常与谢晓辉、任建敏两位朋友讨论这些话题，我们认识到，西南的一些所谓土司，原本在地方的统治权力与范围有限，其权势是在王朝推行大一统秩序的过程中扩展起来的。如建敏有较多研究的桂西地区，长期以来并未形成强大的地方性政权，而是形成依附于中央王朝的羁縻州峒，直到宋元时期随着中央王朝大一统秩序在当地的推行才塑造起南丹莫氏这样的准地方性政权。

树鑫所研究的黔东南苗族地区，乃明清文献中所描述的"生苗"区域，是非常著名的无君长之地，清雍正年间开辟"新疆"后才纳入王朝的管辖。当地苗民没有文字书写的传统，而王朝也对这群长期游离在自身之

---

① 温春来：《从"异域"到"旧疆"：宋至清贵州西北部地区的制度、开发与认同》，社会科学文献出版社，2019，第243~281页。

外的人群缺乏了解，不加记载。所以，正如树鑫所言，在清王朝进行"开辟"之前，黔东南苗疆的自身传统，学界所知极少，或将晚近社会结构套用在开辟之前的苗疆社会上，或猜测大于实证。树鑫非常用心地从雍乾之际形成的《南征日记》入手，从蛛丝马迹中推寻黔东南苗疆自身的村落、人群与组织情况，虽然还只是初步性的考察，但已经相当难得。接下来，本书在深入考辨清代土司制度与"厅"制的基础上，结合社会经济变迁，细致而深入地呈现了清王朝的统治秩序如何在一个无君长传统之地展开，以及从中怎样产生了一种奇特的土弁制度。

雍正年间开辟苗疆之后，如何对之进行治理存在争议。以兵部侍郎王士俊为代表的官员建议选择、扶植代理人作为土司来管辖苗民，而经略苗疆贵州总督兼管巡抚事的张广泗则认为该地向无首领，"其情涣而不相联，人散而不所属"，主张编立保甲，设立乡约保长。如此，则这块新辟之地，在基层社会治理上，几乎与内地等同，并无"新疆"特色。清王朝最终采纳的就是这一方案。结合更长的时段与更广阔的地域来考察，我们是可以理解清王朝的这一决策的。经过明清两代的持续经营，贵州及其附近的大多数土司已经消亡，过去王朝难以直接统治的众多非汉人群大多成了国家的编户齐民，留存的土司，统治权力也受到极大压缩。具体到黔东南苗疆地区，经过雍正年间的大力征伐，军队已经深入驻扎，大批屯堡次第建立，理苗厅等流官机构顺利设置，清王朝有足够的自信在此实施内地的制度，"无中生有"地扶植土司之类的代理人在许多官员看来已经没有必要。

然而，统治实践中遇到的困难远比设想的复杂。公务人员的有限、语言的不通、缺乏内地士绅阶层之类的代理人，使地方官员不得不倚重在开辟苗疆和平定"苗乱"中发挥重大作用的熟悉苗情、能懂苗语的通事人员，给予他们土外委、土千总、土把总等头衔，赋予他们一定的权力，协助官府施政。这就是苗疆土弁制度的由来。而乾隆初年张广泗等官员所谋划的仿照内地保甲、乡约在"新辟苗疆"签立头人的制度，事实上被搁置了数十年，直到苗疆民众与官府之间的隔膜得到较大改善后才逐渐实施。相应的，土弁的职权受到越来越多的限制，苗寨脱离土弁而直接归属地方官府管理的情形不断出现，到晚清时期，地方动乱进一步削弱了土弁的势力与管辖范围，动乱平定之后，地方当局善后规划中提出的裁革土司之议，以及黔东南苗疆地方流官政府的应对之策，使土弁在基层社会权力格局中的地位更趋式微。

树鑫在地方社会史的脉络中，清晰地论述了土弁的兴衰过程，揭示了王朝在一个无君长传统之地建立统治秩序时，直接统治的意图与政策制度是如何与现实碰撞的，面对着实际困难的地方官员，不得不违背自己的初衷乃至朝廷的规定，扶植起土弁作为代理人，而随着苗寨自身社会力量的整合、发展以及苗区民众对官府与汉语的日渐了解，官员们因势利导，最终一步步废除了自己扶植起来的土弁，可以置于保甲、乡约体系之中的头人等则成了新的代理人，苗疆社会在基层社会治理方面就此与内地更加接近。开辟苗疆之初所设计的制度，百年之后才得到贯彻。

"不伦不类"的土弁

在苗疆社会中长期扮演着重要角色的土弁，与其他代理人相较，有什么特色呢？随着研究的深入，目前学界已经充分认识到，土弁虽然设置在非汉地区，且通常系终身制，但他们中许多人并不管理村寨，也不世袭，又大多没有印信、号纸，因此并非严格意义上的土司。然而学者们也注意到土弁在西南许多地区具有管理地方的实权，与世袭土司无异。树鑫通过考察土弁制度在苗疆社会中的实践情景，将对土弁的认识推进到了一个新的高度。

黔东南苗疆土弁的来源复杂，包括邻近苗疆的内地州县的民人、邻近苗疆的内地州县土司的后人，以及土司辖下的土民等。因为乾隆初年张广泗等官员关于苗疆不设土司的意见最终成为定制，所以在朝廷层面，土弁未能获得正式授权和任命，更没有印信、号纸之类代表着朝廷认可的文件，他们没有自己的领地，也没有被授予征粮与处理命盗案件的权力，他们甚至每年领取工食银——而土司通常不领薪。不管从哪个角度看，他们都不像土司，所以光绪《黎平府志》在介绍了土弁之后，不忘补充一句"各寨均归其管束，由布政使司颁给钤记。向无土司"。

程序上，清代土弁的授职，应系中央政府批准后由地方督抚金给委牌委任，但在实践中，从督抚直至府厅州县的各级官员，都设置了大量未经中央认可的土弁。因此，不同的土弁，其授权来自不同层级的官府，非常随意和混乱。乾隆朝后期，经福康安和云贵总督李侍尧的推动，才制定出土弁的承袭章程，试图杜绝督抚擅专之权，并对那些地方官员擅设的土弁进行裁汰，但实际上仍然以父祖有功为由，保留了大批这类土弁。而地方官府也并未恪遵革除不合法土弁之令，"上革下不革，明革暗不革"。这一上有政策、下有对策的现象，也许不能简单归于官员们阳奉阴违的积习。这可能与他们更为熟悉地方情形、面临着地方治理的实际困难有关——如果完全按朝廷命令清理土弁，施政将面临重重困难。

土司职位通常是世袭的，但土弁在承袭时却有"照流官例更替"的规定，地方官在委任土弁时，又常常对其权力做出限制，仅让其协助治安缉查，不许其"理村寨"，禁止其掌握有关钱粮、夫役、词讼的权力，同时还发给土弁"工食银"——这是官员衙署中额设的吏役的待遇，如此，土弁具有"在官人役"的身份特征，同真正的土司相去甚远。但显然也不应把他们视为衙役、书吏之流，因为在嘉庆《大清会典》的《兵部》卷中，"土弁"与"土司"并列。

在处理地方事务时，许多土弁常常跨过地方官府给他们划定的权力边界，成为村寨的实际统治者，掌赋役、词讼、采买兵米等事。为了更好施政，地方官员许多时候对此持默许乃至纵容的态度。而贵州地方当局未经中央政府批准，擅自换给通事以土弁职衔和委照，并允许其世袭的做法，更使土弁俨然土司，而他们也常以土司自居，或被苗民视为土司。

综上，本书为我们揭示了一种权力来源多样、身份界定模糊、难以归于正式职官体系、介于合法不合法之间、运作与规定常常脱节、各方对之有不同解释的"不伦不类"的土弁制度，其兴衰深刻反映出王朝秩序进入一个无君长传统之地并不断深入的过程。其中所蕴含的学理价值，读者自有明鉴，不待我赘言。

树鑫从本科学位论文到博士学位论文，都是在我的指导下完成的。我目睹了他的学术成长过程，并且从中获益匪浅——"教学相长"对我们来说是准确而朴实的表述。现在他的大作出版，我读后深受启发，拉拉杂杂写了一些话，权当序言。

2022 年 3 月 5 日

于广州中山大学康乐园

目　录

绪　论

1940年，著名人类学家、民族学家林耀华在美国哈佛大学完成了其博士学位论文《贵州苗民》，并顺利通过答辩，获得了博士学位。随后，他在哈佛短暂停留，利用工作余暇完成了小说体《金翼》一书的写作。《金翼》成为世界著名的人类学区域研究作品。与之相比，《贵州苗民》于1941年在《哈佛亚洲研究学刊》正式发表后，则较少受到学界的关注。林耀华的博士学位论文，主要以清代道光年间贵州布政使罗绕典编纂的《黔南职方纪略》为重要论述依据，考证该书的成书过程，详论贵州苗民姓氏及支系名称的由来，并根据服饰等条件分出52类苗民，进而梳理和分析52类苗民具体分布地点、衣食住行、风俗习惯等特征。[①] 多年后，林耀华这样评价自己的两部作品："从事后的反应看，小说体《金翼》的学术影响反而超过了我辛苦做出的博士论文。这与费孝通先生的《江村经济》的经历不无相似之处，都属于人生中有心栽花与无意插柳之间的讽刺与幽默。"[②] 关于贵州苗民的研究，是林耀华学术取向由中国东南乡村社会向西南边疆民族社区的转变，也是林耀华同时代的许多学者在国家危难、边防告急的时代背景下加强对西南边疆民族历史文化研究的一个缩影。

众所周知，元明清中央王朝在西南边疆民族地区，主要依靠土司制度进行间接治理。土司制度的内容，通俗地讲，就是元明清中央王朝将西南地区的民族首领设置为世袭职官——土司，发给代表身份和权力的凭证——印信和号纸，令其代表中央王朝对各民族地区进行治理。就贵州的情形而言，《黔南职方纪略》一书中以两卷的篇幅叙述黔省土司，并概要

---

① 参见张海洋、王晔《林耀华先生早期学术思想》，收入林耀华《从书斋到田野》，中央民族大学出版社，2000，第515~516页。
② 参见林耀华《林耀华学述》，浙江人民出版社，1999，第60~61页。

归纳黔省至道光年间存留的土司（包括土司和土弁两种不同的土职）。具体而言，黔省土司指由吏部发给号纸承袭的土同知、土通判等土职，以及由兵部发给号纸承袭的长官司等土职，而黔省土弁指由地方督抚发给委牌承袭的土守备、土千总、土把总等土职。这在一定程度上意味着，清政府在贵州针对不同地区、不同人群分别实施了土司与土弁的差异化治理模式。

确实如此，清代土弁制度的运作实践不能放到传统土司制度的逻辑中去理解。以往的研究指出，清初以来，清政府在平定、开发、治理西南边疆的过程中，对率众归附或立有军功者，按照绿营官衔（守备、千总、把总），授予土弁职衔，令其协助地方流官管理基层社会。① 按学界通行的看法，土弁属于武职小土司。从对清代黔东南土弁设立过程的梳理中可以发现，当地的土弁是由参与"开辟"黔东南苗疆，充当翻译、向导的通事群体，发展为地方官府委派的职役，并逐渐演变为一种不能置于土司或流官概念中去理解的职官。以往学界对于元明清以来土司制度的发展，大体上有一个印象，即随着雍正朝大规模改土归流的推行，土司制度逐渐走向衰落。然而，由于历史、文化的隔膜，清王朝在西南边疆地区的流官政府仍须倚借遗留的土司势力或重新建构一套土司威权体系来协助其治理基层社会。清代黔东南土弁的设置与"流土并治"局面的形成，显示了土弁有别于土司的制度逻辑。但我们对于土弁制度的生成及其实践的认识，则须以土司制度的发展、演变作为参照才能明晰其运作机制。

一　清代土司制度研究的回顾与前瞻

土司制度及其变迁是理解历史时期西南地区国家治理的重要问题之一。因此，近代以来的研究者，常常借由检视土司与土司制度的相关内容，来探讨中国西南少数民族地区的社会历史变迁。其中，概念的厘清是土司制度研究中的基本议题，概因"土司"与"土司制度"是对历史时期出现的土司、土官、土职、土弁等的统称，但每个概念自身皆有其特定的意涵，忽略对基本概念的厘清，土司制度研究就容易出现泛化的倾向。

---

① 参见余贻泽《中国土司制度》，正中书局，1944，第41页；龚荫《中国土司制度》，云南民族出版社，1992，第852页；李世愉《清代土司制度论考》，中国社会科学出版社，1998，第111~112、117页；成臻铭《土司制度与西南边疆治理研究》，社会科学文献出版社，2016，第532~533页。

因此，该倾向及存在的相关问题，理应引起重视。[①]

自 20 世纪三四十年代开始，中国学界便从边政学的角度，探讨西南地区一步步整合进大一统中国的历史进程。[②] 而西方学界，特别是 20 世纪初以来，美国历史学界受特纳"边疆假说"影响而兴起的"边疆学派"，在 80 年代以后将中国的西南纳入边疆体系的研究中。在日本学者森正夫等编的《明清时代史的基本问题》一书中，武内房司围绕土司制度及改土归流政策，通过对其内容的检讨，力图揭示其个人对清代西南少数民族社会的理解。[③] 可见，中国的西南地区一直是中外研究者重点关注的研究对象。[④]

近年来，在西方史学界的中国西南边疆研究中，王朝国家的建构与土司制度在西南地区的变迁是最引人注目的领域。西方学界新近对土司制度的研究，提倡以能动的观念来重新检视传统时期中央与地方的关系，从"基层"的视角强调一种方法论的更新，即立足于土司制度与地方的构建过程，而非局限于王朝国家"大一统"格局的创制。[⑤] 但这样一种发端于西方学界的史观，将中国边疆变成一种基于西方经验而发的"想象"，以殖民化的观点解读传统时期中央王朝对西南边疆的治理、经营与开发，从而误读乃至曲解了历史。

何汉德（John E. Herman，中文名或称赫尔曼、乔荷曼等）的《云雾之间：中国在贵州的殖民（1200 ~ 1700）》（*Amid the Clouds and Mist：China's Colonization of Guizhou, 1200 – 1700*）一书，是将这种方法运用于研

---

① 参见杜玉亭《土官土司两类说考疑》，中国社会科学院民族研究所主编《中国民族史研究》，中国社会科学出版社，1987，第 474 ~ 481 页；白耀天《土官与土司考辩》，《广西地方志》1999 年第 3 期；杨庭硕、李银艳《"土流并治"：土司制度推行中的常态》，《贵州民族研究》2012 年第 3 期；李世愉《土司制度基本概念辨析》，《云南师范大学学报（哲学社会科学版）》2014 年第 1 期；等等。

② 参见王振刚《民国学人西南边疆问题研究》，人民出版社，2013；段金生《南京国民政府的边政》，民族出版社，2012；《南京国民政府对西南边疆的治理研究》，社会科学文献出版社，2013；孙喆、王江《边疆、民族、国家——〈禹贡〉半月刊与 20 世纪 30 ~ 40 年代的中国边疆研究》，中国人民大学出版社，2015；孙喆《江山多娇：抗战时期的边政与边疆研究》，岳麓书社，2015；等等。

③ 武内房司：《西南少数民族——围绕土司制度及其解体过程》，森正夫等编《明清时代史的基本问题》，周绍泉等译，商务印书馆，2013。该书日文原版于 1997 年由日本汲古书院出版。

④ 陆韧主编《现代西方学术视野中的中国西南边疆史》，云南大学出版社，2007。

⑤ 彭文斌：《近年来西方对中国边疆与西南土司的研究》，《青海民族研究》2014 年第 2 期。

究的著作之一。该书主要描写元明清王朝在黔西北的拓展过程以及纳苏彝族对中央王朝西南扩张的应对，力图做到"上""下"结合，来讨论中央王朝与地方少数民族政权的互动。不过，针对该书的评论文章则指出，该书除了缺漏了大量的彝文史料和一些重要的前人研究，以及用征服与殖民的话语将学界已有的"彝族史+土司制度"重述一遍外，并没有真正贯彻从地方的视角进行论述的方法。更甚者，该书中还充斥着大量毫无史料根据的内容并伪造了不少史料，误导了读者对于水西土司历史的认知。①

　　无独有偶，近年来，土司问题的研究，在积累了丰硕成果的基础上，亦有渐成热点之势，由此也带来了土司制度研究泛化的问题。② 针对这一现象，马大正指出："土司制度研究要进一步引向深入，不仅应注意资料的发掘和整理，深化和扩展研究视野和研究内容，更不能忽视中国历史发展进程的大背景，要建立起历代边疆治理和边疆研究全局的大视野，防止将土司制度泛化的倾向，坚持实事求是，求真求实，处理好历史与现实、学术与政治两者之间的关系，让土司制度研究回归其研究本意，并推动土司制度知识在民众中的普及。"③

　　土司制度历经元代的初建、明代的发展，至清代逐渐走向衰落，这是学界的基本共识。此前学术界以断代、区域或具体某个时期的分类法，对近百年来土司制度的研究史已经做了详细的梳理，④ 笔者无意在

---

① 参见李林《"开化"与"殖民"两套诠释话语的论争与困境——兼与 John E. Herman 教授商榷》，《中央研究院近代史研究所集刊》第 80 期，2013 年 6 月；温春来《小说还是历史？——对 Amid the Clouds and Mist: China's Colonization of Guizhou, 1200 - 1700 的一点评论》，《从"异域"到"旧疆"：宋至清贵州西北部地区的制度、开发与认同》，第424 ~ 432 页。

② 罗中、罗维庆分析指出，土司制度研究中一些基本概念共识的缺失，导致了土司研究的泛化，表现之一是没有注意到土司制度与扎萨克制度、羁縻卫所制度、僧官制度、土屯制度有根本性的区别，而将其归纳为同一种制度。参见罗中、罗维庆《共识缺失：土司研究泛化的成因》，《云南师范大学学报（哲学社会科学版）》2015 年第 2 期。

③ 马大正：《深化中国土司制度研究的几个问题》，《云南师范大学学报（哲学社会科学版）》2011 年第 2 期。

④ 贾霄锋：《二十多年来土司制度研究综述》，《中国边疆史地研究》2004 年第 4 期；蓝武：《广西土司制度研究的回顾与前瞻》，《广西民族研究》2006 年第 2 期；成臻铭：《五十四年来明代土司研究存在的问题及对策》，《广西民族师范学院学报》2011 年第 4 期；《1960 ~ 1999 年土司研究理论与方法演进轨迹》，《广西民族大学学报（哲学社会科学版）》2012 年第 6 期；李良品：《中国土司研究百年学术史回顾》，《贵州民族研究》2011 年第 4 期；《中国土司制度与土司文化研究发展报告（1908 ~ 2012）》，群言出版社，2016。

此赘述。值得注意的是，清代从初期保留土司制度，到雍正时期大规模的改土归流而废除大批土司，并对土司制度进一步改造、完善，从而逐步加强对西南边疆地区的治理，这折射出土司制度在清代的发展，与元、明时期有所不同，更有"前明初创之土司制度，至清而其内容完全变质"之谓。① 更进一步地说，从土司制度发展的全过程看，雍正朝的改土归流是土司制度发生根本性变化的转折点。清代土司制度的一系列新变化、产生的新特点大多是在改土归流的酝酿、实施及善后中形成的，反映了清统治者对西南边疆地区统治的加强。在这一过程中，清代土司制度所发生的变化，是一个日益受到关注但仍有待进一步深入拓展的研究议题。

从制度层面强化对土司的控制，规范各土司之间的关系，是清政府加强西南边疆治理的一个重要策略。

一方面，清代中央政府制定出新的制度规范对存留土司进行治理、管控与削弱。近年来的不少研究成果，充分利用未刊档案史料，对清代土司制度生成、演变的动态过程进行了细致梳理。

土司承袭是土司制度的核心内容。彭姣、陈季君利用中国第一历史档案馆所藏雍正朝的土司承袭档案，对清代土司承袭的袭替程序、流转时限进行考察分析。彭姣将制度的规定与实际个案相结合，初步呈现了清代土司承袭的运作实态。② 陈季君则抓住清代土司承袭过程中的文书——册结的运用，对其内涵、运作程序与作用进行了细致的梳理，揭示清代土司制度的规范化建设。③ 此外，她进一步指出，自雍正三年规定"督抚具题请袭期限"并实行后，此前通常需要一至两年的办理时限得以大为缩短，地方督抚大多能遵例在半年内办理；而当题本上达后，经皇帝最后批准，一般只需一至两个月的时间。由此可见，清代土司承袭制度的完善，是土司权力得以平稳过渡的有力保障。④

此外，雍正朝确立的土司分袭制度，体现了清政府对土司权力限制的

---

① 凌纯声：《中国边政之土司制度》，《边政公论》第 2 卷第 11、12 期，1943 年；第 3 卷第 1、2 期，1944 年。
② 彭姣：《从清代档案看土司袭职程序的规定及其运作》，中国社会科学院历史研究所清史研究室编《清史论丛》第 2 辑，社会科学文献出版社，2017，第 196～204 页。
③ 陈季君：《试论清代土司承袭中的册结及其作用》，《青海民族研究》2016 年第 4 期。
④ 陈季君：《清代土司承袭流转时限考——以清代 55 件档案为中心的考察》，《遵义师范学院学报》2018 年第 2 期。

制度安排。既往的研究常将土司分袭制度归入土司承袭制度中，将前者视为后者的一种形式。新近的研究则尝试从清代边疆治理的视角切入，希望更为深入、全面地呈现这一制度的内容、特点、作用及影响。李良品指出，这一制度的生成，既是清王朝对明代"众建土司"思想的吸收，也是回应明末清初上司制度嬗变的改革诉求和着眼于加强边疆管控治理的制度安排。在此基础上，他从决策者、执行者、协同者的分析视角切入，阐释了不同的角色在构建这一制度过程中的作用。① 尤佳则从梳理分袭制度中的土司职衔入手，指出这一制度的推行产生了数量较多的低级别土司，进而使未实授的土职仍保留在土司职衔体系内，更令原无职衔、无等级的土舍、土目，衍生为土职中无品级的最低一等。结合该制度实践的个案，尤佳申而论之，指出土司分袭制度是清政府基于边疆治理的实际情况，综合多种因素，从而富有针对性地选择来作为边疆治理的手段，以求达到理想的治理效果。②

另一方面，清政府试图利用土司社会内部所出现的秩序松动，将国家的意志延伸到土司社会的内部，从而达到掌控边疆社会的目的。随着碑刻、契约文书等民间文献的搜集、整理，清雍正以来西南边疆地区"国家政权建设"与"国家化"的诸多面向亦得以更为清晰地向读者呈现。③

例如，张江华通过对清代广西太平府安平土州民间遗存碑刻的梳理与分析指出，首先清政府通过"污名化"土司，使土司社会内部的土民形成反弹，其次不断地将国家的观念输入土司地区，一步步地解构土司的权威与正当性，使土司丧失本土社会的道德性，最终将边疆社会完全融入国家的体系之中。④ 此后，他以太平土州为个案，以现代"文明"一词在中国

---

① 李良品：《清代土司分袭制度的生成逻辑与构建路径》，《中央民族大学学报（哲学社会科学版）》2018 年第 2 期。

② 尤佳：《分袭制度中的土司职衔——兼论清政府在土司地区统治手段的选择》，《青海民族研究》2018 年第 2 期。

③ 张江华指出，"国家政权建设"来自查尔斯·蒂利（Charles Tilly）对欧洲近代民族国家兴起过程的一个描述，其含义是 18 世纪欧洲各民族国家"政权的官僚化、渗透性、分化以及对下层控制的巩固"。参见张江华《民胞物与、一视同仁——清代广西土司地区的"国家政权建设"与国家化》，《西南民族大学学报（人文社会科学版）》2016 年第 10 期。

④ 张江华：《民胞物与、一视同仁——清代广西土司地区的"国家政权建设"与国家化》，《西南民族大学学报（人文社会科学版）》2016 年第 10 期。

知识界的早期传播及对其的抵制为逻辑起点，探讨晚清时期现代"文明"概念在中国边疆地区的传播与实践特点，从而呈现了土司治理下民众身份不断获得"解放"、迈向"文明"的过程。① 与此类似，杜树海通过对清代广西土司地区土司家族与民间遗存的土地契约文书的梳理分析指出，清代以前，广西土司地区的土地、村落权属的合法性依靠历史、神话来说明，且土地财产只在土司阶层内部进行流动，土司治下土民似乎不具备土地的支配权利；清雍正年间声势浩大的改土归流运动，使存留的土司地区也迎来剧烈的社会变动，土司社会内部土民对土地权属的构建、交易，使土地权的证明有一个从身份向契约的转移，从而呈现出土地权属已经不为土司阶层所垄断的现象。这一过程也伴随着附属于土地的土民人身依附关系逐渐减弱、土民人身权逐步建立，这是土地权与人身权相辅相成的重大历史变迁过程。②

　　作为清代土司制度的一次重大改革，雍正朝的改土归流历来受到学界的关注。近二十年来对清代改土归流的研究成果，大体上可以归结为两类。其一是针对改土归流发生原因的再研究。一直以来，对于改土归流的起因，学界的观点并未统一，新近的研究成果则进一步突破理论思维的束缚与史料占有的制约，力图还原、呈现雍正朝改土归流的多重面相。其二是对改土归流后地方社会变迁的研究，相关的研究成果逐渐地从社会形态更替、社会经济发展、文化进步等宏观的角度，向深入细致的实证性研究迈进，由此推进学界对改土归流带来的系列影响的认知。

　　就改土归流发生原因的再研究而言，有以下几种代表性的论述值得关注。其一，雍正朝改土归流是为限制漠西蒙古势力向西南土司地区渗透而采取的战略防御。如马国君指出，雍正朝在西南地区进行大规模的改土归流，主要是为防止西南地方势力策应漠西蒙古南下，以巩固清朝内部边防。③ 张振兴对雍正朝滇、黔、川三省交界地带乌蒙、镇雄土司改土归流

---

① 张江华：《晚清时期"文明"概念在广西土司地区的传播与实践》，《民族研究》2018年第3期。

② 杜树海：《土地权与人身权：清代广西土司地区土地文书研究》，《中国经济史研究》2017年第2期。

③ 马国君：《雍正朝"改土归流"动因新议》，《吉首大学学报（社会科学版）》2007年第2期；《论清前期漠西蒙古入藏与西南边疆"改土归流"的关系——以康区"改土归流"为视野》，《思想战线》2011年第2期。

的个案研究，亦持战略防御说的观点，并强调清朝改土归流的实质，不是要对西南土司进行大规模裁撤，更非废除土司制度，而是一次由军事战略决策与特殊事件引发的对西南地方行政建置的更动。①

杨庭硕、杨曾辉的研究较早地对此前学者论述雍正朝改土归流时存在的问题展开系统性反思。他们指出，对土司制度而言，改土归流并非一场天翻地覆的政治革命，其实施也不代表由落后的领主经济向当时"先进"的地主经济迈进，实行改土归流仅意味着用人制度的转型。因此，及时和适度地实施改土归流，恰好是整个封建王朝官僚体制有效和灵活运转的标志。②

李世愉则认为，应正确解读雍正朝的改土归流。他指出，将雍正朝改土归流的原因系于战略防御说缺乏历史根据。此外，从制度层面考察，雍正改土归流后，清政府对土司职衔的设置、承袭制度、贡赋制度、奖惩制度等都做了重大的调整，并且创立了土司分袭制度、安插制度，推行了土司养廉及分别流土考成等条例。由此，他认为雍正朝改土归流不是针对土司制度的改革的论断难以成立。③

关于雍正朝推行改土归流的原因，以往学者主要从土司、朝廷以及历史背景三方面进行分析。针对这一分析架构在方法论与叙事逻辑上存在的不足，常建华指出，雍正帝即位之初，承袭了康熙帝在土司地区安静为主、避免生事的政策。后来雍正帝为了追求良好的社会治安与社会秩序，对土司看法发生转变，在推行保甲制度的过程中实行改土归流。④利用台北"故宫博物院"收藏的有关雍正时期在西南地区推行改土归流的奏折档案，陈维新分析了雍正与当时云贵总督鄂尔泰的君臣关系。这一研究虽未直接对改土归流的原因进行分析，但进一步呈现了改土归流决策产生的过程。⑤

关于改土归流后的地方社会变迁，学界主要从以下两个方面展开了梳

① 张振兴：《清雍正朝乌蒙、镇雄土司"改流"动因考——兼论清朝"改土归流"之实质》，《吉首大学学报（社会科学版）》2015年第5期。
② 杨庭硕、杨曾辉：《"改土归流"：土司家族政治命运的转型》，《中央民族大学学报（哲学社会科学版）》2011年第6期。
③ 李世愉：《应正确解读雍正朝的改土归流》，《青海民族研究》2015年第2期。
④ 常建华：《清雍正朝改土归流起因新说》，《中国史研究》2015年第1期。
⑤ 陈维新：《鄂尔泰与雍正对云南改土归流的"君臣对话"——台北故宫博物院所藏朱批奏折选件》，《思想战线》2018年第4期。

理及分析。一方面从梳理土司改流的途径与改流后的安插，进一步探讨这一改革的实质；另一方面，则是梳理改流之后地方社会权力的嬗变，以探求这一改革的效果与地方社会的因应。

首先，就第一方面的内容而言，改土归流实现的途径，大致可分为军事征伐的"武力改流"，与通过非暴力手段，将自愿呈请改流以及违规、无嗣等土司废除，并在其领地内置流官州县实施管理的"和平改流"两类。相比较此前的研究大体从"武力"方面梳理改土归流的进程，马国君等另辟蹊径，对明清土司被"和平改流"的原因、过程及善后展开梳理，由此明辨改土归流实现途径的差异，厘清改土归流的内涵。① 莫代山通过梳理土家族地区改流后土司的去向发现，该地有相当一批土司因为各种原因在改流后仍留在了原地并获得了新的职衔，从而就地转变为土官，指出改流后土司异地安置的制度并没有在所有土司中落实。② 这些研究成果，从细节与内容上进一步呈现了雍正改土归流的面相，但留心注意即会发现，李世愉在较早前就已提出了相关论断，因此后来者在研究论断的创新上仍有待进一步突破。③

其次，就改土归流后地方社会权力的嬗变而言，近二十年来相关研究取得的较大突破之处，在于学者们通过一系列扎实的研究指出，改流之后地方社会统治权力的嬗变，即中央王朝的直接统治在边疆社会的建立，是一个复杂而漫长的过程。如温春来、黄国信利用彝汉文献及田野调查材料，展现了贵州西北部一个拥有自己文字、礼仪制度和政治法律传统的非汉族社会，随着中央王朝的开拓与渗透，特别是改土归流以后，其权力结构的变化过程。清王朝虽然废除了当地的土司制度，但无法立刻改变黔西北地区"夷多汉少"的局面，历史与文化的隔膜亦使地方官员在黔西北施政较内地为难。朝廷未能迅速培植起一个忠于自己的基层力量（如士绅阶层），来协助官府治理本地居民，因此在很大程度上只有借助既有的势力集团——土目。而虽然土目在制度与法律上不被承认，但官府在事实上默

---

① 马国君、李红香：《明清土司被"和平改流"的途径、原因及善后研究》，《广西民族研究》2017年第6期。
② 莫代山：《改土归流后土家族地区土司权威的遗存与调控》，《中南民族大学学报（人文社会科学版）》2017年第6期。
③ 李世愉：《清雍正朝改土归流善后措施初探》，《民族研究》1984年第3期。

许了他们对基层社会的控制。地方官府进而通过各种新的制度和意识形态的推行来限制土目的势力，但又容许其权威存在以使地方社会不至于失去秩序。① 赵世瑜对四川南部泸州与叙州接壤地区九姓长官司长期保留的梳理指出，土司原有的权力虽被日益削弱，本地的利益也日益受到损害，但土司一直在诉求对原有体制和格局的维持。这对国家的边政和当地人的生活均产生了深远影响。② 张凯、成臻铭的研究也指出，绝大多数的土司地区在改土归流之后，实际上经历过代表"国家权力"的地方流官政府与地方权力激烈对抗的过程。通过对湘西永顺地区基层土官——"舍把"在改土归流之后身份变迁的梳理，他们指出，改土归流后地方社会的统治权力并没有如通常认为的那样马上过渡到"国家"手中，地方流官政府通过一系列的改革措施最终将地方势力从土司的辅助者变为"国家"的代言人，从而产生了以"国家"为宗的新的地方权力结构。③

尽管学界对改土归流并非一律撤废土司的观点基本达成共识，但相关的研究大多停留在指出明清时期存在流官与土官共同治理"夷地"的现象以及对这一现象本身的解释上，而忽视了这样一种统治方式对当地普通居民会产生哪些实际的影响。张楠林通过揭示明清时期黔西南地区社会结构的演变过程，指出在对黔西南"夷地"的基层管理与赋役征收方面，明朝流官官府更多的是因循原土司的统治方式，并未建立一个可供依托的基层管理制度以及稳定的、足以支撑其财政需求的纳赋应役的群体，只能听任各土目交纳固定的粮额。而清朝则致力于将边疆地区传统的社会结构制度化，纳入国家的统一管理。但在改土归流以后，当地民户在向流官州县纳赋应役的同时，土司、土目对其的需索、派累依然存在，民户只能通过赎买村寨的方式买断土司的派累之权，转而自行向流官州县纳赋应役。这一研究揭示了在国家与土司相互争夺经济资源的情况下，对于普通民众而言，"土流并治"的内涵更多的是双重负担并存。④

---

① 温春来、黄国信：《改土归流与地方社会权力结构的演变——以贵州西北部地区为例》，《中央研究院历史语言研究所集刊》第 76 本第 2 分，2005 年。

② 赵世瑜：《亦土亦流：一个边陲小邑的晚清困局》，《近代史研究》2015 年第 5 期。

③ 张凯、成臻铭：《清代改土归流后地方社会权力结构的变动——以湘西永顺地区为例》，《中央民族大学学报（哲学社会科学版）》2018 年第 1 期。

④ 张楠林：《明清时期黔西南的"土流并治"与赋役征收》，《中国边疆史地研究》2019 年第 1 期。

改土归流冲击的对象，不仅包括土司，也包括土司治下的广大土民。改土归流之前，土民对土司有强烈的政治从属性，而改流后，流官政府开始清查土地、人口，将土民编籍入户，纳入国家行政一体化之中，令其输赋应役，接受中央朝廷的礼仪与意识形态教育。土民从制度到身份、文化的转型，是改土归流后地方社会转型的一个重要方面，呈现了地方社会的动态转变，反映了地方社会逐渐整合进王朝国家的历史过程。以往的研究较多地关注土司上层社会，从政治、军事上对土司社会的改土归流活动展开分析；近年的研究则开始触及土民社会，并注意到改土归流革除土司后，流官的行政干预与移民运动引发了土民社会的深刻变革与转型。

吴雪梅、雷翔基于清代鄂西土家族地区的研究指出，雍正年间的改土归流使当地经历了一个急剧的社会转型过程。汉人的大量涌入，中原农耕文明强大的整合力与多民族的混居、交往，使土民社会被边缘化的感觉越发强烈。为了融入主流社会，当地土民借由口承与修谱等方式，将自己的身份定位为外来移民，通过寻找新的族群认同轨迹来忘却过去。①

通过以上的事实可以看出，无论是出于根深蒂固的大一统观念，还是为了实际的利益，具有半独立性质的土司政权都不可能是中央王朝治理边疆的最佳选择。因此，明清王朝通过改土归流以加强对西南的控制。这反映了清政府虽因地制宜、因俗而治，但也因时变通，削弱、限制半独立性质的土司政权的长期存在。但另一方面，由于历史、语言、文化等的隔膜，中央王朝在边疆地区国家化建设的进展并没有预想中顺利，因而也就出现了"流土并治"长期延续的局面。需要指出的是，在这一"流土并治"格局下，经雍正朝改土归流的革新之后，出现了以"政治制度"与"政治符号"相结合为特征的清代土司制度内容。②

---

① 吴雪梅：《回归边缘：清代一个土家族乡村社会秩序的重构》，中国社会科学出版社，2009。另参见雷翔《民间视角：清代土家族社会的演变——景阳河社区个案研究》，刘伦文、谭志满编著《民族社会发展与文化变迁：土家族乡村社区调查研究》，民族出版社，2005，第180～191页。

② 罗中、罗维庆：《制度与符号：流变中清代土司制度的多样性发展》，中国社会科学院历史研究所清史研究室编《清史论丛》2016年第2辑，社会科学文献出版社，2016，第3～30页；尤佳：《从不理村寨与非世袭的土司看雍正朝以后土司制度出现的新变化》，中国社会科学院历史研究所清史研究室编《清史论丛》2017年第1辑，社会科学文献出版社，2017，第243～254页。

清代土弁的设立过程及其运作实践，具备了上述"政治符号"与"政治制度"的特征与内涵。但需要指出的是，就清代土弁制度而言，上述两种特征并非同时存在，而是有一个从"政治符号"到"政治制度"的发展过程，此即笔者想要在本书中重点说明的"再造土司"的过程与内涵。此外，就制度规范与实质而言，清代土弁制度实际上并不具备"政治制度"的内涵。这从长期以来学界对雍正改土归流以后按绿营职衔设立的土守备、土千总、土把总等土弁，从职官属性而言究竟属不属于土司的认知存在差异，便可窥一斑。

清代典籍中有关"土弁"与"土司"并列使用的情况，除散见于实录、方志等文献外，最早系统出现在嘉庆朝《大清会典》中。该会典以"土弁"区别于"土司"，称"土弁，四川、云南总督，贵州巡抚统焉。凡土守备三人（均在云南——本段以下括号中文字均为引者注），土千总五十有七人（四川 4 人，云南 15 人，贵州 38 人），土把总五十有二人（四川 4 人，云南 27 人，贵州 21 人），土外委一人（在贵州）……其土官之不管理村寨者（湖北 14 人，湖南 64 人，云南 5 人，贵州 7 人），不与此数"。[①] 需要说明的是，这其中的四川总督、云南总督均是指特定时期的官职。[②] 此外，"其土官之不管理村寨者"不计算在土弁之中，是因为这些具备土弁职衔的土官，事实上是在改土归流的过程中被改流隶属民籍的原土司职官。以湖南石门、慈利二县所属的土千总、土把总为例，其祖先原为土千户，于雍正十三年（1735）呈请缴交印信、札付并辞职。雍正皇帝随后颁发谕旨予以批准，并赏给该人等千总、把总职衔，准其子孙永

---

① 嘉庆朝《钦定大清会典》卷三六《兵部》，文海出版社，1991，第 1644～1645 页。
② 四川最高长官的设置，自清初以来经历了四川总督、川陕三边总督、川湖总督、川陕甘总督、川陕总督的变化。到乾隆十三年，添设四川总督，兼管巡抚事。乾隆二十四年，又将四川总督改为川陕总督。二十五年，四川总督不再兼管陕西。此后直到清末，四川总督的设置未再变更。再看云南的情况，顺治十六年设云贵总督，在云南、贵州两省间驻扎。顺治十八年八月改设云南总督，驻云南曲靖。康熙四年五月，云南总督、贵州总督合并为云贵总督。次年二月，议定驻贵阳府。康熙十二年又分设云南总督、贵州总督，次年复并。雍正五年二月，为加强对云南、贵州、广西三省苗民地区的控制，云贵总督兼辖广西，是为云贵广西总督。雍正十二年十二月，停云贵总督兼辖广西。乾隆元年六月，云南、贵州两省又分设总督，乾隆十二年再次合并为云贵总督。此后遂为定制。以上内容，参见刘子扬《清代地方官制考》，故宫出版社，2014，第 69～70 页；吴康零主编《四川通史》卷六《清》，四川人民出版社，2018，第 39 页；傅林祥、林涓、任玉雪、王卫东《中国行政区划通史·清代卷》，复旦大学出版社，2013，第 548～550 页。

远承袭，并令年力精壮、情愿随营差操者，准食俸效力。① 因此，这些土司呈请改流后被授予绿营弁衔，子孙得以承袭，并具备了继续效力朝廷的前提。但这些拥有绿营弁衔的土弁因已不管理村寨，既与土司不同，又不列入管理村寨的土弁一类里。

土弁属不属于土司，这是清代土司制度研究中一个长期存在而又没有能得到妥善回答的问题。学界对于土弁的认知，经历过两个不同的阶段。第一，土弁与土司实同而名异而已，土弁同于武职土司，官得世袭。② 第二，土弁初皆世袭，后改拔补，不准世袭。李世愉的观点具有代表性，其指出，新设土弁均准令世袭并归地方长官管辖；此外，因为存在不管理村寨和不世袭的土弁，他指出土弁实际上是作为一种"土职缺"，即为当地少数民族设置的官缺，由地方长官任命，只是任职期限与流官不同，除特殊情况（如有过失或年老有疾）外，一般是终身制。因此，土弁不是严格意义上的"土司"，称"土司"实在是名不副实。③

此外值得注意的是，以往分析土弁与地方治理的研究指出，清代土弁亦有管理地方的特权，并与流官政府一起形成"土流并治"的统治体系。如王文成、胡绍华的研究指出，在云南边疆民族地区，由于改土归流困难重重，尽管名义上已经改置流官，但改设的土弁与流官长期保持着"土流并治"的统治形式。④ 张中奎、白林文的研究则指出，清王朝地方流官政府统治下的贵州东南部"新疆六厅"（古州厅、清江厅、台拱厅、都江厅、丹江厅、八寨厅）的基层社会管理模式，是一种土司与寨老相结合的基层社会控制体系，并强调这一"土流并治"的控制体系是中央王朝进入苗疆时的制度设计。⑤ 其中，"新疆六厅"内的土司实际上就是清廷授予

① 《清世宗实录》卷一五八，雍正十三年七月庚申。
② 凌纯声：《中国边政之土司制度》，《边政公论》第 2 卷第 11、12 期，1943 年；第 3 卷第 1、2 期，1944 年；吴永章：《中国土司制度渊源与发展史》，四川民族出版社，1988，第 215～217 页。
③ 李世愉：《清代土司制度论考》，第 111～112、117 页。
④ 王文成：《土流并治在近代云南边疆的全面确立》，《云南师范大学学报（哲学社会科学版）》1993 年第 4 期；胡绍华：《土流并治的典范——清末民初西双版纳土流并治研究》，《中南民族大学学报（人文社会科学版）》2005 年第 5 期。
⑤ 张中奎：《改土归流与苗疆再造：清代"新疆六厅"的王化进程及其社会文化变迁》，中国社会科学出版社，2012，第 186～189 页；白林文：《清代贵州"苗疆六厅"治理研究》，博士学位论文，华中师范大学，2016，第 112～113 页。

熟悉苗情、通晓苗语、参与"开辟"苗疆的通事或向导（即后来的土弁）土千总、土把总职衔，令其代为管理苗寨，协助地方流官摊派各种劳役和侦缉命盗案件；寨老，则是指苗疆村寨原有的头人。① 这些相关的研究均指出，土弁在地方社会的存在，并非只是作为"政治符号"的摆设，而是实实在在地影响着清政府在西南边疆地区的施政实践与当地社会的变迁。

显然，清代土弁制度运作实践在西南边疆不同地区表现出的复杂状况表明，在既有对清代土弁的概念、制度内涵和运作实践内容研究的基础上，仍存在进一步深拓的可能。而亟待解决的问题则是，既然在制度层面上称土弁为土司乃"名不副实"，又为何在实际运作的层面上出现土弁像世袭土司一般，具有管理地方的特权的现象。关于这一点，笔者认为以往研究没有能够揭示上述矛盾现象存在的症结，在于将清代土弁这一地方性群体的出现及其在地方社会的权力，完全视为中央政府基于边疆治理的制度设计与赋权，而忽视了事实存在的地方流官政府有违制度规定的擅权行为。笔者认为，要深化对清代土弁制度及其运作实践的认知，既有必要从制度的梳理入手，也要将其置于区域社会的发展脉络中加以检视。

本书关于清代土弁的研究，属于制度史研究的范畴。制度史是中国史学研究的一个重要板块，长期以来有不少前辈学者深耕于此，并取得辉煌的成就。自20世纪后期以来，制度史的研究也在寻求突破。如科大卫、萧凤霞、刘志伟、郑振满、陈春声、赵世瑜等学者，基于历史人类学的研究旨趣，尤其关注国家制度在区域社会的推行与表达，主张把作为能动者的人当作历史的主体，从人的行为出发，去理解制度的运作及其演变机制。② 基于对宋代官僚政治制度史的研究，邓小南指出，所谓"活"的制度史，不仅是指生动活泼的写作方式，而且是指一种从现实出发，注重发展变迁、注重相互关系的研究范式。官僚政治制度不是静止的政府形态与组织法，制度的形成及运行本身是一动态的历史过程，有"运作"，有

---

① 张中奎：《清代苗疆"国家化"范式研究》，《广西民族大学学报（哲学社会科学版）》2014年第3期。

② 参见刘志伟《从国家的历史到人的历史》，《溪畔灯微：社会经济史研究杂谈》，北京师范大学出版社，2020，第254页；赵世瑜《结构过程·礼仪标签·逆推顺述——中国历史人类学研究的三个概念》，《清华大学学报（哲学社会科学版）》2018年第1期。

"过程"，才有"制度"，不处于运作过程中也就无所谓"制度"。①

　　基于这样的认识，本书将循着前辈学者践行的自下而上的制度史研究思路，②揭示清代土弁制度从非正式制度向正式制度的转变过程。近年来，随着学界相关问题关注度的提升，以及档案史料的开放，民间文献的搜集、整理，制度史研究得以进一步深入展开，有了无限的可能。恰如张海鹏所言，深化制度史研究正逢其时。③因此，本书将在实证的基础上指出，清代的土弁授职，从程序上应系由中央政府批准后由地方督抚佥给委牌委任，而非由中央政府颁给印信、号纸进行直接任命；在隶属关系上，土弁始终是以在官人役的身份归属地方流官政府任用，管理地方社会，形成"流土并治"的格局，但在运作实践中，地方督抚直至府厅州县官员，则在没有经中央政府批准的情况下擅自设立了大量的土弁人员以管理地方社会。这一在西南边疆地区社会治理中长期存在的非正式制度，在经历了漫长的实践过程后，经由自下而上的承袭章程的明确，以及对地方政府擅设的土弁的裁汰，由中央政府确认并正式批准在西南边疆地区广泛运用。当然，要清晰认识清代土弁制度形成并确立的历史过程，则需将其置于地方官府的施政实践和地方社会的因应中进行理解。由此，从区域社会史的角度，在充分揭示清代土弁与土司差异的基础上，深化土弁与清代西南边疆治理以及国家化的进程关系，将是笔者试图揭示并努力呈现给读者的内容。

二 区域的选择

　　本书将主要以清代贵州东南部"新疆六厅"为研究场域，分析土弁的设立及其身份地位变迁与地方社会治理、人群互动的关系。清代贵州"新疆六厅"，位于云贵高原东南边缘的苗岭山脉向湘桂丘陵盆地的过渡地段，东邻湖南，南接广西，范围大抵是今天贵州省黔东南苗族侗族自治州的台江县、剑河县、榕江县、丹寨县、雷山县、从江县以及黔南自治州三都县

---

① 邓小南:《走向"活"的制度史——以宋代官僚政治制度史研究为例的点滴思考》,《浙江学刊》2003年第3期。

② 参见阎步克等《多面的制度:跨学科视野下的制度研究》,生活·读书·新知三联书店,2021,第137~174、223~252页。

③ 张海鹏:《深化制度史研究正逢其时》,《人民日报》2020年4月3日。

的一部分。清代雍正年间，随着清王朝在西南的开发，这一原先尚属"化外"的广袤之地，被纳入清王朝的版图之中。习惯上，清代的文献中常常将这一地区称为苗疆。

清政府对黔东南苗疆地区的开发，是在清初以来对西南边疆地区进行大规模开发的脉络下进行的。当代贵州的地理空间范围，并不在国家的边境上。但在传统时期，黔东南苗疆地区亦在王朝国家的西南边疆范围内。清政府对黔东南苗疆地区的治理，是清代对"内在边疆"治理的一个缩影。清初以来，在王朝国家的疆域内，仍然存在着并未真正纳入王朝控制体系或官府控制相对薄弱的地区。这些区域，是不同于地理空间意义上王朝政治疆域边境地带"外在边疆"的"内在边疆"。① 因此，在王朝国家开辟、建立统治之前，常称呼这些边缘地区为"化外之地"，至开辟、纳入王朝国家的版图后则称其为"新疆"，即"新开辟的疆土"。这一地区的社会历史发展是西南边疆地区整体社会变迁的一部分，与中国统一多民族国家疆域的形成、边疆向内地的转化、边疆政策的调整等有着密切的关系。② 某种程度而言，黔东南苗疆融入大一统中国的历史，在理解传统社会时期（尤其是清代）统一多民族集权国家形成的历史中具有非常典型的意义。③

传统时期，中央王朝对黔东南地区的认知与称谓，也随着治理的推进而发生改变。从沿革地理学的视角，林芊等梳理了历代宦黔官员或流寓黔境的文人所构建的黔东南这块多民族聚居区域在国家视野中的身影，依时

---

① 鲁西奇：《内地的边缘：传统中国内部的"化外之区"》，《学术月刊》2010 年第 5 期。

② 今天中国西南边疆的概念、范围，主要是指地处中国西南的广西、云南、西藏三个边疆省区，有时则特指这三个省区靠近边境线的一定地带。而历史上，自先秦以来中国西南边疆不仅包括今天广西、云南、西藏三个边疆省区的全部范围，还包含今天重庆、四川、贵州的部分地区，以及历史上是中国国土、今天则属于东南亚和南亚邻国的部分地区。此概因古人观念中的"版图""疆域"与今天国家领土主权意义上的"版图""疆域"不同，古人所指的"版图"系登载土地、人民的版籍，凡是土地人民载于户部与府、州、县版籍的地方即是王朝国家的"版图"与"疆"，进入"版图"意味着成为王朝的"疆"。雍正年间清政府开辟黔东南苗疆生界，将其纳入国家的"版图"，所以称其地为"新疆"，即"新辟苗疆之地"。参见温春来《从"异域"到"旧疆"：宋至清贵州西北部地区的制度、开发与认同》，第 227 页；孙宏年《新世纪中国西南边疆研究回顾与展望》，《中国边疆史地研究》2019 年第 2 期；席会东《明清地图中的"苗疆"与"生苗"》，《中国历史地理论丛》2020 年第 1 期。

③ 参见刘志伟《清水江文书的文书价值》，《溪畔灯微：社会经济史研究杂谈》，第 148 页。

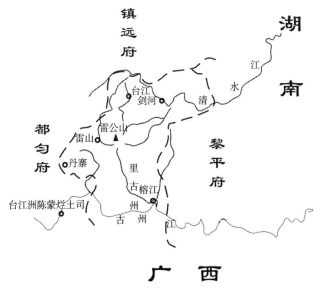

图 0 - 1 明代黔东南示意

图片来源：据谭其骧主编《中国历史地图集》绘制。

间先后，分别出现以生夷/生界、苗界/苗疆指代地理空间的变化，以及用
生苗、熟苗指代界内、界外的人群的现象。简述之，即宋元之际称西南少
数民族地区为生夷（区）或生界；明代，大致将今贵州东部、东南部一带
少数民族生活地区视为苗界，并常以生苗界指代今黔东南区域；而出现于
晚明并在文献中取代苗界的苗疆一词，在清代文献中指代的地理空间较之
明代苗界大为收缩。① 这些梳理，引领读者明晰了这些名词指代的地理空
间，但伴随着这些名词的演变，无论是传统时期的官员士大夫抑或近世的
研究者，对黔东南地区的认知并没有得到加深、细化。

　　笔者注意到，已有不少专著及学位论文从不同的角度论述清王朝对黔
东南地区的治理与开发。杨胜勇的博士学位论文以改土归流为背景，梳理
清政府对贵州苗疆的开辟及经营的全过程，剖析开辟苗疆、雍乾苗民起
义、咸同苗民起义等重大事件的内在关系，总结清政府各项措施的得失利
弊。② 孙秋云则主要探讨了开辟后中原文明向苗疆的扩展、传播，以及苗

---

① 林芊等：《明清时期贵州民族地区社会历史发展研究——以清水江为中心、历史地理的
视角》，知识产权出版社，2012。
② 杨胜勇：《清朝经营贵州苗疆研究》，博士学位论文，中央民族大学，2003。

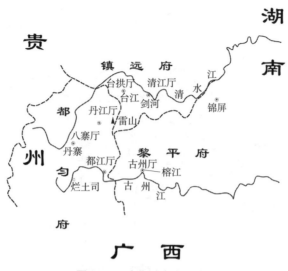

图 0 - 2　清代黔东南示意

图片来源：据谭其骧主编《中国历史地图集》绘制。

疆原生文明对中原文明的拒斥。① 张中奎则从"国家化"建设的角度展开分析，指出在前民族国家的清王朝时期，作为现代性话语表述的"国家化"，实质上等同于"王化"。"王化"的内容，指清政府"开辟"苗疆，以武力征服苗民、在苗疆设厅置县、安屯设堡、建立新的社会统治秩序时所采取的一系列王化政策与教化措施。② 徐新建针对张中奎专著的前身——其博士学位论文曾指出，由于缺少本土视角，苗疆民众对王朝国家再造的回应、反抗及后果未能得到体现，该论文缺少了在对话式的双向叙事中再现清朝对西南苗夷开土辟疆的部分。③ 潘志成以制度变迁为线索，描述清王朝国家力量进入贵州苗疆之后实施法律控制并逐渐建立统治秩序的过程以及地方社会的回应，分析国家的法律控制和村寨的固有习惯法二者之间各自的历史演变及其相互关系，以及各个阶层在构建地域秩序中的作用。④

　　值得注意的是，上述的相关成果在制度史与社会史的研究取向和收获

① 孙秋云：《核心与边缘——十八世纪汉苗文明的传播与碰撞》，人民出版社，2007。
② 张中奎：《改土归流与苗疆再造：清代"新疆六厅"的王化进程及其社会文化变迁》。
③ 徐新建：《苗疆再造与改土归流——从张中奎的博论文说起》，《中南民族大学学报（人文社会科学版）》2011 年第 3 期。
④ 潘志成：《清代贵州苗疆的法律控制与地域秩序》，九州出版社，2013。

上还存在进一步拓展的空间。白林文指出，苗疆研究近年来日益趋热，但仍处于开始阶段，既有的研究成果多数以单一、横向来看待苗疆的地域社会发展史，至于深入了解苗疆内部的社会结构以及清代统治苗疆政策的演变脉络，仍处于探索阶段，存在以下问题。一是讲述苗疆"改土归流"后变迁过程较多，揭示苗疆社会治理变迁深层原因则较少；二是重视移民的"化导"作用而忽视地方族群的习惯反向影响；三是对上层政策的"开发"过度宣扬，淡化了苗疆基层治理对上层政策借鉴的重要性；四是受近代民族主义影响，认为清代治理苗疆是单一化管理模式；五是过去苗疆研究缺少社会史的角度与历史人类学的角度。在此基础上，他尝试对从清代"开辟"苗疆到光绪年间的治理变迁做一个清晰的梳理，揭示苗疆内部长期动乱的原因，以及大历史与地区史的互动关系，构建动态的苗疆政治、经济、文化、社会治理线索，探索清朝治理苗疆政策变更的深层次原因。①

因此，需要指出的是，学界对清政府将流土俱不受的黔东南苗疆生界纳入王朝国家的一系列措施，究竟属于"改土归流"还是"开辟新疆"，有不一样的认识。从总体上看，此前的研究大多倾向于将清政府"开辟"黔东南苗疆生界的行动作为"改土归流"治策实施的一个重要组成内容。② 但也有论者强调，明清两代推行"改土归流"的对象是"世有其土""世有其民"的世袭土司，而不是少数民族大众，改土归流的地区也只局限在土司统治"叛服无常""分裂割据"的地区，基于此，清王朝对流土俱不受的黔东南苗疆生界的开发，不属于"改土归流"。当然，虽然雍正朝针对土司的"改土归流"与针对"化外苗疆"的"开辟"属于两种不同性质的问题，但这两类问题的存在均是影响西南地区社会稳定的重要因素，是实现国家统一的障碍。③

---

① 白林文：《清代贵州"苗疆六厅"治理研究》。

② 李世愉指出，清雍正年间，中央王朝在西南地区进行了大规模的改土归流，废除大批土司，而代以流官的统治，使内地的行政制度得以在西南边疆地区实施。随着清政府的军事开辟，此前流土俱不受的贵州东南部"化外生苗"，被征服并纳入王朝国家的版图之中，史称"开辟新疆"。新辟苗疆虽未经"改土"，但亦属"归流"，是清政府在西南地区改流规划的重要组成部分。参见李世愉《清代土司制度论考》，第 74 页。

③ 参见罗康隆《"苗疆六厅"初探》，《中南民族学院学报（哲学社会科学版）》1988 年第 5 期；林建曾《清朝前期完善贵州省建置、开辟"苗疆"及其影响》，《贵州民族研究》1992 年第 2 期；邹建达《雍正初土司政策转变的原因新探》，《中国史研究动态》2020 年第 1 期。

此外，上述研究对清政府加强对黔东南地区治理的性质存在差异认知，某种程度上是因为对"开辟"后苗疆基层社会治理有所误判，即强调清廷在流官管辖之下又进一步设立了土司管理苗民。这一判断明显与史实不符。当时负责苗疆善后制度设计的贵州总督明确提出了"新辟苗疆"不设土司治苗，但此后黔东南地区，尤其是"新疆六厅"基层管理呈现了土司治苗的社会场景。这说明，以往的研究成果对这一转变的中间过程梳理还存在可进一步深入探讨之处。事实上，清王朝在西南边疆地区直接统治的建立，是一个极其复杂的过程。如谢晓辉通过描述清代湖南苗疆的风俗及"开辟"后实施直接统治的具体内涵指出，士大夫移风易俗的边疆"苗俗"，是本地赖以运行的文化机制和社会秩序的有机组成。18世纪以来湖南苗疆直接统治的建立，经历了国家推广的文化体系与"苗俗"的剧烈互动。正是边疆"苗俗"与前朝政治遗产，共同形塑了湖南苗疆在基层设置、文武职责、法律体系、户籍与赋税等方面的具有弹性的、多元的直接统治。最后，也正是"苗俗"与这套多元直接统治系统的冲突，导致了当地"乱苗"频现与乾嘉苗民起事的爆发。① 因此，笔者认为，要解决对黔东南苗疆社会历史演变认知的一系列问题，仍然需要回归具体的时空场域之中，从清王朝在边疆地区治理思路的转变切入，并细致梳理流官直接统治之下苗疆基层社会治理体系如何一步步构建、展开及更替。由此，才能明晰清代土弁在地方行政运作与社会管理中的身份变迁。

三 本书的基本框架及使用材料

本书除绪论和结语外，共分为六章，基本按照时间顺序展开，并横向兼顾同时期云南、四川、湖南等地区的发展情形。

第一章主要梳理雍乾之际黔东南苗疆的聚落分布和社会结构。与传统书写呈现贵州苗疆开辟之前是"不通声教、不服王化"的化外之地不同，该章揭示，尽管"开辟"前中央王朝没能在贵州苗疆腹地建立直接统治的行政管理体系，但苗疆腹地与周围内地州县之间，因土地开发、木材种植与采运等活动，已建立起密切联系。而来自周边内地州县的民人往来其

---

① 谢晓辉：《当直接统治遭遇边疆风俗：十八到十九世纪湖南苗疆的令典、苗俗与"乱苗"》，《中央研究院近代史研究所集刊》第104期，2019年。

间，"开辟"时随军充当通事，后来转变为协助地方官府管理苗疆社会的土弁群体。第二章主要呈现清政府在黔东南苗疆的治理结构与施政实践。由于雍乾之际苗疆动乱的冲击，清政府将在苗疆设立郡县的计划调整为派遣府佐贰官同知、通判进驻，并设置寓兵于农、兼防苗民的屯田体系，从而构建起兼具理苗、辖军的"新疆六厅"管理体制。这一地方流官的行政管理体系，一定程度上为清廷在苗疆安设绿营布防的兵粮供应提供了重要的后勤基础。第三章先概括性地介绍清代土弁设立的制度背景与运作实践的总体情形，并梳理"开辟"后黔东南苗疆不设土司治苗的讨论过程及地方史志记载的当地土弁的情况。第四章全面梳理苗疆土弁擅设的始末，并揭示，贵州地方当局未经中央政府批准，擅自换给通事土弁职衔和委照并允许其世袭的做法，客观上将苗疆通事在官人役的职役身份转变为俨如世袭土司般的职官。随着这一事实被揭露，清廷对擅设的土弁予以裁汰，同时确立了土弁的承袭和制度章程。第五章呈现苗疆土地开发与基层社会权力结构的嬗变。乾隆朝后期以降，黔东南的木材种植、采运推动了苗疆土地开发和经济发展。伴随着嘉庆年间苗疆的保甲编设，在日益成长壮大的苗疆本土精英带领下，原先归属土弁管辖的村寨通过赎买赋役的方式，签立头人并建立保甲体系，由此逃脱土弁的控制而直接归属地方流官治理。第六章叙述"咸同苗乱"后土弁权力的式微与苗疆基层社会秩序的重构。在太平天国运动的影响下，"咸同苗乱"削弱了苗疆土弁的势力。清廷在经过一系列的讨论后，将苗疆土弁予以裁撤，苗疆社会至此经历了真正意义上的改土归流，加快了融入统一多民族国家的进程之中。

　　本书综合运用了清代宫中档朱批奏折、军机处录副奏折、内阁汉文题本等档案。未刊档案中采用数量相对较少、出自台北"故宫博物院"的清代宫中档奏折及军机处档折件已在注释里一一标明出处，采用数量较多的出自中国第一历史档案馆的朱批奏折、录副奏折、内阁户科题本、内阁刑科题本等，为行文简洁，在注释中略去其出处，不再说明。

　　此外，本书重点引用的《贵东书牍节钞》，作者是易佩绅，全书四卷，内容为其光绪二年（1876）至光绪六年任贵东道期间的书札和公牍。卷一收录了易佩绅致贵州巡抚黎培敬的书札，卷二则是易佩绅致贵州都匀府知府罗应旒、湖南候补道裴荫森、贵州布政使吴德溥、贵西道曾纪凤、广西巡抚涂宗瀛、湖南候补道陈宝箴、湖南巡抚刘崐、贵州巡抚林肇元、贵州巡抚岑毓英等人的书札，卷三、卷四则是禀文、咨文、札、示、批等不同形式的公牍。该书对于认识"咸同苗乱"后期以及善后时期贵州的地方治理和社会秩序重建有着重要的价值，但在已有的关于晚清贵州地方治理的相关研究中，较少见到学者引用，因此稍做如上说明。

再者，笔者自确定了本书的撰写方向后，于 2012 年 2 月、2013 年 2 月、2013 年 9 月、2015 年 1 月、2015 年 4 月、2015 年 8 月前往黔东南的黎平县、锦屏县、剑河县、台江县、雷山县、榕江县、镇远县开展田野调查，搜集碑刻、族谱、契约等民间文献。在书稿初步完成后，2021 年 7 月笔者又参加了中山大学历史人类学研究中心、凯里学院民族研究院等主办的"清水江研究二十年：回顾与展望"田野工作坊，到榕江县的宰牙、寨蒿等前期田野工作点进行回访。历次田野调查搜集到的文献材料，部分已在本书中体现，部分则由于主题不符与笔者学力所限，未能体现在书中。希望假以时日，笔者吸收其他研究后，再向读者朋友们汇报。

第一章 "开辟"苗疆与雍乾
之际的苗疆社会

　　清初贵州苗疆地区，经过元、明之际的沿革兴废，流官政府和土司势力所不及的"生苗"之地，在贵州境内主要有两处。一是湘、黔、川三省交界处的"红苗区"；二是贵州东南部地区，宋、元以后以雷公山山脉为中心，逐渐形成了一个以苗族为主的民族聚居区。① 在雍正年间的开辟之前，贵州东南部苗疆这片广袤之地，在宦黔的士人笔下，一直是"不通声教、不服王化"的化外之地。得益于前辈学人对档案史料的梳理，我们对清王朝开辟黔东南"生苗"区的决策、军事征伐的整个过程已有清晰的了解。由于史料的阙如，学界历来对黔东南"生苗"区内部的村寨社会结构认知并不一致，甚至互相矛盾。

　　大体而言，学界对黔东南苗疆社会结构的认识，主要存在以下两种情形：其一，强调"开辟"之前苗疆"生界"族群、村寨缺乏联系，语言、习俗等存在较大差异；② 其二，强调"开辟"之前苗疆"生界"内已存在固有的社会组织与秩序，如靠"鼓社""议榔""理老""款"等民主形式来组织一寨或数寨苗民，维持苗疆内部的社会秩序，以及大寨管理小寨的制度等。③ 显然，这两种叙述在结论上呈现了一定程度的对立。细究之下，上述两种认识，前者明显缺乏相关史实的支撑，后者则存在将晚近社

---

① 何仁仲编《贵州通史》第3卷，当代中国出版社，2003，第65~66页。

② 马国君、杨庭硕等指出，苗疆"生界"内的苗族和其他民族的居民，都是按家族村社的方式，组成微型家族村社聚落，聚合规模不超过一百户，且这样的聚落是以刀耕火种和狩猎采集为生，因而具有一定的流动性。各家族村寨之间联系较少，不仅语言有区别，生活习惯也有很大的差异。参见马国君编《〈平苗纪略〉研究》，贵州人民出版社，2008，第115页。又参见马国君编著《〈清史稿·地理志·贵州〉研究》，贵州人民出版社，2010，第152页。

③ 张中奎：《改土归流与苗疆再造：清代"新疆六厅"的王化进程及其社会文化变迁》。

会结构套用在"开辟"之际苗疆社会上的问题。

区域社会史研究中，历史的缺失往往阻碍了人们更深刻地认识文化的诸多层次。① 毋庸讳言，学界以往关于"开辟"前与"开辟"之初贵州东南部苗疆社会的研究，恰恰缺失了最为基础却也最为重要的相关历史叙述，从而影响了研究者对该地社会历史演变的判断。因此，窃以为有必要在史料的广度与深度上进行拓展，以呈现苗疆初辟之时社会状况的诸多面向。梳理《南征日记》②，并结合对民间文献的解读，将有助于我们较为清晰地认识"开辟"初期及此前的黔东南"生苗"区社会结构。

《南征日记》，又称《援黔纪事》。该日记的资料基础，来自雍正十三年（1735）至乾隆二年（1737）清廷将领在平息贵州苗民起义过程中所存留的谕旨、塘报、信函、家书、口供、调查记录以及个人的日记等。在笔者看来，《南征日记》中的口供、调查记录，恰好能够反映开辟前后苗疆社会演变以及"生苗"区内的社会结构等方面的内容，理应引起重视。但长期以来，该日记的史料价值尚未引起学界足够的重视。③ 因此，本章主要以《南征日记》的相关记载为基础，系统呈现雍乾之际黔东南苗疆的社会结构情况。

第一节　"化外"与羁縻

历史上，受崎岖地貌的限制，与中原及周边地区相比，中原王朝对贵州进行大规模开发和经营的时间相对较迟。从开发的进程上看，大致是从四周逐渐向中心推进，黔西北和遵义一带经营较早，黔中和黔东南开发较迟。明代以前，中原王朝对贵州的经营大致经历了三个时期：第一，从秦

---

① 黄国信、温春来、吴滔：《历史人类学与近代区域社会史研究》，《近代史研究》2006 年第 5 期。

② 佚名：《南征日记》，中华全国图书馆文献缩微复制中心，1994。

③ 笔者管窥所及，目前仅杨德芳、李彬就《南征日记》展开专题性的论述。杨德芳从村落、人口、汉民、苗王、战术等五个方面对《南征日记》记载的内容进行概要性论述，以呈现雍乾之际"新疆六厅"的社会现状，参见杨德芳《从〈南征日记〉看雍乾之际"新疆六厅"的社会现状》，《贵州文史丛刊》2012 年第 1 期。李彬则通过比对方志等资料指出，《南征日记》的作者除了李椅，当还包括他的儿子李承宠，参见李彬《〈南征日记〉作者考》，《贵州文史丛刊》2017 年第 4 期。

汉至三国的边境经营时期；第二，从三国两晋至宋末的羁縻经营时期；第三，元朝在贵州推行土司管理，并形成兼备军管、行政统辖、土司代理、"生界"的自我封闭四大格局并存局面的时期。概言之，明代以前贵州地区分属湖广、四川、云南、广西等省统辖，绝大多数地区尚未设置郡县加以直接管理。永乐十一年（1413），明王朝将思州、思南两土司"改土归流"，以其领地为基础建立贵州行省，并陆续设置普安州、思南、思州、铜仁、乌罗（后并入铜仁）、石阡、黎平、新化（后并入黎平）、镇远等州县，集中在贵州东部。有明一代，贵州的辖地面积仅接近今贵州省辖境的一半。周边的其他地区，要么还属于"生界"，要么就隶属湖广、四川、云南、广西等省管辖，流官郡县也仅仅是统辖若干土司而已。行政辖区与"生界"交错，甚至是"生界"大面积横亘在贵州省内的行政辖区内，从贵州辖地到贵州辖地都得绕道而行。对这些管理上的纷扰和繁难，明廷虽百般努力，但直到明王朝灭亡，也未能排除之。① 明中叶以后，由于人民的反抗、交通的不便，明王朝逐步放弃了对以牛皮大箐（即雷公山）为中心的黔东南苗疆地区的统治，使其成为一个独立自主的特殊区域，即所谓既没有土司统辖，亦没有流官统治的"化外生界"，这种状态一直延续到清初。

　　虽然清政府的流官政府体系开辟之前没有能够在黔东南苗疆建立，但在地方官员看来，萦绕周围的各土司对这一地区存羁縻治理之实。如，对于古州一带，随着清廷官员的探查，方才知晓习称"八万古州"的该地，实际存在"里古州"和"外古州"的区别。雍正五年（1727），云贵总督鄂尔泰指出"前人皆未经历其地，统以八万古州名之，不免含混"，"臣看得八万、里古州即元时所置古州、八万洞军民长官司地也。在黎平之西南隅，自府城一百三十余里，抵古州土司所辖寨麻地方，又自寨麻五十里过八匡冲，即入八万、里古州之地。其间形势宽敞，田土膏腴，南自车寨，北抵乐乡，约长三十余里。而横阔之处，或十余里，或六七里，总计周围约有八十余里……总计约有四五千户，男妇大小，约有二万余丁。地势平衍，户口稠密，风俗颇称淳朴。去府治虽远，而于府属古州等土司，犹有羁縻之意。界内有古州江，其高敞处为诸葛营，相传诸葛亮曾驻兵于

---

　　① 参见马国君编著《〈清史稿·地理志·贵州〉研究》，第 1～11 页。

此。四望宽平，后倚大山，周围土垣，尚存基址。而古州江临其前，又有都江潆其右，溶江绕其左，二水回抱，汇合南流，直达广西怀远县界。江内现有小船，装载盐货，就近贸易，因多系生苗阻隔，不能行远。其土垣基址之内，可居住数百户，基址两近之外，地势亦皆平正，可居住数千户。若设立郡县，商贾往来，人员辐辏，较胜黔省内地，此里古州之大概也"。① 显然，按照鄂尔泰巡查后向皇帝奏报所指出的里古州位置，大抵相当于今贵州省榕江县城所在地车江大坝的主要范围。此外，外古州的范围，则主要是鄂尔泰奏折中提到的"府属古州等土司"。

需要注意的是，古州一带并不能等同于雍正朝"开辟"苗疆的地理范围，这一事实常常被以往的研究者忽略。据侯绍庄的考证，古州建置源于唐代的古州乐兴郡，后遂分为里、外古州两部分。"里古州"即今榕江县城左近一带，宋代称为"中古州"，曾先后置格州、从州，元代系"中古州乐墩洞"长官司治地，明代曾设古州卫，清雍正后置古州厅。而"外古州"，即今黎平、从江、锦屏等县全部或一部，唐代属古州乐古郡，宋代为王江古州蛮地，曾置平州，元代改为"古州八万"等长官司地，明代改置潭溪、古州等十三长官司，清代基本仍旧。侯绍庄指出，谭其骧主编《中国历史地图集》将"里古州"范围漫无限制地扩大到包括今黔东南州属的台江、雷山、剑河、丹寨、榕江等县的大片区域，这与历代文献的记载不合。将清雍正时期所谓"新辟苗疆"的各地，统称为"生苗"区域，亦不符合历史实际。在今榕江县城一带，元代即设有"中古州乐墩洞"长官司。明初虽被"弃之化外"，但这仅是说其政治地位没有被明王朝合法承认而已，其政治、经济势力并未自然消失。②

但是，从另外一个层面而言，尽管名义上设立在苗疆生界周边的这些长官司等土司政权与围绕在生界外围的苗民村落有羁縻之治的关系，但并不代表着身处其中的苗民即服膺土司政治的威权。这既是土司政治的威权走向衰落的表现，也是民间社会力量逐渐壮大之后对改善自身地位诉求的体现。从现存的民间碑刻等材料来看，土司治理下的苗民不仅自身有一套

---

① 《鄂尔泰奏八万古州一带苗民情形折》（雍正五年九月十六日），中国第一历史档案馆、中国人民大学清史研究所、贵州省档案馆编《清代前期苗民起义档案史料》上册，光明日报出版社，1987，第 7~8 页。

② 侯绍庄：《古州考》，《贵州文史丛刊》1983 年第 1 期。

村落联结体系，更进而对土司的威权发起挑战。这样的一个挑战过程发生在雍正朝大规模的改土归流之前，并且是持续地进行着。

从民间碑刻以及民族调查显示的资料中可以看到，至少在清初以来，在黔东南苗疆东部的黎平府属各土司治理下的村落人群中，存在以"款"为名的社会组织形式。这一地区，现今主要是侗族的聚居区。在这一区域里，曾存在着"九洞款""六洞款""二千九款""千三款"等款组织。所谓款组织，即侗族各村寨联合而成的村落联盟，有小款、中款、大款等不同的组织层次。[①] 有论者指出，款组织是群众性的自发组织，与国家政权组织并不合而为一，他们之间相互配合或抵触，矛盾时常出现。历史上，当政府的一些措施与当地群众利益发生矛盾时，村落人群便会利用款组织对抗政府的派粮、派款、派夫等一系列压榨。[②]

下面是位于今黔东南从江县高增村的一块石碑，可以供我们了解清康熙年间当地村落议立款约的情形。

高增寨款碑

为尝闻施事以靖地方。朝廷有法律，乡党有禁条，所以端士俗。近年吾党之中，有好强过人者，肆行无忌，勾串油火，敲诈勒索，危害庶民，凡是不依寨规款法，殊堪痛恨。是以齐集诸父（老）于楼前议款，严设禁条。凡婚姻、田土、民情纠葛之事，遵以长辈理论，其有不清，另请乡正、团长理明，决不容横行无理，奔城具控，咬情生事。倘敢仍入前辙，众等严处。地方欲兴盛，长宜正，老宜公，树以良风正气。鼓楼共育人，族长教子孙，老少同协力，有福同享，有祸同当。倘有受贿作弊，贪赃违纪，与犯同罪。立此禁条，开列于后：

——议偷牛、马、猪、羊、鸡、鸭，与挖墙拱壁、盗窃禾谷、衣服银钱、放田摸鱼等，共罚银钱二千文；

——议砍伐山林、风水树木，不顾劝告，罚银三千文；

——议男女婚姻，男不愿女，女不愿男，出纹银八两八，钱一千

---

① 参见石开忠《侗族款组织及其变迁研究》，民族出版社，2009，第50页。

② 参见向零《从江县九洞侗族社会组织与习惯法》，贵州省民族事务委员会、贵州省民族研究所编《贵州"六山六水"民族调查资料选编·侗族卷》，贵州民族出版社，2008，第1~2页。

七百五十文，禾十二把；

——议男女行歌做月，身怀六甲有孕，强奸妇女，女方出嫁，男出钱三千三百文赔礼；

——议内勾外引，偷鸡摸狗，伙同劫抢，为非作歹者，退赃物外，罚银一两四钱，严重众议；

——议男女拐带，父母不愿，男方赔礼十千，肉一盘洗面。父母养女，不得补钱；

——议山场杉树，各有分界，若有争执，依据为凭。理论难清，油锅为止；

——议卖田作典，不得翻悔，将典作断，一卖百了，粮税随田，不能无田有税，有税无田（当为"无税有田"——原整理者注），宜各理清；

——议横行大小事，不得具控，如有生端行蛮，众等罚银五十二两；

——议进行油火，嫁祸与人等项，罚银二十四两整；

——议偷棉花、茶子，罚钱六千文整，偷堆柴、瓜菜，割蒿草，火烧或养牲践踏五谷，罚钱一千二百文整；

——议失火烧房，凡自烧己屋，惟推火神与"割汉"；或有烧寨，须用两个猪推送火殃；火苗蔓延他寨，猪两个外，又罚钱三百三十文，失火烧石坟雕墓〔石雕坟墓〕者，亦同处罚。

康熙十一年七月初三日立①

由此说明，在清初以来的苗疆生界周围人群中，有着一套自成体系的社会组织形态与规约形制——例如上述的款组织。这一系列的组织运作实践，维持着基层社会秩序和结构的稳定。

雍正四年（1726），鄂尔泰向雍正皇帝上呈《改土归流疏》，世人对于清廷在西南地区的拓殖与行政管理加强的认知，大抵来源于此。在此背景下，经鄂尔泰之手，贵州境内的长寨仲苗、定番州与广西交界处的苗民，以及云南、贵州、广西和四川交界的乌蒙、镇雄及泗城土府纷

① 张子刚搜集整理《从江古今乡规民约实录 从江历代告示实录》，中国科学技术出版社，2013，第1~2页。

纷归顺。① 此番情境下，雍正五年，清王朝对贵州东南最大的一块"生苗"区的开辟也提上日程。再者，需要明确的是，开辟黔东南苗疆是开疆拓土，而非改土归流。概因开辟之前，苗疆地区并没有土司建置。②

所谓的"生苗"区，乃是介于里古州与贵州黎平府、镇远府、都匀府以及广西的罗城县、荔波县等内地州县或土司辖地之间的一片区域。③ 鄂尔泰奏称："由此（指里古州——引者注）东去一百八十余里，为黎平郡西之境，而有八匡冲等处生苗间之。西去一百七十余里，为都匀府属烂土司之境，而有滚粽、千家等处生苗间之。北去二百八十余里，为黎平郡属清水江之境，而有山婆、乌矮等处生苗间之。东南七十余里，为永从县郎巨洞之地，而有苏洞、延洞等处生苗间之。西南一百四十余里，为广西荔波县水西之境，而有都江、八飞厂等处生苗间之。东北五十余里，为黎平属曹滴土司之境，而有高丽洞、寅赖洞等处生苗间之。西北二百一十余里，为镇远府凯里司之境，而有丹江、勒往等处生苗间之。四境所至，八方所到，均属内地。其中约有一千二三百里，其寨约有数千，其户口约有十数万，可设两三州县，并可建一府以统率之，此里古州以外四至之大概也。"④ 在这段叙述中，鄂尔泰重点分析了里古州之外的各处生苗所在的主要据点，以及其寨分数量、人口规模，既要强调其详细调查与前人笼统叙述的区别，更是要承续上文其开辟此地建立郡县的设想。

鄂尔泰勾勒的里古州以外，与都匀府、镇远府、黎平府以及广西荔波等府州县辖境之间，这"一千二三百里"地方的生苗杂处寨分、人口，数量非常可观，可为两三州县的幅员规模。鄂尔泰目的非常明确，即是郡县其地。当然，鄂尔泰也明白，要在此建立郡县，并非易事。其中有几个关

<hr>

① 韩昭庆：《雍正开发贵州的决策过程、原因及其影响》，《历史地理》第 24 辑，上海人民出版社，2010。
② 杨庭硕、罗康隆：《西南与中原》，云南教育出版社，1992，第 216 页。
③ 黔东南"生苗区"的空间范围，可参见韩昭庆《清初贵州政区的改制及影响（1644~1735 年）》，《历史地理》第 23 辑，上海人民出版社，2008；《康熙〈皇舆全览图〉空间范围考》，《历史地理》第 32 辑，上海人民出版社，2015；《康熙〈皇舆全览图〉的数字化及意义》，《清史研究》2016 年第 4 期。
④ 《鄂尔泰奏八万古州一带苗民情形折》（雍正五年九月十六日），《清代前期苗民起义档案史料》上册，第 8 页。

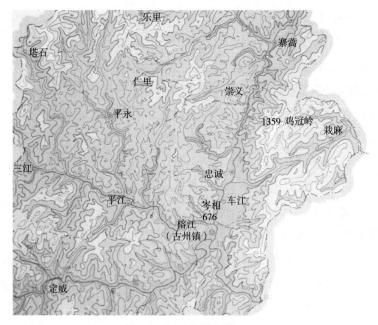

图 1 - 1　里古州位置示意

图片来源：根据《榕江县志》之《榕江县地势图》制作。

键点，例如丹江："查此一段生苗地界，虽属宽广，而要隘总汇之区，在黎平者则为古州，在镇远者则为九股、清水江，在都匀者则为八寨，在凯里者则为丹江……惟丹江一处，敢于抗违者，总因寨分稠密，壮丁有三四千人。加以勾结附近胁制群苗，通计不下六七千人，而且枪械极多，狡悍异常。"①

雍正八年（1730），鄂尔泰认为"古州三保地方，贴近诸葛大营，而车寨尤逼处营侧，营基旧为伊土，今既就地建营，岂遂帖服。况抚臣张广泗往招抚时，原止结以恩惠，并未示以兵威……去岁在黔时，曾面嘱张广泗，谓必当相机剿除，以图善后"，随后以口、月、寨头、藏弩、江墨、田墨等六寨勾结山苗作歹为由，调兵对该等寨分进行了剿洗。② 当时，土舍杨茂枝曾带领口、月、田墨等寨跪求招安就抚，贵州按察使张钺亦准予

────────────

① 《鄂尔泰奏剿平丹江苗寨折》（雍正六年十月二十日），《清代前期苗民起义档案史料》上册，第 14 页。

② 《鄂尔泰奏剿抚黔苗备细情事折》（雍正八年七月二十四日），《清代前期苗民起义档案史料》上册，第 54 页。

招安。但鄂尔泰则认为万万不可,并坚持应对古州、三保一带的村寨进行剿除,"臣随札嘱抚臣,并飞谕军前,古州、三保既未示以军威,亦未晓以法纪,寸铁未缴,一人不杀,而骤望其宁帖,无此理,无此事。此番反复,固早在意料之中,犹不幸中之幸事。今六寨肆恶,其中必有一主谋,时刻隐忧者车寨耳,今反以车寨洗白为辞,若无反念,何用洗白。既欲洗白于后,何不出首于先。口、月等寨在所必戮,而车寨亦须审察,万勿失此机会,更待后举。本部院身受殊恩,捐糜不能报。凡事务筹远久,断不忍少有支饰。难固不辞,罪亦不避,倘目前惟图苟安,日后又将有事,即迟至十年、二十年,官去身亡,犹有余愧,犹有余恨,此即谓人禽介盗贼心也"。① 由此,随后寨头等六寨被剿洗。这一仗亦是清廷开辟里古州的立威之举。随后便是我们比较清楚的清王朝开辟"新疆"的过程。②

雍正九年(1731),鄂尔泰奏古州大局全定折,认为"黔属古州地方,道里辽远,山川险深,村寨稠繁,人丁顽悍,自历经剿抚,已八九就绪……目下古州大局始可谓全定,但得任黔文武,各摅忠诚,加意抚驭,绝汉奸之往来,严兵役之骚扰。勿有事而隐讳,致小成大,勿无事而铺张,计赏希功,则数年以后,将为富庶之乡。即黔属内地,皆有所不如,臣亦与荣光而志愿遂矣"。③ 正是基于这样的判断,随后鄂尔泰、张广泗、尹继善等人加快了对黔东南苗疆的军事开辟进程。④ 然而,雍正十三年在古州厅八妹寨爆发了席卷整个新辟苗疆的包利、红银之乱,贵州固有的兵力无法平息。清政府增调滇、蜀、楚、粤等省汉土官兵二万三千余名,历时近两年,在乾隆元年(1736)九月才平定了这次动乱。从地理空间的范围来看,八妹寨的位置是在鄂尔泰描述的里古州范围之外,位于里古州与周边州县之间的"生苗"区。官方的档案之外,参与平定此次动乱的清廷将领的记述,则为我们了解雍乾之际黔东南"生苗"区村落社会结构提供了更为详尽的史实参考。

---

① 《鄂尔泰奏剿抚黔苗备细情事折》(雍正八年七月二十四日),《清代前期苗民起义档案史料》上册,第 55~56 页。
② 参见马国君编著《〈平苗纪略〉研究》。
③ 《鄂尔泰奏剿古州大局全定折》(雍正九年九月初二日),《清代前期苗民起义档案史料》上册,第 77~79 页。
④ 参见余宏模《清代雍正时期对贵州苗疆的开辟》,《贵州民族研究》1997 年第 3 期。

第二节　雍乾之际苗疆的村落、人群与组织

既往研究成果初步呈现了雍乾之际黔东南"生苗"区内村落、人群与组织的概况。杨德芳据《南征日记》揭示，"新疆六厅"的苗族村落沿牛皮大箐及清水江依山傍水地星罗棋布，共计 1224 寨。村寨规模大小不一，少则数户，多则数百户，通常在数十户。村寨间的距离远近不等，通常在数里至数十里。需要注意的是，李椅在《南征日记》中，并非简单地对村寨的情形进行罗列，而是以牛皮大箐作为分界，将箐内、箐外的村落寨一一呈现，并各有侧重。对箐内的介绍，侧重阐释此前清廷并不了解的村落数量、人口规模等内容；对箐外的介绍，则侧重记录、描画村落之间的联结、苗民动乱势力内部的阶序，以期系统地呈现黔东南"生苗"区的社会结构等内容。由此，我们对这次动乱的策动、组织规模等诸多情形有进一步深入的了解。

不仅如此，《南征日记》的记载还揭示，负责传译苗语的通事群体在清军开辟苗疆的军事活动以及战后的人口调查和田土登记等诸事项中，都发挥了极为关键和重要的作用。[①]

一　牛皮大箐内寨分、人口的详细情形

雍正十三年（1735）十一月，经略苗疆事务湖广总督张广泗，分兵三路进剿"生苗"区。其中的一路，是张广泗与副将军董芳所率领，进剿清水江、古州、椰洞（即朗洞）。张广泗称："其清水江苗寨繁多，地势深广，又接连古州、椰洞并清江下游各逆寨，臣率同副将军臣董芳亲赴清江协城驻扎，派令襄阳镇臣焦应林、广东副将马成林、湖广副将李椅、清江本协副将柳定国等，带兵五千名进剿。"[②]

---

① 参见陈支平《"番社"通事的作用及其弊病》，《台湾文献与史料钩沉》，商务印书馆，2015，第 211～224 页；朱映占、张媚玲《通事在近代康区治理中的作用及思考》，《云南师范大学学报（哲学社会科学版）》2017 年第 3 期；等等。通事，又称通司、通译、通人、舌人、翻译等，多指从事口头翻译者，服务于清代设在边疆民族地区（如藏区、台湾、苗疆等地）的军事、行政机构。

② 《张广泗奏攻克上下九股等处苗寨折》（雍正十三年十二月二十日），《清代前期苗民起义档案史料》上册，第 119～120 页。

图 1 - 2 牛皮大箐及其周边寨分示意

图片来源：根据雷山县地图、《南征日记》、《雷山县地名志》绘制。

自乾隆元年正月至三月这段时间，清军的主要策略是将丹江、古州等处的"为首悍恶大寨"剿灭殆尽，并屯兵牛皮大箐各路出口，搜捕藏匿其中的首逆包利及其余逆。从地理位置上看，这些悍恶大寨，与牛皮大箐的位置，基本上是在内地与里古州之间间杂的"生苗"区。雍正十三年十二月初十日，李椅率兵至鸡摆尾（今剑河县摆伟村）。二十七日，移营交汪（今台江县方召乡交汪村）。乾隆元年正月初十日，驻营世登（今台江县方召乡世登村）。二月十一日，移营南工（今台江县南宫乡）。五月二十八日，拔营，至白索汉（今剑河县南哨乡白索村）山梁扎营。这一段时间，李椅及其部属，主要在雷公山周边活动，即丹江厅、台拱厅、清江厅、古州厅交界的这一带"生苗"寨分，逼近牛皮大箐。

牛皮大箐，即黔东南的最高峰雷公山。"雷公山，深在苗疆，为台拱、清江、丹江、麻哈、凯里、古州、八寨交界之地。绵亘二三百里……向为生、熟苗逋逃之薮。乾隆初，包利、红银等叛，经略张广泗遣兵围剿窟穴一空……即昔所称牛皮箐也。"① 李椅称："自正月初旬起至三月底，凡新疆内

---

① 徐家干：《苗疆闻见录》，吴一文校注，贵州人民出版社，1997，第82～83页。

之为首悍恶大寨，如丹江之防里、乌尧、桃绕、排提、马家屯、鸡勇屯、乌叠、昂牌等七十余寨，高坡之乌罗、番排、交上、交工、南工、交篾、交包、交乌、交歪、鸡花等四十余寨；古州之羊色、扣里、羊吊、洞里、高枯、八倒、傍洞、官舟等二十余寨，又滚纵之乌婆、摆列、摆吊、斗如等逆寨，以及山苗内之摆调、方胜、加照、加挠、加支、加雄等三十余寨，无不毁其巢穴，燔其积聚，诛戮其凶顽，俘获其子女，所余余孽，悉窜入牛皮箐中藏匿。各路镇将，尾后穷追，逐渐逼紧，俱屯驻箐口以坐困之。"① 关于高坡，《苗疆闻见录》的记载称："高坡，在丹江东南，为高坡苗地。横亘清、台、丹、古之间，为台拱赴丹江要路。"② 对于牛皮大箐，不仅外来的军事力量此前从未能够进入此地，即便是本地的苗人，亦只能知道其附近的大概，对内部的情形，同样一无所知。李椅称："牛皮大箐绵长数百余里，横亘于新疆之中，峭壁悬崖，高出云表，深林密树，雾雨不开，泥泞没膝，虺蛇交行。不但从来兵威所未临，即人迹亦所罕到。询之本地苗蛮，亦止能知其附近大概，不能悉其幽邃深远。"③

雍乾"苗乱"中妄称苗王的包利等人，于是次清廷围剿牛皮大箐的军事活动中被生拴或斩杀。《南征日记》中通过记叙包利的从逆、共犯等的口供，陆续呈现牛皮大箐的村落、人员信息。如乾隆元年三月，李椅记载称，当时拿获包利长子阿两以及包利等遣出探事之奸细罗阿簸，据罗阿簸供称包利、往利、枉洞等于三月初六日，俱逃至俺古地方。起初，张广泗并未轻信罗阿簸的供词，及至将其与包利的长子阿两的供词相印证，方才相信。但张广泗对于俺古等地方一无所知，他称："所供俺古等寨，非只询问汉民、通事人等，无有所知者。即询之拿获诸苗，亦多不知，但云供离咱刀不远。"④ 由此，观前述李椅所称时人对于牛皮大箐内的情形并无多少了解，看来所言非虚。

俺古的确切位置是张广泗特别关注的。俺古离丹江厅城约五十里，原有三百多家居住，官兵围箐、进剿后，仍有一百五十家，并附近的蜡方、蜡脚等二寨，以及周边被官兵赶追逼入箐内的苗民，男女共六七千人。罗

---

① 佚名：《南征日记》（下），第720页。
② 徐家干：《苗疆闻见录》，第105页。
③ 佚名：《南征日记》（下），第720~722页。
④ 佚名：《南征日记》（上），第532~533页。

阿簸称：

> 小的是黄平州泥坑革兜，年二十三岁。去年四月间，黑苗到寨里，小的投了他，拿把长靶刀，在破塘打了一仗。官兵进来，小的走在空稗，随他在朗、蒿跟官兵打了一仗，又在平寨打两仗，小的得了一斗米。又随桃绕苗子困鸡讲，官兵打了桃绕，小的躲在箐里。傍桃绕这边山，不过一二千人，都住的零碎。箐里有个螺蛳寨，黑苗叫作俺古，那里聚的人多。小的在那里了三个月，那寨里有三百多人家，也有田地。三月初六日，枉洞跟着六个人，包利跟着十个人，往利跟着八个人，从那边山走到那里，对众苗子说，于今你们要种田，我们躲的这个处所，不怕官兵，他要进来我们跟他打仗。叫小的出来探听，看外边苗子种田没有。若外边苗子种田，就是招安的多了，他就不出来跟官兵打仗。若是外边苗子没有种田，就是没有招安，他就来跟官兵打仗……从螺蛳寨一天走咱刀，咱刀一天走丹江，到鸡讲被苗子送出来了……那里只有三个寨子。一个叫做蜡方，一个叫做蜡脚。这两个寨子住的人叫得应，没有得田。俺古在河这边，蜡方、蜡脚在河那边，离俺古十里。蜡方、蜡脚过去也是大箐。听见人说，走两天就是八寨的翻仰、翻扛地方……俺古走咱刀，官里二十五里。咱刀走俺哑，到官兵营盘跟前，官里二十里，就望见丹江城……俺古有一百五十家，蜡方有二十家，还有别寨苗子，是翻仰、翻扛那边，广东、广西的兵赶在蜡方箐里。男女有六七千人……官兵起先搜箐到咱刀，后来退出到丹江河边田坝坡顶扎营，并不晓得里头有这个寨子。①

张广泗随后继续审问包利的长子阿两，以印证俺古寨的信息。"你昨日供称，你老子原在交歪，因官兵搜箐，走往排喇山，在俺瓮地方没有饭吃。鸡卡苗子来拿，把你老子上背上戳了一标，你老子抽刀把那苗子砍倒就跑脱了。如今拿着这狄猪，据他说你老子于初六日已逃往俺古地方，与你的口供不对，可是你说谎了？"阿两则供称："我与老子大家逃散已六七日了。我老子怎么样从排喇山又逃往俺古去，我不知道。我也从没有听见

---

① 佚名：《南征日记》（上），第541~543页。

说有个俺古寨，排喇山到俺古多远，我也不知道。"① 显然，若非审问罗阿簸，或许至此清军内部对牛皮大箐内寨分、人口的情况，仍将是一无所知。按罗阿簸的供词，螺蛳寨（亦即俺古）是一个有着三百多人家（未确定是否为"户数"）、亦有田地的村落。笔者查阅相关的地名志，并未找到螺蛳寨的确切所在。② 但罗阿簸的供词中提到的其他地名，却大多有迹可循。如咱刀，即今雷山县大塘乡所辖咱刀村，海拔 940 米，四面环山，多为梯田坡地，地处山脚，沿坡建村，呈块状聚落。③

　　上述这一类的供述信息，在官方档案中几乎无迹可寻。需要指出的是，《南征日记》中所载张广泗审问所得的供词，曾抄录给各路将领。但在现存的官方档案记载之中，相关将领上报给乾隆皇帝的奏折里却只字不提牛皮大箐之内的寨分情况，仅奏报箐外搜捕的情形。如具体负责丹江军务、统领四川汉土官兵署四川川北镇总兵官王廷诏的报告："（二月）十九日兵抵丹江马家屯，蒙经略臣张广泗委臣统领川、黔、粤西官兵，即驻马家屯军营，办理大小丹江、鸡讲、空稗一带一百六十二寨剿抚事宜……经臣派遣官兵，于桃绕、乌东、在旧、咱刀、排喇、排来、高坡、乌迭、乌尧、防里、空稗、排养等箐逐加扫荡，斩擒凶首逆党及其家属共一千六百七十四名口，并得获缴献之枪刀、矛弩、铁盔、铁甲、炮位等项共四千七百九十八件。又缘苗疆至深极险之处，有牛皮大箐，从来官兵未曾经临，人迹亦所罕到，逆苗恃为狡窟，各处凶苗窜匿其间。蒙经略臣张广泗檄派八路会兵剿洗，臣遵于四月初五、初六日，遣发官兵深入会剿交蜡、乔落、方有罗、乌罗一带深箐，涉险钻林，曲折迂回，极力穷搜，毁其巢穴，焚其积聚。而箐边皆屯一寨，藏匿凶苗，卖米以供逆食，因即剿洗尽净，共擒斩逆苗男妇子女一千一百七十八名口，并获枪刀、矛弩、铁盔、铁甲、铜鼓、炮位等项共四百〇六件。"④

---

① 佚名：《南征日记》（上），第 546～547 页。
② 雷山县人民政府所编《雷山县地名志》中，响楼乡内有一名为"螺蛳盖"的岩包，兀立江渚，形如田螺，故名，为"丹江八景"之"螺屏晚照"。参见雷山县人民政府编《雷山县地名志》，内部资料，1984，第 72 页。
③ "咱刀"系苗语音译，意为"深深的河谷"。参见雷山县人民政府编《雷山县地名志》，第 120 页。
④ 《王廷诏奏统领汉土官兵赴黔折》（乾隆元年五月十五日），《清代前期苗民起义档案史料》上册，第 167～168 页。

　　造成官方档案并未记载箐内情形的原因是多方面的。这并非信息沟通不顺畅的缘故，更多的可能是地方官员故意不将确切信息禀报。例如，对于雍正十三年新辟苗疆发生动乱，有谓地方官征粮不善乃致乱之由，但当时的古州镇总兵官韩勋以及贵州巡抚元展成向皇帝上报的奏疏，皆不报告存在征粮不善的实情。因此，韩勋等有酿乱激变之嫌，是官吏贻误封疆之罪，却始终不为中央政府所闻知。① 另外，从时间上来看，如罗阿簌供词提及三月初官兵搜索到咱刀即止，王廷诏对牛皮大箐内的信息或许确实仍无所知。但在经历了四月份的搜箐之后，五月份所报的信息却仍只录所杀"逆苗"人数及缴获枪械数量，若非故意隐瞒，则或许是其认为这些信息并不重要，不用上报。当然，即便是在张广泗本人的奏报中，亦仅提及牛皮大箐的一般性概括，如"窃查牛皮大箐为新疆至深极险之区……但牛皮为大箐之总名，而此内之箐名不一处……查各箐之附近加照、柳牌者，为交蜡箐、乌罗箐，附近咱刀、在旧者，为在旧箐、排喇箐、乌罗箐"，于是分派官兵严行搜剿，并于险要处酌拨官兵驻扎，以资堵截。②

　　由此可见，《南征日记》较为清晰地呈现了当时牛皮大箐内的寨分及人口情况。此外，《南征日记》中除了俺古等寨的情形外，对牛皮大箐内其他寨分的人群、社会组织情况，则并未过多述及。这或许是牛皮大箐内恶劣的自然环境，让清军无法做过多的踩探所致。但更为关键的则是乾隆元年四月初五日，随着包利等被擒，张广泗等经过多次搜捕后，认为箐内已无逆犯藏匿，遂调整策略从"生苗"区撤兵，而转向对内地州县及新辟

---

① 民国《贵州通志·前事志》第三册，贵州文史研究馆校勘，贵阳人民出版社，1988，第256页。

② 《张广泗奏苗疆事竣回兵内地折》（乾隆元年五月二十六日），《清代前期苗民起义档案史料》上册，第169～170页。《南征日记》对这些情况的记载则是："三月二十日，接经略批……川北镇暨曾副将等来禀，抄录附去，阅悉可也。此缴。统领四川汉土官兵署四川北镇王廷诏，谨禀宪台大人阁前，禀者十五日，廷诏据前差踩探首逆包利、生羊等踪迹之囊荡寨头人阿骚禀复情由，随于遣拨官兵前赴咱刀驻防缘由禀内禀明。但思亲到交蜡之苗人，廷诏未得面询情形，不能悉其底串。随复唤阿骚，打发探信之小苗阿里，面加细询。据称，小苗踩探之交蜡山大箐边乔落，系一小山，遍山刺竹。原是砍开的一条路，进去里边有一道木城，小苗到了那木城外，遇见黄土寨的苗人，说你不要进去，你是投了老皇招安了的人，若是见了你定要杀的。小苗问包利、生羊都在这里没有，那苗子说包利、生羊都在这里边，还有挂丁、狼号、开怀、黄土寨的人，约有一千苗人在这山上木城里。自乔落、交蜡至牛皮箐俱有一堆一堆的人，妇人、娃娃都在箐后牛皮箐内。"《南征日记》（上）第560～565页。

苗疆等处的搜捕。

此外，《南征日记》的记载还进一步呈现了当时"倡乱人群"的自我区分与联合。如罗阿簸自称并非俺古寨的苗人，而是黄平州泥坑的革兜，清廷的官方记录则称其为木狫。革兜即"犵兜"，乾隆《镇远府志》载："犵兜，镇远、施秉、黄平皆有之。好居高坡，不篱不垣。男子衣类土人，女子短衣偏髻，绣五彩于胸、袖间，背负海巴蚕茧，累累如贯珠。人多嗜酒，四时佩刀弩入山，逐鹿罗雀。其药箭伤人，见血立死，然无敢为盗。"① 这部分人群，在今天被称为革家。罗阿簸提到："俺古有六家革兜，都死了，只剩小的一个。"再结合上文其称黑苗、称螺蛳寨为俺古，当知实际上存在着一群被革兜等称为黑苗的人。这显示了当时不同的人群之间实际上存在着的自我区分。再者，雍正十三年四月，当作乱的黑苗到了黄平州的泥坑，罗阿簸即投靠了黑苗，并先后在破塘、空稗、朗洞、寨蒿、平寨等地同官兵打仗，最后才躲到了牛皮大箐之中。这些叙述，本身即已说明，尽管在黑苗、革兜这些人群之间存在自我的区分定位，但这并不妨碍他们在这场动乱之中聚合。

这也是我们深入思考雍乾之际苗疆动乱时的人员策动、组织运转的一个方向。传世文献记载，黔东南的苗民习惯以"苗王"出世作为动员的策略，以组织苗众对抗中央王朝的军事力量。明正统末年，贵州兴隆（今黄平县）苗民韦同烈称"苗王"，与镇远苗民金台等发动声势浩大的武装动乱，围攻清平、兴隆、平越等卫所。嘉靖《贵州通志》记录这段史事时，称："景泰二年二月乙亥……进至贵州之兴隆、清平、平越，其贼伪称苗王韦同烈等，犹乃胁众据险香炉山寨。其山壁立千仞，环盘二十余里，大兵环列扎营，旌旗耀日，戈矛飞霜，苗众遂以贼首韦同烈等缚送军门，以其为元恶也。械送京师，明正其罪。"② 由此可见，以"苗王"出世作为发动军事动乱的斗争口号，似乎一直是"向无君长、互不统属"的苗疆生界民众对抗王朝国家的策略之一。

贵州学者燕宝较早注意到苗族谚语传说与苗族民间文学叙事中关于

① 乾隆《镇远府志》卷九《风俗志》，《中国地方志集成·贵州府县志辑》第16册，巴蜀书社，2006，第88页。
② 嘉靖《贵州通志》卷一二《艺文》，《中国地方志集成·贵州府县志辑》第1册，巴蜀书社，2006，第490页。

"苗王"的矛盾现象。此即一方面传世的苗族谚语称"穷汉无粮，苗家无王"；另一方面苗族民间文学故事和诗歌，如《阿秀王》、《独戈王》、《百鸟衣杜王》和《娥扎与召觉诗娜》等的主人公，最后都做皇帝，民间称他们为"苗王"。对这一矛盾的现象，燕宝指出：第一，"无王"论，指苗族没有正统观念上所谓的"真命天子"——皇帝，历史时期以来苗族不曾建立过中央集权的国家，也没有国家的最高统治者——"苗王"；第二，"有王论"则是文学上的虚构。民间文学上的"苗王"，都是反抗封建帝制压迫剥削的英雄，他们是人民群众的保护者。受此熏陶，在历代的苗族斗争中为了团结与号召群众，积聚和壮大力量以对付强大的敌人，便树起"苗王"旗帜。①

对于"苗王"的性质，有学者指出，这只是一种临时称号，并不是正式组织的首领及其封号。通过对流传于贵州黔东南清水江地区苗族民间故事《独戈王》《力王》的梳理，并结合雍乾之际苗民起义的档案记载，孙秋云指出，苗族民间故事中的"苗王"，都不是依靠或指挥什么组织同皇帝争天下，而是逞个人之勇，或依靠个人的"奇遇"、秘密武器同皇帝争天下，并且在争得"天下"后自己仍然是一个自食其力的普通农夫或樵夫，在组织与制度方面没有任何建树，苗王看来虽然是最高首领，但并无最高指挥权力。因此可以断定，这样一种"苗王"称呼，主要是标榜个人某一方面的能力与魅力，借以号召群众，树立威信，是苗人民间古老的巫术活动。② 此外，孙秋云借鉴澳大利亚人类学家 W. R. 格迪斯关于苗族统一共同体意识的理论，来解释无君长、不相统属的苗民为何在暴动或起义时又能联结成一个超越部落和村寨界限的大族群集团。

正是基于这样的"苗王"崇拜意识与斗争策略的选择，雍正年间，当黔东南苗疆生界民众遭遇清王朝的军事开辟时，便仍然选择以"苗王"出世作为对抗清王朝的策略。相关的研究成果事实上已经注意到雍乾时期包利、红银以"苗王出世"鼓吹苗民发动军事动乱的史实。如杨德芳认为，鄂尔泰奏准"开辟苗疆"前黔东南"苗疆"尚处于父系氏族社会的原始社会末期，尚未出现阶级分化，亦无"苗王"之事、之说。因而，她同样

---

① 燕宝：《"苗王"小议》，《贵州民族研究》1981 年第 2 期。
② 孙秋云：《核心与边缘：十八世纪汉苗文明的传播与碰撞》，第 249～253 页。

对何以雍正十三年春会盛传"苗王出世"，并在此鼓动之下，在新设的"新疆六厅"范围内能一呼百应地形成声势浩大、震惊朝野的大动乱提出疑问，并尝试从《南征日记》的零星记载中寻找答案。她指出，雍乾包利、红银领导的苗民起义，系包利等承头在官府强大军政威压下，进行整一年的准备、秘密布署之后方行的暴动，而非当时清王朝官员所称的，系"愚昧"的数十万苗民一时听信"妖言"而轻率骤发。① 但这一解答并未能够告知读者，为何包利等人可以在尚未出现阶级分化的该地，短期内即能有效地进行人群的串联。这其中，当还有许多值得进一步思考、探析的地方。《南征日记》的内容则进一步呈现了苗疆内部及周边寨分中的人群结构、阶序，如"老虎汉""巴尚"等，为我们进一步探讨这个问题，提供了新的材料。

二　牛皮大箐之外生苗寨分内部的组织结构

尽管在宦黔士人的笔下，在雍正年间开辟之前，黔东南苗疆生界是"不通声教、不服王化"的化外之地，但是在事实层面，内地州县民人与苗疆生界内的人群往来并未受到阻隔。并且，往来苗疆生界的内地州县民人，在清廷军事开辟苗疆时充当通事，助力清军。因此，清廷将领对于苗疆社会组织、人群状况的认识，便经由通事的帮助而获得，由此而呈现了生苗寨分中的王、将、巴尚、老虎汉的阶序。

乾隆元年四月初五日，包利被带领土兵搜箐的通事徐良、王士英搜获。五月下旬始，参与平定这次苗乱的清廷各路大军，陆续从新辟苗疆各处撤出，开始搜索苗疆周围内地州县附逆"生苗"逞凶的人员，并调查其组织情况。《南征日记》称："自四月初旬起至五月中旬止，牛皮大箐之内暨四旁岩穴之中，往返严搜，委无藏匿。新疆已定，回兵内地，办理清江下河两岸苗寨，并台拱所属之大小两江，以及凯里、清平、黄平、施秉一带余孽，内辖熟苗附和新疆之苗逞凶，无所不至。"② 此时，李椅及其辖下军队的主要活动区域，集中在雷公山以东、清江厅属南部与古州厅属交界的地带，军营驻扎在清江厅属白索汉山梁，依靠通事提供情报。如，

---

① 杨德芳：《从〈南征日记〉看雍乾之际"新疆六厅"的社会现状》，《贵州文史丛刊》2012 年第 1 期。

② 佚名：《南征日记》（下），第 722~723 页。

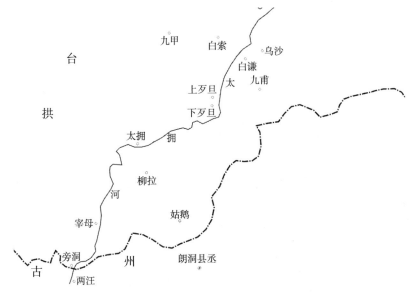

图 1 - 3 九溪协军队驻地白索山梁及其周边村寨示意

图片来源：根据《剑河县志》之《清代图》、《南征日记》绘制。

乾隆元年四月初六日，据通事王朝聘、姚国泰、杨士贤同歹赖寨苗白洁、翁泥寨苗乜格等，拿献已获昂倩寨巴尚讲刁累、泥简尧，并各寨苗人供出之昂速寨首先砍牛、立话、埋石，指使巴尚做事之黑计一名。①

据通事的报告，"巴尚"是各寨中的首恶之人。乾隆元年六月初四日清江厅土舍王君奇的报告，进一步揭示了其所管辖范围之内各寨"巴尚"的姓名。王君奇报称："土舍于雍正七年内，招抚共计三十余寨，管理六载钱粮夫役，各寨苗民均皆畏威守法。讵料十三年内，古州恶苗反叛。土舍管理之寨分，虽皆同声附和，但其中有敢于为首，邀约四面寨分者，莫如旁洞，宰母，柳拉，姑鹅，姑欧，九丢上寨、下寨，歹旦上寨、下寨等处。土舍查实为首者，不敢隐匿，是以将首恶之名具〔据〕实开呈：旁洞寨巴尚枷两、甲机牛，宰母寨巴尚故生重、往九、老麻，柳拉寨巴尚包乜同、故乔透、包耨收、绞包、刁九乜、冒绞、乜梭、今往生，姑鹅寨巴尚文德、故我，姑欧寨巴尚老田、补应鬼，九丢上寨巴尚我怀毛呵，九丢下寨巴尚九西我怀、抱包绞木，上歹旦巴尚金党陋，下歹旦巴尚故往、救

---

① 佚名：《南征日记》（上），第 620 页。

养、今往、养计六。"① 从王君奇的报告看，各寨的"巴尚"数量不一。
从组织结构看，也不是最高的领导者，其上还有"指使巴尚做事之黑计一
名"。而后续报告显示，黑计系一人名，年七十，尚不清楚其在相关组织
中的地位。②

此外，还有"老虎汉"这一人群存在。与此前摧枯拉朽般地扫灭悍
恶大寨不同，乾隆元年六月初六日在九甫寨，清兵遭遇了一次规模不小
的抵抗。李椅向张广泗的禀报中提到了守寨"老虎汉"的抵抗："酉刻，
据差同破寨兵丁崔世英等回营禀称，九甫逆寨妇女早已藏匿，守寨的俱
是些老虎汉，约有二三百人。筑有木城、石城三道，下有梅花桩、竹
签、柞刺，挖断道路，防范甚是坚固。官兵近寨时，贼披马面铁甲，伏
着不动，只在枪眼里放枪，打有两个时辰狠仗，三路官兵分作五股头齐
上，越城破门，贼才不及放枪，彼此用石头、打刀砍，贼始奔窜。斩杀
多少，因才收兵扎营，尚未清查明白。小的听说杀了十五个苗子等
语。"③ 这些被称为"老虎汉""巴尚"的苗人，在《南征日记》随后的
记载中，或被本寨苗人拴献，或被通事等带人拿献。李椅的记载亦特别关
注、探究各个寨分的人群作乱的原因，初步揭示，"生苗"以"苗王"出
世为联结，并以对付客家（即外来的汉人）的名义"倡乱"。

如在清军审问九甫寨为首的大巴尚我交固因何起意作叛、曾去何处打
仗的记载中提到，"他曾上天去来，见天上有牛，又有项圈。故此，同九
间苗王党牛由，前去古州打仗。回到本寨约众人都做巴尚"。④ 又如，"据
金毛、九梢等供，宁商汪、汪我包兄原没有打旗，他勾合交包的交脚，来
抄王甫龙的家。又说金毛与客家做一边，天天同这些王，将要来杀金毛，
又不许寨上人与客家做一心。这两个实在是狠人，我包漏毛九累，打白旗
巴尚，到古州见王，又到番招各处打仗是实"。⑤ 又如，"据白东狨供，年
五十一岁，是歹赖寨人。去年我们寨里辛包狨的老婆革金路，讲起鬼话
来，接养噶就作打旗的巴尚。辛条邦、车包拉、包朗绞们就砍牛，他三个

---

① 佚名：《南征日记》（下），第 747 页。
② 佚名：《南征日记》（上），第 622 页。
③ 佚名：《南征日记》（下），第 755 页。
④ 佚名：《南征日记》（下），第 831 页。
⑤ 佚名：《南征日记》（下），第 767 页。

都是吃牛心头的人。我只喊我们本房的人往柳拉、柳哀去见甘讲翁。又叫本房的十多个人,去打孤婆寨。因孤婆寨与客家做一样心事,他们去抢得三只牛来,今年都赔还了。我又叫侄子辇潘涛,同本房二十多人到番招去打仗,我自己没有去等语"。① 再如,"据九我辛供,年六十二岁,白汉寨人。去年苗反时,本寨仰西古去见苗王回来,就叫我们砍牛,相约杀客家,是我拿杆,后来轮班到南库守路堵兵,我只带把刀,拿把斧头,他们棚子里放得有杆子,我们轮流使用等语"。② 不仅如此,清廷审问作乱苗人的供词还显示,雍乾"苗乱"是由数千"生苗"寨分的联合而推动的。如九丢上寨苗人我包漏宁的供词称,"去年苗子反,是二千八百寨都约了做。我们本寨的金奴狡说,古州那边出了王,叫我们去看王,取银子,我带把刀同九州的噶包陇去到朗洞就转回来了"。③

需要注意的是,在造势"倡乱"之后,这些"生苗"寨分的村落人群组织结构,依据王、将、巴尚、老虎汉的序列呈现。《南征日记》此后记载的主要内容,大体上集中在向上汇报搜查各寨所得到的王、将、巴尚、老虎汉等的人数及其供述。从中,还进一步体现了王、将、巴尚、老虎汉所拥有的田土情况。这在由通事带领"生苗"寨分的头人汇报各寨"绝户田土"的人口、房屋、仓储、田地的数量,以及田地的形状和收成中得到体现。

如,乾隆元年十月二十九日汇报乌沙寨的绝户田土情况:

> 通事张应明、杨相维,带乌沙寨苗头三保多,小苗狡我包、仲我狡、阿辛央金、包调我宁、毛我陇、包收阿,开报绝户田土。乌沙寨现在一百二十五户,砍牛、停王、喊寨,领苗出外烧杀包亥,拿献九甫军营。家属九溪协拿。有房一间、仓一间。大将出外烧杀往包亥,拿献九甫军营,只身,同父包亥共居。打旗大将,会喷法水,出外烧杀包噶辛,家属九溪协拿,尚存子狡包噶,妻宜高,有房一间、仓一间。辛包噶,即包噶辛之子,与父同居。喊寨停王出外烧杀,我辛狡拉,拿献清江,家属九溪协拿,尚存弟养辛狡拉,妻阿狡仲,女申养

---

① 佚名:《南征日记》(下),第896~897页。

② 佚名:《南征日记》(下),第1096页。

③ 佚名:《南征日记》(下),第797页。

拉、普养拉，有楼房一间，瓦拆送清江，仓一间。打旗大将，出外妖言惑众见王，狡度，拿献九甫军营，只身，房一间，拆送清江，无仓、田。老虎汉出外烧杀见王，我度，拿献九甫军营，只身，与地狡度同居……乌沙寨包亥，同子往包亥有田十丘，现收谷未清。乌少田，□形出谷一百二十鞭，□出谷一百四十鞭……乌沙寨共田九十八丘，现收谷四千鞭，房二十八间，仓二十八间，谷系三保多收贮一处，未曾分晰〔析〕。①

除了乌沙寨之外，《南征日记》还记录了歹旦下寨、九丢下寨、白汉寨、昂调寨、绞结寨、九甲寨、白谦寨、南岑寨、南东寨等寨分的逆苗绝户田土状况。

综上，生苗寨分之间存在着某种联结是肯定的。但这种联结是否即以往的研究者所强调的"鼓社""议榔""款"之类的联合组织呢？在笔者看来，《南征日记》的记载并不明确。如类似"合款"之类的叙述，在《南征日记》中也确实存在，不过其描述的是黔省内地的村寨在应对雍乾"苗乱"冲击时的村落联合。"（雍正十三年）四月初六日，瓦寨人闻苗寨多背畔〔叛〕者，人心惊惶。思州府都坪司六洞寨民杨通亨、杨通维、杨光榜、杨光时、杨光雷等，约瓦寨、大小两河、上下赤溪一带村寨，合款御贼。"② 瓦寨，在今贵州三穗县境内，时属镇远府；大小两河、上下赤溪一带，则是指当时清水江下游镇远府天柱县一带的内地村寨。可见，不应不加细分地将这些内地村寨之间的联盟直接套到黔东南苗疆的"生苗"寨分之上。

显然，通过以上的梳理可以发现，《南征日记》呈现的内容与现存的官方档案内容，既可互相印证，又存在差别。主要的差异之处，则是《南征日记》中许多基于口供、调查的记载，并未最终反映在由督抚等地方大员上奏给皇帝的奏折当中。由此也不可避免地造成中央政府在不了解实情的情况下，过度依靠经略苗疆的张广泗的判断，而对苗疆的社会结构形成

---

① 佚名：《南征日记》（下），第 1402～1405、1410～1415 页。□字所在，原文乃以图形画出，此处以□代替。鞭，或称扁、边、编，乃当地稻谷的计量单位。
② 佚名：《南征日记》（上），第 16 页。

不准确乃至错误的认知，进而影响后续治理体系的设置。[1]

例如，这一时期张广泗向乾隆皇帝的奏报，坚称苗疆寨分、人群乃无统率、互不联系。其称"苗疆回环二千余里，错杂数十万人，犹幸其各为雄长，向无统率，其情涣而不相联，人散而无所属，惟无所属，斯无定谋，惟不相联，斯无固志……虽父子兄弟各不相顾，此则散而不整、无所统率之明验也"。[2] 事实上，在上述审问苗民的口供记录的基础上，无论是李椅还是张广泗都应已知悉苗疆"生苗"寨分的联结与人群阶序情形。而张广泗选择隐而不报，并力陈苗疆"生苗"寨分的互不统属情形，则是为了阻止清廷内部关于"苗乱"善后时在苗疆设立土司管辖苗民的举措。

诸此种种，实际上是张广泗要将新辟苗疆之地按照内地州县进行管理思路的反映。事实上，通过实地的调查与苗民的供述，张广泗等已明白要禁绝汉民进入新辟苗疆之地，本身即是无法办到之事。因此，张广泗已改变了最初将苗疆绝户田土令无业穷苗领种的想法，转而要仿照安插汉民屯种之成法，在新辟苗疆之境实行屯田，变"新疆"为内地。其在与李椅的信函中谈道："弟前在凯里、清江时，原拟内地剿绝熟苗田土，将来应安插汉民填实。其新疆以内，尚未可举行，应将绝户田土，即令无业穷苗领种，不许汉民潜入，可以永远相安无事，亦属小康之道。盖以新疆内绝户田土无多，恐汉民单弱，不足以御苗故也。自清江至古州，沿途亲为查勘，暨各处报到新疆内绝苗户甚多，其所遗田土，断非无业穷苗所能全行领种。且既有此许多旷土，亦断不能禁绝汉民不来。与其令彼潜入私占，不如竟仿照黎平屯所前人已行之成法，招徕汉民安插居住，则可变新疆为内地矣。其事至大至难，至繁至重。然系千载一时，失此机会，则后难图矣。且现在亦有不容不如此办理之势。弟再四筹画，竭其愚力，与老长兄暨文武诸同事可以共成此举，亦黔省一大部署也。"[3] 当时九溪协驻扎清

---

① 乾隆皇帝的谕旨曾明确说道："总之苗疆一切，全交伊料理，当屏去私心，惟公惟正，不知有己，不知有人，并不知有朕谕，惟期尽美尽善为经久万全之计。设目下剿抚失宜，将来善后无策，惟张广泗是问。"参见《张广泗奏悉心筹划苗疆事宜折》（雍正十三年十一月初八日），《清代前期苗民起义档案史料》上册，第111页。

② 《张广泗奏遵旨复议王士俊条陈折》（乾隆元年八月初八日），《清代前期苗民起义档案史料》上册，第192页。

③ 佚名：《南征日记》（下），第1322～1323页。

江厅境内，张广泗最初是命令清江理苗同知蔡时豫留心清查"逆苗"绝户田土。蔡时豫虽认为这是地方官的分内之事，但当时分身乏术，而李椅军队留驻当地尚有时间，亦可借军威而杜苗人隐匿侵占的弊端，遂倚借李椅的九溪协军队进行田土清查。①

因此，通过《南征日记》的记载并结合官方档案的记录可以比较清晰地看到在"开辟"苗疆之初，这一地区村落的形态以及人群的组织。其中呈现出来的，亦与当下的研究者强调的苗疆内部寨分小、人群少的状况不同。此外，无论是在"开辟新疆"还是在平定雍乾苗乱的过程之中，来自周边内地州县的民人充当向导、通事，极大地帮助了清王朝对这一地区的拓殖。这其中反映的是区域之间的人群互动，更彰显了这一地区在区域社会发展中的重要位置。

清廷对黔东南苗疆的战略地位也有着清晰的判断。在里古州与内地州县及其辖下的土司之间存在的生苗错杂，才是雍正年间"开辟"苗疆的中央和地方官员要处理的主要问题。当然，从当时强调的里古州与土司之间的羁縻关系来看，事实上像鄂尔泰等人都明白，所谓的化外，仅指中央王朝的地方行政力量没有能够管辖到该区域，并非指苗疆与内地州县之间的隔绝与不通声气。因而，将"生苗"区变为内地，便是清廷构建并塑造这一地区战略定位的关键。这一关键在地方行政制度上的体现，便是在黔东南苗疆之地，设立郡县。进而，过往在西南边疆地区"以夷治夷"的世袭土司治理模式，被认为并非治苗善策而被舍弃。而前文述及的通事群体此后亦演变为地方官府在苗疆基层治理的倚靠力量。② 但历史演进的复杂程度和对苗疆社会结构情形的枉顾可能带来的后果，超出了清朝统治者和地方大员张广泗等的预料。尤其是历史、文化、语言、习俗等的隔膜，客观上影响了清廷培植在儒家意识形态中更具正统性的绅士阶层协助地方流官治理苗疆社会的速度。而清廷雍正年间以后的军事开辟活动以及平定雍乾

---

① 佚名：《南征日记》（下），第 1319 页。
② 如古州厅高表土千总李大有，生于康熙三十四年（1695），殁于乾隆三十三年（1768）。他原生活在黎平府锦屏县苗里，年轻时曾挑盐到古州贩卖。雍正年间开辟苗疆之时，正值壮年的李大有充当向导，随张广泗开辟苗疆，立有军功。此后，被授予土千总，管辖古州厅高表等苗寨。此外，通过对贵州地方志的梳理可以发现，方志中记载的苗疆土千总、土把总等，大多是在雍正年间充当向导、通事随清军开辟苗疆、立有军功而获得授职的。

"苗乱",客观上造成了黔东南苗疆大量本地居民的减少。张广泗曾指出:
"凡经兵火之地,无不患病之寨。大抵每寨之中,除斩杀俘擒外,又因疫
疠殒命,其现在户口较之从前繁盛之时,不过十存五六,或十存二三而
已。"① 由此,也使后续苗疆社会的历史进程呈现出更为复杂的状态。

---

① 《张广泗奏撤兵缘由折》(乾隆元年九月初十日),《清代前期苗民起义档案史料》上册,
第 202 页。

第二章　清廷在苗疆的治理结构与施政实践

历史上，由于行政成本过高与文化隔膜等因素，中央王朝在南方少数民族地区统治权力的拓展受到制约。在土官与流官两种不同的制度之下，中央王朝在同一地区所能征派的赋役以及必须付出的经济代价，包括驻军费用、修建衙署费用、官员薪俸等都是大不相同的。①基于对这些问题的考虑，明清王朝在西南边疆新开发之地以及改土归流地区，设立佐贰并划分辖区作为州县的替代品，是无奈之下的权宜之计。这其中主要是受行政成本的限制。设县要设立正印官及佐杂官，一般要建造城池、仓廒，花费极大，如果该地必须设官弹压，在附近州县兼管不易而该地形势又非极端紧要的情况下，设立佐贰并划分辖区是一个选择。待该地开发成熟，再升为县，若相安无事，则保持县辖区状态。②

从第一章的分析中可见，经历雍正年间以来的"开辟"与苗乱的平定，整个黔东南新疆社会事实上发生了巨大的变化，主要体现在苗疆固有人口的锐减。在此态势下，如何处理苗疆善后，既是当时主政者重点考虑的问题，亦是相关研究中持续关注的议题。

明清以来，文献中的"厅"，最初是指知府的佐贰官同知、通判的办公场所，明代中期开始，文献上出现的"江防厅""海防厅""捕盗厅"等，指将府的佐贰官分驻某地专管某事的临时派遣机构。清代沿袭了将同知、通判派驻某地专管某事的制度，并进行了创新，新设了以"厅"为名的新一级地方行政区划，成为清代地方行政制度的重要组成部分。③需要

---

① 参见温春来《行政成本、汉夷风俗与改土归流——明代贵州贵阳府与新贵县设置始末》，《中山大学学报（社会科学版）》2004 年第 5 期。

② 参见胡恒《皇权不下县？——清代县辖政区与基层社会治理》，北京师范大学出版社，2015，第 268 ~ 279 页。

③ 傅林祥：《清代抚民厅制度形成过程初探》，《中国历史地理论丛》2007 年第 1 辑。

注意的是，既有的清代厅制研究成果指出，清代厅制的确立是一个逐步发展的过程。如，席会东以清代的厅是否具备完整行政区划性质，将其分为"政区厅"和"派遣厅"。其中，"派遣厅"即为前述府的佐贰官临时派遣分驻某地的办事机构。再者，清代厅制研究中需要辨析几个问题，如设同知、通判并不等于设厅，设置厅未必就是政区厅，以及政区厅往往是从派遣厅逐渐演化而来。① 胡恒指出，过往对厅的判别主要依据方志、政书等文献中关于沿革的记载，往往存在用定型后的厅制观念回溯以往的问题，而实录虽有些是抄录奏疏原文，但亦存在简化而失之片面的缺点，以至于此前的研究成果中，存在着大量将府佐贰的设置等同于设厅的情况。② 这提示我们，不能简单地套用定型后的厅制概论性判断，去认知清代"开辟"苗疆之后的行政建置，即不能将雍正年间府佐贰官的设置等同于设立政区厅。

　　一直以来，对黔东南苗疆管理体系的讨论，既有的研究成果依据方志、政书等文献，对"新疆六厅"的形制、沿革等情况进行了梳理。不过，在设厅的时间上，历来学界的判断并不一致，存在着雍正六年、七年乃至乾隆初年等互相矛盾的诸多说法。③ 再者，被作为清代在改土归流地区设厅典型的"新疆六厅"，是在何时具有专管之地并在此后走向独立政区的这一问题，笔者管窥所及，目前仍较少见到专门的论述。④

　　苗疆由佐贰官的辖区走向独立政区的过程，是清政府在苗疆实施管理等一系列"国家化"措施的体现。这个过程，不是一步到位的。无论是最初的设官治理，还是此后的佐杂添设等，清王朝"开辟"黔东南苗疆之后的诸多举措，多为一时权宜之计。因此，我们有必要先将清一个基本的事实，即黔东南苗疆的管理体系是如何构建与运作的。关于这个问题，前人

---

① 席会东：《清代厅制初探》，《中国历史学会史学集刊》第43期，2011年。
② 胡恒：《厅制起源及其在清代的演变》，《文史》2013年第2辑。
③ 陆韧、凌永忠：《元明清西南边疆特殊政区研究》，人民出版社，2013，第257~345页。
④ 例如，吴正心指出雍正七年置八寨厅、丹江厅、都江厅、古州厅、清江厅，雍正十二年置台拱厅；席会东则称，雍正六年设八寨厅、丹江厅，雍正七年设古州厅、都江厅，雍正八年设清江厅，雍正十一年设台拱厅；凌永忠的考证则将八寨厅的设立定为雍正六年；等等。参见吴正心《清代厅制研究》，硕士学位论文，台湾中正大学，1995，第97页；席会东《清代厅制初探》，第89页；陆韧、凌永忠《元明清西南边疆特殊政区研究》，第289页。

已经有过不少的讨论，但也存在诸多的不足。

通过既有的研究成果可以看到，苗疆善后的制度设计主要体现在四个方面：第一，尽管一直有改设府县之议，但未获批准，同知、通判及其辖区"厅"成为黔东南苗疆行政建置的"选项"之一；第二，为了严密控制、防范当地少数民族，配合地方官府在苗疆的行政管理，清廷不遗余力地在黔东南苗疆安扎重兵，形成体系严密的绿营兵布防；第三，将"新疆六厅"内的"逆苗"绝产清出，安屯设堡，以军屯形成对苗民的防控；①第四，设置土司代为管理苗寨，实行"以苗治苗"。② 这四点，基本上代表了既有研究成果对于苗疆善后行政、军政等制度设计的判断。需要注意的几点是：其一，就黔东南苗疆改设郡县一事，清廷实际上是先批准了，但没来得及实施，因此以厅作为行政区划显然不是一个简单的结果；其二，黔东南苗疆的行政与军政之间的合作与分工，尤其是苗疆驻扎兵丁兵粮的供支，从历史过程看，是一个关键而复杂但尚未引起注意的议题；其三，所谓设立土司管理苗寨，实际上以最终地方官府的实践代替了清廷的决议，忽略了整个历史演进的复杂过程。

这一系列的问题，无疑都是值得思考与探究的，却又是既往研究尚未能够完好呈现并妥善解答的。因此，在笔者看来，除了厘清史实本身，我们有必要重新审视乾隆朝苗疆善后制度设计的内在逻辑。这不仅能够帮助我们把握、理解此后"新疆"社会历史进程的实质，同时亦通过实际运作帮助我们理解"厅"这一行政区划的运行机制。此外，鉴于设立土司管理苗寨这一议题的重要性，我们将在第三章再展开详细的讨论。

第一节　苗疆治理体系的构建

自雍正六年"开辟"以后，清王朝逐步推进其对黔东南苗疆的管控与

---

① 关于贵州苗疆"新疆六厅"的行政建置和管理体制，已有不少学者论及。其中，尤以凌永忠的论述较为系统、详细。其从沿革地理学的角度，通过对大量地方史志、正史、政书的梳理，论述了"新疆六厅"的特殊体制以及开辟后的商品经济发展，参见陆韧、凌永忠《元明清西南边疆特殊政区研究》，第 257~389 页；胡恒《厅制起源及其在清代的演变》，《文史》2013 年第 2 辑。

② 张中奎：《清代苗疆"国家化"范式研究》，《广西民族大学学报（哲学社会科学版）》2014 年第 3 期。

治理。并且，清政府的设治，先从用于镇戍的绿营军体系做起，再逐步谋划设立郡县制的行政统治。清代绿营军队体系的建立，既是为了用汉人军队来镇戍占领的地方，也是要用"有定"的镇守兵力来镇压随时爆发的"无定"的事变。绿营军也是清朝在咸丰朝以前，最主要的正规军。[①]

一　绿营重镇的安设

时任云贵广西总督鄂尔泰首先做的，便是在苗疆腹地建立绿营军队体系，加强对这一幅员辽阔、人口众多的新辟疆域的控制，以防止民变，尤其是防止少数民族起事。

雍正七年（1729）十月十五日，鄂尔泰奏请在已渐次开辟的八寨、丹江、清水江、古州设立营汛，派驻官员。他指出，黔省之八寨、丹江、九股、清水江、古州等处，向系生苗所居。形势险阻，山箐叠密，人丁众多，以故滋事无忌，河道被其阻隔，苗民受其扰累。今既循次开通，有二三千里，若不分别险要，设立营汛，添驻重兵，恐不足以弹压。因此，他提出了相应的镇、协、营安设安排。[②] 需要指出的是，既有研究混淆了清廷开辟苗疆后绿营体系设置与此后展开的屯军设置，这是需要引起注意并订正的。[③] 雍正七年十二月，鄂尔泰奏请在"新辟"苗疆的沿河津要及关隘安设镇营，经兵部等妥议后，批准施行。具体如下：

> 一、八寨去都匀郡城仅九十余里，实为都（匀）、黎（平）总隘。请将都匀营参将裁去，改为都匀协。除旧有守备一员、千把总六员外，应设立副将一员，驻扎八寨，增游击二员、守备一员，安兵一千六百名，分别左、右二营，以游击一员分驻府城，一员随副将驻扎。
>
> 一、丹江逼凯里营汛，山势陡峻，素为生苗盘踞，请增立一营，

---

① 罗尔纲：《绿营兵志》，商务印书馆，2011，第3~5页。

② 任梦强编《清代吏治史料·吏制改革史料》第4册，线装书局，2004，第1746~1747页。

③ 如凌永忠认为，苗疆地区屯防的绿营兵，自乾隆元年开始，在黔东南地区展开布置，屯防的军队以"卫"为组织形式，在苗疆共设置了古州左卫、古州右卫、台拱卫、清江左卫、清江右卫、八寨卫、丹江卫、黄平卫（后改为黄施卫），另加凯里卫，共九卫，都江厅并未设卫。参见陆韧、凌永忠《元明清西南边疆特殊政区研究》，第352页。此外，张中奎则以营卫统称乾隆初年设立的苗疆屯堡，并不恰当。参见张中奎《改土归流与苗疆再造：清代"新疆六厅"的王化进程及其社会文化变迁》，第192页。

将凯里营都司裁去，归并丹江营管辖。除凯里旧有千、把三员外，丹江应设参将一员、守备二员、千总一员、把总二员，安兵一千六百名，分左、右二营，名丹江营。于大丹江驻一千名，鸡讲驻三百名，小丹江驻二百名，余为凯里汛防。

一、九股在鸡讲、清水江之中，素称强悍。请将黄施营游击移驻施秉旧县，安兵三百名。又有地名稿贡者，乃九股出没咽喉，应驻兵二百名，以资控制。

一、清水江有南、北两岸，寨分稠繁，应于清水江居中设立一协，名清江协。增副将一员、游击二员、守备二员、千把总六员，分为左、右二营，安兵二千名。于适中之公鹅驻一千名，对江北岸驻四百名，柳傍驻四百名，革冬驻二百名。至镇远一协，原因防御清水江、九股等处生苗而设，今清水江已安营汛，应将镇远协改为一营，将副将裁去。其两营游、守，除镇远应留驻游击一员、守备一员、千把总六员，即归入清水江协副将标下。

一、天柱营向以附近生苗，故设立参将。今既分设营汛，应将天柱营参将改为都司，存千把总三员，所余守备一员、千把总三员，归入丹江。

一、古州地方，户口极多，乃都、黎适中要隘，应设一镇，名为古州镇。增总兵一名、游击三员、守备三员、千总六员、把总十二员，分为左、中、右三营，安兵三千名。将黎平协改为一营，副将改为游击。此所设协、营，并下游旧制一带协、营，俱听古州新镇统辖。①

此后，伴随着清廷对都江、台拱等苗疆要地的开辟，鄂尔泰进一步奏请在苗疆各要隘增设营汛，并对雍正七年的营汛安排做出调整。雍正十年（1732）四月，经兵部等衙门议准，增设上江协，分为左、右二营，安兵2200名；增设下江营，安兵800名；增设台拱营，分为左、右二军，安兵1000名。此外，鄂尔泰最初的想法，是将上述增设的各协营俱归古州镇统辖。此后，雍正帝与鄂尔泰详细商讨后认为，新辟苗疆地方辽阔，直通

---

① 《清世宗实录》卷八九，雍正七年十二月戊申。

楚、粤，仅设古州一镇无法统辖。从形势上看，古州镇处于苗疆南部都柳江适中之要地，清江协则处于苗疆北部清水江的适中要地，各踞要区，南北遥相呼应。因此要进一步提升在清水江的布防，雍正帝将清江协改为清江镇，并将新辟苗疆的丹江营、台拱营与驻防内地的铜仁协、镇远协、黄施营、天柱营、石阡营、平越营等协营，俱归清江镇管辖。其余都匀协、黎平营，并新设的上江协、下江营等，则仍隶古州镇管辖。①

随着后续清廷对贵州东部绿营隶属关系和驻地的调整，上述的营制又出现了些变化。如雍正十二年，移清江镇总兵驻扎欧家寨，新设为台拱镇；原清江镇改为清江协；将黄施营改为黄平营，归台拱镇管辖。乾隆四年（1739），鉴于不久前新设的台拱镇已裁撤，清廷将镇远协改为镇远镇，辖清江协、铜仁协、丹江营、凯里营、台拱营、平越营、思南营、石阡营、黄平营等协营，并对各绿营的兵数进行了调整。

经过上述的一番筹设和更置，至乾隆初年，新辟苗疆底定之后形成贵州东部的绿营营制如下。古州镇，总兵官驻扎古州，镇标为左、中、右三营，各有兵650名，盛时各有兵800名。古州镇管辖的协、营有：都匀协，分左、右二军，各有兵870余名；上江协，分为左、右二营，各有兵680名左右，兼辖荔波营，有兵760名；黎平营，分为左、右二军，各有兵300名；朗洞营，分为左、右二军，各有兵420余名；下江营，有兵600名。镇远镇，总兵官驻扎镇远府，分为左、中、右三营，各有兵700名左右。镇远镇管辖的协、营有：清江协，分为左、右二营，各有兵近800名；铜仁协，分为左、右二营，各有兵近900名；丹江营，分为左、右二军，各有兵470名，兼辖凯里营，有兵500名；台拱营，分为左、右二军，各有兵550名；平越营，有兵600名；思南营，有兵500名；天柱营，有兵350名；石阡营，有兵270名；黄平营，有兵400名。古州镇的设立，也改变了黔东南没有绿营重镇的旧格局，与改设的镇远镇形成南北呼应、钳制苗疆的态势。②

在安设镇营加强对苗疆的武装控制之外，清廷开始在新辟苗疆设立文官分治。与安设古州镇同期，雍正七年十二月，清廷议准，都匀府添设同

---

① 《清世宗实录》卷一一七，雍正十年四月辛卯。
② 参见王晓卫《清前期贵州绿营营制及布防》，《贵州大学学报（社会科学版）》2006年第3期。

知、通判各一员，以同知分驻八寨，通判入驻丹江；镇远府添设同知一员，分驻清水江；黎平府添设同知一员，分驻古州；俱加以"理苗"字样。所设同知、通判专驻苗疆，有绥理地方、缉捕奸顽之责，不可护卫无人，照湖南乾、凤二厅之例，在同驻的官兵内，各拨给把总一员、兵100名，以为亲标。①雍正十年四月，清廷议准，于都匀府设理苗通判一员，驻扎上江；永从、开泰、天柱等三县，添设县丞三员，分驻下江、古州、清江等处。②雍正十二年三月，清廷将此前驻扎在清水江的同知移驻台拱，再于镇远府添设理苗通判一员驻扎清江，并将此前设置的天柱县县丞裁汰，添设施秉县主簿一员，分驻台拱，供台拱同知任使。③

　　上述史实，反映了开辟苗疆之后清廷在当地实施武装布防和文官分治的过程。近人叙述这段历史，常常将府佐贰官——同知、通判的派驻，理解为清廷在苗疆建立行政统治的开端，并且将这一系列的操作，构建为清代在少数民族地区设"厅"的典型。④当然，其中对于厅的理解，实际上指的是地方行政区划意义上的厅制。不过，从雍正七年鄂尔泰请求设立理苗官员分治苗疆中可以看到，当时他强调这些同知、通判"虽系增置，仍属府佐"，由此说明，当时的设官分治尚未提升到设立行政区划的层面。这是需要引起注意的。

二　郡县方案被否决

　　事实上，雍正年间开辟后设立府佐贰官治理苗疆，是作为改设州县的过渡。雍正十二年（1734），贵州古州镇总兵官韩勋即奏请将古州改设郡县，以重治理。就此，清廷进一步提出将台拱等地酌设郡县，通盘布置。以往的研究，虽然注意到清廷曾有在苗疆改厅设县的讨论，但因苗疆的特殊性，最终未行设县，设厅是政策上变通的结果。⑤需要指出的是，清廷是先通过设县的计划，但因雍乾"苗乱"的冲击，以及乾隆皇帝主张的贯彻，才终止了设县的实施。在此基础上，清廷保留了府佐贰官的设置，并

---

① 《清世宗实录》卷八九，雍正七年十二月戊申。

② 《清世宗实录》卷一一七，雍正十年四月辛卯。

③ 《清世宗实录》卷一四一，雍正十二年三月辛巳。

④ 席会东：《清代厅制初探》，《中国历史学会史学集刊》第43期，2011年。

⑤ 参见陆韧、凌永忠《元明清西南边疆特殊政区研究》，第297～298页。

由此进一步发展完善了在苗疆的行政管理，以使其形成独立的地方行政区划管理体制。

韩勋自雍正九年五月抵任古州镇总兵，自述阅历三载之久，对于所有因时制宜、期于经久安谧之处不敢缄默，因此是在有一定的调查与认识的基础上提出古州改设郡县的建议。他指出，新疆要地治理咸宜的关键是必须文武皆重以事权，方可收善后之实效。在他看来，古州乃新辟苗疆的根本重地。以大势而论，古州上达滇黔，下通两粤，北接湖南靖州地界，又为西南数省之要扼。开辟之初，苗人初归约束，故粮赋从轻，事例从简，只设同知一官足资经理。随着都江一带的开辟，已到了亟待通盘筹划的阶段。况且，文德武功相表里，后续的开发、文教的宣布等事宜，亦需要文员随时办理。而此前的新辟苗疆治理体系尚欠妥善，据韩勋指出：

> 查古州同知现管之三保寨分暨各处山苗已属稠繁，加以接壤，即系黎平府经历司所管之高传、鲁寅、曹滴等大小三十余寨，多有离黎平远而距古州颇近。又有经历司及黎平府属之三郎等土司新招各寨，亦俱有附近古州。凡此等寨分，虽系该经历司、土司等专管，然遇有命盗、仇杀重情，与凡附近古州各寨彼此有何构陈事故，必借兼辖之黎平府主持措置，诚非经历、土司微员所能办理。何况此等寨分又去黎平稍远，且有夹杂新疆地面者，以致兼辖之知府与专管之经历、土司均恐有鞭长莫及之误。而古州同知以地非专管，权任稍轻，倘遇接壤寨分有前项事情应就近迅行措办难以耽延者，不但或存隔属推诿之念，抑且虑呼应不灵，于新疆治理殊欠妥善。①

因此，韩勋奏请将古州同知裁去，改为古州府，设知府一员；将分驻古州之县丞裁去，改设府经历一员，并设附郭知县一员、典史一员；将同知原管寨分地界暨黎平府经历司原管之高传等寨，与新招寨分夹杂古州者，一并清出，俱归新县管辖。再者，将都江通判就近改隶古州府兼辖；将黎平府属永从县改隶古州府管辖，将知县、典史移驻苏洞，与下江营游击同处一城，居中治理。当然，韩勋也提到，新设县属的学校、考试等事项如何办理，应听督抚二臣另为酌议。

---

① 《奏陈古州改设郡县事》（雍正十二年八月初十日），录副奏折，档号：03 - 0001 - 008。

　　上述韩勋关于古州改设郡县的奏请，经廷议讨论后准行。此外，清廷中央还另外提出，要求云贵总督及贵州巡抚就台拱可否亦设一府或酌设州县，一并商讨后上报。然而，随着雍正十三年初黔东南"苗乱"的爆发，新辟苗疆改设郡县的诸多事宜最终未经商讨敲定，而暂时搁置了。

　　乾隆元年（1736）五月，苗疆动乱基本平定。为了苗疆善后能够事权归一，专其责成，同年六月初十日，乾隆皇帝颁布谕旨，授湖广总督张广泗为贵州总督，兼管巡抚事务。同时，改授云贵总督尹继善为云南总督，专办云南事务。① 同年十一月，张广泗上奏苗疆善后事宜折。张广泗认为，善后之图，营制为最紧要，因此经过通盘筹划，如前文所述，对新辟苗疆及附近苗疆之内地的镇营进行了改移增置，以达到钳制苗疆的效果。

　　此外，划分地界、设立郡县而形成长久、有效的治理同样必不可少。张广泗指出，苗疆各处于开辟之初因政务甚简、规模初定，设立佐杂官员已足资办理，未便遽议创立郡县。虽然雍乾"苗乱"的冲击延缓了苗疆行政建置的完善，但广袤的苗疆，政务逐渐繁杂，且历经数年的经营与整顿，形势已有所不同，设立郡县是时势使然。② 张广泗注意到上述韩勋关于古州改设郡县的奏请，以及苗疆亟待通盘筹划、酌设郡县而遭"苗乱"耽搁的情节。在此基础上，张广泗将韩勋原奏请的各条逐一核议，并对大部分改设、添设的内容表示了同意，亦就部分改设内容提出反对和更改的建议。主要体现如下。

　　其一，反对将黎平府经历司原管之寨分改归新县管辖。张广泗指出，上述寨分虽离古州较近，但向来经历司管辖的寨分与苗疆之间有界限，且由来已久，如果忽行改拨，恐对苗情不宜，因此应毋庸改置。其二，反对将永从县改隶古州府管辖，并将知县、典史移驻苏洞。理由是，永从县所管辖地面，亦系苗疆要区，沿治多年，若因远隔新招抚之寨，即将县治迁移，固于新疆近便，但对永从县旧管各寨则不利，一切催科、听断、学校事宜皆难远就。更改的建议，可将永从县新招寨分改归古州新设之县管辖，其余则不变。在此基础上，考虑到古州管辖地界宽广，永从县新招寨

────────────

① 《谕总理事务王大臣将张广泗授为贵州总督》（乾隆元年六月初十日），《清代前期苗民起义档案史料》上册，第 180 页。

② 《张广泗奏苗疆善后事宜折》（乾隆元年八月初八日），《清代前期苗民起义档案史料》上册，第 195 页。

分改隶古州，则古州府所管地界太远，有鞭长莫及之虞，张广泗请求于适中的朗洞地方添设一县，设知县一员、典史一员，将附近百余里所有苗寨归其管理，统隶古州新府管辖，与古州附郭县分地而治。其三，反对将都江通判改隶古州府。考虑到该地苗寨繁多，形势险要，张广泗认为应改设一县，添知县一员、典史一员，以专治理，并改隶古州新府管辖，将原设都江通判裁去。除此之外，张广泗建议增设八寨县，添设知县一员、典史一员，仍隶都匀府管辖，并将独山州属普安司地方，割归八寨新县管辖，将现驻三角屯（又称"三脚屯"）的独山州州同改为八寨新县丞，仍分驻三角屯。

此外，对于台拱酌设郡县一事，张广泗认为台拱偏在一隅，地非冲要，与古州无并峙之势，加之已议请将台拱改镇为营，故台拱毋庸设府。更改的建议是，由楚达黔、粮运商旅水路汇总的清江一带，地界宽广，倍于台拱，与镇远、黎平、古州各府体势相称，可新设清江府。并于清江府之下，新设台拱州、清江府附郭清江县。此外，保留清江通判，改驻八弓，仍听镇远府兼辖；丹江通判仍驻丹江，改隶清江府管辖；将原古州、台拱、八寨同知三员仍留为各该府同知，即移驻府城，分司捕税诸务，以资佐理。

经此一番布置之后，张广泗更进一步提出应于古州添设分巡道一员，管辖古州、清江、黎平、都匀四府。贵州一省，原设有粮驿道、贵东道、贵西道三员。粮驿道驻扎省城贵阳，专管通省粮储、驿传事务。贵西道驻扎安顺，管辖黔省上游的贵阳、安顺、大定、南笼、遵义五府。贵东道驻扎镇远，管辖黔省下游的平越、镇远、都匀、思南、石阡、思州、铜仁、黎平八府。张广泗指出，贵东道对于镇远等六府能照应督查，对于远隔"新疆"的都匀、黎平两府，则虽有分巡之名，已属管辖难周。因此，添设分巡道驻扎古州，可使新疆要地、"两粤咽喉"有大员统辖，治理更加得宜。[①]

乾隆皇帝览阅张广泗这一奏折后，除降旨交总理事务王大臣[②]、议

---

① 《张广泗奏苗疆善后事宜折》（乾隆元年十一月二十日），《清代前期苗民起义档案史料》上册，第 221～222 页。

② 此处的总理事务王大臣应指雍正十三年八月雍正皇帝遗诏设立辅佐新皇帝的机构的成员，该机构暂时取代军机处，至乾隆二年十一月解散。与雍正皇帝继位之初设立、至雍正三年解散的总理事务王大臣有别。参见白彬菊《君主与大臣：清中期的军机处（1723～1820）》，董建中译，中国人民大学出版社，2017，第 22～23、164 页。

政大臣会同吏部等妥议外，特颁一道上谕先行寄给张广泗，对张广泗请求设立郡县一条予以批驳。乾隆皇帝指出："其第二条请设立郡县，在目前似可不必，或因地方辽阔，所有同知、通判等官，难于统辖，酌设道员弹压巡查，似尚可行……苗疆善后事宜，关系重大，极宜详慎筹划，俾可永远遵行，张广泗切不可因从前原欲郡县其地，目今仗此兵威，遂欲回护前议也。总之苗疆之事可省而不可繁，可拒却而不可招来，即今之添兵设防，亦不过因已经如此办理，于国家颜面有关，难于全撤耳。尚须妥协计议，使地方永远宁谧。"① 由此可见，乾隆皇帝对于苗疆之事已有一总体的思路，不愿张广泗仓促行事。此外，乾隆皇帝在谕旨中更对张广泗欲将新疆"逆苗"绝户田产安插汉民领种的建议表示反对，指出与其招集汉人领种，不如安设屯军并令兵丁耕种，可稍佐兵食，且省添兵之费。

总理事务和硕庄亲王允禄等清楚地把握了皇帝的旨意，进一步指出："似此设立郡县，虽于新疆之体统似属可观，但奠定之初，事务宜简。况本年八月内钦奉谕旨，嗣后苗人一切争讼之事，俱照苗例完结，不必绳以官法。至有与兵民熟苗关涉之案件，隶文官者听文官办理，隶武官者仍听武官办理。又新疆额征钱粮钦奉特旨永行免征，钦遵在案。是新疆事件更属无多，即有与兵民熟苗关涉之案件，而原设之同知、通判等官及议设之镇、协、参、游、都、守各将弁，已足资料理。若又改立郡县，添设守令，则添一官必添一官之吏书人役，不特无事可办，徒为糜费钱粮。亦且书役人等难保无滋扰苗众之事，殊属无益。"② 显然，受乾隆皇帝的影响，总理事务王大臣等中央权臣，认为张广泗奏请设立郡县的请求，是表面意义大于实际意义，只会造成地方行政经费的增加、浪费，而并非当时新辟苗疆各处真正的政务所需。这一思路，仅从当时新辟苗疆之地的现状做考量，似未考虑到未来此地发展对于地方行政管理的要求。最终，清廷中央考虑到贵东道管辖地面辽阔，稽查难周，且新疆设有总兵等官，必须文职大员协同驻扎、弹压，同意了张广泗添设巡道一员驻扎古州，管辖黎平、

---

① 《谕张广泗苗疆善后事宜应详细筹划》（乾隆元年十一月二十二日），《清代前期苗民起义档案史料》上册，第230～231页。

② 《奏为遵旨议奏贵州总督张广泗奏苗疆善后事宜一折事》（乾隆元年十二月初八日），朱批奏折，档号：04-01-01-0005-012。

都匀两府及古州等处的建议。

有论者指出,清王朝在新开发的边远地区,尤其是少数民族聚居区,因不便如同内地设府置县,而往往设厅以为变通之策。申而论之,由于清王朝管理苗疆在一定程度上采取了较为宽松的政策,免征赋税,苗汉分治,所以设县是不可行的,苗疆设厅是政策上变通的结果,进而节约了行政资源,提高了行政效率,达到政府行政功能的最大化。最终,通过清廷否定改厅设郡县的议案,来说明政策变通的必要性和设厅的可行性。① 通过以上的梳理分析可知,同知、通判作为府的佐贰官派遣进驻苗疆是开辟之初的权宜之计,是经过数年的经营,清廷先同意了改设郡县,又放弃了在苗疆设立郡县之后才得出的结果。这并不代表在苗疆没有实现郡县制的条件和环境。新辟苗疆最终管理体制的形成,是经过了清廷中央与贵州封疆大吏的复杂讨论,并经历了雍正皇帝的辞世、乾隆皇帝的继位,又因乾隆皇帝一系列的苗疆治理机宜的贯彻,才维持了理苗同知、理苗通判对苗疆管辖的结果。

三 佐杂添设与苗疆管理体制的完善

正是因为乾隆皇帝的介入,张广泗没有固执前见。在收到乾隆皇帝的谕旨后,他即上奏称"臣查新疆较之内地,政务甚简,有同知、通判等官分地而治,又添设古州巡道一员,则上下相维,足资料理,实可不必改设郡县",遵从清廷中央不设郡县的决定。② 在此基础上,张广泗指出,有必要在原设同知、通判等官外,添设佐杂,以资佐理。乾隆二年(1737)三月,经清廷妥议后,决定添设以下佐杂人员。

> 古州等处新疆,原设有同知、通判等官,分地而治,又经臣等议准添设巡道一员,督率稽查,固可无容改立郡县,添设守令,而地方辽阔,佐理需人,若酌量添设佐杂等员移驻协办,亦属应行。应如张广泗所奏,朗洞地方将原驻古州之开泰县县丞改驻,管理附近苗寨,仍隶古州同知统辖。柳霁地方添设天柱县县丞一员分驻,仍隶清江通

---

① 参见陆韧、凌永忠《元明清西南边疆特殊政区研究》,第 297~298 页。
② 光绪《黎平府志》卷二《地理志》,《中国地方志集成·贵州府县志辑》第 17 册,巴蜀书社,2006,第 58 页。

判统辖，于古州添设仓大使一员，再将黎平府照磨改驻古州。于清江添设镇远府知事一员，于八寨添设都匀府知事一员，于丹江添设清平县主簿一员，于都江添设都匀县主簿一员，各令分驻……以上添设佐杂各员，均属新疆要地，应令张广泗于属员内拣选请补，其各官衙署人役等项，应令一并办理具题。①

这一番添设，加上此前已添设的施秉县主簿等员，新辟苗疆形成了以下的职官组织形态（见表2－1）。

表 2－1　　"新疆六厅"的职官组织

正印官	属官		
	佐贰（驻地）	首领官	杂职官
黎平府同知（古州厅）	开泰县丞（朗洞）	黎平府照磨	仓大使
镇远府通判（清江厅）	天柱县丞（柳霁）	镇远府知事	无
镇远府同知（台拱厅）	无	施秉县主簿	无
都匀府同知（八寨厅）	无	都匀府知事	无
都匀府通判（丹江厅）	无	清平县主簿	无
都匀府通判（都江厅）	无	都匀县主簿	无

可见，张广泗在没有违背清廷中央关于在新辟苗疆各地不设郡县的决定的前提下，从临近苗疆的黎平府、镇远府、都匀府等流官衙门中，分别派出或添置专驻苗疆的佐杂官员，以此来完善苗疆地方官府的职官组织。这一系列的举措，或许可理解为张广泗以尽量少的行政经费支出，来保证新辟苗疆政务所需的权宜之计。

一般认为，清代地方政府组织中，掌握权力的是"正印官"，是辖区内的最高行政长官；正印官以下，设有佐贰官（府为同知、通判，州为通判，县为县丞）、首领官（府有经历、知事、照磨、检校，厅有经历、知事、照磨，州有吏目，县有典史）和杂务官（杂职，如巡检、驿丞、税课司大使等）。由此出发，有论者指出，厅署设首领官代表着厅的行政机构得到了完善，此外，清代厅制因其特殊性，即其厅属长官由

---

① 《允禄等奏详议苗疆善后事宜折》（乾隆二年三月十一日），《清代前期苗民起义档案史料》上册，第234页。

府、州的佐贰官发展而来，故未再设佐贰官。① 亦有论者指出，由于县丞是县的属官，因此州、厅是不设的，然而，清代基层行政实践中，也出现了厅辖县丞的情况，如河南南阳府淅川厅与湖北夏口厅两例。② 显然，如果从既有研究成果关于完备的政区厅角度，去理解"新疆六厅"各官的佐杂添设，读者难免会一头雾水而不得其解。但换一个角度，正是因为这些同知、通判仍是佐贰官员，但因办理具体行政事务的需要，促使张广泗认为有必要为其添设佐杂，且只能由府和县添设后，归同知、通判任使、统辖，这在客观上或可理解为这些统辖佐杂的同知、通判，正在逐渐变成管辖区域内的"正印官"。从这个侧面，亦可看出府属佐贰官的派遣及其主导的官僚组织，演变为独立于府、州、县之外的地方官府的过程。

另外，经张广泗奏请添设佐杂官员而完善的新辟苗疆职官组织形态，与一般情况下的清代地方政府组织形态略有不同。如其中的佐贰官，系由同属该府管辖之县添设，然后派到新辟苗疆的某地分驻或由原驻某地改驻（县丞）；首领官，则是先在府、县添设，再移驻到同知、通判专驻之地同城办公，归原驻该地的同知、通判统辖（照磨、知事、主簿）；杂职官，即仓大使一员，则是直接于古州添设。

不仅如此，清廷在黔省新辟苗疆设官施治及其管理体系的构建，还反映了清廷为加强边疆治理而设置的"苗疆缺"的运作实态。既有的研究指出，"苗疆缺"指设置于苗人聚居之地，实行特殊的选任方式和管理政策的官缺。苗疆缺是集选任方式、历俸办法与升转规则为一体的官员选任制度。这是清代官员选任、人事管理和边疆治理中的特有内容，其中，又以黔省苗疆缺特有的演变过程和分布特征为清代苗疆缺的典型。以贵州而言，苗疆缺的演变经历了创设、订立、定制的过程，体现为：康熙中期，经科道、督抚奏请，订立在外调补和三年即升之例，此为黔省苗疆缺的初步创设阶段；此后，因朝廷用人理念变化，制度一度中止，然不久即于雍正朝中期重新订立，并分为三年即升和五年即升，这是黔省苗疆缺的正式订立；迨乾隆中期，为区别苗疆形势，清廷再次延长历俸时间，改优升为

① 吴正心：《清代厅制研究》；傅林祥：《清代抚民厅制度形成过程初探》，《中国历史地理论丛》2007 年第 1 辑。
② 胡恒：《皇权不下县？——清代县辖政区与基层社会治理》，第 38 页。

久任，黔省苗疆缺最终定制。①

　　新辟苗疆各官缺归属于苗疆缺，其从设立到定制亦经历了上述的过程。先是，清廷于雍正七年（1729）十月设立古州等处同知、通判各缺，至雍正八年四月，依照佐贰官员有分驻弹压及管理水利、粮务等责，应颁给钤记以专责守的事例，颁给古州、清江等处同知、通判各官关防作为凭信。② 再如，雍正十三年三月，清廷将原设镇远府分驻清江同知移驻台拱，并于镇远府再添设通判一员驻扎清江，分别铸给"镇远府分驻台拱理苗同知"和"镇远府分驻清江理苗通判"字样的关防。③ 需要指出的是，清廷颁给古州等处同知、通判等官员关防这一类别的官印，也说明这些同知、通判衙门属于临时性质或是因其是负责具体的"理苗"事务的行政单位。④

　　至雍正十年闰五月，清廷议准了上述于雍正七年设立的古州、清江、八寨、丹江等同知、通判各缺，按照三年俸满即升的体例升转。因而，新设的分驻苗疆各理苗同知、通判亦是自雍正十年才归属苗疆缺。关于这一点，还有一个例子可以说明。如八寨同知鲁朝聘，于雍正八年二月初一日到任，至雍正十一年俸满，请求升转。清廷认为，八寨同知鲁朝聘历俸已满三年，办事勤慎，苗民相安，应照例升转，但也指出，查俸满即升官员例，应以奉旨之日扣算，而八寨同知鲁朝聘自雍正十年闰五月奉旨之日计算，甫及一年有余，与三年俸满之例不符。因此，清廷要求应俟该员三年满日，再由贵州巡抚等另行具题升用。⑤ 当然，与八寨同知同时添设的古州、清水江、丹江通判等缺，此时是否与八寨同知鲁朝聘面临着相同的俸满升转问题则不得而知，但从方志记载的职官情况来看，其他所涉之缺的官员拣选，自设立之始就未曾落实。如清江同知之缺，自雍正七年设立到

---

① 参见张中奎《清代"苗疆缺"官制研究》，《求索》2012 年第 8 期；张振国《论清代"苗疆缺"的演变——以贵州省所属文官为中心》，《清史研究》2017 年第 2 期。
② 任梦强编《清代吏治史料·官员庶务史料》第 2 册，第 664 页。
③ 任梦强编《清代吏治史料·官员庶务史料》第 2 册，第 925～927 页。
④ 清代，凡属常设的国家行政机关，都要颁给印以为凭信，各府、各州、各县均是用印；而凡属临时性质及办理财经、工程的机构，则颁给关防以资信守，各省总督、巡抚、守巡道、同知、通判、州同、州判等均领有关防。参见中国第一历史档案馆编《清代文书档案图鉴》，岳麓书社，2004，第 287 页。
⑤ 任梦强编《清代吏治史料·官员铨选史料》第 29 册，第 17485 页。

乾隆元年，一直由都匀府知府宋厚兼摄。[1]

不仅如此，在认定苗疆同知、通判等员有统辖、专辖之司，系苗疆要缺的基础上，清廷此后对新设新移苗疆的佐杂官缺予以特别的重视。乾隆十二年（1747）清廷认为佐杂各官分驻一隅，亦均有经管地方、弹压抚循之任，官级虽微，责任綦重，非得熟谙苗情之员不足以资办理。因而，清廷进一步将黔省苗疆自州同以下佐杂各缺均照古州、清江等同知、通判等苗疆要缺之例，三年、五年俸满后，如有人地相宜不可骤离者应留任，俟接手有人再将该员仍照升衔于黔省苗疆要缺内升调补用。[2] 有论者指出，与此前历朝对州县以下佐杂缺没有给予足够重视的情况不同，清代国家在完善地方正印官等级的基础上，把处于官僚最基层、负责具体政务办理、与百姓最为接近的佐杂官员，做出不同级别的分类。这表明了清代对地方基层治理的重视和深化，从授官的行政合理性而言，是一种值得肯定的变革。[3]

四　理苗厅管辖范围的确认

随着新辟苗疆地方官府管理架构的确立，以及乾隆三年（1738）苗疆善后系列章程的通过，清廷进一步对苗疆与邻近州县的界线进行划定，并相应地调整新辟苗疆内部各厅的管辖范围。

苗疆初辟之后，苗疆寨分虽先已分拨管辖，但尚有夹杂不清并弯隔难于管理之处。贵州地方当局意识到在善后通盘整顿之时，理应进行系统、合理的调整划拨。因此，乾隆元年正月，张广泗即已指出："查有镇远县管辖之臻洞一司各苗寨，相距镇远数百里，势难远顾，去凯里止有十余里，且与凯里所管苗寨错杂毗联。又丹江之打格、美赛、排咱、落翁、凤党等寨，相距丹江城百余里，去台拱止有二三十里，查前岁排咱有事，丹江竟毫不能照应。又清江之高定、唐流、翁脚等寨，地险人繁，与清江城相隔颇远，虽有归隶之名，并无管束之实。查此数寨与古

---

① 乾隆《清江志》卷五《秩官志》，《中国地方志集成·贵州府县志辑》第22册，巴蜀书社，2006，第454页。

② 《题为遵议黔省州同以下佐杂各缺照古州等处例办理事》（乾隆十二年十一月二十八日），内阁吏科题本，档号：02-01-03-04525-010。

③ 参见张振国《清代地方佐杂官选任制度之变革》，《历史档案》2008年第3期。

州寨分错壤，但附近朗洞，上年一切剿抚，俱系古州镇统兵办理。以上臻洞一司应就近改隶凯里，打格、美赛、排咱三寨应就近改隶台拱，高定、唐流、翁脚等寨改隶古州，将来朗洞设立大营，可以就近控制。"① 事起于乾隆元年，而最终由户部复准通过，则是到了乾隆三年。② 此外，至乾隆十年清廷还批准了张广泗的奏请，将属于内地州县的黎平府属赤溪司旧管的上下衙等寨、镇远府属之邛水司瓦寨等，就近改隶清江厅通判管辖。并且，上述寨分的寨民应纳粮米及词讼等项亦俱归清江厅通判征收、管理。③

此外，随着乾隆元年皇帝永免新辟苗疆各处钱粮正赋谕令的颁布，当地苗民从开辟之后每年认纳的钱粮，自此概行免征。当时，乾隆皇帝颁布谕旨称："因思苗人纳粮一事，正额虽少，而征之于官，收之于吏，其间经手重叠，恐烦杂之费或转多于正额，亦未可知。惟有将正赋悉行蠲除，使苗民与胥吏终岁无交涉之处，则彼此各安本分。虽欲生事滋扰，其衅无由。况蠲免新疆苗赋原属皇考圣意，朕此时当敬谨遵奉，见之施行者也。用是特颁谕旨，着总督张广泗出示通行晓谕，将古州等处新设钱粮尽行蠲免，永不征收。"④ 但是，自雍正七年以来陆续归化的苗民并其认纳的钱粮数目，仍有许多未明晰之处，亟待析分并落实追缴或免除。如古州等处的佳化、岑银等寨苗民虽自雍正七年以后递年陆续化出，并每年认纳粮银 1467.46 两，但贵州地方当局直至雍正十三年四月才将这一新辟苗疆寨分认纳的课银造册上报户部。此后，因雍乾"苗乱"的冲击，这些苗寨寨破人亡，地方官府无可征收上述苗民认纳的粮银。是故，户部令贵州总督张广泗将古州等处招抚的佳化等寨认纳的粮银自此之后概行免征，并令贵州总督转饬各地方官府应如实执行，不许阳奉阴违。如地方官员有私征、滋扰等弊端，贵州总督应即行指名题参。此外，对雍正七年以来归化的大甕、归欧等寨，因其系安顺府定番州、永丰州以及黎平府所属的内地州县化出的寨分，其认纳的粮赋则不应蠲免，仍应造入奏销册

① 《题为遵旨察议黔省镇远县管辖臻洞司各苗寨就近改隶凯里等各寨隶属变更事》（乾隆三年十一月二十一日），内阁吏科题本，档号：02-01-03-03584-001。
② 《清高宗实录》卷八一，乾隆三年十一月辛未。
③ 《清高宗实录》卷二五四，乾隆十年十二月己酉。
④ 《清高宗实录》卷二二，乾隆元年七月辛丑。

内上报，按年征收。① 因此，伴随着乾隆元年永免新辟苗疆等处钱粮正赋谕令的实施，贵州地方当局从钱粮归属上对苗疆寨分进行了细致划分，从而也进一步明晰了新辟苗疆与内地州县的界线与范围。

上述苗疆与内地州县的界线，在地方志的记载中有所体现。如乾隆《清江志》的《地理志》即清楚地写明了清江厅的范围。体现如下：清江在镇远府西南，距府城 180 里，东西相距 370 里，南北相距 180 里，周围1110 里，由府大路 600 里达黔省，4610 里至京师。城东至左卫南嘉堡 100里，与黎平开泰县属苗光寨牛尾岭、长滩头交界，又与开泰县属苗猴寨之苗猴坡顶交界。城西 35 里至接粤厅，与台拱交界，又至乌交姑寨 50 里，与台拱属乌罗交界……城南至鸡寨 100 里，与古州朗洞擒蛮寨交界……城北至右卫南金堡 85 里，与镇远县属抱金寨、苗渡寨交界……城西北至抱沟寨 70里，西与台拱内寨交界，北与镇远属抱金寨交界。②

再者，新辟苗疆理苗厅管辖范围的确认，还包括了对辖境范围内屯堡的布置以及各屯堡与苗寨界限的区分。概因清廷规定苗民田产免纳钱粮正赋，而屯户耕种的田亩则仍须缴纳屯粮；此外，清廷还严禁屯军典卖其领种的田亩。因此，从管理上需要对苗寨与屯堡二者的界限与范围进行区分。

清廷在新辟苗疆安设屯堡，源于善后过程中对开辟苗疆以及雍乾"苗乱"中出现的"逆苗"绝户田产的处理。乾隆元年（1736），张广泗力主将新辟苗疆及附近苗疆的内地州县中的"逆苗"绝户田产，安插汉人领种。乾隆皇帝则认为，与其招集汉人领种，不如添设屯军，令兵丁耕种，既可就近抵御苗民，又可将屯田产出供支驻扎新辟苗疆的绿营兵丁的兵粮。因此，乾隆皇帝谕令张广泗详慎筹划。③ 乾隆二年，清廷决定招募屯军的人选，拟从拨补黔省绿营兵额的剩余兵丁中选用，不敷之处，再从附近内地州县中招募年力精壮、可充兵丁者，令其领种。清廷在新辟苗疆的关键、扼要位置建立屯堡，安设屯军，并议定以每 10 户设立一小旗，每

① 《题为遵旨议奏贵州等处化诲苗民以前每年认纳钱粮永行免征事》（乾隆四年八月二十八日），内阁吏科题本，档号：02-01-04-13130-011。
② 乾隆《清江志》卷二《地理志》，《中国地方志集成·贵州府县志辑》第 22 册，第382~383 页。
③ 《谕张广泗苗疆善后事宜应详细筹划》（乾隆元年十一月二十二日），《清代前期苗民起义档案史料》上册，第 230~231 页。

50户设立一总旗，每100户设立一百户，进行管理、稽查，初步决定在苗疆共添设古州左卫、古州右卫、台拱卫、清江卫、八寨卫、丹江卫等6卫。都江厅例外，并没有安设屯军。同时，清廷将安设屯堡的各该处的同知、通判加以清军衔，令其兼辖管理，并总隶于古州分巡道统属。再者，考虑到安设屯军即必须清查地界，容易引发争端，清廷要求各地方官员必须公平办理，以使屯军与苗人田土、山场等的界限清晰，避免可能出现的混争及侵占。①

乾隆三年，新辟苗疆屯堡章程确立。② 在前述6卫的基础上，清廷于清江添设一卫，并将贴近新辟苗疆的凯里及黄平、施秉等处的"逆苗"绝产一并安设屯军，新设凯里卫、黄平卫。因此，雍乾"苗乱"之后清廷在黔省新辟苗疆及附近添设9卫，安设120堡，共安屯军8939户。③

新辟苗疆等处屯军缴纳的屯粮，初设之时，议定作为各屯的各项公用开支。清廷规定，从乾隆四年开始，上述各处屯田上田一亩每年纳米一斗，中田一亩每年纳米八升，下田一亩每年纳米六升，每斗另加鼠耗三合，不再加耗。这些屯粮，先满足发给各屯的百户、总旗、小旗每年的俸薪工食米，剩余再供应各该屯制备火药、器械等项的公费，再有余存则留贮各该屯的公费。④ 此后，清廷进一步将新辟苗疆等处屯堡的屯粮等拨供驻防苗疆镇营兵丁的月粮，相关的过程，笔者后续将展开。

诚然，这样一支寓兵于农、世代常驻苗疆的准军事力量，与清廷的正规军事力量一起，形成了对新辟苗疆各苗寨的控制。需要指出的是，尽管张广泗最初提出的安设汉民领种新辟苗疆"逆苗"绝产的方案没有通过，

---

① 《允禄等奏详议苗疆善后事宜折》（乾隆二年三月十一日），《清代前期苗民起义档案史料》上册，第235页。

② 《张广泗奏革除苗疆派累厘定屯堡章程折》（乾隆三年七月二十八日），《清代前期苗民起义档案史料》上册，第238~246页。

③ 张中奎注意到，地方志与实录中记载的乾隆初年新辟苗疆及周边地区设立的屯堡数量和屯户人数并不一致，如乾隆《贵州通志》记载，共设屯堡109个，屯军8579户；《清实录》则记屯堡共120个，屯军8930户。参见张中奎《改土归流与苗疆再造：清代"新疆六厅"的王化进程及其社会文化变迁》，第192页。不过，正如接下来从本章第二节讨论苗疆积贮的内容中可以看到，乾隆初年的档案则记载共安设120个屯堡，屯军8939户，姑且以档案的记录为准。

④ 《张广泗奏革除苗疆派累厘定屯堡章程折》（乾隆三年七月二十八日），《清代前期苗民起义档案史料》上册，第244页。

但是最后安设屯堡、招募充当屯军的人群，仍然以汉人的数量居多。在后续的历史进程中，苗、汉人群在土地开发等问题上的争端长期存在，进而影响了该区域的社会稳定，这是需要注意的。①

最后，经过上述的梳理可见，这些原先只是作为权宜之计派驻的同知、通判官员，在经历了郡县之议的否决、佐杂添设请求的允准以及管辖区域的明晰之后，成为该管辖区域内的"正印官"，进而代表同知、通判办公场所之"厅"，才具备了独立政区的内涵，列入府、州、县的地方行政区划层级中，成为清廷治理苗疆的正式行政建置。

五　理苗厅衙门的人员组成与经费情况

清代，府、州、县官府除了上述的正印官、佐杂官员外，还包括了由书吏、衙役、长随、幕友组成的辅助人员。由于相关史料的匮乏，我们无法对新辟苗疆地方官衙署中的长随和幕友展开分析，仅能结合有限的史料讨论新辟苗疆地方官府的职官与吏役群体的情况。

随着乾隆元年皇帝永免黔省新辟苗疆各处钱粮正赋谕令的颁布，苗疆各厅与内地州县相比，其特殊性之一是在缺少钱粮正赋来源的情况之下，其衙门人员薪俸、工食银等各项薪酬支出以及地方事务性的公共经费支出，均须仰赖上级部门的划拨。终清一代，清政府并没有改变新辟苗疆的行政管理结构，同时永免"新疆"钱粮正赋的规定亦未曾更改，至少在统计的层面上始终如是。②

通过方志的记载，我们可以大体上了解新辟苗疆地方官府的衙署人员与经费情况。如理苗同知衙门的官役人员及经费情况，以古州同知为例，同知每年俸银80两，养廉银1000两；同知衙门中皂隶、民壮等役的具体人数不详，仅知统共有23名，每名每年工食银6两，共138两。照磨一名，每年俸银31.52两，养廉银60两，各役人数不详，每年工食银共24两。训导一名，俸银40两，斋夫银12两，膳夫银6.666两。因古州无钱粮征收，每年春夏二季的俸工银两俱由黎平府额征地丁银扣存中支领，秋

①　参见张中奎《改土归流与苗疆再造：清代"新疆六厅"的王化进程及其社会文化变迁》，第190~195页。
②　经济学会编《贵州全省财政说明书》，《续编清代稿钞本》第100册，广东人民出版社，2009。

冬二季俸工并养廉等银则俱赴布政使司衙门请领。①

　　理苗通判衙门的官役及经费情况，以清江通判为例，通判每年俸银60两，养廉银800两。其衙署包括了以下人员：书办9名、门子2名、民壮10名、捕役4名、捕快4名、皂隶6名、禁卒2名、轿伞扇水火夫7名，每年一共支取工食银222两；此外，有斗级5名，每年共支取工食银30两；铺夫54名，每年共支取工食米折银440两。以上各官俸工并养廉银，按季赴布政使司衙门领回支销，存清江厅，按季支出，该厅为之监放。②

　　需要说明的是，新辟苗疆各厅属衙门保留民壮一项，系属因地制宜。乾隆五年（1740），清廷以民壮属额外之役，虽有民壮之名而无民壮之实，议准将直省各司道府厅并佐杂衙门设立的民壮裁汰，州县衙门则仍保留。黔省因僻处边隅，古州、清江等各厅属衙门因驻扎苗疆，并无州县同城，起解钱粮、递解人犯及巡查仓库等事悉专责民壮，且所设民壮均是按照地方实际情形设立，不便裁汰。是故，清廷允准上述厅属各衙门可以保留民壮。③

　　至于理苗同知、通判衙门的办公经费，在较早的方志如乾隆《清江志》和道光《黎平府志》中均未见记载。光绪《古州厅志》则称古州等六厅并永从一县，因缺分疾苦，办公无资，曾经分别给予月费。其中，八寨、丹江、都江、永从等三厅一县，每月各支领经费银200两；古州、下江、清江三厅，每月各支领经费银100两。此后，贵州地方当局对此进行调整，上述厅县改为每月各给经费银150两，以昭平允。同时，长寨厅与台拱厅援照上述各属之例，每月各领经费银150两，俱由黔省善后总局支给。④ 同治十二年（1873），咸同兵燹结束后，贵州地方当局成立了善后总局。⑤ 因此，上述各厅县应该是在此之后才开始支领办公经费。

---

① 道光《黎平府志》卷八《食货志》，道光二十五年刻本，第31~32页。
② 乾隆《清江志》卷四《食货志》，《中国地方志集成·贵州府县志辑》第22册，第443~444页。
③ 《署贵州总督管巡抚事张允随揭报议定各衙门民壮裁汰事》（乾隆六年五月十四日），张伟仁主编《明清档案》第102册，中研院历史语言研究所，1987，第B57499~B57506页。
④ 光绪《古州厅志》卷三《田赋志》，《中国地方志集成·贵州府县志辑》第19册，巴蜀书社，2006，第335页。
⑤ 参见赵宏章《贵州咸同军事时期清政府的"善后"政策》，《贵州师范大学学报（社会科学版）》1991年第2期。

　　虽然并没有直接的证据说明苗疆各厅地方官出现的婪贪与舞弊行为，与永免苗疆钱粮正赋造成的地方官府失去充裕的收入来源有必然联系，但陆续出现的苗疆各厅地方官的婪贪案件，或许可以让我们朝着这个方向进行思考。苗疆初辟之后，随着设官分治的确立，地方官府衙署的吏役人员也随之配备。但是，从相关的档案记载中可以看到，这些额设的同知、通判官署的吏役人员并没有配齐。究其原因，或许与初设之时苗疆政务甚简有关，但更多的则可能与地方官员不照额选补，侵欺缺额人员的工食银有关。如乾隆六年（1741），都江通判吕瑛侵亏米谷并夫役工食银两被告发。档案记载称"通判衙门额设轿伞夫、步快、门、皂各役共二十七名，又民壮十二名。只有轿伞扇夫七名、步快二名、皂隶三名、禁卒二名、捕役三名、民壮九名，共缺额十三名。其工食银两，仍照额支领，侵欺之咎，实所难辞"，吕瑛最终被处斩监候。①

　　类似的侵吞公帑事件，并不罕见，如古州同知刘樵侵帑误工案件，便引起极大风波。刘樵，湖南武陵人，于乾隆九年任古州同知。次年，负责将古州城垣由土城改筑为石城。不料，乾隆十四年古州城垣遭水患倾塌大半。经查，系刘樵任内侵帑误工、修建城垣不善所致。乾隆皇帝闻报后，谕称："古州城垣，关系綦重，参革同知刘樵侵帑误工，其应追赔之项，多至二万九百余两。总由张广泗委任非人，是以同知微员，敢于贪渎侵渔，肆无忌惮至此。其时监工各上司，纵无分肥染指，必皆相率徇庇。今该处城工亟须整理，刘樵赔项，谅难克期完缴。"因此谕令前往贵州、云南、湖南、湖北等省查阅营伍的钦差户部尚书舒赫德亲往确查，将应分赔的地方官员逐一查出究办。② 此后，乾隆皇帝更谕令舒赫德等对刘樵及其子严刑夹讯："向来外任审案，因曾经现任，多不加刑。刘樵父子情罪可恶，非寻常侵亏可比。着严刑夹讯，倘稍有瞻徇遗漏之处，惟该督抚是问。"③ 经舒赫德等查奏，久在黔省任职并曾担任贵州按察使的宋厚包庇刘樵，难辞其咎。据称，宋厚在黔历任二十年，刘樵是其累次保荐升任，且古州城垣，又系宋厚条奏建筑。然而，宋厚对于侵冒误工之处，竟漠不

---

① 《题为审理贵州都江通判吕瑛侵亏米谷并夫役工食银两案依律拟斩监候请旨事》（乾隆六年五月十二日），内阁刑科题本，档号：02 - 01 - 07 - 14069 - 005。

② 《清高宗实录》卷三四三，乾隆十四年六月己亥。

③ 《清高宗实录》卷三四七，乾隆十四年八月壬辰。

关心，实为瞻徇容隐。对此，乾隆皇帝颇为动怒，要求令宋厚修理城工，效力赎罪。①

　　关于清代地方政府的既有研究成果大体上已揭示，内地州县的地方财政运作尚且无法维持正常且合理的行政开支。在清廷开辟新疆苗疆的差不多同一时间，清政府为打击财政亏空，正在推进一项地方财政改革——火耗归公。这一被曾小萍称为合理化改革的最重要概念之一，"是省和地方行政单位应有他们自己的正式经费，这种经费应有明确的税收来源并免受中央政府和本省上级单位的剥夺。这一经费被称为公项。用于它们开支的项目常被称为公用或公事。因公事拨付的公项收入被称为公费"。此外，这项改革的主要目的之一，就是减轻从前以支持地方行政为借口对百姓任意加派所造成的负担。② 曾小萍研究的突破之处，在于打破了中国财政体系中官僚腐败的道德操守低下说，从中央与地方的关系以及对新制度运行逻辑的分析上，真正解释了中国财政困境。③ 曾小萍的研究指出，通过确保各级政府有充裕的收入，可以缓解中央与地方行政间的紧张关系，而不至于威胁中国政权的稳定。

　　显然，从上述引用的晚近的方志材料来看，新辟苗疆各地方官府长期存在办公经费不足的情形，应该是不争的事实。这样的情况，在明清时期地方官府的运作实践中可以说是普遍的现象。为了解决这一难题，地方官常常通过赋税征收与差役编派的事项，向民间进行摊派。大体而言，明清时期的赋税征收与差役摊派，主要是通过里甲制（或图甲制）来实现。具体到地方政府的赋税征收与差役编派而言，在明中叶一条鞭法改革之前，地方政府的财政开支主要来自四差，即均平、均徭、民壮、驿传。实行一条鞭法以后，根据一条鞭法总收分解的原则，各级政府的行政开支，本来都应从正赋（即田赋）收入中支出。结果，在明代末年军兴频仍、财政窘迫的局面下，地方政府的经费被中央大笔提解挪用，只能重新向里甲派办。在中央政府大量裁解地方经费的同时，地方官员亦纷纷将差役银挪入

① 《清高宗实录》卷三四九，乾隆十四年九月甲戌。
② 参见曾小萍《州县官的银两：18 世纪中国的合理化财政改革》，董建中译，中国人民大学出版社，2005，第 160～163 页。
③ 党为：《美国新清史三十年：拒绝汉中心的中国史观的兴起与发展》，上海人民出版社，2012，第 90 页。

私囊，而将各种需费完全摊派给里甲供办。并且，明末重新征派里甲差役的弊政，被清王朝直接继承了。① 不过，在同时期的西南地区，由于里甲体系的缺乏以及土司政权的存在，明清王朝的赋役征派主要是通过土司向中央政府总体认纳，再将其转嫁至属下及本地居民身上。如温春来对于黔西北地区的研究指出，在没有里甲制、人丁事产难以知悉的情况下，明政府在贵州宣慰司等处的赋役征派，并不需要调查登记丁亩，而是由土司长官向各宗亲、土目摊派。不仅如此，同其他地区一样，明中叶以来贵州的赋役制度也实行了一系列的改革，如嘉靖时部分徭役折银征收，万历年间黔省进一步实行一条鞭法，将所有徭役合并为银差、力差、公费三项，在制度上不再要求本地居民亲身应役。② 不过，在实际的运作实践中，民间的百姓并没有随着相关的制度改革而减轻负担。相反，这在某种程度上更可能意味着负担的进一步加重。③

新辟苗疆的地方官府运作，同样存在着转嫁负担以攫取经费、钱财的情形。乾隆初年，贵州地方当局即注意到新辟苗疆地方官通过向苗民"采买"的方式，攫取日常办公用品以及苛敛钱财。所谓采买，指地方流官分派差役、职役人等前往苗寨购觅官府衙门所需的日用必需品，"查薪蔬菽粟等项，原为日用所必需。苗疆地方，向无市廛以通贸易，文武各衙门，俱分差兵役及通事、头人等，前赴各苗寨购觅，名曰采买官"。④ 这一采买事项，虽是由地方官府发给价银，令差役人等前往苗寨购觅，但差役人等或短价抑勒，或扣克分肥，或借端需索酒食，或轮流派买运送，甚至有未奉官员差遣，而捏称衙门名色，扰累苛敛苗民。是故，贵州地方当局在苗疆善后事宜中提出，应立刻查禁苗疆地方官府的采买陋弊，声明嗣后如有仍赴苗寨采买者，官则严参治罪，兵役则重处究革。禁革采买之后，为了解决新辟苗疆官府衙门日用必需品购觅，贵州地方当局在苗疆中交通便

---

① 刘志伟：《在国家与社会之间：明清广东地区里甲赋役制度与乡村社会》，中国人民大学出版社，2010，第 165~166 页。

② 温春来：《从"异域"到"旧疆"：宋至清贵州西北部地区的制度、开发与认同》，第 93~114 页。

③ 张楠林：《明清时期黔西南的"土流并治"与赋役征收》，《中国边疆史地研究》2019 年第 1 期。

④ 《张广泗奏革除苗疆派累厘定屯堡章程折》（乾隆三年七月二十八日），《清代前期苗民起义档案史料》上册，第 238 页。

利、附近营汛屯堡的地方，兴立场市，约定日期，令苗民与商贩人等按期赴场公平交易。

此外，滥派夫役的情形在新辟苗疆地方官府的实践中亦大量存在。乾隆初年，苗疆善后筹划中，贵州地方当局意识到，力役征派，历来乃苗疆累民的关键。这一问题的存在，有两个方面的原因。其一，苗民除耕种外，别无营生之计，遂依靠应募服役以赚取营生之资。其二，苗疆官府承办的地方性公共事务，如城墙、水利等工程的修筑，以及运输粮饷和公文传递等事项，按规定均应雇募苗夫应役；实际的情形，则是公然摊派，不给雇银，或克扣、短发夫价等。贵州地方当局解决这一问题的应对之策，是设定雇募苗民承担夫役的价格，按照定数给价，以及设立汛塘专司巡查和递送公文，以杜绝夫役问题对苗民的扰累。具体的办法如下。

> 苗疆山路崎岖，溪河险仄，请嗣后雇募苗夫，陆路每四十里为一站，给银八分。雇募苗船，逆水以三十里为一站，顺水以八十里为一站，每站给银一钱五分。其随时雇募小工并长短夫役，每日给银三分，口粮米一升。通饬古州、都江、八寨、丹江、凯里、台拱、清江各文武，将通达营汛之水陆通衢，确查里数，按照此价，核定程站银数，先行造册，通详立案，再行刊刻木榜，通行晓谕。如文武衙门并兵役屯军人等，凡雇募苗夫、苗船，俱按照定数给价，不得仍前滥派，亦不得短少分厘，更不许欺凌作践，倘敢故违，官则参处，兵役、屯军人等重责枷示，则苗夫之滥役可以永除矣……酌量添设汛塘，以联声势。从前额设铺夫，俱在上下两游大路安设，其偏僻州县，均未设立，往来公文，役令苗夫递送，复经臣饬令查明各该州县并新疆地方未经设立铺夫之处，据司道等议详题请添设在案。是上下公文，既有铺夫递送，嗣后塘兵专司巡查，并递送武职衙门公文之事，不得仍前役使苗民。请将值塘苗夫一项，永行革除，倘敢故违，兵则重处，官则照例严参，庶塘兵知所儆畏，而苗困可苏矣。①

其实，仔细阅读上述雇募苗夫的制度设计不难发现，虽然张广泗订立了

---

① 《张广泗奏革除苗疆派累厘定屯堡章程折》（乾隆三年七月二十八日），《清代前期苗民起义档案史料》上册，第239～240页。

苗夫雇价的计算方式，但对于如何组织苗民应役以及各项工程所要支付的苗夫价银等细节并未涉及，抑或虽有考虑，但因不涉及具体的事项而未细论。因此，张广泗奏请雇募苗夫承担地方官府公事的规定，看似言之凿凿，实则仍是不负责任地将整个摊子扔给了苗疆地方官府。如此一来，后续的苗疆地方官府对各项公共事务的应对之策也就不难预见。

苗疆地方官府的应对之策，便是倚重通事人群，通过其联结地方官府与苗民，同时将采买、派夫应役等一系列的事务都继续交给他们来完成。从第一章的梳理可以知道，在开辟苗疆之后，清廷的地方官府即借由通事、土舍等人群对当地的人口及田产状况做了细致的调查和登记，并据此向苗民征收赋税。随着雍乾"苗乱"的爆发，以及乾隆元年永免苗疆钱粮正赋的实施，通事除了负责传译的工作外，似乎已不再负责其他的事务。其实不是，这些原来只是作为地方文武衙门翻译与向导的通事，凭借自身的语言优势与对苗疆情形的熟识，自清王朝在新辟苗疆各处设官开始，便成为地方衙门行政事务得以展开的有力辅佐。通事对于地方衙门的重要性而言是双向的。地方文武衙门离不开他们，而苗民亦"惟其言语是听"。

因此，作为联系地方官府与基层苗寨之间的枢纽，这些通事甚至承担起了本不该属于他们职责范围之内的钱粮催收与罪犯查缉工作。这些变化已经逐渐发展成可能引起地区动乱的不稳定因素。但地方官府有应行办理差查事件和命盗大案，都需要通事传语译供，可见，从地方行政的实际运作需要看，这些通事有其存在的必要性。并且，贵州地方当局认为，原先作奸不法的通事，已经或严惩，或正法，或责革，"现在选留供役者，尚俱小心守法"。因此，贵州总督张广泗要求谨慎挑选人员充当通事，并对通事的职责进行规范与管控，并在一定期限之后将通事裁撤：

> 除汛防武弁，止有弹压地方、稽查逃盗之责，一切刑名钱谷事件，原不许干预，毋庸设立通事外，应请通饬古州、都江、八寨、丹江、台拱、清江各厅员，嗣后所用通事，务宜慎选承充。止许奉差传译苗语，不得私至苗寨需索扰累，一应苗民事件，许令直赴厅员衙门诉告，该通事等不得从中把持蒙蔽。倘敢稍有违犯，立即严拿责革，从重究拟。仍责令古州道不时留心访查，倘该管厅员，或失于觉察，

或有意徇纵，即行详揭参究。近来各寨苗民，闻亦能通汉语，今已安设屯堡，观感渐摩，三五年后，凡有一切传谕，苗民自能通晓，然后将通事一项，悉行裁革，苗民可以永无苦累矣。①

据此材料可见，按照制度的设计，作为绿营建置的地方汛防，因不参与"刑名钱谷"事宜，故不设通事，可以设置通事的只是"新疆六厅"的文职厅员。这些通事，只准"传译苗语"，不准插手苗民的"刑名钱谷"事件。不过，从新辟苗疆后续的历史演进过程上看，通事负责的事务实际上早已超越了上述的规定，并因地方官的委任，其身份以获得的土弁职衔，经历了由地方官府的差役向职官的转变。这是一个复杂的过程，我们在第三章中再详细展开。

第二节　理苗厅的职责与施政实践

雍正七年（1729）黔省苗疆初辟后，鄂尔泰奏请添设同知、通判分驻新辟苗疆各处要隘。不过，彼时这些同知、通判所能控制到的只是广袤苗疆的部分重要据点。随着此后军事开辟的推进，并进而添设都江通判、台拱同知，清廷在黔东南苗疆逐渐建立起整体性的流官管理架构。此后，尽管上述关于在新辟苗疆设立郡县的通盘筹划没有能够通过并实施，但以张广泗为首的黔省地方当局开始规划"新疆六厅"各同知、通判的管辖范围并明晰其职责。

一　理苗厅的职责

从前文的叙述中可以看到，鄂尔泰、张广泗等地方督抚对于开辟苗疆之后的政区设置，原本亦遵循从佐贰到设郡县的思路，却终因乾隆皇帝强调"苗疆之事可省而不可繁，可拒却而不可招来"的治理思路而搁置。这些原先只是作为权宜之计的佐贰官设置，继续得以保留，并最终成为有清一代王朝政府在这一地区的设官选择。

按瞿同祖的总结，清代的州县官作为地方官府的行政首脑，被要求熟

---

① 《张广泗奏革除苗疆派累并厘定屯堡章程折》（乾隆三年七月二十八日），《清代前期苗民起义档案史料》上册，第 240～241 页。

悉当地的各方面情况并对其辖界内的一切事情负有责任。他是法官、税官和一般行政官，对邮驿、盐政、保甲、警察、公共工程、仓储、社会福利、教育、宗教和礼仪事务等都负有责任。上述各类职责并非不分轻重，州县官除维护辖区内的治安这一首要职责外，最重要的是征税和司法（即"刑名钱谷"），这两项的实绩是评估州县官政绩（即"考成"）的依据。①傅林祥亦指出，作为府佐贰官的同知、通判，职能单一，没有或只被授予一小部分与"刑名钱谷"相关的权力。当某一位同知、通判被授予管理"刑名钱谷"的权力时，也就理所当然地成为管辖区域内的地方行政长官。因此，他将同知、通判是否具备管理"刑名钱谷"的职责，作为检验其管辖区域是不是行政区划的充分条件之一。②

　　雍正七年起，在新辟苗疆各处开始设置的府佐贰官同知、通判，有"绥理地方，缉捕奸顽之责"，俱加"理苗"字样，可见，主要的职责是治理苗疆与维护治安。随后，尽管这些同知、通判开始对新辟苗疆各处的苗寨进行化诲，登记其认纳的钱粮，但乾隆元年（1736）皇帝颁布永免新疆苗赋的谕旨，这些同知、通判事实上并不需要承担征收钱粮的职责。仅有部分的官员，如清江通判，由于在乾隆元年以后接收了从黎平府划拨而来的村寨，且这些村寨本来就应该向国家交纳的钱粮正赋一并被划归清江通判管理，该通判需承担征收钱粮的职责。乾隆十年，清江通判接管黎平府属之赤溪司旧管上下衙等寨、镇远府属之邛水司瓦寨、清江所属之那磨等寨，其寨民应纳粮米及词讼等事，即俱归该通判管理。因此，概括地讲，钱粮（或"钱谷"）征收一项，并非这些此后成为"新疆六厅"各厅行政长官之人所要承担的主要职责。

　　窃以为，新辟苗疆各理苗厅长官的职责，除刑名钱粮和负责兼管屯堡的清军之责外（都江厅例外），最为主要的应该是其负责的苗疆米谷积贮及绿营兵米供应事务。以下，先对刑名和清军之责再稍做介绍。

　　关于刑名一责，尽管乾隆元年上谕永免新疆苗赋的同时，亦谕定"嗣后苗人一切争讼之事，俱照苗例完结，不必绳以官法。至有与兵民、熟苗关涉之案件，隶文官者，仍听文员办理，隶武官者，仍听武弁办理，必秉

---

① 瞿同祖：《清代地方政府》修订译本，范忠信、何鹏、晏锋译，法律出版社，2011，第15～30页。

② 傅林祥：《清代抚民厅制度形成过程初探》，《中国历史地理论丛》2007年第1辑。

公酌理，毋得生事扰累"。① 历来的研究者相信，这是清王朝"因俗而治"的体现，似乎这些此后专驻苗疆的同知、通判官员可以对苗人自相争讼之事不予过问，实则不然。② 且不说，这一套立法体系，同样关注到与兵民、熟苗关涉之案件的审理归隶关系，即便是苗民自相争讼之事，一旦涉及命案或苗民上告，这些行政长官同样责无旁贷。

此外，关于"清军"之责。乾隆二年（1737），张广泗奏请在新辟苗疆各处存在"逆苗"绝产的范围内，安设屯军。这些屯军的管理，本身自有一套系统，即设卫千总专司屯种之事，其下再设百户、总旗、小旗。不过，这些卫千总的身份，与卫所体系之下的千总却是不同。苗疆屯卫千总筹设之初，军机大臣与贵州总督就专门讨论屯卫千总与卫所千总的差别。其一，卫所千总职司征屯领运，南兑北交，往返经年，恐弓马生疏，因此，历俸年满后应由督抚出具考语，送部引见，分别营卫升用。其二，苗疆屯卫千总与领运千总不同，本系由黔省千总、把总内拣选调拨素习弓马之弁，因此准其仿照边缺之例，五年俸满后如著有成效，无须送部引见，可由督抚以营守备遇缺题补。③ 以故，对这些卫千总的管理，亦不同于卫所。经张广泗奏请，将各该处的同知、通判加以清军衔，各令其兼辖，而总隶于古州巡道（加兵备衔）统属。④ 这些屯堡的卫千总，除专司屯种之事外，还须在每年的十月初一日起，至次年正月底止，亲赴各堡，挨次轮流训演教习屯军。同时，该管的厅员，也须于十月起至次年正月，亲身巡历，督率检阅。如该厅员不于冬季视巡各堡督率检阅，比照不实力稽查例，降一级留任。

再者，理苗厅负责的苗疆米谷积贮与绿营兵米供应，则是清廷治理、控制苗疆的关键环节。众所周知，粮食供需平衡直接关系国家治理和社会稳定。⑤ 兵米不仅在清代田赋征收中占据极高比例，兵米的折价征收、支

① 《清高宗实录》卷二二，乾隆元年七月辛卯。
② 潘志成等编著《清江四案研究》，贵州民族出版社，2014，第96页。
③ 《鄂尔泰等奏革除苗疆派累并厘定屯堡章程折》（乾隆三年十月初五日），《清代前期苗民起义档案史料》上册，第267页。
④ 《允禄等奏详议苗疆善后事宜折》（乾隆二年三月十一日），《清代前期苗民起义档案史料》上册，第235~236页。
⑤ 参见陈春声《市场机制与社会变迁：18世纪广东米价分析》，中国人民大学出版社，2010；萧公权《中国乡村：19世纪的帝国控制》，张升、张皓译，九州出版社，2018。

放中还存在着中央与地方、州县与军队的利益争夺。就此，兵米研究既为深刻认识清代兵政、国家治理提供了新的思路，也还存在州县如何征收、供支等一系列亟待解决的问题。[①] 仅就绿营而言，清代平常时期各省兵米强调就本地产出供本地所用，并且主要是以发放"本色"——米谷本物的形式供应。为方便行事，地方州县在征收和支付时则主要采取"折色"——清代主要是折银征收和支放。[②] 这意味着，绿营兵米供应实则是一项由中央政府指派地方州县承担，并具有"行政发包制"特点的任务。[③] 在边疆地区，当该地产米不足时，为了保障供需、稳定粮价，清廷通过协运米谷来解决兵米需求，并令绿营所在地方州县主要承担起兵米的运输、存储、管理、监放等工作。这项工作给地方官府增加了繁重的行政负担。由此，中央政府和地方官府之间在兵米供应形式上产生了分歧，双方的互动和博弈，直接反映了清政府的国家治理实践。

清廷开辟苗疆之后，安设绿营重兵布防以固统治。黔东南苗疆绿营兵米供应的构建和嬗变，是清政府在边疆地区兵米供支的缩影，并充分体现了其在西南边疆国家治理上的实践进程。如前文所述，开辟之后，清政府积极筹划对苗疆的治理、管控。行政上，清廷在苗疆设立了"新疆六厅"实施行政治理，并一直保持至清末。军事上，从雍正七年开始，清廷先后设立或改置了古州镇、台拱镇（后改镇远镇）、上江协、都匀协、清江协、丹江营、台拱营、下江营、朗洞营等绿营建制，并于雍正七年、十年、十一年先后添设兵5420名、4000名、2000名。由此，贵州绿营兵额也由清

---

①　参见徐中煜《左宗棠收复新疆过程中的军粮采运》，《新疆大学学报（哲学·人文社会科学版）》2010年第2期；毛亦可《清代广东省兵米及其折价》，《中国经济史研究》2015年第2期；陈雪《川运与汉运：顺治年间陕西的军粮筹措》，《清史研究》2016年第1期；潘洪钢《清代八旗驻防与绿营待遇之比较》，《军事历史研究》2018年第6期；刘锦增《1720年清军驱准保藏中的军粮供应问题》，《西藏民族大学学报（哲学社会科学版）》2020年第1期；《"筹备军粮"与"节省国帑"：乾隆年间新疆兵屯作物种植结构调整问题研究》，《云南民族大学学报（哲学社会科学版）》2021年第3期；谢祺《清代湘黔苗疆的粮饷供给模式及其分化原因探析》，《中国农史》2021年第4期；等等。
②　参见陈锋《清代军费研究》，武汉大学出版社，2013；吴昌稳《晚清协饷制度研究》，社会科学文献出版社，2018。
③　行政发包制，或称行政承包制。周黎安指出，在科层式的官僚体制看似高度成熟的明清时期，行政发包制的特征无处不在，尤为明显的则是清朝的基层地方政府俨然是中央政府在地方事务上的总承包人。参见周黎安《行政发包制》，《社会》2014年第6期。

前期的 20000 余名，至乾隆初年一度增长至 43920 名。[1] 此后，虽经节次裁兵，至乾隆朝中期贵州全省绿营兵额仍有 38257 名。其中古州镇、镇远镇两镇则有 18627 名。然而，清廷在黔东南苗疆绿营戍守，以巨大的财政支出作为支撑，但并未收到有效的军事管控效果。有清一代，贵州苗疆社会动乱频仍。兵米供应的财政支出没有付诸实际，成为地方州县婪贪获利的重要来源，从而令温饱有虞的绿营兵丁不能形成有效战力，这是客观上造成清代贵州苗疆绿营失能的原因之一。窃以为，要深刻认识这一问题，必须全面梳理清代贵州苗疆兵米供应体系的构建与嬗变过程，呈现苗疆地方官府的行政逻辑与清政府的制度调适，从而揭示清代苗疆兵米供应内容的实质。

二　苗疆绿营兵米供应体系的构建

清代八旗和绿营的兵饷，均包括饷银、岁米和马干三个部分。仅就岁米而言，绿营兵丁的岁米按月发放，自顺治五年（1648）改定兵丁月给米三斗后，成为定制。按制度规定，绿营兵丁月粮从存留各省兵米中支取。因此，绿营兵米供应便主要由其所在地方的州县承担。

清代贵州苗疆范围内绿营兵米的供应，包括了兵丁月粮和兵眷余米两部分。由于贵州山多田少、产米无多，难以就地供应，苗疆的绿营兵米供应大体上经历了由广西、湖南拨运支放，以及贵州本省就地挽运、采买供支两个阶段。兵眷余米则主要经历了赴广西采买、贵州本省就地采买的过程。并且，主要是发给兵丁"本色"，辅之以少量"折色"。

（一）由湖南、广西拨运米谷协济苗疆兵粮

自雍正七年（1729）开始，清廷在苗疆安设绿营重镇，添设了大量兵员布防。雍正九年，清廷将贵州东部附近苗疆各州县每年额征的条丁银改为征收实米，供支清江、丹江、台拱等处的兵粮。这一方案，存在陆运艰难、靡饷劳民，以及由于贵州山多田少、产米无多而征收不敷供应的问题。因此，解决绿营兵丁的月粮供应，成为贵州地方当局以及清廷中央的当务之急。

雍正十年，贵州地方当局进一步谋划苗疆的兵粮供应。先是该年闰五

---

① 《清高宗实录》卷二一八，乾隆九年六月辛酉。

月，贵州巡抚张广泗指出古州等处积贮最关紧要，要求各镇营应分贮米石，并责成该管的同知、通判以及县丞等官员经管。① 然而，古州等处是"新辟苗疆"，向来没有米谷积贮，且附近的贵州本省各府州县旧存米谷因供应开辟苗疆军粮，已无余存。因此，贵州地方当局无法从本省筹集苗疆兵粮积贮。次年，经由新任贵州巡抚元展成提出，并与广西巡抚金铁、署广东巡抚杨永斌、湖南巡抚赵宏恩、云贵广西总督尹继善等商议，经清廷批准，于雍正十二年开始实行由湖南拨米 10 万石、广西拨谷 5 万石协济苗疆兵粮的方案。

由湖南协济贵州的 10 万石米，分作五年拨运，每年拨运米 2 万石。具体分配为：常德府、沅州、武陵县、桃源县等 8 个府州县共拨运米 15800 石，经水路运交至清江厅存贮；靖州拨运 2400 石，运交至镇远府存贮；会同县拨运 400 石，运交至黎平府存贮；麻阳、辰溪二县共拨运 1400 石，运交至铜仁府存贮（见表 2-2）。这 2 万石米，每年七月中旬起运一半，至八月初全数运完，主要供应清江协、台拱营、丹江营的兵粮支放。这一方案，于雍正十二年运过米 2 万石，因次年初爆发包利、红银"苗乱"而暂时中断。至乾隆二年（1737），苗疆绿营布防进行了改移增置，所需兵粮贵州本省州县仍无法供应。清廷经研议后批准了由湖南将未运的 8 万石米继续拨运贵州，并将其纳入长年挽运的方案，要求上述湖南府州县每年共拨运米 2 万石协济贵州苗疆兵粮。② 此外，借助自贵州流经广西的都柳江河道疏通、转运便利，清廷批准从广西浔州府桂平县拨谷 22000 石，贵县拨谷 18000 石，武宣县拨谷 3000 石，平南县拨谷 7000 石，共计拨谷 5 万石，分三年转运至古州厅、都江厅存贮。以每间仓厫存谷 500 石的规模，在古州建仓 60 间，贮谷 3 万石，在都江建仓 40 间，贮谷 2 万石。③ 这 5 万石米谷就近拨运供支古州镇、上江协、下江营兵丁月粮，在青黄不接时，地方官府还可以减价出粜，起到平抑粮价、接济民食的作用。

---

① 《清世宗实录》卷一一九，雍正十年闰五月庚寅。

② 《贵州总督管巡抚事张广泗揭报清江等处接运分贮楚米用过水脚等项价银》（乾隆四年十一月十二日），张伟仁主编《明清档案》第 91 册，第 B51501~B51526 页。

③ 《贵州巡抚元展成揭报拨贮苗疆谷粮情形并委员办运》（雍正十一年四月十六日），张伟仁主编《明清档案》第 55 册，第 B31675~B31678 页；《清世宗实录》卷一三三，雍正十一年七月辛卯。

表 2 - 2　湖南拨米协济苗疆存贮情况

单位：石

拨出地：湖南	涉及米数目	存贮地：贵州
常德府	4200	清江厅
武陵县	2200	清江厅
桃源县	1800	清江厅
沅　州	4300	清江厅
沅陵县	500	清江厅
黔阳县	1000	清江厅
溆浦县	1300	清江厅
泸溪县	500	清江厅
靖　州	2400	镇远府
会同县	400	黎平府
麻阳县、辰溪县	1400	铜仁府
合　计	20000	

　　这当中，还有一个小的插曲，进一步透露出清廷对于苗疆粮食积贮的关切。乾隆三年入夏以后，贵州米价陡昂。经协商，先将原由湖南额运协济苗疆兵丁月粮的 2 万石米改作接应平粜，再于秋后从湖南增补 2 万石米运交清江存贮，以作下一年的兵粮之用。① 就此事而言，在乾隆皇帝看来，贵州总督张广泗的处理态度有不端正之处，有"以折冲御寇为重，而以抚绥休养为轻"之意。因此，乾隆皇帝强调"殊不知休养在于无事之日，较之经理于有事之时，关系更大。盖国家以民为本，民以食为天，平时则豫筹积贮，歉岁则多方赈恤，使小民乐业安居，不致流离失所。此息事之先务，即弭变之本图，封疆大吏所最当留心者。即如黔省运米之事，有水路可通之处，则当舟运，如必从陆路者，亦当相度地势，开辟道途，以省挽运之力，庶于地方民生大有裨益"。②

　　不过，由湖南、广西拨运的米谷以及贵州本省就近拨支的本色米石，仍不敷包括苗疆新设各镇营在内的黔省绿营兵丁每年所需月粮。乾隆三年（1738），时任贵州总督兼管巡抚事务的张广泗向清廷禀告，称由湖南、广西运供以及贵州本省就近征收拨支的本色米石，仍不足供应黔省安笼镇等

① 《清高宗实录》卷七三，乾隆三年七月戊辰。
② 《清高宗实录》卷七三，乾隆三年七月甲戌。

24 镇协营汛兵丁每年所需兵米 48564 石。统计无闰之年不足米 19270 余石，有闰之年不足米 27260 余石。[①] 其中，即包括了古州、清江、台拱、丹江、上江、下江、朗洞等镇协营兵丁月粮每年不足米 3985 石。[②] 从乾隆三年九月开始，清廷通过了由贵州布政使司动支库银，按时价折给兵员，并令其就地自行采买补齐不敷兵粮的政策。清廷于此项折价采买供应安笼镇等 24 处不足兵粮，共动支贵州库银 31204.2317 两，并令协济贵州的各省份照数拨解抵黔以归补。[③]

　　经此布置，由贵州本省就地征收实米，湖南、广西两省拨运米谷以及折价采买等三种形式，共同构成了苗疆兵米供应体系。不过，这一体系只短暂运行了数年的时间。此后，清廷就这一体系运行中出现的问题，并结合苗疆社会发展变化，很快就对苗疆兵粮供应体系做出调整。进而，随着兵粮采买数量、范围的扩大，在苗疆本地采买米谷逐渐成为清廷供应苗疆兵米的主要途径。

（二）在贵州本省采买、挽运供支苗疆兵粮

　　清廷构建的苗疆兵米供应体系，是以极大的经费支出作为代价。这对于本就荒穷的贵州而言，财政负担尤其繁重。其一，古州等处俱系"新辟苗疆"，产米稀少，米价较内地而言俱属较昂。因此，上述古州等处的镇营兵丁月粮每年不足米，由贵州布政司动支库银按时价发给兵员就地自行采买，所费不赀。其二，由湖南、广西拨运协济兵粮，虽有水路之便，但耗支水脚、运费繁重，每年共需支出银 40000 余两。包括每年从湖南、广西运米 4 万石至两省界临贵州地界需水脚、运费等银 26000 余两，分别由湖南、广西的布政司衙门查给报销。入黔境后，贵州接运又需水、陆脚价银 13000 余两，这部分费用则由贵州布政司查核后发给负责接收、挽运的苗疆地方州县。贵州接运实际开支的费用还在 13000 两之上，以乾隆四年初的核算数据看，上述运供米石每年用于水路雇募船只、水手工食，陆路

---

① 《题为遵旨议奏黔省动支库银折给各营买米并开州等州县征收实米贮仓请旨事》（乾隆三年十一月初五日），内阁户科题本，档号：02 - 01 - 04 - 13083 - 003。

② 包括了黔省安笼镇、归化营、大定协、水城营、威宁镇、长坝营、定广协、长寨营、都匀协、凯里营、镇远镇、黎平营、铜仁协、思南营、石阡营、仁怀营、清江协、台拱营、镇远镇分防胜秉汛、丹江营、上江协、古州镇、下江营、朗洞营等 24 镇协营汛。

③ 《署贵州总督管巡抚事张允随揭明安笼等镇协营不足兵粮折支米石价值不符缘由并拨银归补还项》（乾隆六年五月十四日），张伟仁主编《明清档案》第 102 册，第 B57481 ~ B57498 页。

雇募夫价以及应设的斗级工食、装米口袋和定期的船只维修等开支共需银21506.891 两，遇大修和拆造之年则相关支出还将增加数百两。这部分费用均从贵州布政司库存地丁银正项内动支，按年造册报销。①

表 2 - 3　清江厅左、右两卫安设屯户情形及社仓存贮米谷数量

	堡名	屯军（户）	百户	总旗（人）	小旗	散军	社仓（间）	社谷（石）	屯粮扣存（石）
左卫	章汉堡	97		2	9	86	6	881.342	194
	德阜堡	100	1	2	10	87	12	908.6	200
	九仪堡	87		2	8	77	5	790.482	174
	柳金堡	100	1	2	10	87	6	908.6	200
	宣号堡	105	1	2	10	92	9	954.03	210
	绕庆堡	75		1	7	67	5	681.45	150
	新柳堡	151	1	3	15	132	11	1371.986	302
	汪泽堡	70		1	7	62	5	636.02	140
	天培堡	81		2	8	71	5	735.966	162
	南嘉堡	115	1	2	11	101	6	1044.89	230
	小计	981	5	19	95	862	70	8913.366	1962
右卫	嘉禾堡	146	1	2	14	129	12	1404.5	292
	万安堡	50		1	5	44	4	481	100
	镇江堡	58		1	5	52	4	559.96	116
	松乔堡	123		2	12	108	4	1187.4	246
	南金堡	82		2	8	72	5	788.8	164
	台列堡	142	1	2	14	125	8	1366.04	284
	顺安堡	65		1	6	58	4	621.62	130
	玉梁堡	50		1	5	44	7	481	100
	培养堡	65		1	6	58	5	621.62	130
	观摩堡	96		2	9	85	6	923.5	192
	柳荫堡	100	1	2	10	87	10	961.2	200
	小计	977	4	17	94	862	69	9396.64	1954

注：此外，另有左卫德阜堡额贮积谷 2304 石，宣号堡额贮积谷 1080 石，新柳堡额贮积谷 2502 石；右卫嘉禾堡额贮积谷 1524 石，松乔堡额贮积谷 2082 石，玉梁堡额贮积谷 1080 石，柳荫堡额贮积谷 1176 石。

资料来源：根据乾隆《清江志》中《建置志》《食货志》内容编制。

---

① 《题为古州都江等镇协营官兵改移增置所需月粮米石及酌拨款项请动支事》（乾隆四年三月初五日），内阁户科题本，档号：02 - 01 - 04 - 13175 - 016。

此外，贵州地方当局认为，苗疆各地经数年的屯军垦种，屯堡积贮已稍充裕，可供地方官发价收买，就近供应驻防兵丁月粮。乾隆三年，在筹设苗疆屯堡之时，贵州地方当局即预筹屯堡积贮。规定，按照每屯户 3 石的存贮标准，于秋成米价平减之时，动官帑发交该管厅员，令其于附近水次或邻近产米之处，照时价采买，运贮各屯堡，以备借赈平粜。① 清廷在苗疆总共安设 120 堡，共安屯军 8939 户，按每户 3 石的标准存贮，共存贮米 26817 石。清廷还在保留苗疆各厅旧有仓廒基础上，在各屯堡内先后加建屯仓 123 间，以专门收贮这项米石。② 具体的仓廒设置，可参照以下清江厅左、右两卫的情形。并且，贵州地方当局计算后得出，改为采买屯苗米谷就近供应，与由湖南、广西碾运并黔省接运供应苗疆兵粮相比，还可节省过半运价。

基于此，乾隆七年（1742），经清廷批准，贵州地方当局即已初试向苗疆各屯堡、未安设屯堡的都江厅辖境内苗寨以及附近苗疆的黎平府永从县苗寨采买了 21950 石米谷，并照数减运从湖南、广西两省拨支的米石。这一方案的目的，就是要使苗疆兵粮就地筹济供应，节省从湖南、广西运供开销的费用。对此，乾隆皇帝认为，"所见甚属妥协。然行之苗疆，尤应酌其轻重而不可徒为节省之见，则善矣"。③ 一年后，由户部等中央部门对该方案的可行性和有效性进行审议，要求贵州地方当局妥议，避免出现因采买屯苗余粮供应兵米而妨碍民食的弊病。

就此，贵州地方当局在综合考量后，减少了采买屯苗米谷的数量，开始实行新的苗疆兵粮供应方案。其一，鉴于苗疆山地瘠薄，若尽数收采屯苗余粮，有碍民食，因此将采买数额从 21950 石减至 13782 石；其二，由贵州各属有征支余存米州县全数拨供苗疆兵粮并不现实，这些州县与苗疆各镇协营之间路途较远，若全数拨运，所需运价较之从湖南、广西水运所费更多，只能于切近苗疆各营并花费脚价最少的贵州省内州县酌拨，共拟

---

① 《清高宗实录》卷七八，乾隆三年十月甲申。
② 参见《题请核销黔省古州等厅乾隆四五两年采买各屯军积贮米石并添建仓廒用过价银事》（乾隆九年五月初二日），户科题本，档号：02 - 01 - 04 - 13767 - 006；《为题请核销古州等厅州建造屯军贮米仓廒用过工料银两事》（乾隆十年十二月二十一日），内阁工科题本，档号：02 - 01 - 008 - 000525 - 0016。
③ 《题为酌议贵州省采买屯苗余粮以裕兵食请旨事》（乾隆八年九月二十九日），内阁户科题本，档号：02 - 01 - 04 - 13609 - 012。

挽运米谷 14378 石；其三，上述两项之外，每年仍有 10000 石的不敷兵粮，则仍由广西拨运协济。与此同时，清廷停止了每年从湖南拨运 20000石米协济苗疆兵粮的做法。① 乾隆十年，清廷裁减苗疆驻防绿营兵丁人数，采买屯苗米谷及黔省各属州县挽运苗疆兵粮数额也都相应做了裁减，并继续保持每年由广西拨运 10000 石米谷协济。清廷规定协运这 10000 石米谷所需米价、运费银，从广西布政司库余存的钱粮银内动支。

乾隆二十六年（1761），清廷全面停止了由广西拨运米谷协济苗疆兵粮的做法。先是乾隆二十三年，由于广西米价日昂，经广西巡抚鄂宝咨商署理贵州巡抚周人骥，筹议进一步减运广西协济古州等处的兵粮。清廷由此拟定，由古州兵备道动支道库备贮银两，发交古州同知会同独山州并督率三脚屯州同，于当年开始在三脚屯地方试行采买 2500 石米谷供应古州等处兵粮，并相应酌减广西拨运米谷数量。② 三年后，清廷最终停止了由广西拨运米谷协济古州镇、上江协、下江营、朗洞营等镇营的兵粮，并令贵州地方当局在都匀、黎平二府内采买供运。③ 自此，苗疆兵丁的月粮需求，实现了全数由贵州本省采买、挽运米石供应。

（三）从广西采买苗疆兵眷月粮

自苗疆初辟以来，除了积极筹划兵丁月粮供应外，贵州地方当局还申请从广西采买米谷，以解决因移驻、繁衍而日益增多的苗疆兵丁家口所需月粮。乾隆二年，古州镇总兵韩勋提出，将其辖下古州镇亲标中、左、右三营并下江营的亲丁养廉扣存银两清出，作为公用，买备米粮于各营分贮，作为兵丁家口接济之需。这项米石，既可供应各营中老幼孤寡贫而无靠者的养赡，亦可照市价平减后借粜给兵丁，略收余息，再用各兵丁补还银两赴广西柳州府、庆远府买补填仓。韩勋并陈明，各营积贮米石责令各营将弁经管，倘有侵挪等弊，着令追赔。次年，经清廷议准，古州镇亲标三营并下江营至广西采买米谷供应兵丁家口日食的方案获得通过并开始实施。④

---

① 《题为遵旨查议黔省采买各屯苗余粮并折收百户总旗小旗工食米石供支苗疆不敷兵粮事》（乾隆九年九月初六日），内阁户科题本，档号：02－01－04－13747－004。
② 《奏为古州等处年需兵米请动支兵备道库备贮银两于三脚屯地方试买事》（乾隆二十三年八月二十七日），朱批奏折，档号：04－01－01－0224－022。
③ 《清高宗实录》卷六三一，乾隆二十六年二月戊子。
④ 《题为遵旨查议贵州省古州镇清出兵丁养廉余银采买米石生息积贮及备兵借粜事》（乾隆三年十一月二十一日），内阁户科题本，档号：02－01－04－13108－002。

乾隆六年，清廷进一步批准苗疆各镇营仿照上述古州镇之例，扣存亲丁养廉银两，仍赴广西柳州、庆远二府采买米石并运回苗疆各营存贮，以供应苗疆兵丁家眷所需口粮。[①] 从广西采买米谷接济兵丁家眷日食，也构成了整个苗疆兵米供应体系的重要部分。需要说明的是，苗疆各镇营赴广西采买兵眷日食口粮起初并没有规定具体数额，至乾隆九年才形成了每年采买米谷数额应在 5000 石以内的规定。直至乾隆三十六年，清廷宣布古州等镇营改在邻近苗疆的贵州本省附近州县采买，停止了赴广西采买米谷接济兵眷日食的做法。

结合上述三部分的内容来看，自乾隆三十六年以后，在制度的层面上，苗疆兵米实现了全部由贵州本省地方州县供应。自此之后，苗疆兵米主要以采买、挽运米谷本色的形式供应。其中采买为 28782 石，挽运为 14378 石，仍有不足之处则辅之以折色发放 3985 石。不过，在实践的层面上，这一时间节点当早于乾隆三十六年。

三　理苗厅与苗疆绿营兵米供应的实践

自雍正十年（1732）清廷谋划古州的积贮，逐步构建苗疆兵米供支以来，兵米接收、运输、采买、监放等事项遂成为苗疆各厅员及分管县丞的重要职责。由此，苗疆地方州县不仅需要组建专门负责接收从邻省湖南、广西挽运米谷的人员团队，同时需要承担建设贮存兵米谷石仓厫的任务，以及负责买补、支放、盘收等诸多确保兵米供应有效运转的任务。

从管理上看，清廷曾短暂地在古州设立了仓大使一员，以专门负责苗疆地方仓储的管理，此后则将主要的管理职责归于苗疆地方官府。乾隆二年（1737），清廷新设了仓大使专员负责古州一带兵粮的收贮、接运。此后，随着前述清廷议定动支贵州布政司库银折价发给兵丁买补不敷的兵丁月粮、苗疆各镇营赴广西采买兵眷月粮，以及清廷在苗疆设立屯堡并规划积贮，苗疆地方官府各员、绿营各营将备以及屯堡各卫弁的职责进一步得到明晰。如乾隆三年，清廷制定了苗疆各镇营赴广西采买米石的管理办法。其一，清廷明确了采买米石的监收、监放规则，由各营会同文员（即各厅员、县丞）负责；其二，苗疆地方仓储应订立推陈易新的办法，并要

求借给兵丁的米石，应照原价、运费扣收补贮，不得额外加收耗羡，以及在青黄不接时减价平粜。其三，落实采买米石的盘查、交代重责，要求对米石积蓄、扣收、买补的数量每年造册上报，管理采买米石的官员遇升迁时应按规定进行交收、盘查。① 因此，至乾隆七年时，清廷认为其他官员足以兼摄古州仓储管理事宜，即将古州仓大使裁汰。②

通过以下古州镇营的兵米供应可以大致了解苗疆厅员、县丞具体承担的接收、转运和采买的任务分配。在前述乾隆二十三年（1758）减运广西拨运米谷，改为从都匀等处采买之后，古州同知和朗洞县丞的具体兵米供应任务大体上分配如下：古州同知，负责备船至三脚屯接收都匀、独山、三脚屯等处采买的3544.88石米，接收黎平府、开泰县并经历司采买供应的921.678石米，赴古州兵备道处支领价银代买古州镇、朗洞营兵米975石。朗洞县丞，负责收支朗洞营分防寨蒿、柳拉、高表三汛的折色米475.2石，接收古州左右两卫余田租米378石。③

从接收和转运上看，苗疆兵米需由地方官府组织、雇募民夫进行运输。这需要地方官府投入大量人力、物力，才能确保前述清廷逐步构建的兵米供支方案有序运转。初期，因运载米石数量较多，水程迂折险远，既需要湖南、广西地方州县专门委派员弁押运，并雇募船只、水手运送，又要求船只抵达黔境后即由苗疆地方官府同样委派专员进行接运，水路不通需转陆路时则需雇募人夫搬运。以都匀府转运清江厅兵粮米495石所需的各项开支为例，自都匀至清江，计程19站。照例，每石每站给水脚银3分，回空2站算作1站，每站给口粮米1升，折银1分。每石共给水脚银及回空口粮米折银6钱6分5厘，运米495石，共需银329.175两。又自仓背米下船，计程1里，每石照例给夫价银5厘，计米495石，共银2.475两。运米以十运为率，每运该米49.5石，每石需口袋3条，共需口袋148条，照例半年一更换，共需口袋296条。每条价银4分5厘，共银13.32两。按计算，往苗疆运米一石所需运价与买价相等。④

---

① 《清高宗实录》卷八一，乾隆三年十一月辛未。
② 《清高宗实录》卷一六三，乾隆七年三月丁亥。
③ 爱必达纂修《黔南识略》，杜文铎等点校，贵州人民出版社，1992，第183页。
④ 《题为酌议采买古州左右两卫屯苗余粮改拨朗洞仓交纳以裕兵食事》（乾隆十八年五月十六日），内阁户科题本，档号：02-01-04-14665-010。数据据原档。

此外，从仓储上看，除了构建常平仓、屯堡社仓以存储兵粮外，清廷还在苗疆汛地添盖仓厫分驻米石，以就近供应兵丁月粮。一般情况下，清代地方府厅州县仓储主要由常平仓、义仓、社仓共同组成。[①] 常平仓主要设在城内，义仓和社仓则主要设在城外乡村中。开辟初期，苗疆兵米主要由设在城内的常平仓和设在乡间的屯堡社仓来供应。然而，清代贵州绿营兵则是以汛塘的形式在城外的交通要道、山险要冲之处分防。[②] 各汛距离府厅州县城的距离在数百里不等，由城内拨运供应兵米困难重重。因此，乾隆十年，清廷批准了张广泗的奏请，在苗疆中距离各厅驻扎之处稍远的营汛，如牙舟、柳霁、滚纵、九门、定旦、白索、鸡摆尾、嗅脑、番招、排养、梁上等处添设仓厫，并令地方官府酌拨分贮，同时再由各汛就近拨买补仓。[③]

通过落实地方官员在兵米供应中的职责，逐步建立整体有效的仓储体系，以及减少采买屯苗余粮米数额，清廷不断合理化调整苗疆本地供应绿营兵粮的有关环节，并相应减少运交费用，以节省财政开支。

对采买屯苗余粮米交纳地的调整，便是清廷的一项合理化举措。乾隆十八年（1753），贵州巡抚开泰酌议采买古州左右两卫屯苗余田租米改拨朗洞仓交纳。所谓余田，指乾隆初年新辟苗疆地方底定后遗留的苗民绝产，除拨给屯军耕种外，尚有零星土地未便归集到屯堡管理，由地方官府各就本处招佃承种。该处余田所得租米，备供驻扎的绿营兵丁月粮。古州左右两卫余田，每年共有租米 378 石，清廷令佃种余田的苗民自行挑运租米至古州城上纳。然而，这两卫余田坐落翁脚等寨地方，皆环列于朗洞之东，距古州二百五六十里，距朗洞仅有八九十里。苗民挑运至古州上纳，往返需六七日。山高箐密，道路崎岖，苗民以挑运艰难，大多畏阻不欲承佃。因此，贵州地方当局将古州两卫的余田租米一项，就近改拨朗洞仓交纳，备支朗洞营兵米。如此一来，相应地减少了从古州转运朗洞营的兵米额数，并节省了水陆脚价、口袋等银 204 两余。[④]

① 参见李汾阳《清代仓储研究》，文海出版社，2006。
② 参见马国君编著《〈清史稿·地理志·贵州〉研究》，第 374 页。
③ 《清高宗实录》卷二四六，乾隆十年八月庚子。
④ 《题为酌议采买古州左右两卫屯苗余粮改拨朗洞仓交纳以裕兵食事》（乾隆十八年五月十六日），内阁户科题本，档号：02 - 01 - 04 - 14665 - 010。

显然，苗疆兵米供应的制度设计与实践说明，该制度在一定程度上具有行政发包制的特点。概因制度上苗疆地方官府在采买、挽运上并没有需要承担筹集财政经费的压力，清廷基本上已规定了由贵州布政司库银、古州兵备道库银来承担、给发采买、挽运苗疆兵米所需的米价、运价银。苗疆地方官府所要负担的，则主要是关于兵米采买、挽运的行政组织、实施、监管等方面的事务。这基本上等同于清廷乃至贵州地方当局将兵米供应的任务发包给了苗疆地方官府。如此一来，从地方官府的角度看，异地采买、挽运的形式无疑是增加了其负担，在不违法的情况下，只要顺利完成兵米供应的任务，就地、就近采买米石供支，可能才是最佳的选择。

因此，清廷为构建苗疆兵米供应体系而付出的财政经费，并未在实践中被地方官府切实用于采买和挽运所需的各项开支。以挽运的运费支出为例，虽然清廷减少了跨省拨运协济，并相应增加贵州各属州县挽运数量，但仍然需要付出庞大的运费。这一不菲的运价银，遂成为负责供应苗疆兵米的地方官府婪贪的对象之一。同样，用于采买的官发买价，实际上也被地方官员婪贪、中饱私囊了。由此，向以疾苦著称，并无钱粮正赋，亦无杂税津贴的古州厅同知缺，因为采买、挽运可获得的巨大利润、规费，成为当时官员心目中的优缺、肥缺。① 此后，随着一系列贪腐案件被揭露，苗疆兵米供应体系的陋弊也逐渐清晰地浮现出来。据此，清廷在解决相关弊案的基础上逐步对苗疆兵米供应制度进行了调适。

四　苗疆绿营兵米供应制度的调适

从整体上看，清廷构建的苗疆兵米供应体系，在实践中存在三大陋弊。第一，主导供应苗疆兵丁家口日食的绿营将弁，借机扩大从广西采买米谷的数量并营私舞弊。第二，贵州各属州县实际上没有真正地挽运米谷，而是与苗疆地方官府彼此之间达成默契，以折交的方式完纳并将朝廷拨付的运费银两婪贪分赃。第三，负责供应的苗疆地方官府并没有将折交的兵米价银发交苗民进行采买，而是强行令苗民上纳兵米，并侵吞兵米价银。针对这些弊端，虽然清廷及时进行清查，并相应地调

_____

① 光绪《古州厅志》卷三《田赋志》，《中国地方志集成·贵州府县志辑》第 19 册，第 332 页。

整了苗疆兵米的供应方式，但发放"本色"的原则并未更改。因此，其构建的苗疆兵米供应体系，也并没有真正地按制度设计进行运转并发挥作用。

清廷较为清晰地了解到苗疆兵米供应体系存在陋弊，可能来自对采买供支兵丁家口日食方案存在漏洞的认知。[①] 乾隆八年（1743）六月，广西巡抚杨锡绂指出，苗疆各镇营到广西采买米谷必须定数、定时，才能杜绝假冒，以便稽查。他坦言：

> 臣数年以来，揭阅古州镇臣委员来西采买咨文，有开明米谷数目者，亦有并不开明数目，止云赍银来西采买者，至于所委之员，有秋冬间来者，亦有青黄不接之时尚来采买者。本年五月据署融县知县郭赓武详称，上年冬间有古州镇差弁在县属之和睦墟大建仓房，逢墟收买，陆续装运，至本年闰四月运米之船尚络绎不绝。随向委弁孙受益查询，据称去年别员来买，不知买过多少，该把总系于二月始来，已买过一千余石。其余现在陆续采买，应买若干，俟禀明营主移知等语。查闰四月正值青黄不接之时，现在开仓平粜，接济民食。今黔省差弁乃长住采买，毋怪米价日昂，实于本地民食未便。[②]

杨锡绂的这番言论，实际上道出了苗疆各镇营将弁借采买之机，利用广西、贵州两地的米价差异，从广西大肆采买米石至苗疆出售，进而从中牟利以及存在营私舞弊的可能。[③]

这一时期，鉴于各直省米价陡升，清廷着手讨论暂停由官方采买米谷接济兵丁，以平抑米价、稳定供需。乾隆八年六月，江南提督吴进义条奏

---

① 在此之前，实际上已陆续出现了如乾隆六年都江厅通判吕瑛侵亏兵粮米谷以及乾隆七年古州镇朗洞营参将马国才营私靡饷的案件，参见《题为审理都江厅通判吕瑛狡诈乖张侵吞米谷等项银粮一案依律定拟请旨事》（乾隆六年二月二十三日），内阁刑科题本，档号：02-01-07-13674-001；《为贵州护朗洞营参将事右军守备马国才营私靡饷题请参处事》（乾隆七年七月初九日），内阁兵科题本，档号：02-01-006-000471-0010。

② 《奏为黔省标营赴粤采买米谷请定章程事》（乾隆八年六月十八日），朱批奏折，档号：04-01-01-0096-047。

③ 乾隆十年底，崔杰因疏纵弁兵被贵州总督兼管巡抚事张广泗参奏。次年初，清廷将贵州省安笼镇总兵宋爱与古州镇总兵崔杰对调。参见《清高宗实录》卷二五五，乾隆十年十二月丁卯；卷二五七，乾隆十一年正月乙酉。

停止采买兵米，各省提镇标营有向需买贮米谷接济兵食者均照例暂停，将米价银两存备借给兵丁自行零籴，待岁丰价减之年再行酌买。①

据此，苗疆各镇营理应暂停采买，而古州镇总兵崔杰则以苗疆素不产米且苗疆采买与内地各省采买积贮的情况不同，请求继续赴广西采买米谷接济兵丁家口月粮，并获批准。崔杰指出，苗疆积贮兵米较之内地更为切要。首先，苗疆镇营每年兵丁月粮主要依靠广西拨运供支。其次，各镇营兵丁家口日食维艰，资生无术。再次，苗疆的兵米采买与内地州县采买米谷贮存常平仓的做法不同，不仅是因为苗疆本地无米可籴而必须赴广西采买，更因此项采买米石数量远较常平仓的仓储为少。因此，经详细筹思之后，崔杰认为应因地制宜地保留苗疆镇营赴广西采买米谷的旧例。② 清廷在批准崔杰的请求后，要求杨锡绂与张广泗进一步协商，拟定苗疆镇营赴广西采买米谷的章程，以杜绝陋弊。

乾隆九年，杨锡绂与张广泗拟定了苗疆镇营赴广西采买米谷的章程。该章程规定，苗疆镇营每年赴广西采买米谷的总数应在 5000 石以内；若遇广西柳州、庆远二府该年歉收、米价腾贵等情形，应即暂停赴该处采买，并于古州等处存仓积贮米谷内，照时价平粜；其平粜之米，俟次年广西丰收，再赴该处买运还仓。此外，黔省应将古州每年所需米石，在该年七月以前查明应买数目，咨明广西，同时查明柳州、庆远二府当年米谷收成、价值贵贱等情形，于该年八、九月秋成后，委员给照采买，并限令于次年二月前停止。并将买过的米数报明广西地方官查核、暂贮，陆续装运，其发运数目亦须报明地方官查验，以杜绝假冒和营私等弊端。③

上述章程定例看似严明，但并没有能够遏制苗疆镇营赴广西采买米石陋弊的滋生。这与当时苗疆开发、商贸发展带来大量外来人口移入，进而导致大米需求日益增长、米价上涨以及苗疆镇营将弁借机牟利等一系列变

---

① 《奏请暂停采买借济兵丁之谷事》（乾隆八年六月十七日），朱批奏折，档号：04 - 01 - 35 - 1126 - 002。
② 《奏为酌议赴粤采买米石不便停止情形事》（乾隆八年十月初六日），朱批奏折，档号：04 - 01 - 01 - 0097 - 016。
③ 《题为遵旨议奏广西巡抚杨锡绂请定黔省标营赴粤采买米石章程请旨事》（乾隆九年五月二十三日），内阁户科题本，档号：02 - 01 - 04 - 13742 - 001。

化因素直接相关。① 乾隆十三年（1748），各直省的米价急剧上涨，引发了清廷的高度重视。乾隆帝谕令各省督抚及有关官员根据当地情况，汇报该省米贵的原因。② 贵州按察使介锡周在报告中特别提到："且新疆大村小寨，暨各处僻乡酿酒日多，是皆川粤江楚各省之人，趋黔如鹜，并非土著民苗。现今丰收之年，亦须七八九钱一石，岁歉即至一两一二钱至二两不等，此黔省米贵之原委也。"③ 由此并结合前述分析当可预见，大量外来人口的迁入，让本已早借采买营私舞弊的苗疆镇营将弁，更热衷于参与并控制当地米粮贸易。显然，利益的驱使，造成了上述陋弊的长期滋生。

乾隆三十六年（1771），苗疆镇营借赴广西采买牟利的陋弊被彻底揭露并得到遏制。该年，署理云贵总督彰宝在向乾隆帝的奏报中指出，古州镇、上江协、下江营、朗洞营等镇营自乾隆二十一年以来，就都已是在都匀、黎平、独山等处就近采买兵米，并没有前往广西购运米石接济兵丁家口日食，但仍向广西索取用于查验的印结，从中婪贪米石价银差价、运费价银。④ 彰宝指出的古州镇等镇营赴都匀等处采买米石接济兵丁家口日食，与前述乾隆二十三年清廷减少从广西拨运米谷并试行在三脚屯采买兵粮的时间相近。但古州等镇营借机营私舞弊，或许远在乾隆二十一年以前，只是因年代久远查无实据罢了。清廷没有放任苗疆镇营的营私舞弊行为，当即宣布停止古州等镇营赴广西采买米谷接济兵眷日食的做法，令该各镇营此后即在本省邻近苗疆州县购运。古州等镇营赴广西采买陋弊被彻底揭露、遏制，既直接源自清廷对上述弊案的清查，又基于清廷官员力图节省苗疆兵米财政支出的整体性考量。

随着贵州地方当局对苗疆兵米供应弊端认识的加深，停止黔省各属

---

① 陈贤波、王彦芸的研究指出，由于雍正年间以后清政府对流经苗疆的都柳江水道的开通，形成了以都柳江中下游为中心的粮米采运运输网络，广东、广西、湖南、福建等地的商人陆续迁入，沿着都柳江主河道及其支流溯江而上。经贸发展等一系列变化，深刻改变了地方社会的面貌。参见陈贤波《土司政治与族群历史：明代以后贵州都柳江上游地区研究》，生活·读书·新知三联书店，2011，第106～110页；王彦芸《江河、商镇与山寨：都柳江下游的人群互动与区域结构过程》，社会科学文献出版社，2020，第36～46页。

② 参见全汉昇《中国经济史论丛》，新亚研究所（香港），1972，第547～566页。

③ 《清高宗实录》卷三一一，乾隆十三年三月癸丑。

④ 《奏为古州地方出产米粮足敷购运请停赴粤采买旧例事》（乾隆三十六年七月初六日），朱批奏折，档号：04-01-01-0299-031。

挽运以节靡费的动议屡屡被封疆大吏提出并报清廷中央讨论。乾隆二十九年（1764），贵州巡抚图尔炳阿曾奏请停运黔省各属挽运苗疆兵米的做法，以分别采买、折交供应。① 不过，图尔炳阿的请求因未能将兵米挽运的情况准确奏报，经户部等援引前贵州总督张广泗拟定的方案，认为需要权衡每年各属秋粮收成的丰歉，度量情形，最终以未便轻议更张而奏准照旧挽运。数年之后，清廷以湖广总督吴达善、刑部侍郎钱维城为代表的官员参与对平越府、县私行折运丹江兵米案件的调查，不仅揭露了黔省各属挽运的陋弊，也重启了将苗疆兵米供应由挽运改为折交的讨论。②

乾隆三十四年，署丹江通判龚学海揭报平越府、县拨运丹江兵米系以折银抵交，并侵蚀运脚、口袋银两。此案据前往贵州调查威宁州知州刘标亏缺铜本案的吴达善、钱维城等查办，审出平越府知府杨大鹏、平越县知县张宗柏折交丹江兵米属实。吴达善等认为，平越府、县违例私行折抵属罪有应得，而收银准折的丹江厅员通同作弊，则有希图从中分肥之心，须进一步根究追查，并查出署南笼府知府现任丹江通判景晊收银准折属实。据审讯景晊的报告显示：

> 据供，伊（指景晊——引者注）于乾隆三十年到丹江通判任。该营需支兵米，行催平越府县。于是年九月，止据该府运过数百石。嗣因运米艰难，遂移银抵交、代买。平越县应运兵米，亦如此折交。乾隆三十一、二、三等年俱照此办理，历年府县交银俱有轻平及尾欠银两。至采买盈余之银，凡一切修理仓厫等项，即取给于此，俱经充公用去。③

对于景晊所称折交并采买后所得的盈余银两俱充公用的供述，吴达善等人并未轻信，指出景晊本可拒不接受折交或即禀明上司而杜绝此弊，而他竟

---

① 《奏为酌筹采买兵粮以省挽运折》（乾隆二十九年七月二十七日），台北"故宫博物院"藏朱批奏折，文献编号：403018412。

② 《奏请定苗疆运米之例以顺苗情以清积弊以省浮费事》（乾隆三十五年十一月二十八日），台北"故宫博物院"藏录副奏折，文献编号：013205。

③ 《奏为遵查平越府县协拨兵米折银抵交侵蚀银两一案请旨将现在丹江通判景晊革职严审事》（乾隆三十五年正月十九日），朱批奏折，档号：04 - 01 - 01 - 0287 - 001。

接受并代买，其中显然有分肥情弊。因此，除请旨将景晖革职并严审外，吴达善等进一步委派官员对黔省各州县进行通查。随后，景晖被查出所称盈余银两俱充公用的供述不实，余银实际还是被其侵蚀了。最终，景晖被判"照监守不收本色，折收财物，以监守自盗论，监守盗仓库钱粮入己数在一千两以上斩监候例，拟斩监候，秋后处决"。①

随后，黎平府以及府属开泰县亦被查出运供古州的兵米并非实运，而系折交。② 不仅如此，后续的审查还报出平越府挽运丹江兵米并非从乾隆三十年以来折征折交，而是因挽运艰难，数十年来都是折征折交。杨大鹏、张宗柏、景晖等人基本是照旧规相沿办理。③ 此外，后续被追查出的前任平越府、县官员并黎平府县官员，亦称折交多收的余银俱作为修建仓厫、城垣之用，但办理的官员认为涉案各员并未先行详明禀报，未便作为挪移论罪，而是相应地仍以"入己赃"论罪。④

据此，清廷着手对黔省各属州县挽运苗疆兵米旧例做出调整。乾隆三十五年（1770），刑部侍郎钱维城向乾隆帝上奏，称黔省挽运兵米所需运价银两属虚糜，请求定苗疆运米之例以清积弊。钱维城不仅参与了对平越府、县私行折运兵米案件的审讯，更因查办古州苗乱，亲至都匀、清江等处查访，得悉当地苗民所种俱系稻田，收获颇丰，利于采买。他指出，苗疆兵米供支，若实运则苗民失卖米之利，更有挽运之劳；折交兵米，则不仅对官、民俱有利，更可根除地方官侵蚀运价银这一历久不破的陋弊。钱维城称："黔省步步皆山，艰于挽运。运米一石，与买价相等。是常以二石而致一石也。若恐于苗民滋扰，则自定例之初即已私行折运，并无滋扰。而据目击情形，则且以折运为便。似宜明定章程，令该地方官于秋收时，将实在市价报明抚、藩、粮道备案，其应运之处酌中定价，征收折色，解往当地采买。有余则解司库。如有不足，准于节省运价内开销。该管上司不时查察，倘有抑勒

① 《清高宗实录》卷八五一，乾隆三十五年正月丁未。
② 《奏为奉旨查办丹江等处违例折交兵米一案审出黎平府等处亦有涉案请旨将知府小格等员革职严审事》（乾隆三十五年二月十二日），朱批奏折，档号：04-01-01-0287-008。
③ 《奏为审办丹江等处违例折交兵米一案续审出前任知府廪音等员请旨革职并将张允晋解黔事》（乾隆三十五年四月十八日），朱批奏折，档号：04-01-01-0287-025。
④ 《奏为审办古州丹江等处折收兵米各犯供出所涉各员分别定拟事》（乾隆三十五年十月二十六日），朱批奏折，档号：04-01-01-0291-032。

短发等情，严参治罪。如此，既于苗情甚便，而官员永无明输暗折之弊。"①
由此，他明确提出了应以折交的方式供应苗疆兵粮。

　　钱维城奏请将黔省各属挽运苗疆兵米折价解支的动议并没有获准通
过。清廷综合采纳了贵州巡抚李湖的建议后，仍循旧例以挽运办理苗疆兵
米供应。乾隆三十六年（1771），李湖遵旨核议钱维城奏报，指出将黔省
从前挽运各处米石概行折征解往本地采买，永除明输暗折及冒销脚价等弊
端的动议，属剔弊、恤民、节省运费、因时调剂之道。同时他也指出，黔
省各属对于议折、议征并无定论。挽运苗疆兵米本就属因地制宜，不可一
概而论地议改折交，更不可因丹江、古州兵米挽运流弊，而推翻从稳定全
局考虑而施行的苗疆兵米挽运供应定例。其言曰：

> 贵州通省各标协营汛兵粮，俱系于驻扎地方就近征收秋米供给，
> 无需挽运。惟古州、丹江、朗洞、镇远、台拱、清江，及分防之八
> 寨、牙舟、坡东等处，系属新辟苗疆，产米本少，分驻官兵计数较
> 多，不敷支食。是以定议挽运，因地制宜，本不相同。今以一二流弊
> 难除而竟尽翻全局，窃恐一遇歉收之岁，汛地米少价昂。在经征州县
> 惟知遵例折价解交，不能改征本色。而各汛地纷纷采买，必致米价陡
> 长，浮于运费。不但民食、兵粮均有妨碍，且恐科派勒买，弊窦丛
> 生，为害有不可胜言者。②

基于此，李湖并不赞成变革挽运供应苗疆兵米的定例。但是李湖也意识
到，成法虽难变，流弊则理应剔除。因此，他提出实运、折交各因其地实
际而做变更。平越府、平越县及黎平府、开泰县四处，既已彼此私折交
收，自属本汛便于采买，可明立章程后改折，以杜积弊而省运费；其余黄
平、余庆、天柱、镇远、铜仁、施秉、思州、麻哈、清平、都匀、贵定等
府州县，拨运镇远、台拱、清江及分防八寨、牙舟、坡东等处兵粮，则仍
循旧章征收本色后挽运供应。

　　为了防止后续地方官府故技重施，李湖提出可仿照稽查漕运之法，对

---

① 《奏请定苗疆运米之例以顺苗情以清积弊以省浮费事》（乾隆三十五年十一月二十八日），
台北"故宫博物院"藏录副奏折，文献编号：013205。

② 《奏为遵旨议复黔省兵米本折分征严密稽查事》（乾隆三十六年六月十二日），朱批奏折，
档号：04 - 01 - 01 - 0299 - 027。

黔省各属挽运苗疆兵米进行督查。其言称："臣请嗣后州县征收兵米，仿照稽查漕运之法，令经征之员将每次起运日期、兵米数目预先报明，各上司衙门饬知，经由各地方官查照，将某府州县解往某处兵米若干，于某日过境之处，按旬通报。其汛地收米粮员，亦将逐日收过解到米数一体通报。并督饬该管道、府，就近实力稽察，抚、司据报，委员前往抽查。如有私折、捏报、虚冒脚价及短发、扣克、累民各情弊，概行参革，从重治罪。道府失察、徇隐，分别纠参。抚、司查察不力，一并交部严加议处。仍于年底将各属解收兵米有无弊混之处，责令抚臣专折具奏。"① 清廷同意了李湖提出的方案，既将平越府等四处供应苗疆兵米由挽运改为折交，同时仿照稽查漕运的方法，对黔省各属挽运苗疆兵米进行稽查，并令贵州巡抚按年进行核销、上报。② 这一方案以"黔省解收兵米"为名被明确写入户部则例中，作为对官员议处的规范条文实施。③

需要说明的是，无论是改为折交后在绿营汛地就近采买，还是采买屯户、苗民余米，以及挽运供支，清廷均是以"本色"的形式发放苗疆兵米。清廷此举的目的，实际上是为了防止因发放"折色"而产生兵米折价与市场米价的差额，进而妨碍兵食。④ 清廷对苗疆镇营赴广西采买陋弊的遏制，以及对黔省各属州县区别实施折交、挽运，均体现了主政者较为客观地在制度设计上构建一套适宜苗疆的兵米供应体系。

但是，清廷构建的苗疆兵米供应体系并没有在实践中得到切实实行，不仅出现了前述的折交情弊，还出现了地方官府强令苗民上纳以及侵吞兵米价银的陋弊。当然，苗疆地方官府将兵米采买供应的相关事宜，委派给

---

① 《奏为遵旨议复黔省兵米本折分征严密稽查事》（乾隆三十六年六月十二日），朱批奏折，档号：04 - 01 - 01 - 0299 - 027。

② 中国第一历史档案馆所藏清代档案中保存了不少这类核销的报告。较早的档案，如乾隆三十七年即对前一年的折征情况进行核销，后续至咸丰年间亦是如此办理，如咸丰三年（1853）贵州巡抚蒋霨远即遵例进行报销。参见《题为遵例报销黎平府开泰县折征停运丹江朗洞二营兵米价银事》（咸丰三年十二月二十日），内阁户科题本，档号：02 - 01 - 04 - 21523 - 021。

③ 沈书城辑《则例便览》卷二四《解支》，日本国立公文书馆藏乾隆五十六年刻本，第5页。

④ 关于兵米折价及随之产生的问题，毛亦可通过对清代广东兵米折价的分析指出，广东兵米存在清初改征本色时所定的改征价、地方官折色征收时的折收价、军队支放兵米时的折放价和市场米价这四种不同价格间的巨大差额，这成为中央与地方乃至军队争夺的利薮。参见毛亦可《清代广东省兵米及其折价》，《中国经济史研究》2015年第2期。

苗疆基层村寨管理者——土弁负责,《黔南识略》中即讲到苗疆地方官府大多将折交后的粮银"转发各土弁采买"供应各镇营兵米。[①] 这其中进一步反映的事实可能是,自乾隆初年以来,苗疆的土地开发和商业发展已足以供应本地的兵粮需求,则采买米石才能实施。当然更为残酷的现实是土弁借兵米采买之名而向苗民强征、苛敛。由此,苗疆兵米供应的陋弊引发阶层对立与冲突,给当地社会经济的发展与稳定带来了严重的破坏。这部分内容,笔者在后文再详细展开。

第三节　苗疆的盐政设计与区位影响力上升

经历开辟"新疆"与雍乾"苗乱"的动荡,黔东南苗疆在乾隆初年本地居民人口锐减是不争的事实。但是,如上文所述以及随着清初的拓殖和清水江流域木材贸易的兴起,大量的外来移民开始进入这一地区,也是同样应该关注到的事实。两相比较之下,对于新辟苗疆后的人群构成的理解,或许可以增加这样一层,即当地的人群历史演进同过往既有联系,也有区别。换言之,研究者既要注意到其中的延续性,又不可忽视可能出现的断裂。

在这样的背景下,笔者将就食盐一项,专论其销售所带来的区位变化。由此笔者希望揭示,商贸的发展实际上已经改变了"新疆"社会的人群与结构,但地方行政管理的思路却是滞后的。正是因为滞后的管理思路与社会结构变化的不对等,导致了此后"新疆"社会秩序的变化与人群的矛盾。

食盐乃民生必需品。明清王朝出于财政和社会控制的需要,对盐的生产和销售实行管制。有清一带,内地的盐产区划分为 11 区,即奉天、长芦、山东、两淮、浙江、福建、广东、云南、四川、河东、陕甘。在销售方面,则主要实行专商引岸制。具体的内容为签商认引,划界运销,按引征课。其中最重要的特点就是划界行销,各按一定的额销引额在规定的区域内销售,不许越界销售。

贵州并不产盐,按照制度的设计,清代贵州是川盐的销售区。不过,

---

① 爱必达纂修《黔南纪略》,第 183 页。

在开辟黔东南苗疆之后，设立的"新疆六厅"盐政并没有划到川盐区之下，而是从就近的两广盐区运盐到黔东南试销。这说明了清代在新开"疆域"地区的盐政制度安排，意在使盐区的归属主要遵循市场导向。

这一制度的实施面临着两个问题。其一，涉及对川盐行销贵州的制度设计。当然，这其中还包括许多问题。例如，在盐区归属地上各方的博弈与退让，以及在新开辟地区的食盐定价、销售数量、官员考成等多个问题上涉及内容、章程的拟定、确立和施行。[1] 这是一个较为漫长的过程，并非一蹴而就、一步到位。可惜，目前的研究还较少从历时性的角度对这一系列的问题进行梳理和分析，以呈现清政府在新开辟地区的盐政的运作实践。

一 粤盐行销古州

苗疆初辟之后，因该处属新辟疆土，向无额引，清廷着手设计当地的食盐试销方案。雍正十年（1732），清廷拟定由粤省动支官帑，将广西存有善后盐包一项（不在盐引之内）酌拨 500 包，委派专员运往古州试行发卖，待试销一次并落实相关环节后，再订立章程。受雍乾苗乱的影响，这一官办试销的过程一直延续到了苗疆底定后的乾隆二年（1737）。此后，清廷认为官办究非常策，应招商认引行销，并招有商人张清渠承充，在古州设立总埠，并设立独山州三脚屯埠、永从县埠、永从县丙妹埠三埠以及零星山寨发卖。[2] 设埠招商行盐，涉及盐课数目、销引数目的认定，以及古州等处销售盐斤应归属何州县管辖等一系列的问题，这些问题均亟待落实。

随后，经贵州地方当局查核后初步拟定，古州等处每年销售盐斤额引定为四封。据记载，每封为配盐 1488 包零 50 斤，每包重 150 斤，即合共893000 斤。[3] 事实上，自雍正十年试销以来，古州等处每年所销卖的盐斤

① 参见黄国信《国家与市场：明清食盐贸易研究》，中华书局，2019，第 64~71 页。

② 根据黄国信的研究，在乾隆五十五年（1790）两广盐政改埠归纲之前，从康熙五十七年（1718）至乾隆五十四年，两广盐法规定官发帑本收盐，场盐由盐运司发官帑给场员收买，再由盐运司发给艚船水脚运至省城东关配给各埠，埠商凭引行盐，销于埠地。改纲就其实际运作而言，并未对两广食盐运销制度产生真正实质性的意义。参见黄国信《清代乾隆年间两广盐法改埠归纲考论》，《中国社会经济史研究》1997 年第 3 期。

③ 光绪《古州厅志》卷三《田赋志》，《中国地方志集成·贵州府县志辑》第 19 册，第326 页。

并不及四封，此番是在综合招徕屯军、添设营汛等人口渐增的因素后，拟定为四封之额。此外，贵州地方当局拟定此项行销粤盐的管理之责统归古州同知管理。具体而言为：

> 今准分驻古州同知认定引目，牒复前来，卑府复查得古州一带试销以来，古州总埠之外，复设立丙妹、永从、三角〔脚〕屯三埠，并零星山寨一二处，原为便民就近买食。但三角〔脚〕屯系独山州所属，丙妹系永从县所属，今欲章程画一，似不必论系何州县管辖，统为古州子埠，听古州分拨，通融销售。且今承商亦属一人，应总归古州同知管辖，更属径捷。至于每年销引，应以四封之额为准，计该配引三千八百，乃递年按引输饷。其督征销解，归于古州同知衙门，以专责成，则古州一带盐法永定，民食常充矣。更有请者，窃考粤东盐法，各埠饷额轻重不一，古州地处边远，输饷伊始，且途路纡长，运道艰险，水脚繁重，其承办者较之别埠为难，恳照粤东次轻之饷定额，则商力可纾。①

最终，至乾隆四年，经户部核准如下：清廷将古州定为总埠，三脚屯、永从、丙妹等为子埠，听古州总埠按年分拨销售；该处行盐商认并督销盐斤、催征引饷等项各事，俱令古州同知管理，以专责成；统增引 3800 道，由户部照数刷印，令两广总督差役赴部请领，以发给盐商行盐办课；行销古州等处盐斤其应输引饷银两，因新辟苗疆地处边远，途路纡长，运道艰险，较之别埠办理，诚属艰难，准予照广东次轻之保昌埠应输引饷之例，每封纳饷银 627.535 两，共应输饷银 2510.141 两；其应输饷银，自乾隆四年行销三年引盐为始，按年照数征收，造入广东盐课奏销册内具题查核。② 同年十月，两广总督马尔泰题请古州销售之粤盐，照广西省例，每斤减去二厘，实卖银一分九厘，以便民食。③

---

① 《题请酌拨贵州古州埠帑盐事》（乾隆三年十月十八日），内阁户科题本，档号：02-01-04-13041-017。

② 《题为核议古州等处销引事》（乾隆四年二月二十日），内阁户科题本，档号：02-01-04-13152-016。

③ 《题为古州地方拨发试销帑盐请照依广西省例每斤盐价减去二厘事》（乾隆四年十月十六日），内阁户科题本，档号：02-01-04-13156-012。

盐政乃国家之大事，在新辟苗疆之地销盐，清廷尤为慎重，以杜弊端。乾隆五年（1740），户部以粤省开报行销黔省古州盐斤册数中存在不明之处，如因何每包150斤内复开销卤耗盐斤、未开明饭食和水脚等项以及各项细数是否共用银2.4两等问题，要求两广总督查明后题报。① 随后，马尔泰遵照办理，对各事项进行查核并进一步明晰粤盐行销古州的各项成本开支等情形。先据古州同知等查报并详细说明各开支细项，其中提到，行销古州的粤盐，走水路需3个多月始到，配运的每包150斤盐，长途消耗，约只可存133斤，以每斤卖0.021两算，每包收价2.8两，扣除各项成本开支2.4两，商人只可存银0.4两。再经广东盐运使王国英，广西驿盐道、布政使司参政储龙光等会看，复核无异。据此，两广总督马尔泰上报，并题请酌减销卖黔省古州引盐价银，以每斤一分九厘的价格销售。② 最终，经户部议准施行。③

二　粤盐向邻近古州的贵州内地州县扩销

在此基础上，行销苗疆的粤盐还进一步向邻近的贵州本省内地州县扩充销售范围，如黎平府。光绪《黎平府志》载："黎平府向无额销引盐，听民赴洪江挑贩淮盐至黎售卖。嗣因费重价昂，于乾隆二十六年，粤民陈圣功挽埠商张清渠，代领余引二封，在于黎平郡城开店。二十八年，经粤省运宪议照粤省子店之例，准古州加余引二封，令子店折领运销，仍归古州厅管理，至今遵办……乾隆十年，增余引二封二分零。二十三年，将余引二千一百二十六道零，改作正引，新旧共引五千九百二十六道零，计引六封二分零。"④ 从上述的材料中可以看到，自粤盐行销苗疆之后，基于价格的优势，逐渐取代了由民众自行从湖南洪江挑运至黎平售卖的淮盐。需要说明的是，这其实是一个较为复杂的过程。

有论者指出，清初贵州食盐来自川、滇、淮三个地区，淮盐销售思

---

① 《题为遵旨查议两广酌拨帑盐接济黔省古州地方边民日食以裕课饷事》（乾隆五年二月二十六日），内阁户科题本，档号：02-01-04-13245-007。

② 《题为查明广东收卖盐斤卤耗并请酌减销卖黔省古州引盐价银事》（乾隆六年二月十二日），内阁户科题本，档号：02-01-04-13354-022。

③ 《清高宗实录》卷一四三，乾隆六年五月壬辰。

④ 光绪《黎平府志》卷三《食货志》，《中国地方志集成·贵州府县志辑》第17册，第213页。

州、镇远、铜仁、黎平四府，滇盐仅售普安一地，其余全为川盐所有。康熙中，普安改食川盐，滇盐退出贵州市场。乾隆中，川盐进入上述黔东四府，与淮盐并行，最终也把淮盐排挤在外。唯一例外的是粤盐，自乾隆中进入贵州，显示出强劲的势头，销售区域逐渐扩大，导致与川盐的冲突，但为行政命令所限，最终形成清代贵州食盐销售市场由川盐主导的局面。①这一论断，大体上归纳出了清代贵州盐政运作的总体趋势，不过，如上文论述，粤盐进入贵州的时间始于雍正年间的试销，而非乾隆中期；再者，黔东四府的盐政演变情况以及后续粤盐与川盐在贵州销售的实际情况，比上述论断呈现的情形更为复杂。这些情况均涉及粤盐在贵州的销售区域的变化，某种程度上也反映了开辟苗疆之后这一地区社会经济的变迁情况。因此，理应做一点说明。

　　清初以来，黔东四府的食盐销售，既不归属淮盐，亦非川盐，而是听四府人民就近买食，各从其便。清盐法规定，失业穷民肩挑背负盐斤易米度日，不上 40 斤者，概不许禁捕。乾隆四年，户部行文贵州布政使司，指出上述四府历来买食淮盐，属地方小贩零星贩运，而两淮额设的销盐引目中并无贵州行盐府份，要求与两淮盐政及湖广总督确查后题明。就此，署贵州布政使陈德荣核查后称，上述四府买食淮盐，皆系本地无业小民零星从湖南洪江贩运至黔售卖，遇税口则计斤报课，缴纳盐税。陈德荣进而说明，黔省赋役全书内，向来只有额征盐税一项，地方有司不知督销川引，亦不知督销淮引。此外，陈德荣的奏报中称，黔东四府共 9 县，其中天柱、锦屏、开泰、清溪、玉屏 5 县俱系雍正年间由湖南拨归贵州，所食之盐原在楚引之内；永从县及古州地方则如上述，买食粤盐；只有镇远县西南北三隅俱食川盐，正东隅买食淮盐；思州府辖之都坪、黄道、施溪三土司俱食淮盐，都素一司则食川盐；铜仁县买食淮盐，铜仁府所辖之省溪、体溪、乌罗、平头四土司暨施秉一县则向食川盐。此四府人民买食盐斤，均系就近买食，各从其便，川盐、淮盐销售的界限难以划清，若骤然划界销售并官为拿缉私销，不过是徒滋纷扰罢了。并且，该地民人向来买食淮盐无多，一遇盐贵，则概以蕨灰滤汁代盐，因而，虽说买食淮盐，实

---

　　① 参见马琦《清代贵州盐政述论——以川盐、淮盐、滇盐、粤盐贵州市场争夺战为中心》，《盐业史研究》2006 年第 1 期。

际上数量有限。因此，他请求该地照湖南道县等界临粤省零星买食粤盐之例，仍从其旧，不必加引、缉私。① 据此，贵州总督兼管巡抚事张广泗亦称，黔省素不产盐，民间所食盐斤，系赴川、楚两省购买，小贩零星贩运，以济民食，并无越境奸贩、私枭干犯禁例。对此，户部没有异议，但认为淮盐销售从未议令贵州买食，是以此事未明，因而要求两淮盐政、湖广总督就贵州所食淮盐是否系额内之引，并如何售卖、如何稽查等项，详细确查后报部再议。②

张广泗则认为无须增加淮盐额引，同时要求地方文武官员加强稽查。他指出，淮盐行销楚省，商人只运盐到汉口，后听各水贩买取，湖南会同县属洪江地方，距汉口3000余里，并无专商，俱系水贩装运盐斤赴洪江售卖，听民人交易买食。洪江与黔省接壤，交易发卖之时，或有黔民零星购买，无法分辨谁为楚贩谁为黔民。因而，历来有关地区沿习相安，未加巡禁。最终，张广泗认为毋庸增加淮盐额引，并要求上述各食川盐、淮盐的地方文武官员嗣后严加稽查，务使各按地界照例疏销，不许彼此稍有侵越，以致有碍盐政。③ 户部官员则认为，"免其缉捕"系指本地贫穷老少男妇肩挑背负者而言，镇远等处系黔省所辖，而买食盐斤又属楚省行销之盐，与本地就近零星贩卖者不同。况且，各处买食盐斤虽据贵州总督疏称合计年销均属无几，但其每年约需数目，并未详查声明。此外，食淮盐、食川盐地方，虽据张广泗报告，不时严饬该管文武官员加意稽查，不许侵越私贩。但黔东地方界临广西、湖南、四川各省，居民杂处，户部官员恐上述方案行之日久，枭棍巨贩，唯利是图，任意装载，公然贩卖，转于盐法有碍，因而仍然要求贵州总督、湖广总督、四川巡抚会议后具题。④

四川巡抚及湖广总督均表示无须增加额引。四川巡抚硕色首先报

---

① 《奏为黔省黎平等四府不加盐引事》（乾隆四年十月十九日），录副奏折，档号：03 - 0061 - 023。

② 《题为遵议镇远等四府人民就近买食淮盐免其缉捕请旨事》（乾隆五年闰六月初四日），内阁户科题本，档号：02 - 01 - 04 - 13248 - 011。

③ 《题为遵议镇远等四府人民就近买食淮盐免其缉捕请旨事》（乾隆五年闰六月初四日），内阁户科题本，档号：02 - 01 - 04 - 13248 - 011。

④ 《题为遵议黔省镇远等府掺杂楚省居民买食淮盐照例免其缉捕毋庸加引事》（乾隆六年十二月初九日），内阁户科题本，档号：02 - 01 - 04 - 13359 - 015。

称，雍正八年（1730）题定，黔省贵阳、安顺、平越、都匀、思南、石阡、大定、威宁、遵义等九府额销川盐，由川商赴川省之富顺等地配运，转运黔省各地行销，历来饬川商源源配运，从无缺误。至于镇远等府县及所管辖土司掺杂各楚境地方，应否准其零星买食淮盐，免其缉捕，毋庸加增额引之处，事隔两省，情形未悉，难以悬拟，似应仍请黔省督宪酌议具题。显然，硕色将这一难题抛回给了张广泗。湖广总督那苏图则赞同张广泗的建议，认为毋庸加增额引。对此，户部官员并不认同，指出：

> 查民间食盐，各有疆界，毋庸侵越。从无听其食私而不问者。镇远、铜仁二县，并镇远、思州、黎平三府系行销川引地方，自应买食川盐。若果川盐相距遥远，卖价较淮盐过昂，何妨题明改食淮盐，疏销淮引。今若照该督等所题，将镇远正东一隅，并铜仁近楚民户以及三府所管土司之掺杂楚境处所准食淮盐，则行销川引地方转置川盐而不用，听其买食淮盐，殊与盐法有碍。况苗民相处之地，不独贵州一省为然，即如广西太平等府属之土司，现销内地引盐。今三府所管土司准食淮私，更属未协。应将该督等所请准照湖南道州等处之例，零星买食淮盐之处毋庸议，仍令该督张广泗等详加确查，定议具题，到日再议。①

由此可见，户部官员并不允许地方督抚因地制宜地将国家盐法置于不顾。对此，乾隆皇帝亦表示赞成，红笔"依议"。如此情形之下，张广泗没有固执前见，而是遵从清廷中央的意见，指出镇远正东一隅等各处买食淮盐应做登记，待试行一年计算实在销卖淮盐之数，再按数增加淮盐额引。② 户部此后议准了张广泗的这一方案，并指出镇远等府村落零星，苗多汉少，买食不常，其行销淮盐引目，遽难悬定，应令淮商试销一年，再为增引定额。③ 最终，黔东各处买食淮盐之处仍循其旧，听民自买，

---

① 《题为遵旨核议黔省镇远等府掺杂楚省行销淮盐照例毋庸加增额引事》（乾隆七年三月二十六日），内阁户科题本，档号：02-01-04-13437-010。
② 《题为遵旨议奏黔省镇思铜黎四府买食淮盐应稽查登记试行一年按数增引定额请旨事》（乾隆八年九月二十五日），内阁户科题本，档号：02-01-04-13570-004。
③ 《清高宗实录》卷二〇七，乾隆八年十二月丁卯。

亦未增淮盐额引。乾隆十一年（1746），署理两淮盐政吉庆题请黔省镇远等府民苗买食淮盐仍循旧章，毋庸设埠增引，理由是据各属复称，苗民食盐在可有可无之间，并非避川盐价昂，利淮盐值减。不过偶尔零星就近取便，于川引、楚盐两无伤碍。相沿成习，已非一日。从来利不什，不变法，害不什，不易制，莫若概请仍循其旧，毋庸设埠试销、另增引目。①

与此同时，自乾隆六年以来黔省盐价日昂，每斤从原价二分涨至四分之高，为平减盐价，张广泗题请酌增川省运黔引目数量，至乾隆十一年由户部议准，增水引336张、陆引83张。② 乾隆九年四川巡抚纪山以上述黔东镇远县之西南北三隅等处历食川盐，请增川省运黔盐斤引数。此后，乾隆五十六年，清廷准镇远、铜仁、思州三府民苗愿食淮盐者仍食淮盐，愿食川盐者，听其就近买食川盐，并无禁界。③ 是故，乾隆初年黔东地区的食盐销售，并非简单地川盐进入并排挤淮盐的过程。

再者，至乾隆二十六年（1761），上述黔东四府中的黎平府，正式纳入粤盐的行销范围中。同年，贵州巡抚周人骥以承办古州等处销盐的埠商张清渠加销黎平府盐，引增课重，以致商力不继，办解不前，奏请官为借给帑本，获得乾隆皇帝俞允并施行。④ 贵州地方当局愿意动发官帑借给埠商，固然有为商人苏困，并进一步解决民众的食盐需求、缓解苗疆地方官员盐课考成等的考虑，但欲借此从中获利应该也是不容忽视的因素。

清廷在苗疆的盐政设计，以及以古州作为盐运总埠，进一步向苗疆及其周边内地州县扩展，由此带动古州厅乃至苗疆的商贸发展与区位影响力的上升，值得关注。嘉庆年间担任古州同知的林溥便指出，古州设埠以后，各省客商往来不绝，商贸与文教均得到了发展。其言称：

> 黔省向食川盐，古州距蜀较远，艰于负贩。开辟后改食粤盐，由广南水运至古，运商武林俞氏领引转运，责成古州同知督销。设有总

---

① 《题为陈明黔省镇远等府民苗买食淮盐宜循旧章毋庸设埠增引等情事》（乾隆十一年二月二十九日），内阁户科题本，档号：02 - 01 - 04 - 13980 - 014。

② 《题为会议贵州总督张广泗请增川引以济黔省盐食事》（乾隆十一年十一月初六日），内阁户科题本，档号：02 - 01 - 04 - 13985 - 014。

③ 参见马琦《清代贵州盐政述论——以川盐、淮盐、滇盐、粤盐贵州市场争夺战为中心》，《盐业史研究》2006 年第 1 期。

④ 《奏报筹借省城铸局余钱以济古州埠盐商资本事》（乾隆二十六年四月初八日），朱批奏折，档号：04 - 01 - 35 - 0459 - 036。

埠，黎平、丙妹、三脚屯分设子埠，源源接运，遂成水陆通衢。境内除镇标兵丁及屯军外，悉系苗人，流寓汉民绝少。自设盐埠以来，广东、广西、湖南、江西贸迁成市，各省俱建会馆，衣冠文物日渐饶庶。今则上下河街俨然，货布流通不减内地。①

林溥在这里固然主要描绘的是古州厅城因商贸的发展而呈现的繁荣景象，但开辟苗疆后，随着清水江、都柳江的疏浚，沿江两岸木材贸易的兴盛，以及由木材贸易进一步衍生的商品经济发展，都使苗疆社会呈现出新的景象。② 这一系列的新变化，在一定程度上势必要求清政府调整其在苗疆的管理思路。最直接的改变，则可能是对苗疆地方行政管理制度与基层社会管理制度的调整。但如同我们看到的，随着古州设埠等一系列变化带来的苗疆区位重要性的提升，清廷并没有及时在地方行政管理、赋税征收、兵米供应等相关事项上做出对应的调整。

因此，清廷在苗疆作为权宜之计的府佐贰官设置最终被保留了下来，而日益繁重的苗疆地方政务使地方官员更加倚重原先已经在开辟苗疆和平定苗乱中发挥重大作用的通事人员。只不过，与前人的研究强调的设置土司不同，张广泗坚持强调苗疆基层社会不可设立土司进行治理。这些此后被称为土司的"土弁"人员，亦经由地方官的违例擅设，身份从"在官人役"向俨然如世袭土司般的职官发生转变。

---

① 嘉庆《古州杂记》，《中国地方志集成·贵州府县志辑》第 18 册，巴蜀书社，2006，第 571 页。

② 参见凌永忠《雍正年间"开辟苗疆"对商业经济的影响》，《贵州文史丛刊》2008 年第 3 期。

第三章　流土并治格局下的苗疆土弁设立

　　总体而言，清代对边疆地区的管理和控制比历代都要严格，其治边的总原则是"因地制宜""因俗而治"，即根据不同地区的不同情况，采取不同的治理办法。但另一方面，从土司制度的发展历史看，明代中后期，其弊病已充分暴露出来，特别是它的割据性，已经不适应统一的多民族国家发展的需要。此外，清前期中央王朝形成的边疆政策，其核心是促进边疆地区与内地的一体化。因此，控制土司势力的发展，是清初以来中央王朝加强边疆治理的一个重要任务。雍正朝在云南、贵州、广西、四川等西南地区大规模改土归流的推行，便是强化边疆治理影响之下的产物。①

　　在此背景下，如第二章所述，虽然清廷坚定地在黔东南苗疆建立起流官管理体制，但对于苗疆基层社会管理体系的构建则没有匆忙做出决定。因此，既有的研究指出，开辟苗疆之后清王朝最终通过设立土司来管理基层村寨的苗民的论断并不准确。这些研究大体上都注意到，由于历史、文化、语言、习俗的隔膜，清王朝对黔东南苗疆的治理比内地要困难得多。并且，原先苗疆基本没有土司，清廷未能在短期内培养出一个忠于中央政府的类似乡村绅士的阶层，协助地方流官治理苗民。因此，清廷开辟苗疆后，考虑到外来者终究很难让当地人接受，采取另外一种意义上的"以苗治苗"，对参与开辟和清理苗疆的通事或向导大加封赏，设置土司代为管理若干个苗寨。② 在关于清代中期开辟苗疆及清水江流域的社会变动论述中，潘志成、吴大华、梁聪等人亦持类似的观点，他们同样认为，土官是乾隆朝控制苗疆基层社会最为倚重的力量，并且，尽管清水江上游大大小

---

　　① 李世愉：《清政府对云南的管理与控制》，《中国边疆史地研究》2000 年第 4 期；《清前期治边思想的新变化》，《中国边疆史地研究》2002 年第 1 期。

　　② 张中奎：《清代苗疆"国家化"范式研究》，《广西民族大学学报（哲学社会科学版）》2014 年第 3 期。

小的土官虽不统辖兵丁，但其性质实为土司。①

但是，历来的研究大多没有注意到苗疆善后制度设计的谋划人、时任贵州总督兼管巡抚事的张广泗力持"土司之设，于理于势，皆有所不可"，此为其一。其二，至于此后所谓的土弁、土司，抑或土官控制苗疆基层社会的判断，基本上是盲从乾隆朝以后宦黔文人的判断，而忽略对一手档案史料的梳理，从而也就忽视了整个乾隆期间，这些所谓的土弁经历了从作为"在官人役"的通事，转变为"俨如官长"的土职。② 基于此，笔者认为研究者不仅要看到"土弁"与"土司"的一字之差，更应该注意到这样的名词区分所反映的不同制度背景，各自代表的不同人群在行政管理中的角色与地位，以及清代各级官府对于边疆治理思路与途径的差异。在此之前，我们仍需对清初以来在西南边疆设立土弁的过程及其实质先做一番梳理与介绍，才能理解黔东南苗疆土弁的设置与运作过程中产生的一系列问题。

第一节　清初以来在西南边疆设立土弁的先例与实质

一　清廷对存留土司权力的约束

前人的研究注意到，清初以来一直有以绿营弁衔授予内附的或立功的土酋的传统，并引正史、政书的记载为例。最为常见的即引光绪《大清会典事例》卷五五七的这段记载：

> 国初定，遐陬僻壤，率属向化。承袭土司，分别授以指挥使、指挥同知、千总、把总、千户、百户职衔。

以此，作为对清代土司制度中新出现的职衔的总的概括。又抑或根据地方史志中记载，叙述相关土弁设立的源流。这一系列的研究有助于读者或后续的研究者对清代土弁的总体状况有一番宏观的认识。但需要注意的是，

---

① 潘志成等编著《清江四案研究》，第 94 页。
② 清代，除了衙门中的吏书、书办、皂隶等差役外，地方总甲、保正、乡约，甲长、墟长、社长等，也称为在官人役。参见周保明《清代地方吏役制度研究》，上海书店出版社，2009，第 14 页。

若仅着眼于结果，而忽略对源头、过程的梳理，则可能模糊了对清代土弁制度运作的精准认识。

诚然，清初以降，清廷在平定、开发、治理西南边疆的过程中，对率众归附或立有军功的少数民族头目，酌情赏授守备、千总、把总等绿营职衔。如康熙朝在平定"三藩之乱"期间，贵州一些土舍、土目随军征讨，立有军功，清廷酌量赏授土守备、土千总、土把总等职。① 其次，至雍正朝改土归流和开辟黔东南苗疆时期，在多民族混居、流官不易管理的偏僻地区，清廷因地制宜，对立有军功的少数民族头目，同样授予土弁职衔，令其管理地方，统归地方流官管辖。

需要注意的是，对这些新开辟疆土的治理，清王朝并未委任世袭土司进行管理，而是直接设立流官进行管辖。这是在加强边疆管控，强调边疆内地一体化治理的态势下，对土司政治的舍弃。再者，从制度层面强化对土司的控制，规范各土司之间的关系，是清政府加强西南边疆治理的一个重要策略。一方面，清代中央政府通过"流土并治"与分别流土考成两项措施，加强对存留土司的管控。所谓流土并治，指在土司管辖的地区内设置流官，使流官与土司共同管理地方。这是清政府派流官监控土司，防止土司恣意妄为、营私舞弊所采取的一项重要措施。流土分别考成，则实为对土司的考成。考成，即对官员的考核。清代对官员的考核，京官称"京察"，外官称"大计"。大计每三年一行，对土司，清代亦有仿流官行"三年大计"之例，后因土司与流官不同，至乾隆初年宣布停止对土司的三年大计。另外，随着改土归流的推进，清政府对土司的考成进一步规范，给土司增加了新的责任和义务，即必须同流官一样保证地方的安宁。这两项措施的施行，保证了清政府对边疆少数民族地区的有效统治，同时也反映出清代土司制度在元、明基础上的进一步发展与完善。② 在此基础上，流土并治（或称"土流并治""土流参治"）是土司制度推行中的常态。③

此外，清政府试图利用土司社会内部所出现的秩序松动，将国家的意

---

① 成臻铭：《土司制度与西南边疆治理研究》，社会科学文献出版社，2016，第532~533页。
② 李世愉：《清代土司制度论考》，第144~151页。
③ 杨庭硕、李银艳：《"土流并治"：土司制度推行中的常态》，《贵州民族研究》2012年第3期。

志延伸进去，从而达到掌控边疆社会的目的。元代以来，土司作为世袭职官，须对王朝国家承担交贡、纳赋和管理土民、征调土兵的义务。相应的，中央王朝亦赋予其相关的权力，包括在其世袭领地内的赋税征收、治安管理等职权。这在元明时代，乃至清初应当都是如此。清初以来，特别是改土归流后，对于保留的土司，因在该地已经设置了流官州县，原土司管理的钱粮征收、夫役和受理词讼的权力则过渡或归属于流官直接办理，土司及其附属不得再加干预。显然，这既是清政府对贪劣土司的惩罚与限制，又显示出在总体层面对土司加强管控、限制之势。

　　不仅如此，在清代的流土并治态势之下，土司政权对辖下本地居民有管辖之责，但并不代表着身处其中的本地人群即服膺土司政治的威权。这既是土司政治的威权走向衰落的表现，也是民间社会力量逐渐壮大之后对改善自身地位的诉求。从现存的民间碑刻等材料呈现的信息来看，在雍正朝大规模的改土归流之前，西南边疆的本地民众便曾持续地对土司的威权发起挑战。

　　例如，康熙朝中后期黔东南地区的本地民众曾持续地对土司的征粮、苛索发起抗争。起因是，康熙朝初期贵州地方当局即已规定土司只许进行治安缉查，不许干预流官政府经理的刑名、钱粮事项。康熙三十九年（1700），黔东南黎平府属民人欧齐苏等呈控潭溪、龙里、亮寨、欧阳、中林、新化、八舟等长官司贪虐，需索无度，经时任贵州巡抚王燕①批准，嗣后民粮归府完纳。然而，此后数年间不肖土司仍借端苛索。是以康熙五十六年，黎平府属民人呈控，要求赴府纳粮，并且对土司干预词讼进行控告。该案经贵州巡抚白潢批示，要求黎平府对民人所控土司苛索之事进行查报，并对民人控告土司干预词讼一事，饬令黎平府"严饬土司，止许缉查匪类，不许干预民词、私征钱粮、勒折浮收情弊。勒石示禁，以安民生者也"。黎平府知府姚启查报后禀称："土司索派各情，均无实据。土民之意，不过欲赴府领给粮单，以免土司之需索耳。夫粮已归府，而仍责以批解，不肖土司借以苛索，情之所有，总审无实据，而民之控岂尽于虚？今请宪台不许土司苛虐、派累苗民外，其各寨民粮，俱令造报花名清册，以

---

① 王燕，字子喜，宛平人，康熙三十七年正月至四十二年六月任贵州巡抚。参见侯清泉编《贵州历代职官一览表》，中国近现代史料学学会贵阳市会员联络处，2002，第144页。

绝隐漏。该府给发由单，使民自封投柜，印给串票为凭，以绝苛索、包
揽。则土司不能苛索，而差棍无由侵渔。"白潢阅后，批示"如详饬行遵
照。倘该土司故违苛索，即行揭报，以凭参处。至归府地方钱粮，如有土
司差棍包揽，该府务须照例究治，勿使苗民出汤火而复罹汤火也"。① 由
此可见，当时贵州地方当局已经对土司的职权进行了限制，只保留其治安
缉查的职能，而取消其钱粮征收和词讼受理的权力。

此案所形成的定例对贵州省辖内各类土职一体适用。乾隆年间，黎
平府属古州司杨泽远滥差，贵州巡抚题请将其参处、革去土职，题本中
称："窃照土司之设，原为抚绥苗寨，催科缉捕，自其专责。凡地方讼
事，例禁擅受。"② 显然，至少在清代贵州行省之内，土司为基于治安缉
查的目的而设立或保留，已失去了世袭职官的行政、司法等诸多权力。这
也从另一个层面说明，由于历史、语言、文化等因素的隔膜，中央政府在
边疆地区国家化建设的进展并没有预想中顺利，因而"流土并治"格局长
期延续。

由此，笔者认为，对清代土弁的设置及其实质的认知，须置于清初以
来边疆治理思路已发生转变的大框架中进行理解。并且，虽然清政府在西
南地区大规模推行改土归流之余，"因地制宜""因俗而治"地保留了部
分土司，以及在特定地区新设了土弁，但土弁的身份及中央政府赋予其的
职能，与世袭土司已大不相同。

二 清初以来设立土弁的过程与实质

清代的土弁主要设于贵州、云南、四川及湖广。③ 经中央政府批准
设立的土弁，对其立功与违法的处理，是参照清代土司制度的相关规定

---

① 《严禁土司擅受民词及擅收钱粮碑》。这是现存贵州锦屏县启蒙镇便晃村者楼侗寨两块石
碑记载的内容。据安成祥等实测并拓片资料显示，两碑皆青石质，方形。第一块（右
碑）高167厘米，宽90厘米，厚7厘米；第二块（左碑）高165厘米，宽82厘米，厚7
厘米。从右至左，依次记载了道光八年、道光十七年、道光十八年二月、道光十八年六
月、道光二十年十二月、康熙五十六年、道光二十年十一月等七通不同时间、内容的碑
记。参见安成祥编撰《石上历史》，贵州民族出版社，2015，第56页。
② 《为贵州黎平府属古州土司杨泽远滥差毙命题请参处事》（乾隆三十七年二月初二日），
内阁兵科题本，档号：02-01-006-002265-0002。
③ 李世愉：《清代土司制度论考》，第115页。清代土弁分布的详细情形，可参见本书附录。

进行的。① 至于为何是"参照"而非"按照"土司制度的规定处理，则是因为清政府恩赏的土弁职衔，并不在原有的土司职衔序列之内，事实上只是虚衔而已。因此，清初以来对土弁的最大恩赏，便是这一虚衔转变为实职。并且，从清中央政府的层面，始终审慎地处理土弁的承袭。

如雍正六年（1728）四川凉山雷波千万贯土千总职衔的颁授。元至元十三年（1276）置雷波长官司，明仍其旧。清康熙四十三年（1704），则授雷波千万贯正长官司，颁给印信号纸，驻牧千万贯。雍正六年，云南米贴夷妇陆氏戕害云南官兵，诱附近结觉、阿路等夷人作乱，雷波正长官司杨明义助逆，四川提督黄廷桂率军荡平之。事后，清廷将杨明义革职，追缴印信、号纸，不准承袭，并将其地改土归流，置雷波卫。② 此外，杨明义继母沙氏恭顺，率同幼子杨明忠随师引道，拴获逆酋，著有劳绩。善后时，经黄廷桂奏请，雍正七年和硕亲王允祥会同兵部议准，将沙氏安插千万贯一带驻牧，量委土千总职衔，将千万贯、谷堆、鱼红、天喜、哈都鲁等处夷众，责成沙氏严加约束，毋许滋事。如有盗窃、不法奸徒，勒令沙氏查拿、解送。雍正皇帝俞允。这是千万贯土千总授职的始末。③

值得注意的是，兵部议给以沙氏土千总职衔时，同时声明，其所生幼子杨明忠，暂交马边营经管，教之礼法，俟其长成，应否代伊母管理地方之处，另行奏请。显然，并未准许杨明忠日后直接承袭伊母沙氏土千总职衔。乾隆十一年（1746），沙氏病故。两年后川陕总督张广泗、四川巡抚纪山行令四川布政使、永宁道核查，经叙州府知府宋谔、雷波卫守备李文彪等访查后详请，认为千万贯、谷堆、凉山等处，俱属生番，野性难驯，又距流官所管地方窎远，遇有盗贼、人命、奸拐等事，内地丁役不能深入，必须土司头目方能拿解。而该地自沙氏管辖以来，颇称安靖，现杨明忠年已长成，为夷众悦服，应令其接管伊母地方，于夷疆有益。最后由张

---

① 如乾隆年间，云南清理九龙江外猛笼土把总，便是"照云南土司犯军流例，同其亲丁家口一并迁徙江西安插、管束"。参见《奏为九龙江外猛笼土弁应行迁徙以靖边疆事》，台北"故宫博物院"藏朱批奏折，文献编号：403027352。

② 参见《何耀华学术文选——中国西南历史民族学论集》，云南人民出版社，2016，第113页。

③ 《为核议川陕总督题请杨明忠承袭伊母沙氏土千总职衔约束千万贯一带夷务事》（乾隆十三年七月二十六日），内阁兵科题本，档号：02-01-006-000908-0015。

广泗、纪山联名奏请杨明忠承袭土千总职衔。① 乾隆皇帝览阅后朱批令兵部核议后具奏。兵部核议后同意张广泗的奏请：杨明忠照依原议，准委以千总职衔，令其管理地方，并行令该督等取具杨明忠宗图册结，送部备查。乾隆皇帝红笔：依议。俞允杨明忠承袭雷波卫属千万贯土千总。②

从以上档案的记载中不难发现清中央政府在颁授土弁职衔时的审慎态度。基于这样的态度，清廷并没有像敕封土司般赋予土弁"世掌其土、世有其民"的职权，而只令其承担起管辖村寨的治安缉查职能而已。因此，这一土千总职衔，实际乃一虚衔。

杨明忠之后，千万贯土千总之职的承袭情况，据光绪《叙州府志》称，"明忠传子阿弼，阿弼传子吉趣。二十四年，吉趣病故。子纯武、继武，均年幼，不能任事，咨准吉趣妻杨国氏护理土务。四十八年，纯武病故。子杨成，年仅三岁，仍以杨国氏护理。嘉庆二年，杨国氏病故，杨成承袭。成传子应泷，应泷传子荣耀。荣耀病故，无子，以族人杨文承袭。文子杨石金，精明武勇，能伏诸夷。咸丰十一年，随同官兵征剿滇匪，奏赏五品顶戴。同治二年，随官兵攻克横江双龙场股匪，在事出力"。③ 可见，杨明忠的后裔累传至杨荣耀后，因无子而由族人杨文承袭，杨文再传至其子杨石金。因此，杨石金是以杨明忠后裔族人的身份，承袭千万贯土千总之职。同治五年（1866），四川总督崇实从边疆治理的实际需要出发，认为土千总的虚衔并不足以弹压、约束边夷，奏请赏还雷波厅属土千总杨石金之正长官司原职。最终，同治皇帝同意了崇实的奏请，俞允赏还杨石金千万贯正长官司原职，并颁发印信、号纸，以示鼓励。④ 据此也不难发现，尽管时人习惯上将土千总等土弁亦称为土司，但土弁与土司诚属不同。

土弁实际上是以类似地方流官衙门职役的身份，在流官的统辖之下协助其治理边疆。除了前文所述这一职衔本身只是虚衔，以及土弁的相关职

---

① 《奏请土司杨明忠承袭伊母沙氏千总职衔事》（乾隆十三年六月初三日），台北"故宫博物院"藏录副奏折，文献编号：002527。

② 《为核议川陕总督题请杨明忠承袭伊母沙氏土千总职衔约束千万贯一带夷务事》（乾隆十三年七月二十六日），内阁兵科题本，档号：02－01－006－000908－0015。

③ 光绪《叙州府志》卷三〇《土官》，收入《中国地方志集成·四川府县志辑》第29册，巴蜀书社，1992，第56~57页。

④ 《清穆宗实录》卷一七八，同治五年六月戊戌。

权受到限制外，土弁授职、委任的凭证与权力象征的信物，亦均与作为职官的土司不同。以下所述清政府于雍正、乾隆年间在云南普洱府、元江府等地设置土弁、赋权，不颁给承袭土弁凭证、信物，以及土弁承袭的实际操作，可以进一步说明上述问题。

（一）依据土弁归属内地、边疆的差别区分其职能

在云南，雍正年间由云贵总督尹继善主导的普洱府、思茅厅、元江府、新平县的善后事宜，根据地方归属内地还是边疆的差别，对土弁的职权做出区别限制，概言之，在少数民族混居区则赋予土弁管辖村寨的职权，在内地州县则禁止土弁擅管地方。

清代，普洱府位于云南边境，与老挝、缅甸交界，其地原为车里宣慰司所辖。雍正七年（1729）改土归流，以澜沧江为界，清廷分车里宣慰司原所辖江内六版纳地，置普洱府，隶属云南省。其江外六版纳则仍属车里宣慰司。澜沧江内外这十二版纳，即傣语所称的西双版纳，为普藤、猛旺、整董、猛乌、乌得、猛腊、猛阿、猛遮、猛笼、倚邦、易武、六困，加上车里，汉文献又常称为十三版纳（或除车里外称十二猛）。① 这十二猛的首领，因参与平定夷人之乱有功，在雍正十三年十月，由云贵总督尹继善上奏，经兵部议准给予土守备、土千总、土把总等土弁职衔。

普洱府辖下十二土弁的设立，乃对原车里宣慰司辖下土目的封赏。土司制度实行期间，各土司政权在各自统治的地区内设置了一批代其行使权力的头目。这些头目各自分管一块地方，负责替土司征税、治民，统称为"土目"或"土司头目""土官头目"，是土司属下的佐治官。② 就赏授土目以土弁职衔这一做法可能令中央政府产生当地改流不彻底的误解，尹继善专门解释并特别强调：内地的土目须削其事权，而边境的土目则须使其有专责。并且，在边境设立土目管辖少数民族人群，是比照内地基层社会乡约、保长约束民人而设。他指出，江内之六版纳及茶山、整董、乌得、白马山、六困一带，幅员辽阔，山深箐大，且烟瘴甚盛，既不能处处设

---

① 宋恩常：《西双版纳历代设治》，《民委民族问题五种丛书》云南省编辑委员会、《中国少数民族社会历史调查资料丛刊》修订编辑委员会编《西双版纳傣族社会综合调查》修订本（一），民族出版社，2009，第76～77页；尤中：《中国西南边疆变迁史》，云南大学出版社，2015，第209页。

② 参见李世愉《清代土司制度论考》，第174页。

兵，在在置官，若不令土目分管，漫无责成，地方难以宁谧。因此，"今通盘筹画，除猛乌、易武、小猛养旧有土弁召匾、乍虎、叭前无容另议外，查普藤土千总刀猛比深明大义，始终效顺，随师搜剿，历著勤劳，应赏给土守备职衔……此并非以久经归流之地而反责成土目，盖地方总系流官管辖，土目不过分查地方，惟以土目管土人，仍以流官管土目，庶穷山僻壤、瘴疠险阻之区，莫不各有责成，各有约束，地方文武，止须提纲挈领，弹压抚绥，则事不烦而民不扰，似亦治理边夷之要道也"。①

由此可见，尹继善奏请赏授车里宣慰司辖下的土目以土守备等土弁职衔，系因新设地方流官不易管理少数民族人群混居的普洱地区，仍要保留土目"以夷治夷"。因此，在尹继善的设计中将普洱府管辖下的江内六版纳地方各村寨，各按远近、范围分给新授的土弁管理。这是明清之际的地方官员因应边疆局势的变化，从战略的角度对土司及其僚属采用差异化管理策略的治边之道。② 所不同的是，明代强调江内宜流不宜土，清代延续此思路，并进一步因地、因时制宜地委任土弁分管地方，又不令这些土弁上升到世袭土司的身份与地位。

与在上述普洱府辖内设立土弁并赋予专责管辖村寨权力形成对比的是，尹继善强调元江州、新平县等地方属于内地，稽查、治理应由地方流官自行经理，故对保留的土目要限制其职权，严禁其擅自管理地方。元江州及新平县属村寨，向来有被各土目私行霸占、划界分治并苛索的情弊，而各土目又不能实际约束各村寨的少数民族人群。如果放任上述情弊滋生而不加清理，恐因循日久，地方流官对于土目更加难以钳制。因此，尹继善强调，"应严禁各土备弁目，以后不许霸占村寨。一切稽察约束事务，俱令地方官管理，不许存某人项下名色。各村寨原有火头，即如内地乡保，应令文武地方官会同查明，务择诚实守法者充当。应更换者，更换其土备弁目，只令听候地方官差遣调用，不许向各村寨一毫滋扰。如各土备弁目仍由霸占村寨，擅行索保……即严拿正法。地方官徇纵失察，题参议处。如各土备、弁目果能安分守法，毫不多事，差遣无误，尽心效力者，

---

① 尹继善：《筹酌普思元新善后事宜疏》，方国瑜主编《云南史料丛刊》第八卷，云南大学出版社，2001，第 448～449 页。

② 参见刘建莉《边地秩序：明代云南西南边疆地区的"内"、"外"之别》，《中国边疆史地研究》2020 年第 3 期。

于年底令地方官核实具报，分别奖赏，庶夷民得安耕凿，永沐国家休养生息之宏仁，而土目削其事权，亦免尾大不掉之后虑矣"。① 显然，按照尹继善的设计，这是基于地方社会的实际情况对地方官、土弁弁目各自的权责和义务都做了规定、约束。

通过对上述土弁、土目的身份及职权的梳理、分析可以看到，即便清政府封赏这些土目以土弁职衔，其仍是以内地基层社会的乡约、保长视之，将其归于地方流官管辖。因此，正如李世愉的研究所揭示的，这些土目已不再是土司的佐治之官，其地位和作用已非昔日可比。②

乾隆四年（1739），清廷进一步对普洱府辖下各土弁做出降等承袭的规定。此事由云南总督庆复提出，在尹继善奏疏的基础上，他指出普洱府管辖的普藤、猛遮等地方均属边境要地，流官鞭长莫及，因此需量给土员职衔，令其承顶管事。此外，庆复进一步指出，各土弁需降等承袭，如猛遮土守备将来承袭时应降给土千总职衔，思茅、六困等土千总则均降给土把总职衔。此外，猛乌、易武等土把总，无可再降，则仍给土把总职衔，令其承顶管事。③

（二）不颁给土弁凭证、信物

由前述沙氏获授土千总职衔并沙氏病故后其子杨明忠承袭的过程可见，土弁职衔的赏授与承袭，一般先由地方流官禀告，经所管督抚等核议无误后上奏皇帝，皇帝批令兵部核议，经兵部议准后题请，皇帝俞允后，授予土弁职衔。此外，虽然清政府因地制宜地允准部分土弁世袭，但对绝大部分的土弁均是要求遇有事故后由地方官重新遴选顶补。并且，清中央政府对任命授职的土弁并不颁发印信、号纸，而是由督抚金给委牌委任。这一点，在雍正年间沙氏的授职与乾隆年间杨明忠的承袭时虽没有详细讨论，但在同治年间讨论赏还杨氏长官司的例子以及其他大量的个案中都可以看到，清廷并不颁发印信、号纸给授职或承袭的土弁。

云南镇沅府属之威远地区，曾为土官治理的土州，雍正二年（1724）该地改土归流，设立流官统治，并由尹继善金给头人刀烈等四人土把总委牌。后因刀烈等四人陆续身故，无人顶充而未经详补。基于当地治理的实

---

① 尹继善：《筹酌普思元新善后事宜疏》，方国瑜主编《云南史料丛刊》第八卷，第 452 页。
② 李世愉：《清代土司制度论考》，第 186～187 页。
③ 《清高宗实录》卷一〇七，乾隆四年十二月庚寅。

际需要，乾隆二十九年（1764）镇沅府知府李承邺向云贵总督吴达善禀告，请求将最为地方出力又为夷众悦服的头人刀希锦给以土千总职衔，乡约刀成秀给以土把总职衔，责令二人管理猛戛地方，稽查钤束土练，并催办钱粮，听候差遣，以卫边境。吴达善为慎重边防考虑，根据李承邺的报告并会同云南巡抚、提督上奏乾隆皇帝，请求批准。吴达善奏称，"该土职仍听文武官员管辖，嗣后该土千把，遇有事故，如其子孙果能效力，为夷众悦服，即以之顶补。如系平庸，另行拣选充补，毋庸题请承袭，且只给土千把职衔，亦无须请领部札，只应遴选可补之人，造册咨部。臣即金给委牌，实于边防有益"。①

委牌，即牌文，是清代下行文书的一种，使用于文武衙门非直属上下级官员之间。此外，任用文武官吏的牌文，亦称为委牌。例如，各省额外外委千把总，照经制原额添设，一半于兵丁内拣选拔补。如督抚不于兵丁内选拔，滥将营外之人给予千把总委牌者，照徇庇例降三级调用。②《六部成语注解》并称："督抚委员办理事务，例给札付，而将札文之语写于木牌上，悬挂衙署门首，俾众共知，曰委牌。"③

由此不难发现，清政府委任土弁的做法，与任命世袭土司的程序相比，确有不同。清代土司授职与承袭的关键之处，在于印信、号纸。这二者是朝廷颁给土司"名号"的凭证，是土司"统摄"其部属的权力象征，故朝廷和土司对此都极为重视。前人的研究大多认为，清代土司均"颁给印信、号纸"，或"颁给号纸，无印信"。只对某些地位低微的土司，如土舍、寨首一类，才有不颁给印信、号纸者。④ 如果将土弁归类为土司，则显然并不符合这样的情况。因此，理应注意到土弁与土司存在着上述这些差别。

需要注意的是，在实际运作中，虽然没有经由中央政府颁给印信，但土弁仍获得布政使司颁给的印信或私自铸造印信。与由中央政府颁发的官印不同，土弁的印信一般是钤记。清代地方文武官吏的印信，共分为三

① 《奏请酌给土职以严约束折》（乾隆二十九年四月二十九日），台北"故宫博物院"藏朱批奏折，文献编号：403017662。
② 参见李鹏年等编著《清代六部成语词典》，天津人民出版社，1994，第81页。
③ 内藤乾吉：《六部成语注解》，程兆奇标点，程天权审订，浙江古籍出版社，1987，第35页。
④ 吴永章：《中国土司制度渊源与发展史》，四川民族出版社，1988，第216页。

种，即印、关防、钤记。这三种印信，在材质、形状、印文上有详细的区别，而且更重要的区别是，印与关防皆由礼部颁发，钤记则是由各省的布政使司颁发。① 不仅如此，从现在地方文物管理部门收集到的实物来看，土弁还存在混用、自制印信的情形。

例如，前文述及的普洱府辖下土弁——猛笼土把总，现云南西双版纳傣族自治州文物管理所收藏其一枚清代印信为"管理猛笼土把总之关防"。据介绍，该印为铜质长方印，直纽，长 8.8 厘米，宽 6 厘米。印文是汉文篆书阳刻，右印文与左印文相同。印右侧刻楷书铭文"乾隆四十五年三月日置"，其他铭文锈蚀不明。一般而言，清代的官印均用满汉文入印，而上述印信则全是汉文，故《云南古代官印集释》一书的编纂者推测该印为自制印。② 此外，《云南古代官印集释》中还收录了"管理整哈车里辕门土都司刀世良钤记""代办世袭猛海土把总之钤记""云南思茅厅橄榄坝土把总印"等无法确定制作时间或推断属于民国时期的印信。这在一定程度上或许可以说明，实践中的土弁印信颁给并没有一套非常确切的操作规定。

（三）土弁委任与顶补的实践

通过对档案文献与地方史志的梳理可以发现，清代在西南边疆地区的土弁委任与顶补，常常未按前文所述层层禀告、奏请后经中央政府批准执行，而是在地方的层面由该管地方官直接进行委任与遴选顶补。

如乾隆初年云南维西、中甸地区的奔子栏土千总委任、顶替，便是由所管维西营以及维西厅直接操办。乾隆七年（1742）云南维西中甸地方控制汉土官兵都督府（即维西营），委任了拉头人吉祥之子三家七里为土千总。其委牌内容记载：

　　署都督佥事管云南维西中甸等处地方控制汉土官兵都督府加一级

---

① 清代官员的印信，在材质上有银、铜、木之分。正方者为印，文曰某官之印；长方者为关防，文曰某官之关防；木质者名钤记，皆长方，文曰某官之钤记。印上之字，银铜两种，皆篆文满文，各居其半。木质者无满文，全用楷书，作宋字体。银铜印及关防上篆文之体，亦分三种，督抚及司道者，皆秦篆。府厅州县皆垂露文。垂露文者每行之末，皆缀一小圆点，如珠形。武职所用者，皆仿天发神谶体，每笔之两端，皆作尖形。这是三种不同印信的主要区别。参见沈云龙《近代史事与人物》，文海出版社，1973，第 29 ~ 30 页。

② 参见肖明华《云南古代官印集释》，文物出版社，2015，第 84 页。

记录一次张为委任事。照得奔子栏地方紧要，前经详请，了拉头人吉祥，给以土千总职衔，弹压管理地方事务。今该土弁于本年正月内，染疾病故，据其子三家七里承缴札委，并恳承替前来。除行取夷众悦服甘结，会同加结，详请顶替外，合先暂行委任。为此牌仰该目遵照，即以土千总之职，协同策旺那几管理奔子栏地方事务。须约束夷众，和衷办理，矢公矢慎，惟勤惟谨，毋得怠忽，有负斯委，凛之慎之。须牌。右牌为了拉土千总三家七里准此。

乾隆七年二月廿八日①

维西、中甸地方，为云南西北门户。唐为吐蕃铁桥节度使地，元为丽江路地，明为丽江府地，清朝因之。吴三桂叛乱时，以其地予达赖喇嘛。雍正五年属鹤庆府，次年移通判驻防其地。乾隆二十一年（1756）属丽江府，为维西厅。② 奔子栏地处云南金沙江西岸，区位独特，从古至今都是重要的交通要道，其所在渡口亦为滇藏茶马古道上有名的古渡口，也是由滇西北进入西藏或四川的咽喉之地。③ 根据牌文的内容，三家七里之父吉祥此前被授以土千总职衔，病故后，按程序须由其子三家七里提出申请，经该管的维西营取具夷众悦服甘结后，由维西营的上级官僚机构再次审核后加具印结，最后报知主管部门审批，对三家七里进行委任。但是，维西营参将张有义④显然并没有等所有的程序走完，即先颁给三家七里承替奔子栏土千总之职的委牌，以此作为土千总三家七里管理奔子栏夷众的证明。

这样的一套土弁顶补、委任程序亦与土司的承袭程序有所不同，因土弁是顶补而毋庸承袭，故其中并不涉及土弁的世系、宗族图册等文书。清代加强对土司的管理，特别强调土司承袭过程中册结的运用。所谓册，即记载土司世系、土司死亡原因、应袭人状况的各种文书；所谓结，即对前者的证明性文书。凡土司承袭，首先是提交亲供，调取宗族图册，然后是邻里担保，地方政府逐级审核批准，最终由督抚上报朝廷批准，完成整套

---

① 中国国家博物馆编《中国国家博物馆馆藏文物研究丛书·明清档案卷·清代》，上海古籍出版社，2007，第271页。
② 李汝春主编《唐至清代有关维西史料辑录》，维西傈僳族自治县县志编委会办公室，1992，第42页。
③ 邓章应、白小丽编著《〈维西见闻纪〉研究》，四川大学出版社，2012，第28页。
④ 李汝春主编《唐至清代有关维西史料辑录》，第249页。

承袭手续。这样的一套做法，在保证土司世袭的同时，避免了像明朝时因土司子弟争袭而引发内乱。但同时也要注意到，土司地处边陲，由于制度规定，朝廷命官的流动性相当大，督抚的调动、各级政府中经办土司承袭事务官员的调动，都会影响土司承袭过程，进而直接影响土司地区的稳定。① 基于此，维西营参将直接将三家七里任命为土弁的操作，其出发点也就不难理解，但也不免令人产生这一土弁的顶补、委任乃维西营擅自决定的印象。

不仅如此，土弁的顶补也常常仅在地方官府的层面就完成了相关的程序、流程。乾隆十四年（1749），已故奔子栏头目策旺那机生母苏那竹马禀称："氏因福气浅薄，不幸儿子于（乾隆十四年）五月十六病故。曾经具报在案，蒙恩赏谕举充。但氏的亲属，止有三家七里，是小小抱来做儿子。他为人诚实，众人悦服，且又孝道。论理，头人该与三家七里。今伊做了土千总，恐其一人不能兼办。有管船头人屈慎，系氏媳妇的哥哥，为人平日也公道。今伏乞恩主赏将头人之役，令土千总三家七里与船头屈慎二人，同伙约束、管办，则小的与夷众均沾恩无既矣。"在这番叙述之中，奔子栏头目（人）这一身份，乃是地方官府之"役"。维西抚彝府根据苏那竹马的陈述，同意给予土千总三家七里与头人屈慎协同办理地方事务的执照，并讲明三家七里办理地方事务"务须合衷秉公，小心勤慎，实力办理公务，毋得怠惰、偏私。倘敢借端滋事，骚扰夷众，一经发觉，定行革究，决不轻贷"。②

乾隆二十一年，奔子栏土千总三家七里称因染痰症，日久未愈，于地方紧急事务难以办理，必须一强壮之人协理，方可胜任。因而他禀称："今土弁之子吉自得，年已强壮，事亦稍习，禀请送府看验，伏乞天恩超拔，赏给委牌代办，庶不致误公，实为恩便。"维西厅通判据此查核并当堂看验，认为三家七里之子吉自得年力强壮，人亦明白，堪充代办，同意给予吉自得代办土弁事务之委牌。③《中国国家博物馆馆藏文物研究丛书》的编纂者据《大清会典事例》记载，"康熙十一年题准，土官子弟，年至

---

① 陈季君：《试论清代土司承袭中的册结及其作用》，《青海民族研究》2016年第4期。
② 中国国家博物馆编《中国国家博物馆馆藏文物研究丛书·明清档案卷·清代》，第272页。
③ 中国国家博物馆编《中国国家博物馆馆藏文物研究丛书·明清档案卷·清代》，第274～275页。

十五，方准承袭。未满十五岁者，督抚报部，将土官印信事务，令本族土舍护理；俟承袭之人，年满十五，督抚题请承袭"，称该委牌显示了清朝土官承袭的一个特殊程序，即土弁并未亡故，只是久病未愈，影响处理地方紧急要务，因此土千总推荐其子至抚夷府当堂看验，符合规定后才发给代办事务委牌。综合笔者前文的分析来看，该丛书编纂者的这一解读显然是错了。事实上，除前文所述部分土弁的设立经朝廷批准后方可世袭外，像奔子栏土千总之类的绝大部分土弁，其设立之初即已声明"毋庸题请袭替"。因此，土弁遇有事故，由地方官慎选委充给予委照的这套程序，本身便不能以世袭土司的授职、袭替的规定加以套用。

正是存在着上述的种种情形，清廷中央与地方官员实际上都明白土弁与土司的差别。乾隆朝中期时，在云南边境中缅爆发了大规模的冲突，缅军入侵车里。此后，车里宣慰司刁维屏潜逃，乾隆三十八年（1773）云贵总督彰宝奏请裁撤车里宣慰司缺，并就是否由前述十二猛土弁中择一人升袭发表看法，其言称："查十二猛各土职，俱非颁给印信、号纸土司。若于此内选择一人升袭，未必遽肯受其钤制。自应将车里宣慰司即行裁汰，改设专营，移驻都司等官，带兵镇守，兼辖十二土弁，于边境夷情，更为得要。"① 乾隆最终同意了彰宝的奏请，裁撤车里宣慰司，改设专营治理。当然，此后因边境形势的变化，又将车里宣慰司予以恢复，此为后话，在此不再赘述。

综上，概言之，与土司制度承接自明代不同，清代土弁在授职、袭替等程序上借鉴了土司制度，但为了避免形成新的割据势力，清廷没有像封授土司一般，颁给土弁印信、号纸，而是由地方督抚佥给委牌进行委任。这与清初以来加强对西南边疆的治理、削弱土司的职权与势力范围的趋势是一致的。不过，虽然中央政府从顶层设计的层面意欲加强对边疆的管控，但自地方督抚以下乃至府厅州县地方官，不仅在土弁的委任与顶补程序上没有按规定办理，更常常罔顾中央政府的制度规定，虚与委蛇或阳奉阴违，从而违例擅设土弁以协助治理边疆。这一做法，不仅是对中央政府制定的边疆管理体制的破坏，进而也影响了边疆治理的稳定态势。

---

① 《清高宗实录》卷九三五，乾隆三十八年五月丁亥。

第二节　不设土司治苗：理苗厅基层
社会治理思路的奠定

清雍正年间，中央王朝在西南地区进行了大规模的改土归流，废除大批土司，而代之以流官的统治，使内地的行政制度得以在西南边疆地区实施。此外，从前文的分析中可以看到，随着清政府的军事开辟，此前流土俱不受的贵州东南部"化外生苗"，被征服并纳入王朝国家的版图之中，史称"开辟新疆"。有论者强调，新辟苗疆虽未经"改土"，但亦属"归流"，是清政府在西南地区改流规划的重要组成部分。①

流官政府统治下的黔东南苗疆基层社会治理模式，最初亦是希望仿照内地保甲、乡约的设置，在苗疆编立烟户册，设立保甲约束群苗。此后，尽管朝廷中有提出仍以土司治苗者，而时任经略苗疆贵州总督兼管巡抚事务的张广泗坚持认为"以夷治夷"的土司制度并非治苗善策，最终力排众议，确立由地方官府签立苗寨头人，令其约束群苗。清廷内部各方的不同意见，值得关注。

一　理苗厅不设土司治苗

乾隆元年（1736），经历自雍正年间以来的军事开辟与雍乾之际席卷整个黔东南的包利、红银"苗乱"之后，整个黔东南苗疆人口与村寨数量锐减。张广泗上奏乾隆皇帝，称"凡经兵火之地，无不患病之寨。大抵每寨之中，除斩杀俘擒外，又因疫疠殒命，其现在户口较之从前繁盛之时，不过十存五六，或十存二三而已"，②"新疆、内地附逆悖叛者，共一千二百二十四寨，内查系倡谋党恶素称顽悍者，共八百三十六寨，悉经剿毁，痛加歼除。其余三百八十八寨，多系寨小丁弱，致被迫胁，姑免毁其巢穴，仍令将该寨所有附逆凶徒，全数拿献，方准赔罪"。③ 苗疆如何善后、

---

① 李世愉：《清代土司制度论考》，第 74 页。
② 《张广泗奏撤兵缘由折》（乾隆元年九月初十日），《清代前期苗民起义档案史料》上册，第 202 页。
③ 《张广泗奏军务全竣酌撤官兵折》（乾隆元年十月十八日），《清代前期苗民起义档案史料》上册，第 210 页。

苗民如何治理成为亟待解决的问题。清廷中央与以张广泗为主的贵州地方大员等展开了一系列的讨论。并且，乾隆皇帝将总理苗疆的一切事务交予张广泗料理。是故，张广泗的意见在整个讨论中占据了主导地位。

清廷的讨论主要围绕流官治理之下的苗疆基层社会秩序如何建构展开，观点有二。一是以兵部侍郎王士俊、两广总督鄂弥达为代表，奏请仍按照过去"以夷治夷"的思路，设立土司管辖苗民；二是张广泗、贵州按察使方显等，希望在新辟苗疆内如内地一样编立烟户册，设立保甲约束群苗。这两种不同的观念，实际上代表着各自对苗疆的不同认识。

乾隆元年，兵部侍郎王士俊向皇帝上奏，陈述对苗疆善后治理的建议，并主张设立土司管辖苗民。其言称："将征服各寨，大则以三十寨为率，小则以五十寨为率，择土司中之才能素堪詟服群苗者，使管辖之。盖逆苗秉性凶悍，知畏威而不知怀德，而土司之立法甚严，不问情罪之轻重，有犯必死，是以苗民有所畏惮而不敢违。"① 显然，王士俊是想利用土司的威权来应对凶悍的苗民。此举颇有以暴制暴的意味。这一条陈，被后人不断引用，作为论述开辟贵州苗疆生界之后清廷在该地设立土司管辖的力证。②

既有研究成果较少注意到的是，张广泗应皇帝旨意对王士俊的建议进行回复，则提出了截然相反的主张，即新辟苗疆不可设置土司治苗。张广泗从历数土司制度的源流入手，肯定土司在促进边疆稳定中起到的积极作用，但他也指出，土司世袭制度，积久相沿，造成了土司力量壮大，尾大不掉，凶残贪暴乃至无所不为。雍正皇帝洞悉土司政治的弊病，将云南的乌蒙、镇雄，湖广的容美，广西的泗城，四川的酉阳等西南各省土司政权，悉数改为流官。张广泗颂赞雍正皇帝在西南地区的改土归流，加强了中央政府对西南地区的控制，利济无穷，乃至圣至明的举措。张广泗费尽笔墨叙述土司制度的弊端与雍正皇帝改土归流的壮举，乃是为其自身的主张寻求支持。是故，在此基础上，他进一步申论指出为何苗疆不宜设立土司治苗。他说道：

① 《张广泗奏遵旨复议王士俊条陈折》（乾隆元年八月初八日），《清代前期苗民起义档案史料》上册，第 192 页。

② 如余宏模《清代雍正时期对贵州苗疆的开辟》，《贵州民族研究》1997 年第 3 期；张中奎《改土归流与苗疆再造：清代"新疆六厅"的王化进程及其社会文化变迁》，第 99 ~ 107、186 ~ 187 页。

　　维此苗疆回环二千余里，错杂数十万人，犹幸其各为雄长，向无统率，其情涣而不相联，人散而无所属。惟无所属，斯无定谋；惟不相联，斯无固志……虽父子兄弟各不相顾，此则散而不整、无所统率之明验也。今设立才能土司以管辖之，设以阴谋狡黠之土司，统此凶悍繁多之苗众，联其心志，统以尊卑，兼以黔省山岭崇深，田畴错杂，路通一线，山险千寻。一旦凭险负隅，深沟高垒，其为害有不可胜言者。且此一带苗人，向无酋长，今欲强立一人以为土司，苗人安肯听其约束。臣窃谓土司之设，于理于势，皆有所不可也……土司用法严酷，乃圣朝所当首禁，岂可因之以为治苗之善策耶？①

从张广泗的论述中可以看到，他结合自身在苗疆的征伐经历，强调苗疆人群并没有建立等级森严的社会秩序，虽人口众多，但各为雄长，向无统率，互不所属。这一社会现状，与土司地区自有酋长、尊卑有序的情况不同。正是由于这些差异，清王朝开辟苗疆的举措才得以推进，雍乾之际的"苗乱"才得以最终被平定。而且，在张广泗看来同样重要的是，苗疆"向无酋长"的历史背景，决定了苗人不可能受清王朝强立的土司约束。由此，他认为在新辟苗疆地区设立土司管辖苗人的做法并不可取。在严词否决了王士俊提出设立土司管辖苗人的主张后，张广泗在这份奏折中并没有明确提出他的治苗方略。乾隆皇帝对张广泗的回复，并没有明确表态，只朱批"所奏俱悉"，说明此事并没有定论。

　　乾隆三年（1738）七月二十八日，张广泗上奏回应前贵州布政使、现两广总督鄂弥达提出的选择为众苗所信服之良苗设立为土巡检头目约束苗众的方案。土巡检，乃明清土司职衔之一，曾于南方少数民族地区广泛设置，主要负责维持基层社会的治安。② 对此，张广泗指出，鄂弥

① 《张广泗奏遵旨复议王士俊条陈折》（乾隆元年八月初八日），《清代前期苗民起义档案史料》上册，第192～193页。
② 土巡检属文职，从九品，有自己所管辖的地区，受地方流官约束。明代，中央政府在平定广西少数民族动乱之后，在流官任职的地方州县，出于维持治安的需要，多有设置土巡检。清代，这一低级别的土官在南方少数民族地区也继续保留，且有增置。如在云南的边疆和内地山区，由于其独特的民族情况和区位特点，雍正年间改土归流后，仍保留和增置了大量的土巡检司，替流官政府维持地方治安、防守边疆，直到民国时期才逐步改流或废止。参见谷口房男《明代广西的土巡检司》，《学术论坛》1985年第11期；王文光等《中国西南民族通史》（中），云南大学出版社，2015，第417页。

达所提出的设立土巡检头目约束苗众仍是属于"以夷治夷"的做法。他再次重申，各地的情况不同，这一设立世袭土司治苗的方案并不适用于苗疆。①

同年，清政府关于苗疆善后事宜的系列章程最终敲定。结果是将苗疆分而治之：在原先"逆苗"绝产处安设屯军，实行军屯管理；针对仍存留的苗寨，虽然不能尽如内地设立保甲门牌，但可仿照内地乡约保长之类，由地方官签立头人，注册在案，以专责成。这一章程中签派的头人，乃指苗众称呼本寨中明事理、懂语言沟通、有威慑力者。在张广泗等看来，苗寨凶恶头人已经被清军歼除殆尽，现在仍存留各寨的头人尚属良善、安分守法，且系各寨自立，只是缺少官方的承认。②

仿照内地保甲而由地方官签立头人治苗的方案，是当时以张广泗为首的贵州地方当局，希望将内地基层社会治理模式移植到苗疆的思路的延续。乾隆元年（1736）正月，贵州按察使方显奏请于苗疆编立保甲。方显认为，群苗野性，向无统属，凡有蠢动，村寨中的头人欲行禁止，却无奈平素无权，群苗罔遵约束。因此，他希望在招抚苗民时，"即于各寨编立烟户册，每十人为一甲，择一老成者为甲长，给以委牌。每十甲为一保，择一强干者为保长，给以委牌"，通过保长、甲长来约束群苗，达到教化的效果。③ 该奏请并没有直接得到乾隆皇帝和张广泗等人的回应，但张广泗最后确定签立头人的做法，显然与方显的方案密切相关。

最终，军机大臣鄂尔泰等议奏后通过了张广泗奏请的这一系列的方案。④ 由此可见，清中央政府对于流官管辖下新辟苗疆的治理，延续了改土归流加强对西南边疆地区管控与治理的趋势。因此，过往西南边疆地区以"夷治夷"的世袭土司治理模式，被认为并非治苗善策而被舍弃。

---

① 《张广泗奏屯户不敢滋扰苗民折》（乾隆三年七月二十八日），《清代前期苗民起义档案史料》上册，第248~249页。
② 《张广泗奏革除苗疆派累厘定屯堡章程折》（乾隆三年七月二十八日），《清代前期苗民起义档案史料》上册，第241页。
③ 《方显奏请于苗疆编立保甲折》（乾隆元年正月十二日），《清代前期苗民起义档案史料》上册，第132页。
④ 《鄂尔泰奏革除苗疆派累并厘定屯堡章程折》（乾隆三年十月初五日），《清代前期苗民起义档案史料》上册，第255~267页。

然而，历史进程演进的复杂程度和新辟苗疆治理的难度，显然超出了清廷统治者和贵州地方大员如张广泗等的想象，清廷在黔东南苗疆基层社会呈现出土弁治苗的管理模式，则是包括了地方官府在内多重因素共同作用的结果。

二　苗疆通事与土弁双重身份的叠加

通事，最初作为向导和翻译协助清政府开辟苗疆、招抚苗众。这些在开辟苗疆和平定苗乱中发挥重大作用的通事人员，成为辅助黔东南苗疆地方官府衙门办公的关键。因此，雍正十年（1732），时任贵州巡抚张广泗上奏皇帝，请求将开辟苗疆的"效力通事人等"，"分别勤惰等次，给予养赡，并授以土外委、千把总札付，令其宣布条约，化导苗民"。① 由张广泗奏请，授予苗疆通事以土外委、土千总、土把总等札付，为此后这一人群展开对苗民的剥削、欺凌埋下了伏笔。虽然这没有跳脱出诸如地方官与衙门差役的苛敛引起地方吏治腐败此类老生常谈的话题，但其展开的内容则不止于此，实际上还包括了世袭土司制度在新辟苗疆逐步建立的过程。随着苗疆治理的展开，土弁、通事等的陋弊已不断被揭露，引起了地方督抚乃至清廷中央的注意。张广泗在所奏苗疆善后事宜中，即特别提到这些通事设立的背景、职能与弊端：

> 查苗疆初辟，言语不通，路径不熟，文武衙门各就近选取谙晓苗语、熟悉路径之人，委设通事，令其招徕苗民。凡宣布化导等事，借其传谕办理，各寨苗民，亦各惟其言语是听。迨后相沿日久，一切征收钱粮、查缉罪犯等事，俱借该通事传催，其奉差勤慎、办事小心者，固不乏人。而不肖奸顽之辈，遂借官差名色，或抑勒酒食，或需索银钱，或串同寨苗，蒙蔽官长，或借称差使，恐吓苗人。种种弊端，不可枚举，更或文武衙门通事，互相欺蒙，各为袒护，遂致地方愈加滋事。②

---

① 《清世宗实录》卷一一九，雍正十年闰五月庚寅。
② 《张广泗奏革除苗疆派累厘定屯堡章程折》（乾隆三年七月二十八日），《清代前期苗民起义档案史料》上册，第240页。

由于意识到新辟苗疆地方官府中的差役——通事群体，正在逐渐发展为可能导致苗疆新动乱的不稳定因素，乾隆三年（1738），张广泗便要求苗疆地方官府以后应谨慎挑选人员充当通事，严格规范通事的职权范围，并希望三五年后将通事这一群体悉行裁革。

与此同时，苗疆境内的通事人群则通过和地方官府之间的紧密联系，不仅获得了大量的苗疆土地，部分人还在地方官府的安排之下入籍为民，获得了身份的变迁。如清江厅属的通事杨名魁，于乾隆元年随清军平定苗乱，并在次年受张广泗的委派随同黎平营游击清理清江厅属下游一带的地方绝产，招徕屯军、安设屯堡和安设苗民。事毕，清江厅通判和黎平营游击念及杨名魁著有劳绩，将苗喉寨中坐落地名为培由的绝田15丘、荒坪5块、山土1段，赏给杨名魁耕种管业，并谕令杨名魁入籍为民，以示鼓励。[①]

也正是在这样的契机中，这些雍正年间参与开辟苗疆、立有军功的通事，随后获得了土弁职衔的授职。并且，从地方志书的记载中可以看到，获得授职的苗疆土弁，其身份基本上可以归结为三类，即邻近苗疆的内地州县的民人，邻近苗疆的内地州县土司的后人，以及土司辖下的土民。以乾隆《清江志》的记载为例，该厅辖下的土弁，系镇远府邛水司土民中选出的，有雅慕土千总、柳利土千总、柳旁土千总、旁洞土把总、范黔土把总、范美土把总等六位。此外，该厅辖下的其余土千总、土把总，则基本上是新辟苗疆周边州县的民人，于雍正年间应募充当通事获得军功后授职。如格东土千总、南孟土把总属黎平府开泰县民籍，鸡摆土把总、平夏土把总、柳罗土把总属镇远府民籍，范号土把总则是原籍湖广武冈州人。

按方志的记载，新辟苗疆的土弁还存在由邻近苗疆的内地州县内的土司担任的情形。如清江厅属赤溪湳洞土千总，其祖先原为赤溪湳洞长官司长官（详见本书第四章）。此外，还有古州厅辖下的平江土把总、八开土千总等。以平江土把总为例，光绪《古州厅志》的记载称："平江土把总，先为三郎司长官司，原籍吉安。始祖杨昌茂，雍正六年清理苗疆，充

---

① 参见剑河县南嘉镇培由村杨再余保存的《清江清军理苗府刘为禀恳给照事》，转引自李斌等《清代清水江流域社会变迁研究》，贵州民族出版社，2016，第47~48页。

乡导，运军粮无误……擒蜡岑寨逆苗老用、老索，车寨逆千茂等九名，并获子母炮六位，铁盔甲百余副、弓弩、鸟枪、刀、矛数百件，赏给一等军功委牌。九年，滚纵苗叛，随师攻剿，运粮无误，复委修古州西门城垣营房。十二、十三年，屡随征伐。乾隆二年，苗乱平，委查绝产，修筑恩荣、德化、和顺、宣化、嘉会五堡墙垣、炮台、城楼。同知邓澜详请杨昌茂自开辟古州，即在疆任事，始终勤苦不怠，请给以土千总职。未授，昌茂死。长子胜模，生员，不便管理地方公务。次子承先，年未及岁，以族子承震代办。二十四年，始详给承先土把总职、委牌，管理平江二十二寨苗。"① 可见，乾隆初年苗疆底定后，古州同知邓澜曾详请授予杨昌茂以土千总职衔，但并未获得批准。直至乾隆二十四年（1759），杨承先才获得了平江土把总职衔和委牌。

再者，需要注意的是，地方史志的记载与史实不符，特别是土弁曾因不法遭革职，地方志却隐而不载。如雅慕土千总杨政衍、赤溪湳洞土千总杨正均曾涉案而遭革职，但在地方志的记载中全然没有提及。不仅如此，地方志的记载对类似的情形还存在有意模糊处理的情况。如八开土千总林天锦，曾因吓诈苗民银两被查实遭革职，而据光绪《古州厅志》的记载称：

> 八开土千总。先是洪州司副长官司林天锦，雍正六年，清理苗疆，随师调遣至古州，招抚八开、高同、佳化等五十一寨无管生苗，投诚认纳折色苗粮。后带土兵百名，同土舍吴和禧、外委党世泰于都江一带，开通运粮河道，并探逆情。至逆苗阻江，截杀吴和禧、党世泰，天锦逃回。嗣押运军粮、监修衙署勤谨，巡抚张广泗、总督鄂尔泰迭有赏赐。乾隆四年，部准议叙照把总例，军功加二等。长子维垣仍袭洪州副长官司，次子维新专管八开各寨苗民。三十五年，下江逆苗香要谋逆，随营效力，始换给土千总委牌。嗣子晔生畅，畅子文溥，文溥子秀荣，历世承袭。②

由上述的材料可见，八开土千总是由黎平府属洪州司副长官林天锦次子林

---

① 光绪《古州厅志》卷八《秩官志》，《中国地方志集成·贵州府县志辑》第19册，第432页。

② 光绪《古州厅志》卷八《秩官志》，《中国地方志集成·贵州府县志辑》第19册，第432页。

维新分袭。按方志的记载，林天锦在开辟苗疆与雍乾"苗乱"中立有军功，乾隆四年按"把总例"议叙。从长子林维垣承袭洪州司副长官司来看，林天锦可能已在雍乾"苗乱"中身故。清代对土司以"把总例"议叙，是对土司奉调随军出征伤亡的抚恤。① 当然，真实的情况并非如此。这也是方志的记载与史实之间的差距。

翻检清代的档案发现，乾隆二年（1737），林天锦因罔顾法纪吓诈苗民银两，遭地方官府查实、上报，经贵州总督揭参，最终被革去土职。显然，这与《古州厅志》的记载中，林天锦呈现的始终是非常正面、光辉的形象并不相符。事实是乾隆元年八月，林天锦奉命在其所管辖的古州厅属高同寨等查缴枪械之际，以苗民所缴枪械数量不足，吓诈该寨苗民顾五等银 150 两，并以银色低潮将 150 两折算为 110 两，仍对顾五等勒索找欠 40 两。此后，黎平府知府滕文炯抵苗寨查催，林天锦怕事情败露，始将赃银退还给高同寨苗人。但高同寨苗人并没有就此作罢，而是向滕文炯举报了林天锦的吓诈行为。由此，林天锦罔顾法纪、欺公婪贪的行为败露，地方官府查实后予以上报。乾隆二年三月，贵州总督张广泗复核无异，奏请将林天锦革去洪州司副长官土职。② 五月，乾隆帝谕令将林天锦革职，并要求审拟该案中涉及的人犯后具奏。十一月，张广泗对林天锦罔顾法纪、吓诈苗人的行为，拟依照"监临恐吓所部取材者，准枉法论罪，止杖一百，流三千里"例，将其杖一百、流三千里。再，因"知事欲败露自行退还，合依知人欲告而于财主处首还者，减罪二等"律，减二等，决定将林天锦杖九十，徒两年半，并获允准。③ 林天锦被革职之后，其子林维垣于乾隆

① 吴永章指出，清廷征调土司、土兵，伤亡者加以抚恤。康熙十七年时题准，土兵助战阵亡者，照步兵例减半给赏；阵前受伤者，照各等第减半给赏。但是，这一规定存在两个问题：一是土兵阵亡受伤者，只照绿营兵丁减半给赏；二是土司伤亡并无议恤之条。这些存在的问题，至乾隆年间均加以解决。乾隆三十七年议定："土司土职阵亡伤亡者，三品土官赏银二百五十两，四品土官赏银二百两，五品土官赏银一百五十两，六品土官赏银一百两，七品土官赏银五十两。俱加衔一等，令伊子承袭一次，仍以本身应得土职照旧管事。俟再承袭时，将所加之衔注销。空衔顶戴，照八品土官例赏赉，毋庸给与加衔。"参见吴永章《中国土司制度渊源与发展史》，第 229 页。
② 《题为特参洪州司副土官林天锦欺公婪贿请旨革职事》（乾隆二年三月二十八日），内阁吏科题本，档号：02 - 01 - 03 - 03429 - 010。
③ 《题为审理洪州司革职副土官林天锦罔顾法纪吓诈苗人银两一案依律拟杖徒请旨事》（乾隆二年十一月初五日），内阁刑科题本，档号：02 - 01 - 007 - 014858 - 0011。

四年承袭洪州司副长官土职，此后亦因违法行为被革职。乾隆二十一年，林维垣以患病为由欲赴湖南常德就医，向黎平府知府请假。黎平府知府石礼嘉没有批准，并予以禁阻。林维垣竟私行出省，后被黎平府饬员追回。林维垣这一违法妄行的举动，遭贵州地方官府揭报、参劾，乾隆帝同样谕令将其革去土职。[①] 显然，这一系列的史实在方志中全然无存，由此也就造成了八开土千总的委任情况存在令人疑惑的地方。这些颇为混乱的表象背后，其实是"上革下不革，明革暗不革"的体现，即在清中央政府的层面已经命令将违法的土司、土弁革职，但在地方官府的层面则始终阳奉阴违，没有如实地将相关土职革职，并弃置不用。

除此之外，新辟苗疆的方志中，还有这些土弁每年获得工食银的记录。清代，官员的供给，称俸、薪等，按等级支给。而官员衙署中额设的吏役，按月、按季、按年支给工价及饭食银两，通称为工食银。[②] 清代土司虽为国家的职官，但并不领取俸禄。而土弁由于其"在官人役"的身份供地方官府衙门役使，遂按照身份等级在地方官府衙门支领工食银作为报酬。这也说明，土弁作为"在官人役"的身份长期存在，即便获得国家制度层面的承认，也并没有随着时间的推移而在制度层面上等同于土司。

据地方志的记载，苗疆的土弁分等次获得工食银两。乾隆《清江志》中，笼统地记载"土千把总、通事岁共支工食银三百五十二两"。[③] 光绪《古州厅志》的记载，除总述该厅额设通事人数外，更阐明不同等次的通事、土弁每年所得工食银数：

> 古州自平定后，额设通事二十三名，题奉部议，果有效力最勤，准古州理苗同知将实绩详明督抚，给予外委土把总、土千总服色。昔存土千总六名、土把总六名、外委土舍十一名，共二十三名。今分作四等，给支工食银两有差。一等七名，每年领工食银二十两；二等七名，每年领工食银十六两；三等八名，每年领工食银十二两；四等一

---

① 《为贵州黎平府属洪州司副长官林维垣私出外省题请参处事》（乾隆二十一年六月二十八日），内阁兵科题本，档号：02-01-006-001450-0016。
② 李鹏年等编著《清代六部成语词典》，第88、96页。
③ 乾隆《清江志》卷四《赋役志》，《中国地方志集成·贵州府县志辑》第22册，第444页。

名，每年领工食银四两。①

此外，光绪《黎平府志》中也有着类似记载，并在上述内容之外，补充叙述称"各寨均归其管束，由布政使司颁给钤记，向无土司"。②

在此基础上，地方志的记载其实也将"通事"归入"土官"的类目之下叙述。从制度上看确实不符，而从实际运作而言，则恰是如此。乾隆《清江志》的《秩官志》中，"土官"条夹杂三位通事的委任与承袭的情况。如"通事吴道洪，系湖广人，父德甫于国朝雍正七年应募充当通事，随营效力。事竣，议叙，仍充通事，管理苗寨"。③ 并且，该志在"土官"条目的最末概述清江厅的土官数量，称共有"土千总四、土把总八、土舍三、通事十二，俱隶清江，并将浦洞、赤溪二司拨入，控黎峨，通沅舞，与台拱、丹江、八寨、古州为苗疆重地焉"。④

这也表明，这些通事实际上已经转变为苗疆基层社会的实际管理者，而基于通事、土弁二者身份的重合，实际上也可以将土弁理解为苗疆基层社会的管理者。从《黔南识略》一书的记载中，我们可以进一步获得整体性的认识。《黔南识略》一书为爱必达于贵州巡抚任内主持编纂，书成于乾隆十四年（1749），直至道光二十七年（1847）贵州布政使罗绕典才得其抄本，予以刊行。该书略古而详今，不求博雅而务实用，对了解清代前期贵州的政治、经济、军事、民族及风土人情等，均有裨益。⑤ 再者，该书中夹杂着乾隆十四年以后乃至嘉庆、道光年间的史事，罗绕典在刊刻时已经注意到，但云"不知出何人手，或曰滇中李复斋文耕也"。⑥

《黔南识略》是爱必达为施政的需要而组织编纂的。爱必达在该书的

---

① 光绪《古州厅志》卷一《地理志》，《中国地方志集成·贵州府县志辑》第19册，第297页。

② 光绪《黎平府志》卷六《秩官志》，《中国地方志集成·贵州府县志辑》第18册，第76页。

③ 乾隆《清江志》卷五《秩官志》，《中国地方志集成·贵州府县志辑》第22册，第462页。

④ 乾隆《清江志》卷五《秩官志》，《中国地方志集成·贵州府县志辑》第22册，第463页。

⑤ 吴永章：《中国南方民族史志要籍题解》，民族出版社，1991，第190~191页。又见爱必达纂修《黔南识略》，第1~5页。

⑥ 爱必达纂修《黔南识略》，第13页。

自序中提到："夫为治者，必周知闾阎纤悉之故，而后缓急轻重施之无不当。今府、州、县长吏民牧官，皆以知名，问其所治一方之事，有茫然不能对者矣。矧自监司以上，位愈尊与民愈远；所辖愈广，耳目愈不易周。非访之博而求之详，欲去所疾苦，垂利长久，而不拂乎人情，其道何由？爰条列十八事，下所属亲民吏，俾各觊缕以陈，因以观其人之贤否。既毕，上属贵阳参军张凤孙芟烦摘要，稍加诠次，名曰《黔南识略》。"叙述了该书的成书过程。

《黔南识略》将对黔东南苗疆各厅中的通事、土弁人群的记载，置于各厅中叙述苗寨与苗民的内容之中，呈现出土弁、通事分管苗寨、苗民的情形。兹按原书叙述的先后顺序，摘引如下：

> 八寨同知：苗惟黑苗，其俗与各处同，无土司管辖。原设通事十六名，分头、二、三、四等，有给土千、把职衔者。嘉庆六年，奉文酌裁四等通事四名，现在头、二、三等通事十二名。内头等通事四名，仍给土千、把职衔。通属苗寨一百一十有四，分上下两排。与都江、古州、丹江连界计三十四寨，近城一带计七十二寨，为上排，共六十一寨，系排调司、杨武司土把总管束。接壤丹江、麻哈五十三寨，为下排，系坝司土千总、永安司土把总管束。①

> 丹江通判：苗惟黑苗一种，性本顽悍，今渐驯良，略通汉语，其俗与各处同。设土千总三名，皆循分供役。通属苗寨一百三十有奇，计五千三百余户。②

> 都江通判：苗有山苗、狄家二种，其吹笙跳月，吃牯脏诸陋习，与黑苗无异。设通事二名，皆土千总职衔，听流官调遣。通属苗寨一百有六，无汉庄。③

> 台拱同知：苗寨共一百六十一，计九千八百九十一户，设土千总三人、土把总五人、通事十人分管各寨。④

> 清江通判：土千总六员、土把总七员、土舍一员。惟赤溪湳洞，

---

① 爱必达纂修《黔南识略》，第91页。
② 爱必达纂修《黔南识略》，第94页。
③ 爱必达纂修《黔南识略》，第95页。
④ 爱必达纂修《黔南识略》，第118页。

系明洪武五年授土酋吴世铭为赤溪湳洞蛮夷长官司，属思州宣尉司。永乐七年以杨通谅为正长官，而吴氏副之，十一年属新化府，宣德九年府废，属黎平府，国朝乾隆元年给委，世袭土千总。余均系雍正、乾隆年间给授。外设通事十三名，分管苗民一百七十七寨。[①]

古州同知：苗有洞苗、山苗、水西苗、猺苗、獞苗五种，内洞苗有黑洞、白洞之分……向无土司管辖，设通事二十二名，分管各寨。乾隆四年军务告竣，准给通事以土千把总、土舍之职，分三等军功，由布政司颁给钤记。现存土千总六名、土把总二名、土舍七名。[②]

从以上摘引《黔南识略》的记载中可以看到，该书呈现的黔东南苗疆中通事、土弁，存在着包括前文所述的双重身份叠加在内的三种情形。其一，如八寨同知辖境内，设通事，分头、二、三、四等，给土千总、土把总职衔；都江通判、古州同知辖境内通事、土弁的情形亦是如此。其二，如丹江通判辖境内，则仅叙述设土千总、土把总，没有提及是否设立通事。其三，则是台拱同知与清江通判二者的辖境内，均叙述除设立土千总、土把总外，还设立了通事分管苗寨。除了以上三种外，《黔南识略》中清江通判辖属还存在由明代的蛮夷长官司转化为世袭土千总，以及古州同知辖下的土千总等土职获得由布政司颁给印信——钤记的情形。此外，与乾隆初年张广泗强调并追求的不设土司以及通事只许传译苗语、不许干涉苗民一切事务截然不同，从上述材料来看，通事、土弁已成为黔东南苗疆基层苗寨的实际管理者，拟仿照内地乡约、保长金设的头人，反而不见了踪影。由于《黔南识略》中夹杂着乾隆十四年至道光年间的史事，因此，上述材料所呈现的，是对一个较长历史时期中的演变情况的叙述，并不能精确反映雍正年间开辟苗疆到乾隆初年这段时间的情况。

并且，苗疆地方官府非但没有将通事裁革，而且对不肖通事苛敛苗民的行为进行了大量袒护。如乾隆十二年（1747），云贵总督张允随向皇帝奏报，要求严惩蠹役、土弁鱼肉苗民的行为。据张允随称，该年五月他接已调离的贵州总督张广泗交送的公牍，阅得案卷内有古州土把总张世泰、

---

① 爱必达纂修《黔南识略》，第 122 页。
② 爱必达纂修《黔南识略》，第 184 页。

通事马国礼，串通古州同知衙门差役王清等，假借命案吓诈苗民杨老乔、杨老住银83两，遭杨老乔等上告，经古州同知刘樵审讯属实，追回赃款令杨老乔等领回，并将各犯分别监禁。讵料王清捏病取保在外，伙同张世泰之子张浩，于该年四月初三日，探知杨老乔等出门买牛，于中途预先埋伏，持柴块、石头将杨老乔等打伤，并抢去买牛银两。张允随认为此事实在不可思议。他进而指出，金设土弁，原为绥辑苗民，岂容私收滥派，甚至串通蠹役借端吓诈。苗疆地方，首禁扰累，乃蠹役、土弁鱼肉苗民，肆行吓诈，且于犯事在官之时，胆敢抢夺伤人，更属不法。因此，张允随饬令贵州按察使提到案犯严审究拟，并要求查明古州同知刘樵如有徇纵情弊，立即详揭严参。此外，更通饬苗疆文武官员严行查禁，毋许再蹈前辙。①

其中，还需要注意的一个背景是，贵州总督张广泗调任后，新任云贵总督张允随与贵州地方当局对于苗疆事务接续处理的态度转变。例如，张允随上任后不久，即提出要将黔省新辟苗疆的屯堡裁并，同时对苗疆文武官员的人事布局亦有一番新的想法，以至于与时任贵州巡抚孙绍武相争。在孙绍武的坚持下，苗疆屯堡得以继续保留。② 再者，孙绍武之后，乾隆十三年三月，爱必达由浙江巡抚调任贵州巡抚。爱必达乃军机大臣讷亲之弟，曾于乾隆十年任贵州布政使，在张广泗的保荐下，次年擢升山西巡抚。其莅任贵州巡抚之初，乾隆皇帝认为其身为封疆大吏，负有重任，必须讲明方略、备悉机宜，故要求张广泗将治理贵州苗疆的方略，行文告知爱必达，令其遵循办理。③ 不过，乾隆十三年九月，已由贵州总督调任川陕总督的张广泗，在大小金川战事中因贻误军机而遭惩处；次年正月，以军机大臣出任经略、指挥清军金川战事的讷亲，因指挥不力，同样遭到惩处。④ 如此情形之下，爱必达对于黔省苗疆的治理，自然不敢因循旧章，势必以图奋进。

此后不久，爱必达即认为要清理苗疆存在的弊端，如兵役滋扰苗民，

---

① 《奏陈察黔省苗疆现在纠党寻仇各情形由》（乾隆十二年六月初九日），台北"故宫博物院"藏录副奏折，文献编号：000909。

② 《清高宗实录》卷三〇五，乾隆十二年十二月乙酉。

③ 《清高宗实录》卷三一三，乾隆十三年四月丙子。

④ 参见彭陟焱《乾隆朝大小金川之役研究》，民族出版社，2010，第100页。

棍徒冒充差役赴苗寨行凶索诈，通事借端派累、鼓惑苗民等项，并进而提出要严禁私役苗夫、防范汉奸等事宜。对于爱必达奏请的清理苗疆诸项积弊，乾隆皇帝认为均属应行，但须督率有司实力饬禁、时加查察，不能只是出示文告、虚应故事，以博整理苗疆之名。除此之外，他对爱必达所称严禁私役苗夫、防范汉奸两事，则认为宜慎重行事。尤其是对于苗人服役一事，他特别强调：

> 苗人服役，既起于雍正年间，又系伊等情愿当差，相沿日久，安于无事。地方官应恤其劳苦，加以体察，毋令兵役恣意凌虐，以肇衅端，自可循行无弊。若矫枉过正，一概不使服役，则苗人积久生骄，视地方官长漠不相关，渐无尊敬畏悍之意，设遇公事稍加派委，转致瞋目罔应，成何政体？况黔省跬步皆山，群苗错杂，有等州县舍苗人无能为役者，此例一除，目下未尝不大得苗民之欢心，后此倘有征发，将何以支应？岂非欲恤苗而适以长其习风耶！据奏随即禁革，若尚未通行，不若仍循旧制之为便也……朕意苗疆事体，惟当谨守章程，行所无事，自能绥宁绥辑。爱必达素多疑惑，想因伊兄罹法，为此一奏，以见其留心职业，不思凡事俱当坦怀办理，务以实胜。若有所观望，而以空文塞责，则大为不可。[1]

由此可见，乾隆皇帝个人对于黔东南苗疆的治理思路，并没有因时过境迁而发生大的改变，在某种程度上，仍然是遵循乾隆初年苗疆善后时订立的治理章程。不久之后，在爱必达议复张允随商议清理苗疆积弊的答复中，我们看到新辟苗疆中的苗寨，呈现出由土弁、通事等分管的态势。这一局面，与乾隆初年善后设计中仿照内地乡约、保长而金立苗寨头人管辖苗寨的情况已有所不同。

乾隆十五年（1750）初，由云贵总督升任大学士的张允随，向皇帝奏陈云贵二省应该加以防范、措置的事宜数条，其中提出要贵州地方当局严饬地方文武官员约束兵役扰累苗民及严禁汉奸。张允随指出，新辟苗疆如古州、都江等处，在开辟前各服头人管辖，头人大者管数十寨，小者管一二十寨不等，群苗唯头人之命是从。自乾隆初年以来，虽每寨设有头人，

---

① 《清高宗实录》卷三三六，乾隆十四年三月庚戌。

但其不过如内地之乡约、保正，听地方官役使，并无权势。如此之下，苗疆长治久安看似不成问题，实则不是。兵役扰累与汉奸、流棍煽惑诈骗苗民等弊端是潜在的不稳定因素，需要严饬地方官员特别留意并加以防范。①乾隆皇帝览阅后，将该奏折发交爱必达，令其逐一筹划，议定应对之策。对于黔省基层社会的管辖情形，爱必达则称，黔省旧疆，熟苗与汉人杂居，甚为恭顺，有土司、土舍、土目及苗乡约、寨头管束；新辟苗疆的生苗，与屯军错处，亦额设有土弁、通事、寨长、百户分管；其莅任后，即已通饬地方官员，凡遇缉逃查凶取结事件，各府厅州县不许滥差出票，俱应交给承办之土司、土舍及土目、土弁等，勒限拿缴。或遇密拿要犯以及提审案件，慎选差役，票内注明协同该土司、土目等会拿字样，并按程定限回销，违者责处。若土司、土目等，敢有索诈欺凌，亦许苗人赴控究治。如此一来，则可令官无滥差之弊，苗免滋扰之虞。②张允随、爱必达等将苗疆的积弊大体归结为兵役的扰累；此外，爱必达对于其所称分管新辟苗疆寨苗的土弁、通事等，言语中似乎并未透露出这一群体有与兵役相勾结之处。因而，其在严饬地方官不许滥派差役下乡之后，将地方治安巡查等的职责交由土弁等承担。这呈现出其对土弁等人群的认识有不到位、不准确之处，抑或是其有意而为之。

乾隆十三年（1748）起担任天柱县知县的谢圣纶③，指出新辟苗疆中的通事、土弁，实际上是与地方官府衙门差役相互勾结、剥削苗民的群体，并且，通事与土弁二者实际上存在着身份共融。天柱县毗连新辟苗疆，谢圣纶以其亲历苗疆的观察指出："新疆厅员所辖境内，屯军、卫弁而外，又有土千总、土把总等职，并非有汗马之劳、野战之功，不过因逆

---

① 《奏为臣在外年久所有两省中应行加以防维随时调剂及措置未竟者谨举数条为我皇陈之》（乾隆十五年正月二十四日），台北"故宫博物馆"藏录副奏折，文献编号：005180。

② 《奏为奉到廷寄大学士张允随所奏云南河依银厂并贵州苗人仓谷一折朱批谕旨钦遵情形》（乾隆十五年四月初十日），台北"故宫博物院"藏录副奏折，文献编号：005585。

③ 谢圣纶，字研溪，福建建宁人。生卒年不详。从其生平活动推知，其大致生于康熙末，卒于乾隆中后期。曾中乾隆六年（1741）顺天乡试举人。由教习任上选授贵州天柱县知县。在天柱五年，调移云南。乾隆十七年起，莅滇九载，历任大理府云南县（今祥云县）知县、丽江府通判，主政维西。乾隆二十六年，因祖父去世，辞官归乡，再未复出。谢圣纶官滇、黔时根据耳闻目见，对风土之所流传随时札记，成《滇黔志略》一书。《滇黔志略》全书30卷，前16卷为《滇志》，后14卷为《黔志》，各自为篇，约33万字。参见谢圣纶辑《滇黔志略》，古永继点校，贵州人民出版社，2008，第1~3页。

苗猖獗、会兵剿戮之余，该土弁等能通晓苗话、往来传谕，遂令鼠奔兔脱之众俯首来归。因而前宪悯其微劳，赏授土千总、土把总职衔，仍给以通事工食，原与各苗寨之通事、头人等也。"① 从谢圣纶的叙述中可以看出，他认为这些随军效力获得军功的通事，获得赏授的土弁职衔后，仍是与通事相类似的吏役。随后，他进一步阐释称："卑职窃见新疆各土弁，率系出入乘马，跟随白役，俨与经制无异，实则皆刻剥愚苗以资豢养。而愚苗无知，望之皆震慑惊惶，尊奉恐后。偶因户婚细故批令查处，在厅员不过如州县之批饬保甲，而狐假虎威，又以通晓苗话，上下相蒙，勾串滋弊，于是挟制愚苗，擅作威福，借端吓诈，实为苗民之蠹。"② 谢圣纶提到的白役，或称"帮役"，即姓名未列入政府档案的衙役。清代州县衙门差役，通常称为"衙役"，一州一县衙门可雇用的衙役额数，制度上有明确规定。然因额定衙役名额太少，而实际需要的衙役人数众多，额外多雇衙役是清代州县的普遍现象。当正式衙役被派遣下乡时，总有数量众多的白役跟随，参加对百姓敲诈勒索钱财的活动。③

按谢圣纶的自述，上述对于新辟苗疆土弁、通事身份的介绍与分析，乃是以书信形式，回复当时贵州巡抚开泰对于新辟苗疆有关事宜的咨询，时间则是在其由天柱县知县调任云南之后。不过，尽管对新辟苗疆六厅的土弁、通事的身份有着清晰认知，谢圣纶并没有态度鲜明地要求将这些土弁概行裁汰，而是较为委婉地指出，即便不将土弁概行裁汰，对其加强管理则属理所应当，而对通事的佥派则应更加慎重，不必给予通事土弁职衔。其言称：

> 今新疆宁谧，苗民恭顺，所有一切土弁，似无容多设。合无仰恳宪慈，饬谕各厅员严加约束，毋得令土弁干涉民事。如有户婚细故，只应饬令各苗头查处，毋得擅批土弁。其现在土弁，虽未便概行裁汰，致滋惊扰，倘有因事黜革及业经物故者，似应追缴土弁执照，不必令子孙更行承充；或就地方情形酌留数弁，并慎佥通事，令其传谕苗众，不必给以职衔。如此，则土弁不致恃符怙势，苗民

---

① 谢圣纶辑《滇黔志略》，第388页。
② 谢圣纶辑《滇黔志略》，第388页。
③ 瞿同祖：《清代地方政府》修订译本，第88~92页。

可无刻剥之苦矣。①

显然，在谢圣纶看来，这些新辟苗疆中的土弁、通事侵害苗民的根源，在于"恃符怙势"，即凭借贵州地方当局颁发的授予土弁职衔的执照，欺凌苗民。不过，正如我们在下文中即将看到的，在谢圣纶禀告之后，对于新辟苗疆中的这些土弁、通事，贵州地方当局并没有将其裁汰和加以规范约束，而是进一步通过授予土弁职衔，将土弁的身份拔高，从而在制度上维护、巩固土弁在苗疆基层社会中管理者的身份与地位。但是，这一系列的操作，实际与清初以来清廷在西南边疆设立土弁的先例及有关的制度约束相违背。

如此种种差异，说明了清代土弁与土司是存在区别的两类土职。既有研究成果没有仔细梳理黔东南苗疆基层社会土弁身份的实质，因此往往得出似是而非的结论。当然，这一现象的产生，实际上还与地方史志笼统乃至失当的记载不无关系。以下稍做一番辨析与说明。

诚然，清代新辟苗疆范围内的通事设置，其本意是将其作为翻译人员，并不许管控苗寨，需索扰累。实情则是，这些通事因其军功授衔，自设立之初便俨然成为管理苗疆村寨的世袭土官，并客观上形成了由通事管理苗寨的既定事实。由于这些通事基本上不是原来苗疆生界之内的土酋，而是周边州县的民人或土司辖下的土民，其作为苗疆地方官府衙门吏役的身份，在清代社会等级中属于"贱民"。因此，从地方官、贵州省府再到清中央政府，在两难的境地下，通过一系列的改革措施，最终在黔东南苗疆构建了一套有别于土司的土弁制度。

由此，对于清代黔东南苗疆基层社会的治理模式，我们可以获得一个有别于以往研究结论的认知。以往研究者在叙述清代苗疆开辟之后的基层社会管理时，始终强调新辟苗疆基层社会的苗寨管理，是实行土司与寨老并置的管理模式。寨老，即苗寨中的头人。但事实并非如此。清代黔东南苗疆基层社会并非自上而下地呈现地方官—土司、寨老—苗民的三级管理体系，而可能是地方官—土司—寨老—苗民的四级管理体系。其中，所谓的土司，实际上是俨然如土司的土弁、通事。

---

① 谢圣纶辑《滇黔志略》，第 389 页。

第四章 土弁在苗疆基层社会治理中的运作实践

第三章中我们主要梳理了清初以来在加强西南边疆治理的态势下，苗疆通事、土弁设立的过程。在苗疆不设土司治苗的前提下，张广泗意识到清廷在黔东南苗疆范围内行政治理的施展，离不开作为翻译与向导的通事的佐助；当然，他也同样意识到，这些通事，如不加以规范、管束，极有可能演变为地方社会新的动荡因素。但是，张广泗期冀三五年后即可将通事裁革的愿景并没有实现，相反，这些由地方官府委任、获得土弁职衔的通事，在地方事务中扮演的角色愈发显得重要。要认识到这些变化，就不能够将这些土弁从苗疆基层社会的治理中抽离，而应当将这一群体放回具体的地方行政运作中加以检视。

基于此，本章将主要从档案史料的记载出发，梳理这一演变过程。20世纪中叶以来，清宫档案刑科题本受到重视，不断被学者开发利用，研究清代历史以及学术问题，刑科题本的利用与时俱进，成为"新史学"观念在清代历史研究上的重要实践。近年来，学界对于刑科题本的利用涉及社会史、生活史以及法学、经济学、社会学等方面，成为跨学科研究的重要史料。① 随着土司制度研究的深入，学界同人也越来越注意和重视对清代档案资料的利用。② 仅就对土弁的梳理分析而言，第三章中我们已经大体上厘清了地方史志记载中存在的片面性、不准确性问题。笔者从中也意识到，有必要在地方史志的记载之外，进一步结合清代档案文献中的相关记录，来分析、认识黔东南苗疆的通事从吏役一步步向作为职官的土弁转变

---

① 常建华：《清朝刑科题本与新史学》，《清华大学学报（哲学社会科学版）》2018年第5期。
② 李世愉：《研究土司制度应重视对清代档案资料的利用》，《青海民族研究》2013年第1期。

的过程。过去学界将土弁归入土司的细分类目之下，历来并未给予其足够的重视，因此也就没有留意到相关的档案记载中，清廷从上到下对土弁的认知区别，以及土弁作为一项苗疆地方社会管理制度逐步确立的过程。

第一节　作为在官人役的苗疆土弁及其身份转变

通过第三章的梳理可知，清代西南边疆的土弁虽是由地方长官任命，但按制度规定，其设立需经中央政府批准，再由督抚佥派委任。但是，清代在西南边疆存在大量未经中央政府批准，仅由督抚以至府厅州县等官员擅自设立的土弁人员。这一类的土弁，实际上是供地方官府役使、管理地方社会的职役，类似于内地州县地方社会中的乡约、保长等。清代地方社会中图甲、保甲之制，"皆民之各治其乡之事，而以职役于官"。无论乡约、里长、保甲长等，凡是有"地方之责"、办理公事者，都是"在民之役"，或称"在官人役"。以往的研究以"准官员""准官吏"等指称这类职役，是置身清代身份制度之外的"现代判断"，并不符合历史实际。事实上，"役"与官、吏属不同的身份类别。①

这一身份的差异，也体现在清政府对土弁与土司的区别奖惩制度上。尽管自土司制度建立之日起，就有对土司的奖励与处罚，但在清代以前一直没有形成严格的、明确的专项制度，严格意义上的土司奖惩制度直到清代才确立。清代土司奖惩制度的核心内容是"有功则叙，有罪则处"。就处罚的制度而言，凡残虐地方、纵贼为患、吓诈部民、对属下违法失察等均在处罚之列，处罚内容与流官相同，分为罚俸、降级、革职等。② 相关的处罚细则，亦详见于历朝的会典或则例、事例中。但又因土弁并非土司，我们无法从相关的土司记载中寻找到对其的奖励与处罚，而只能从相关的档案记载中去寻找、判断清政府对土弁的身份认知与判定。

一　俨如土司的苗疆土弁

就元明清的土司制度而言，土司作为世袭职官，须对王朝国家承担交

---

① 孙明：《清末四川乡职身份良贱之两歧——以团保首人为重点》，《近代史研究》2018 年第 2 期。

② 李世愉：《清代土司制度论考》，第 137 ~ 142 页。

贡、纳赋和管理土民、征调土兵的义务。相应的，中央王朝亦赋予其相关的权力，包括在其世袭领地内的赋税征收、治安管理等职权。这在元明时期，乃至清初应当都是如此。清初以来，特别是改土归流后，对于保留的土司，因在该地已经设置了流官州县，原土司钱粮征收、管理夫役和受理词讼的权力则过渡或归属于流官，清廷并要求土司及其附属不得再加干预。这说明，清廷对土司的职权进行限制，以逐步加强对西南边疆的治理与管控。

不能忽略的一个事实是，这些充当向导被委作土弁的人，在雍乾之际的苗疆基层社会中，即以土司的身份自居，或被苗民当作土司看待。如乾隆五年（1740）清江厅属南孟土把总姜福海乐捐修缮船只，碑文记事中即称呼其为"土司姜福海"：

施渡碑

从来救蚁一事，获中状元之选，埋蛇片善，竟享宰相之荣。况江河要口，妇农工女往来经过者，其□□□易客商上下资渡不少，而可无船舟之济乎。今茂广屯寨头人并客邦店户，自行差念，修船一只，虽未期□□埋蛇之效，而凡往来上下之人，皆有济渡之益者也。是以特将姓名于左。

土司姜福海一两（以下人名、捐资数量略——引者注）

刊碑工价饭食等用计四两六钱

福建黄玉晖、姜世勋

贵州化首姜清海、成周同造

湖广余孔山、毛永直

乾隆伍年捌月初三日立

众存银八两，每年行息永远修船用费

宝庆府石匠李陈造竖①

根据乾隆《清江志》的记载："南孟土把总姜岩寿，系黎平府开泰县民籍。曾祖福海于国朝雍正十三年，因逆苗叛乱、四出烧劫，纠集本寨乡勇竭力堵御，斩获逆苗一十六级，飞报黎平府县请师救援。游击赵国仪率师

---

① 锦屏县政协文史资料委员会、锦屏县志编纂委员会办公室编《锦屏碑文选辑》，姚炽昌选辑、点校，油印本，无出版时间。

进剿，随引导官兵攻克亚感、南孟、展牙、培牛、培纠等寨，招谕逆党缴械投诚。乾隆元年，奉委清查叛苗绝产，拨补田土，俱各清楚，三年内事竣议叙，详请经略张咨部给委，承袭今职。"① 笔者田野调查中进一步了解到，姜福海是今锦屏县河口乡瑶光中寨人。乾隆初年，清水江上游（今剑河县境内）发生苗民起义，朝廷派军征讨。官军行抵瑶光时，因不熟悉路线，遂请姜福海做向导带路。姜福海常深入剑河一带收购木材，对该地区情况甚熟。官军在姜福海的带领下，很快找到起义军之总部，并将其清剿。福海由是立功，获授南孟（今剑河南加镇境内）土司之职。②

上述情况在一定程度上说明，乾隆初年，这些土弁在苗疆基层社会中扮演着类似土司的角色。但正如前文所述，由于作为"役"的土弁，与作为职官的土司身份截然不同，在制度上，清廷并没有赋予这些土弁类似土司管辖区域行政、司法等一系列的职权。当土弁违例擅自受理词讼时，稍一不慎即可能被告发，由此而受到惩处。

（一）清江厅雅慕土千总杨政衍滥差滋事的个案

清代刑科题本记载了清江厅属土千总杨政衍滥派差役致苗民远冒娘身死的案件。案件的处罚结果显示，杨政衍因滥差滋事被革去土弁，其私和人命的罪责则按照"在官人役"的身份对应相关的律例，遭杖责。

按地方志的记载，杨政衍是镇远府邛水司人，在开辟苗疆和平定雍乾"苗乱"的军事活动中立有军功，由张广泗颁发委照，出任清江厅属雅慕土千总。雅慕，即今贵州省剑河县观么乡牙么村，位于剑河老县城柳川镇东北 15 公里处，北迄三穗县，即清镇远府邛水长官司地。③ 乾隆《清江志》称：

> 雅慕土千总杨通略，系镇远府邛水司人。国朝雍正六年邛水正长官司杨再撰，带领土兵，随师协剿丹江、八寨诸苗，父杨政衍随营效力，著有微劳。七年内，奉镇远方委，作乡导招抚，雅慕、展磨、乌

① 乾隆《清江志》卷五《秩官志》，《中国地方志集成·贵州府县志辑》第 22 册，第 459 页。
② 2013 年 2 月，笔者在锦屏县河口乡瑶光寨田野调查期间，与姜述熙先生的访谈。姜述熙时年 79 岁。
③ 剑河县人民政府编《剑河县地名志》，编者印行，1986，第 51~53 页。

包等二十五寨望风归附。惟公鹅、鸡摆尾等寨，抗拒不服，奉令踏勘
进兵道路，引导右路官兵攻打得胜。十一月，鸡呼党等寨逆苗计包
辛，诱众攻劫清江军营，随师征剿，擒获首逆正法。十年内，九股苗
变，围困台拱，大兵进讨，各苗溃败，走匿高坡。十一年，提督哈檄
发三路官兵会剿，奉广西左江镇霍调令，随师先后攻剿乌罗及莲花屯
等处，身先奋勇，俱有斩获。十三年内，清江逆苗复叛，奉贵东道宋
委，随行营传译苗语，办理军务。乾隆元年，委查各寨叛苗绝产，拨
并田土，并协同知事朱寅建筑柳受、东岭二汛城池，起造营房。三年
内，事竣，议叙军功头等，详请经略张咨部给委承袭今职。①

以上资料显示，杨政衍最初可能是以镇远府属邛水正长官司杨再摆辖下土
兵的身份，加入清廷开辟苗疆的军事活动。此后，杨政衍奉镇远府知府方
显的命令，充当乡导招抚苗民，以及由贵东道宋厚委任，在军营中传译苗
语，乾隆三年（1738），以头等军功获授土千总的职衔。再者，杨政衍之
子杨通略承袭了雅慕土千总一职。

　　该案的来龙去脉，按照贵州巡抚开泰于乾隆十七年八月审看的情形，
已故苗人龙辛保在清江厅属龙卑寨有一处田土，向归其侄龙金保佃种。乾
隆十四年十二月，清江厅属鬼怀寨的苗人邰良求，在邛水司岑等寨汉人邰
进发的唆怂下，向厅属龙卑寨龙金保争夺龙卑寨已故绝的龙辛保名下田
地。邰良求借称其父九包侯，曾将他过继给龙辛保为义子，因而他向龙金
保争夺龙卑寨龙辛保名下田地，希望平分该产业。龙金保不肯，但惧怕邰
进发骚扰，因此央求鬼怀寨苗人远冒娘居中调处。远冒娘是邰良求的堂
叔，自邰良求父亲九包侯不幸身故且母亲再嫁后，将邰良求抚养成人。远
冒娘收取龙金保 3 两银子，答应讲和，担保无事。对此，龙金保并不放
心，进一步央求土千总杨政衍居中担保，杨政衍得银 3 两后亦答应讲和，
由龙金保继续耕种龙卑寨原龙辛保名下的田土，此事告一段落。不料，邰
进发不依，于乾隆十五年（1750）二月，强砍龙金保的树木。龙金保禀告
了杨政衍，由杨政衍派差役老宠前去召唤远冒娘来问话，因远冒娘不肯随
行，老宠与之拉扯，致远冒娘跌伤身死。杨政衍因怕此事连累自己，遂答

---

①　乾隆《清江志》卷五《秩官志》，《中国地方志集成·贵州府县志辑》第 22 册，第
456～457 页。

应分别给远冒娘之弟讲冒娘、金冒娘银15两、5两，并给远冒娘的堂兄辇九银2两，私合此事。邰进发得知此事，以为可以借命图产，遂冒认远冒娘的侄子，带同邰良求，赴镇远府具控。镇远府将该案移交清江厅确查。时任清江通判孟尚巘，听信杨政衍及尸亲的捏报，以远冒娘系失足跌死通详，并将田土臆断平分了结。此后，邰进发依此前往强割龙卑寨龙金保管业田产田谷，并于乾隆十六年正月向镇远府具诉。镇远府再次将案件移交清江通判孟尚巘审断，而孟尚巘仍执前论，并将邰进发等诬告。镇远府提取一干人犯，饬镇远县知县审讯。此后，还经由贵州巡抚批饬，委清平县知县检验，并石阡府、镇远府会审，贵州按察使审拟，最后贵州巡抚亲审，案情的真相才水落石出。①

从档案记载的供词中，我们还可以发现更多值得关注的信息。杨政衍的供词称："小的蒙前任张大人姑念开疆微劳，委作土弁，事事小心，不敢犯法……及后，府太爷准了邰进发们告词，厅主提来亲审数次。那时，小的与金冒娘们，也只得将错就错，大家隐瞒，希图完事，并不是孟太爷授意指使，纵容殃民。这都是实情。那时，饶太爷来相验，小的自己不便往鬼怀去伺候，托兄弟杨政和料理棚厂、路径，烦杨进忠先去等候，做通事，烦便托他们打探尸亲消息是实，不敢虚供。"而杨进忠的供词亦称："小的原是苗人，因开辟新疆，蒙张大人委作土弁，才解〔改〕姓杨的。上年二月十七日死了远冒娘，杨政衍报了柳霁，饶老爷叫小的来做通事。十九日，先到鬼怀，歇在辇记家，候官。后因讲冒娘们拦验，小的就转回清江，并没有与杨政衍私和人命的事。"② 杨政衍和杨进忠都自陈是"因开辟新疆，蒙张大人委作土弁"，即其土弁身份是由前贵州总督张广泗委任的。贵州巡抚开泰题奏拟定对各犯人等的判罚，经三法司会审之后，拟定如下：

据此，应如该抚所题，老宠合照捕役设法制缚，误伤人命者，依

---

① 《题为审理清江厅属土千总杨政衍差役老宠往拿远冒娘致死行贿私和一案依例分别定拟请旨事》（乾隆十七年八月二十九日），内阁刑科题本，档号：02-01-07-05105-006。

② 《题为会审贵州清江厅土差老宠因办案致死远冒娘土千总杨政衍行贿私和一案依律分别定拟请旨事》（乾隆十八年七月初五日），内阁刑科题本，档号：02-01-07-05158-006。

已就拘执而杀以斩杀论例，拟绞监候，秋后处决……杨政衍除滥差滋事，已经革去土弁，并收受龙金保银三两，计赃罪止杖责，各轻罪不议外，其贿嘱尸亲，私和人命，合依常人私和人命得财者计赃准枉法论律，枉法赃二十两，杖六十，徒一年。无禄人减一等，杖一百，折责四十板……又疏称土弁杨政和、杨进忠，虽经听嘱探事，究未预知私和情事，已革去土弁，准予开复，另给委牌管事。①

值得注意的是，贵州巡抚拟定处罚的相关依据，涉及对土弁杨政衍的身份认定。从贵州巡抚的判断依据看，此案中杨政衍违反了大清律中《刑律·受赃》之"官吏受财"条，以及《刑律·人命》之"尊长为人杀私和"条。根据题本中的说明，杨政衍收受龙金保银3两，计赃罪止杖责，各轻罪不议，而主要以其贿嘱尸亲、私和人命，违反"尊长为人杀私和"论罪。当然，又因其"在官人役"的身份，所以在判罚上依据更为明细。

大清律《刑律·受赃》之"官吏受财"条规定："凡官吏（因枉法，不枉法事）受财者，计赃科断，无禄人各减一等，官追夺除名，吏罢役，（赃止一两）俱不叙用。"② 其后所附条例更进一步细化："凡在官人役，取受有事人财，律无正条者，果于法有枉纵，俱以枉法计赃科罪。若尸亲邻证等项，不系在官人役，取受有事人财，各依本等律条科断，不在枉法之律。"③ 其中，又以月俸一石作为区分有禄人和无禄人的标准，凡月俸一石以上者为有禄人，月俸不及一石者则为无禄人。《刑律·人命》之"尊长为人杀私和"条规定："常人（为他人）私和人命者，杖六十（受财，准枉法论）。"④ 显然，杨政衍因其"在官人役"的土弁身份，取受人

---

① 《题为会审贵州清江厅土差老宠因办案致死远冒娘土千总杨政衍行贿私和一案依律分别定拟请旨事》（乾隆十八年七月初五日），内阁刑科题本，档号：02-01-07-05158-006。
② 此条是乾隆五年颁行《大清律例》中的律文。清初以来的律例，顺治律基本继承了明律；雍正三年经增改后颁行《大清律集解附例》，基本确定了清律的规模；乾隆五年颁行《大清律例》，对雍正律进行定本，此后律文基本不改，一直延续到清末修律。薛允升著，王庆西等编写《读例存疑点注》，中国人民公安大学出版社，1994，第708页；柏桦编纂《清代律例汇通通考·前言》，人民出版社，2018，第1页。
③ 此条例是明代嘉靖七年刑部尚书胡宁世等题准的问刑条例，清顺治例沿用。参见薛允升著，王庆西等编写《读例存疑点注》，第709页。
④ 此条是乾隆五年颁行《大清律例》中的条文。参见薛允升著，王庆西等编写《读例存疑点注》，第616页。

财，又以二十二两银私和人命，按律"（枉法赃）二十两，杖六十，徒一年"，又因其无禄人身份，减一等，适用"（枉法赃）一十五两，杖一百"，最后折合四十板杖责。而涉案的清江厅通判孟尚嶷因失察土弁行贿私合人命，照徇庇例议处，降三级调用。①

再者，从上述档案的记载可见，杨政衍被革去土弁，是因其"滥差滋事"受累。所谓滥差，则不单单指杨政衍差遣老宠往拿远冒娘问话这一行为本身，实际上则更说明杨政衍在此之外可能存在金派差役等有违规定的诸多行为。事实上，但凡被委任为土司者，他们是全面掌管政治、经济、军事、宗教等事务，基于此，土司在自己的领地内，可自行设置下属机构，并有权委任下属各官。② 土弁由于职役的身份，注定其在制度上不能像土司一般设立衙门、委任属官等。正如接下来我们将看到的，土弁私设衙役的行为，因牵涉命案事件而被揭发后，终将受到惩处。

（二）清江厅赤溪湳洞土千总杨正私设衙役伤毙人命案

清江厅属赤溪湳洞土千总有杨氏与吴氏之分，他们是清代新辟苗疆中较为特殊的一类土弁，因其祖先曾为明代的世袭土司——长官司，清初才遭废袭。乾隆《清江志》称："杨秉焜原籍江西丰城县人。始祖杨通谅，于前明洪武年间随征有功，授黎平府赤溪湳洞长官司。国朝改为土千总。雍正七年至乾隆元年，苗民叛服不常，大兵进剿，祖昌燕奉调，带领土兵屡从攻讨，积有微劳。三年内事竣议叙，复蒙经略张咨部给委，世袭今职，拨隶清江。"③ 据王宗勋的考证，赤溪湳洞长官司因在康熙年间清廷征讨吴三桂叛乱中无功被废，其地划归黎平府经历司管理。在开辟苗疆和平定雍乾"苗乱"的军事活动中，已被废去世袭官职的赤溪湳洞土酋吴谦、杨昌燕率其土丁随从，并建有军功，事后均擢为土千总，仍领前长官司地，隶黎平府。④ 此外，在本书的第三章中我们已注意到，乾隆十年

---

① 《呈贵州清江通判孟尚嶷议处单》（乾隆十八年七月初五日），内阁刑科题本，档号：02-01-07-05158-012。

② 杨庭硕、李银艳：《"土流并治"：土司制度推行中的常态》，《贵州民族研究》2012年第3期。

③ 乾隆《清江志》卷五《秩官志》，《中国地方志集成·贵州府县志辑》第22册，第458页。

④ 王宗勋：《赤溪湳洞长官司考辨》，《贵州文史丛刊》1988年第2期。

（1745），因距黎平府遥远而靠近清江厅，清廷将原赤溪湳洞长官司管辖的村寨，就近划归清江厅管理。

清江厅属土千总杨正私设衙役致伤毙人命的案件的发生，显然与杨氏在当地社会享有的威权有着密切的关系。事情的起因，源自清江厅属下敖小寨苗民彭包尚，与伊妻舅即下敖大寨苗民王嫩才关于陪嫁银和舅公礼银的纷争。乾隆二十一年，彭包尚之妻（王嫩才之妹）逝世。王嫩才等要求彭包尚归还其妹陪嫁的首饰银9两，但彭包尚分厘未还。乾隆二十四年，彭包尚的大女儿出嫁，夫家谢姓包有舅公礼银20两，但彭包尚只给王嫩才等9两，余下则自用，不肯归还王嫩才，两家的矛盾越积越深。随后，王嫩才及其兄弟屡次向彭包尚讨取而不得，反遭彭包尚辱骂。乾隆二十五年六月二十六日，王嫩才等赴土千总衙门告状。杨正派差役彭起连前去查问，不幸造成彭包尚身死。[1]

在清代刑科题本记录的该案供词中我们看到，地方流官管辖之下的新辟苗疆基层社会，土弁俨如土司般治理苗民的情形再次呈现。杨正、彭起连的供词称：

> 问，据杨正供，土弁今年二十二岁，六月二十六日，下敖寨的王梭才、王嫩才到土弁那里，告彭包尚负骗财礼首饰银子不还，约众把他凶殴。土弁怕他们闹出事来，故此差查，并没有敢去拘审。不料土役彭起连见他不服，把他拴拉下楼，跌伤身死。这是土弁擅受的不是，没有辩的，求超释。
>
> 问，据彭起连供，小的今年六十五岁，是赤溪湳洞司下敖大寨苗人，父母俱死，家里只有妻子关氏，两个儿子。小的跟杨土官服役有两年了，彭包尚是小的共七代祖公的兄弟，没有服制。素日不往来，并无仇隙。乾隆二十五年六月二十六日，王梭才弟兄在土官处，告彭包尚负骗首饰舅公礼银，还要约众凶殴。本官票差小的协同头人查票。小的领了票子，因妻子患病，就耽搁几日，回明了本官。二十九日，小的到寨里密访，并无率众凶殴的事，才没有会同头人，只自己去寻彭包尚，不见，就回家去了两日。到七月初二日，又到彭包尚

---

① 《题为贵州清江厅人彭起连礼银之争拴跌彭包尚身死议准绞监候事》（乾隆二十六年三月初九日），内阁刑科题本，档案号：02－01－07－0766－007。

家，才遇见他。因是同族兄弟，不愿他郎舅打官司，就老实说你该王梭才首饰银子并舅公财礼，快拿了出来，我替你办酒和事，具禀销票，免得受累。他不答应，竟自走了……原说我是奉差来查，并不是我来催你还账。你既不依，同我见本官去，就把身边带的一根铺盖棕绳拴他颈项，原想借此要他拿出银子完事……小的才下完楼梯，随手把索头一带，不防他没有站稳，随势跌下梯脚边，磕伤左太阳穴，就说不出话了。①

彭包尚因故身死，尸亲等上告，经清江厅审理并逐级上报，刑部会同兵部、都察院、大理寺等遵旨核复，议定："彭起连除借差劝和，图得酒食未成，轻罪不议外，合依威力制缚人因而致死者绞律，应拟绞监候，秋后处决。已革外委土千总杨正，审无纵役诈赃别情，其违例擅受，已经详革，应毋庸议。王梭才、王嫩才告追首饰财礼银两，讯系苗俗相沿，应予免议。彭包尚未还银两，毋庸议追，仍将苗民陋习严饬禁遏。尸棺给亲领埋，棕绳饬行销毁。"最终，乾隆皇帝红笔：彭起连依拟应绞，着监候，秋后处决，余依议。②

　　此外，会审此案的刑部尚书鄂弥达，审查贵州巡抚周人骥革去杨正土千总之职的报告时特别指出，该外委土千总杨正，系贵州巡抚自行委充之员，已经详革，应毋庸议，同意将杨正革职。

　　显然，杨正私设衙役殴毙人命案与前述清江厅属雅慕土千总杨政衍滥差滋事案相类似。土弁杨政衍与杨正二人，在客观上虽是新辟苗疆基层村寨的管理者无疑，但在制度上，清政府并没有赋予其管理苗寨的职权。是以，在上述案件中，当土弁受理管辖苗寨范围内的词讼等项时，事实上已经僭越了清政府赋予的与其身份相等的职权，因而才说是违例擅受。最后其受到惩处被革去土弁，亦是因其违例擅受。

　　杨正被革职后，贵州地方当局又另选人员顶充赤溪湳洞土千总一职。乾隆二十九年，充补的土千总杨伟作为专管捕官，因疏防致厅属苗民姜会

---

① 《题为贵州清江厅人彭起连礼银之争拴跌彭包尚身死议准绞监候事》（乾隆二十六年三月初九日），内阁刑科题本，档号：02-01-07-0766-007。

② 《题为贵州清江厅人彭起连礼银之争拴跌彭包尚身死议准绞监候事》（乾隆二十六年三月初九日），内阁刑科题本，档号：02-01-07-0766-007。

先等抢猪，致事主噶乜三身死，而杨伟因缉拿凶贼逾限被参。① 令人稍为疑惑的是，该案中作为专管捕官的赤溪湳洞土千总杨伟，系作为所有文职疏防人员中的一名被题参，这显示出清代边疆治理的某些特性。② 这些特性的产生，则与上述两个案件发生时间的中间，即乾隆二十三年（1758）前后，贵州地方当局力图将这些土弁的身份由在官人役转变为世袭职官的改革有关。

二　贵州地方当局擅设土弁始末

需要注意的是，作为地方吏役的苗疆土弁，在清代的社会等级中，归属贱民这一层级。清代有着一套完整的等级制度，全社会成员分为皇帝、宗室贵族、官僚缙绅、绅衿、凡人、雇工人和贱民。凡衙门应役之人，除库丁、斗级、民壮仍列于齐民外，其皂隶、马快、步快、小马、禁卒、门子、弓兵、仵作、粮差及巡捕营番役，皆为贱役。为官府服役的皂隶等所干的各种差事，被认为是侍候官老爷的"贱役"；人以役贱，所以凡应承这种差役的人都被划进贱民的圈子里。③ 土弁俨然如土司，但毕竟不是土司。二者"官"与"役"的不同身份，不仅体现在制度规定上赋予权力的不同，还直接表现为身份的尊崇与卑贱差异。因此，一方面土弁成为新辟苗疆地方官府施政的有力辅佐，另一方面身份属性带来的掣肘，导致了前文所述土弁在应对司法词讼受理和社会治安维护方面的弊病与困境。

在这样的历史背景下，贵州地方当局力图改变这一局面。乾隆二十三年开始，为了安抚通事、土弁并加强对苗疆的管控，由贵州布政使沈其寅推动，贵州地方当局将黔省土司之外包括土目、土舍在内以及过往由新辟

---

① 《为贵州清江厅赤溪湳洞司土千总杨伟等员疏防清江厅属峒苗姜会先等抢猪打伤事主噶乜三身死题请参处事》（乾隆二十九年十一月十四日），内阁兵科题本，档号：02 - 01 - 006 - 001903 - 0002。

② 清代基层政区出现盗案后，被问责的官员主要是负责治安事务的文武官员。文职问责对象主要包括两类人。（1）州县承缉官或专辖官。州县中最常见被问责的对象是捕官。捕官在县为典史，在散州为吏目。如果案发所在地是由具有分防职责的州佐贰官州同或州判、县佐贰官县丞或主簿、专司缉捕的巡检官员所辖，问责主体就为相应的专司人员，该县典史免予问责。（2）州县的正印官。正印官指知县、散州知州。出现制度中的规定情形，正印官会被问责查参。参见谭琪《清代州县治安制度研究》，中国工人出版社，2015，第125页。

③ 经君健：《清代社会的贱民等级》，浙江人民出版社，1993，第3、42页。

苗疆地方官府自行委任的通事，改为由巡抚、布政司、道、地方官四项等次分别给予职衔、委照，并令其可以世袭。如此一来，则使黔省的土目、土舍、通事等由地方官府委任的职役，变为由省级官府委任的地方官长。这一改革的内容与过程，并没有见于清代的官方档案文献中，亦没有在新辟苗疆各府厅的志书中体现，仅在乾隆《独山州志》中收入了相关的讨论。因而，无论是专门从事清代土司制度研究的学者，还是探讨苗疆社会历史的学者，此前均未注意到清代中期贵州在地方治理上发生的这一变化。

沈其亥的这一做法，显然有违清中央政府在西南地区的土司授职、承袭定例。因此，继沈其亥之后的贵州布政使徐垣和钱度，均提议将沈其亥的改革内容停止，只保留由地方官委任上述职役的做法，并明令这些经沈其亥改革而已经领有职衔、委照的职役不得世袭。钱度首先叙述黔省土司之外，外委、土舍、土千总、土把总等职役设立的缘由及其职责、弊端，乾隆《独山州志》的记载称：

> 查黔省经制，土司之外，又有外委、土舍、千把名色。揆其设立之由，有因土司地方广阔，一人不能兼辖，拨与子弟分管，详给土舍委照者；亦有清理苗疆之时，因随征土目，著有微劳，给与千把委照者。此等给委之员，虽未报部，犹与定例不致有违。然未有改土归流，承平日久，尚可谓某人系土司后裔，某人从前出师有功，因而据其荒远无稽之谱系功绩，一概给予职衔、委照也。此端一开，势必纷纷捏报，妄希干进，流弊无穷。至各府州县所辖土舍、土目、土里人等，不过令其催征苗寨钱粮，勾摄公事，实与内地乡约、头人相等；其古州新疆一带通事，差役不能入寨，资其协助勾摄，亦与在官人役无异。此等土目、通事，又岂可给与职衔、委照，令其世世袭替也？揆诸定例，实有未协。①

从上述材料可见，黔省土司之外的外委、土舍、土千总、土把总、土目、土里、通事等，均指少数民族地区管理村寨的头目，类似内地基层社会的

---

① 乾隆《独山州志》卷六《秩官志》，《故宫珍本丛刊》第225册，海南出版社，2001，第289～290页。

乡约、保长。不仅如此，钱度指出，上述职役的委任，事实上都是没有上报中央政府，如经吏部或兵部等审议、批准后设立，但事出有因，故而是"与定例不致有违"。但是，一旦给予职衔、委照，令其世袭，则是对国家法制的破坏。

考察清代土司制度发展可知，土舍、土目的出现是清政府严格控制土司的产物。雍正朝，清廷通过了对土司削地分权的相关制度规定，要求各处土司除嫡长子孙仍照例承袭本职外，其支庶子弟可酌量给予职衔，令其分管地方事务，其所授职衔，各在该土司所属等级内降二等，至本属内无等可降，则为土舍或土目。显然，上述钱度所称的黔省土司将土地分拨与子弟分管而委任的土舍便是属于这类情形。这一类的土舍，其实也与土司无关，并没有获得中央政府颁发的印信、号纸，只是由地方官府发给委照，并非土司的一等。再者，李世愉系统分析了雍乾时期南方各省产生的土舍，认为其是当地的土民，或经保举，或由地方政府委派，但都不是世袭的。从这些土舍的作用看，他们如同内地的乡约、保长一样，是充当地方官府管理村寨的差役。并且，如广西地方当局还注意到这些作为差役的土舍，存在着"私刻关防印记""俨同官府"等违法舞弊、为害地方的行为，要求予以清查、除弊。①

在徐垣、钱度等人看来，沈其衷的改革，给予了上述包括新辟苗疆通事在内的职役与其身份不相符合的职衔、委照，使其成为世袭职官，是地方致乱、苗民受害的根源。钱度称：

> 乃沈前司不加详察，议将现在之土舍、土目，以及土司后裔、族大丁繁之通事人等，分别院委、司委、道委、地方官委四项等次，一概换给职衔、委照。在立法之意，虽为鼓励若辈，以资弹压起见，但此辈性非驯善，平日因畏有司，故不敢恣意骄纵。今一旦由院、司、道给委，伊即俨若官长，妄自尊大，因而鱼肉苗民，靡所不至。如郎岱土舍陇云相、陇云爵之强占苗田，贵定县土舍宋经贵之派累落扰，清江厅土千总杨正之设立衙役殴毙人命，俱经详革在案。其他控告土舍、通事派敛苛索之案，不可悉数。凡此，皆由给委而起。②

---

① 李世愉：《清代土司制度论考》，第194~200页。
② 乾隆《独山州志》卷六《秩官志》，《故宫珍本丛刊》第225册，第290页。

由此可见，前文论述的清江厅属土千总杨正设立衙役殴毙人命一案的出现，虽事发偶然，但实际上自有其必然发生、难以避免的历史背景和制度根源。是以，自徐垣任内起，有关官员便提议停止由巡抚、布政使、道台给委一事，仍令地方官照旧委办，以杜流弊。这一动议经贵州巡抚衙门批准，令布政使司移文贵阳府、黎平府等十三府查议后再行处置。黔省各府查核后回禀，均称"各属土舍、土目只令催办钱粮，稽查匪类，而新疆所设通事，亦只令传译苗语，以供差遣。此辈不过与乡头、衙役相同，向来给照委办，俱听之州县，事权画一，易于管束。今改定章程，给予职衔、委照，若又令其子孙弟侄世世袭替，非惟与例不符，且恐日久玩生，俨如世职。即不敢抗衡官长，而凌虐苗民在所不免。应请嗣后土舍、土目遇有事故，仍令地方官照旧给委，不必详给司照。至通事一项，责成各厅员严行稽察，如有非奉差遣，私入苗寨需索滋扰，或恃符生事、苦累苗民者，令该厅员随时责革究治，慎选委充。不得仍援顶袭名色尽其子弟，亦不必弃其子弟立意不用，总以通晓苗语、安分守法之人充当。事故更换，止给与通事等次名目，不得擅给职衔，有违定例"。① 由此可见，黔省地方州县官府并没有过多地在委任各职役的形式、程序上纠缠，而是服膺贵州地方当局的决定，同意停止由巡抚、布政司、道的委任，仍由地方官府照旧章委任各职役，并强调新辟苗疆的通事此后按照等次仍只给予土千总、土把总等名目，不得擅给职衔。此外，钱度同意黔省各府的申请，暂缓追缴各职役等此前领取的由黔省巡抚、布政司、道三级官府颁发的委照，等待将来各职役遇有事故再查追缴销。最终，经云贵总督、贵州巡抚审议后，批准通行，遵照办理，由此终止了乾隆二十年代黔省这场有违定例的地方立法改革。

虽然黔省这场地方性的制度改革很快被终止，但黔东南苗疆的通事获得黔省地方当局授予的职衔、接受委任后，其身份客观上已经完成了由职役向职官的转变。当然，在国家的制度层面上，新辟苗疆的通事群体所获得的土弁职衔实际上仅为虚衔而已。也正是因为如此，清廷中央此后基于黔东南苗疆治理的需要，审慎地委任土弁，并逐步形成了土弁的制度管理章程。

---

① 乾隆《独山州志》卷六《秩官志》，《故宫珍本丛刊》第 225 册，第 290 页。

三　国家层面的黔东南苗疆土弁赏授

从相关档案的记载中可以看到，正常情况下，黔东南苗疆土弁的职责，是协助地方官府进行治安缉查，将苗民的争端、命案事件等如实禀明地方官府，再由地方官府进行查验、审断。如乾隆三十年（1765），古州厅属世格寨苗民因灌田争水，发生斗殴致伤毙人命案件。土弁在获得世格寨头人的报告后，如实将案情禀明古州厅同知，由同知进行查验、审理，并没有发生土弁匿而不报或私自受理词讼、进行审理的状况。① 从这个层面而言，土弁对于黔东南苗疆基层社会治安的维护确实起到了积极的推动作用。

清中央政府也曾适时地对积极维护黔东南苗疆治安的土弁予以恩赏。乾隆三十五年，古州厅属党堆寨苗人香要擅自称王作乱，滋扰地方。土舍欧韵清访闻后及时报知古州厅同知龚学海，此后又随清军前往拿获首犯。该事件由贵东道魏涵晖揭露，其称是由于古州同知龚学海抚苗无方，激化苗民作乱。因涉及苗疆重地，乾隆皇帝特命前述赴黔查办亏缺铜本案件的湖广总督吴达善等，一并秉公查明此案。经查明，龚学海是实心办事，而魏涵晖则是庸碌无能，治理不力，更对实心办事的龚学海有嫉怨的言论。② 因此，吴达善等奏请赏给在该事件中始终出力的土舍欧韵清土把总职衔作为奖励。乾隆皇帝同意了该奏请，并谕令加恩赏给欧韵清土千总职衔，赏银 100 两。③

不料，距乾隆皇帝恩赏土千总不到两年的时间，土弁欧韵清即因向苗民勒索银两，遭苗民告发，经查明后被惩处。该案由署云贵总督彰宝访知后向皇帝奏报。彰宝称，其于乾隆三十六年七月内自京回滇时，沿途体察，闻知苗民构衅，多起于土舍的索扰。此后，经古州镇总兵哈国兴报称，土舍欧韵清倚恃土弁，在各苗寨往来索骗，苗民颇多畏恨，但欧韵清所诈财物尚无实据，因此无法将其惩处。此后，该年十一月，贵州巡抚李湖巡阅苗疆，岑龙等六寨苗民老浓等具控，称土弁欧韵清吓诈银米，呈

---

① 《题为审理古州厅苗民老溜因灌田争水起衅伤毙老纽案依律拟绞监候请旨事》（乾隆三十年十一月初三日），内阁刑科题本，档号：02 - 01 - 07 - 06066 - 007。

② 《清高宗实录》卷八六〇，乾隆三十五年闰五月壬子。

③ 《清高宗实录》卷八六三，乾隆三十五年六月甲午。

请官府予以查办，追回被诈银米。续经李湖批饬黎平府知府王勋审讯，查出欧韵清于上一年八月内由香要案件内获赏土千总职衔后，以承袭请札需费，到岑龙等寨请苗民帮凑银700两，并令出米52石代还其所借的仓谷；苗民不敢拒绝，共凑银410两、米52石送到欧韵清家交收。就此，彰宝指出，驻扎古州的贵东道、古州同知专理苗务，竟然没有闻知其事，显然是有意纵容，代为蒙蔽。在彰宝看来，贵州巡抚李湖以及该管已升任贵东道的龚学海等，并未将所办理的情形及时报闻云贵总督，因此，彰宝自称以苗疆重地为念，经古州镇总兵报知后，即时驰奏，请求皇帝谕令李湖严行审办此案，以肃法纪。乾隆皇帝览奏后，朱批"所奏甚是，已有旨谕"。①

　　乾隆皇帝的谕旨，首先严申地方督抚对于边疆事务应随时体察，竭力整顿，以杜事端。土舍欧韵清倚借土千总职衔婪索，有违法纪，自当执法重惩。让乾隆皇帝颇为动怒的是，贵州巡抚李湖以及贵东道龚学海等竟然心存姑息、祖护，没有即行奏闻，从严究办。其谕旨称："此案前经李湖交发黎平府知府王勋查审时，欧韵清虽不肯按数全认，已有自供得银一百七十两、米五十二石之事，是案情已属显露，岂可不为彻底根究？倘因前此微劳，竟行为之隐忍，必致肆行无忌，骚扰苗寨，何可为训！该抚李湖平日办事尚属认真精明，何以此案既经寨苗控告，仅行饬府查讯，并不即行奏闻，迅速严办。岂李湖心存化大为小之陋习，遂尔意存姑息，全不顾事理之轻重耶！李湖着传旨严行申饬，仍令其将因何不行奏闻之处，明白回奏。"② 此外，因李湖已奉调署理云南巡抚，其贵州巡抚印务由贵州布政使图思德暂行护理。因此，在前一道谕旨之后，当天乾隆皇帝再次发出谕旨，令该案交由图思德严行查办，并以五百里传谕图思德。③

　　图思德查办奏报的结论显示，李湖查出欧韵清勒索情由而未将该管道员龚学海参劾，确实存有回护之意。就此，乾隆皇帝表示认同，称："此案前据彰宝查奏时，朕即知李湖必因曾经保留龚学海之故，碍于颜面，不即将案内情节专折参奏……李湖奏到，亦仅以曾于巡查营伍折内，牵连缀

---

① 《奏闻查办欧韵清索诈苗民由》（乾隆三十六年十二月二十四日），台北"故宫博物院"藏录副奏折，文献编号：015802。
② 《清高宗实录》卷九〇〇，乾隆三十七年正月丙午。
③ 《清高宗实录》卷九〇〇，乾隆三十七年正月丙午。

及数语为词，其回护之迹究亦不能自掩，已经节次批谕。今阅图思德之奏，果不出朕所料。李湖历任司道，办事颇为实心，乃朕所深知之人，是以擢用巡抚。即其保留龚学海一节，亦曾降旨嘉予录叙。至欧韵清滋事不法，关系苗疆。虽前此曾著微劳，业已赏衔奖励，岂可因此曲为宽纵，致令扰累苗民。该管官不加究治，原属不合，但其获咎，亦不致甚大。李湖若即据实查办劾参，道厅等亦只照常议处，与该抚保留颜面无关，何必过为顾虑。此事殊不类李湖平日所为。至今案情毕露，在李湖亦将无以自解。但李湖系朕特加识拔，在巡抚中尚属得力之人，朕岂肯因一眚，辄加废斥。而其过失，则不可不令其自知。着将图思德原折钞寄李湖阅看，嗣后务宜益知策励，力矢诚悫，以期永远承受朕恩。"① 最终，清廷将婪索的土弁欧韵清从重究处，在其原犯事地方即行正法。对负有失察之责的贵东道龚学海，清廷予以宽宥，令其务必益加警惕，实力奋勉办理苗疆事务，莫存懈怠及瞻徇姑息之心，致自取罪责。

　　显然，欧韵清婪索的案件再次说明，自清廷在新辟苗疆建立行政管理体系以来，这些身处苗疆基层社会的土弁，需索、滋扰苗寨时有发生。不过，清廷并没有就此舍弃新辟苗疆的土弁，而是强调土弁是管辖基层苗寨的合适选项，必须仔细甄别、选拔合适的人，并再次重申地方官员应对土弁严加管束，闻知土弁有不法的行为应立即举发。图思德在该案的善后事宜中奏称："古州一带地方，在在生苗，必须土弁得人，方免滋事。今欧韵清等虽经败露，诚恐别寨有似此未发者，将来别启事端。臣现饬贵西道赵翼亲赴各寨彻底严查，并将追出欧韵清等赃银，按寨宣谕给还……至岑龙、少鸟等寨土弁，臣现令地方官选择要人，送验承充，以资弹压。如将来承充之人再有索扰情事，地方官不行立时举发详究，查系接任之员照例参奏，听候部议。如即系原选择土弁之地方官，自应加倍从重议处……如此，庶地方官自顾考成，不敢滥举匪人，平日亦必认真，时加访察，不敢酿成事端，于边圉似有裨益。"② 因此，图思德对于该案善后的布置，拟将委任土弁的事项同地方官的考成联系在一起，目的是以此增加对地方官的警示效果。对于图思德的这一建议，乾隆皇帝表示认可并予以嘉奖，但未就

---

① 《清高宗实录》卷九〇三，乾隆三十七年二月戊子。
② 《奏闻审办欧韵清一案善后事宜》（乾隆三十七年二月十三日），台北"故宫博物院"藏录副奏折，文献编号：016091。

这一建议如何实施展开专门讨论。从后续的发展来看，这一布置收到的效果也并不太乐观。

其实，无论是前述贵州地方当局层面对新辟苗疆土弁的加强管理，还是在国家层面上，清廷从欧韵清案件的善后布置中明晰对于新辟苗疆的治理，土弁仍是不可或缺的选项。但是，清廷对于新辟苗疆基层社会的治理，陷入了一个两难的境地。一方面，给以土弁职衔并予以身份荣升，看起来是清廷的直接统治无法深入新辟苗疆基层社会的无奈之举。但另一方面，给以土弁职衔并予以身份荣升，则容易使土弁恃符滋事、需索苗民，造成地方社会的动荡。在这一过程中，清廷内部不同层级的官员的态度也并不一致。具体而言，从清廷中央到封疆大吏所考虑的，是从职权、选拔程序、监督等多个方面对土弁加以限制。地方官员则不同，其对土弁的委任、赋权早已僭越了国家的制度规定。结合前面沈其衷提出变革的方案并付诸实践的情形大体可以看到，从地方官员的角度，他们一方面树立土弁在新辟苗疆基层社会中的权威，另一方面作为交换，这些土弁又能够为地方官府所用，不单单是承担起稽查治安的职能，而是承担了催征钱粮、编派夫役、采买兵米等一系列的职能。这其中的诸多细节，相信结合前述谢圣纶的观察、描绘，我们可以有更为全面、整体的认识。

第二节　土弁制度的运作与调适

一　土弁承袭章程的订立与调整

苗疆地方官府置朝廷规定土弁遇事故毋庸题请袭替的条例于不顾，而从地方的层面进行立法，使土弁的子孙得以承袭土职的故事，实际上也反映了在较长的一段时间内，清廷从中央到地方对于土弁的委任、承袭、顶补一直没有做出详细的制度规范，而是因地、因时而异地对待土弁的委任与袭替。直到乾隆朝后期，才自下而上经由云贵总督李侍尧、福康安的推动，制定出土弁的承袭章程，并对那些未经中央政府批准而由地方流官擅自设立的土弁进行裁汰。

乾隆四十三年（1778），云贵总督李侍尧奏请订立康熙、雍正、乾隆年间于云南沿边续增的土守备、土千总、土把总、土舍、土目等土职的承袭章程。他指出，这些土职"多系康熙、雍正、乾隆年间，因边夷不法，伊等父祖随师进剿，著有微劳，奏明赏给职衔，借以约束土夷。又间有未及具奏，由督抚赏给后，始行咨部。均系在外酌予便委，不给印信、号纸。因各有管束土民、巡守边隘之责，亦准其子弟承袭。如子弟不能顶充，即以土夷悦服之人，另为选补。向来只于袭职时，由总督衙门咨部存核，其各该土职病故、革退，并不先行咨部，以致外间得以托故耽延，多年悬待。非借口子弟未合年例，徐择抚孤，即指称后嗣懦怯无能，尚须试看，多由该管地方官以邻境土职详请兼委，司其操纵。其间营私市惠、吏役欺蒙，均所不免"。① 显然，在李侍尧看来，地方官乃是借端为自身牟利而耽延包括土弁在内的各土职袭职。

因此，从用安边徼考虑，李侍尧提出，此后包括土弁在内的土职凡事故、承袭当以专案咨部，划一核办，而不容外省迟速任意、不行咨部稽查。因此，除严申旧设土职的承袭程序外，李侍尧奏请订立土弁、土舍、土目等土职的承袭章程如下：

> 嗣后，应请凡遇土职病故、革退，先将缘事日期，咨部存案，照例扣限六个月，勒令地方官于该土职子弟内，选取安静能事、足资检束夷众之人，造具宗图、册结，由本管道、府核实，送司详院。除应颁换号纸者，仍照旧具题外，如系便委备弁、目、舍，专案咨部，俟部复到日，由督臣发给委牌，以重考核。倘逾限不办，将承办地方官及专管之道、府，令藩司随案开送，听部处分。再有似此累年不结，另行从重揭参，用昭惩创。如此则起限日期，先行咨部，内外均有稽考，而微末土员，循名责实，亦似可裨益边隅。②

显然，这份章程要求自此之后土弁、土目、土舍等的委派、更换，亦需造具宗图、册结等上报。此外，因土弁的承袭不涉及号纸的更换，故以"专案"的形式处理，要求报至中央存案，经批准后再由地方督抚发给委牌进

---

① 《奏为请定土职承袭章程事》（乾隆四十三年十月二十七日），台北"故宫博物院"藏朱批奏折，文献编号：403036536。

② 《奏为请定土职承袭章程事》（乾隆四十三年十月二十七日），台北"故宫博物院"藏朱批奏折，文献编号：403036536。

行委任，从而杜绝督抚擅专之权。此外，他更注意到云贵各地，有未著有劳绩而因督抚的喜好，未经咨部即给予委牌委任的土弁、土舍、土目等。因此，他提出应永远革除这些督抚的任便委派之权，以杜外省擅专之渐。当然，李侍尧也为此前经办的地方官开脱，指出系"实因未经定有章程"才导致了他们没有积极地办理土职的承袭事宜，情有可原，请求皇帝免除对经办官员的责罚。

此外，贵州的土职委任同样存在与云南相同的地方擅专情形。李侍尧指出："至黔省土职，其在外给委之土千把总以及土舍等项，共有九十九员，为数甚多，俱准令子弟承袭。其间或由巡抚给委，或由巡抚批令藩司及该管地方官给委，不独并未报部，即督臣亦向不过问，似于边疆体制未协。"因此，他奏请黔省在外给委的土职嗣后"应请归总督衙门考核，与滇省划一办理"。① 乾隆皇帝对于该奏折并未明确表达意见，只批"该部议奏"。随后，经部复准，予以施行。② 但随着李侍尧去职，清厘黔省土职事宜迁延日久，直至接任的云贵总督福康安任内才进行查办。

乾隆四十六年（1781）八月，福康安奏报称，贵州全省外委土职共有304名，而其中报部存案的土千总、土把总、土舍只有16名，而地方官自行委办者多达205名，其余则为经贵州巡抚核准委任者。显然，真实的情况远比此前李侍尧奏报中提到的情形还要糟糕。因此，无怪乎福康安感叹："伏思苗疆设立土官，原以巡查、弹压、绥辑边防，由来已久。但名器攸关，不容稍有冒滥。今土职名数，多至三百有奇，其中报部者十不及一，实属不成政体。若不详考根源，逐加厘汰，何以黜浮冗而杜擅专！"③是故，对这些有违边疆体制的土职进行清厘，势在必行。最终形成以下的处理意见。

第一，对报部存案的土千总、土把总、土舍等16名土职，仍循其旧，予以保留。第二，地方官滥设给委的亭目、通事、土头等乡保之类者205

① 《奏为请定土职承袭章程事》（乾隆四十三年十月二十七日），台北"故宫博物院"藏朱批奏折，文献编号：403036536。
② 笔者并未找到直接复准的档案，唯见下文引用之接任云贵总督福康安奏折中提到李侍尧的奏请，经部复准，施行记录在案。参见福康安《奏陈清厘黔省土职并分别汰留》（乾隆四十六年七月初九日），台北"故宫博物院"藏录副奏折，文献编号：031831。
③ 《奏陈清厘黔省土职并分别汰留》（乾隆四十六年七月初九日），台北"故宫博物院"藏录副奏折，文献编号：031831。

缺，与报部土司迥异，本无顶戴，不得混沿土司名目，应令概行革除，撤销原给委牌，嗣后只能金为头人，充办苗寨公务；并告诫地方官嗣后不得再私行滥委，违者严参。第三，对李侍尧查出不报部的 99 名土职，其中父祖并未著有劳绩者 18 名永远革除，余 81 名经查其父祖俱经出力且于苗疆有益，则均请仍留原缺。同时，将保留的土职姓名及设立根源，造册咨部，加强日后办理承袭手续和考核的管理——遇有事故顶袭，悉照滇省之例，扣限详咨，俟部复至日，由督臣发给委牌，以重考核。嗣后倘有逾限，一体查参、议处。① 显然，上述的第三种情形，实际上是对未经报部而由地方官擅设的土职，在中央政府层面予以认定，从而确认相关土职身份来源的合法性。

这是清廷对自清初以来在西南地区土司之外，包括土弁在内的土职擅授的一次总体整顿。后续的地方史志，也保留了这一时期清廷清厘、裁汰相关土职的记载。如道光《永宁州志》记载州属打罕哨土舍王氏的承袭情况时写道："乾隆四十年清厘土职案内，奏准应留土缺，饬令王胜恒承袭，领有云贵总督委牌。"② 其中，对于清厘土职发生时间的叙述有误，因明显比前述李侍尧和福康安的任职时间以及奏请清厘、裁汰土职的时间都要早。民国《贵州通志》叙述打罕哨土舍王氏的承袭时便做了修正，指出该土舍系于乾隆四十六年清厘土职时保留。③

此外，乾隆朝后期云贵两省清厘土职的实践与土弁承袭章程的订立，也体现了清廷对西南边疆管理体制加强管控的趋势。乾隆四十八年云南巡抚刘秉恬上奏，请求变更土司袭职旧制。他指出，贵州省存在土司名实不符的情形，应做变更。其言称："乃有一种土司，并未管理地方村寨，不过催征钱粮、勾摄公事，与乡约、头人无异。而世袭土职，则系通判、县丞、主簿、巡检等衔，俨与流官相埒，名器攸关，岂容虚授……伏思此等实去名存之土司，沿袭已久。当日之不尽归裁革者，或自有因。若竟任其仍袭旧职，又觉滥觞。臣愚应请将黔省土司向无地方村寨管辖者，世袭文

① 《奏陈清厘黔省土职并分别汰留》（乾隆四十六年七月初九日），台北"故宫博物院"藏录副奏折，文献编号：031831。
② 道光《永宁州志》卷八《秩官》，《中国地方志集成·贵州府县志辑》第 40 册，巴蜀书社，2006，第 538 页。
③ 贵州省文史研究馆编纂《贵州通志·土司土民志》，贵州人民出版社，2008，第 76 页。

职，如土通判改授六品土官，土县丞改授八品土官，主簿、巡检等衔各按品改授。其世袭武职，如正长官司改授六品武土官，副长官司改授七品武土官，视其原职之大小，俟遇袭替之时，于号纸内填写几品土官，不必仍书通判、县丞、长官司等字样。内有原给号纸而兼有印信者，将印信追销，止准换给号纸。如此酌汰其衔，而仅予其品，庶与管理地方之土司有所区别，而于职制亦可免冗滥矣。臣缘在黔查办土司控案，谨抒管见。其余边省有土司之处，似此虚授职衔者，想亦不免。应请敕下部臣定议，通行有土司省分，划一办理。"① 乾隆皇帝朱批令军机处、吏部等商议后奏闻。

乾隆五十年（1785）三月，刘秉恬署理云贵总督，查明云南土司有似贵州省虚授职衔而应更改袭职制度的情形，向吏部行文请示。② 吏部等部议称："查滇省额设文武土司一百五十六员。内有……元江州在城土千总二员，又该州永丰等土把总，又永丰里土千总、儒林里土千总，永善县桧溪土千户共二十二员，伊祖先得授土职世袭，并无管理地方，应将各土司按品改授顶戴荣身。内惟开化土经历、桧溪土千户二员，给有印信，应咨销，换给号纸。其二十员，俱换给几品土官号纸。又临安府纳更司土巡检境内土把总，当时擒获土贼，总兵给以便委者，无庸袭替。此外一百三十三员，均有管理地方之责，请仍其旧。"③ 至此，将各省土官向无地方村寨管辖者按原袭文职改授若干品土官的做法才形成，并写入后续的会典事例中，成为定例。④

正是经历了这一番变化，随后我们在相关档案的记载中发现，清廷对被赋予苗疆基层社会治安缉查职能的土弁进行考成。如土弁疏防，管辖区域内发生命盗等案件且未能克期缉拿归案，地方官应将土弁进行参劾。乾隆五十四年（1789），丹江厅黄茅土千总刘伦管辖地界内发生了一起凶杀案，专管官刘伦未能在规定期限内将凶贼弋获，即被题参。档案记载显示，刘伦于该年二月二十三日接到乌开寨苗人毛报的禀报，称

---

① 《奏为请更黔省土司袭职旧制以示区别事》（乾隆四十八年十一月十九日），台北"故宫博物院"藏朱批奏折，文献编号：403046503。

② 《题请变通更改土司袭职旧制事》（乾隆五十年三月十七日），内阁吏科题本，档号：02 - 01 - 03 - 07626 -018。

③ 《清高宗实录》卷一二三二，乾隆五十年六月庚辰。

④ 嘉庆朝《钦定大清会典事例》卷一二一《吏部一百八·土官承袭》，文海出版社，1991，第5499~5500页。

二月十七日其子摁毛与昂排寨招乜、计报去往黄茅赶场，终夜未归，后
发觉已被人杀害，并丢失颈带银项圈一根重 5 两，耳坠一对重 1.2 两，
银链一根重 2.8 两等。土弁刘伦随即差役前往调查，查看属实后禀报丹
江通判验讯缉究。丹江通判亲往查验，核实无异，一面悬立重赏，选差
干役勒限缉拿，并着落土弁刘伦等缉查。后历经四个月，凶贼仍未弋
获。相关疏防官员皆被参劾，包括专管官系黄茅土千总刘伦，印官系前
署丹江通判事试用知县顾廷瑜，接缉印官系现署丹江通判事都江通判褚
其政。① 再者，此案与前述土千总杨政衍滥差滋事一案，以及土千总杨
正设立衙役殴毙人命案相比，负有治安稽查职责的土弁刘伦派差役前往
查办，符合规定。两相比较之下，除体现了土弁对基层社会负有治安稽
查的职责外，还展现了土弁是国家制度层面上认可的"专管官"。

　　综上可见，从清初以来零星的土弁职衔赏授，到乾隆朝时地方流官
罔顾中央政府有关规定而违例擅自委任土弁，再到乾隆后期土弁承袭章
程的订立、明晰与裁撤地方流官擅委之土弁，清代土弁制度的形成与确
立，经历了一个较为漫长的过程。而尤需明确的一点是，清政府基本上
只赋予土弁群体边疆基层社会的治安管理职能并据此进行考成，以此规
避土弁如土司般"世有其土、世掌其民"而形成独立于地方流官之外的
割据势力。

　　因而，正是经历了上述这样一番变化过程，土弁区别于土司的各项制
度规范逐渐明晰。在嘉庆朝《大清会典》卷三十六《兵部》的职掌内容
中，土弁与土司并列。"土弁"这一条目开头即写道，四川、云南总督，
贵州巡抚统焉。此后具体列出四川、云南、贵州三省各属的土守备、土千
总、土把总、土外委的分布情况，兹整理如表 4 - 1。

表 4 - 1　嘉庆《大清会典》记载的土弁分布情况

省份	所属府厅州县	职衔			
		土守备	土千总	土把总	土外委
四川	峨眉县		4	4	
	小　计		4	4	

① 《题为特参丹江厅黄茅土司刘伦等疏防限满凶犯未获事》（乾隆五十四年八月初五日），
　内阁吏科题本，档号：02 - 01 - 03 - 07815 - 010。

省份	所属府厅州县	职衔			
		土守备	土千总	土把总	土外委
云南	丽江府	1	2		
	中甸厅	2	5	16	
	云龙州		4	1	
	越 州			5	
	保山县		2		
	维西厅		2	5	
	小 计	3	15	27	
贵州	贵阳府		1		
	都匀府			1	
	定番州		2		
	罗斛州		8		1
	黄平州		1		
	普安州		2		
	麻哈州		1		
	郎岱厅		2		
	台拱厅		3	5	
	清江厅		6	8	
	古州厅		6	2	
	下江厅		1	1	
	八寨厅		1	3	
	丹江厅		3		
	都江厅		2		
	清平县		2	1	
	小 计		41	21	1
合 计		3	60	52	1

注：嘉庆《大清会典》中记载土千总的总数有52人，根据各属的分布合计实则有60人。

需要注意的是，嘉庆《大清会典》中记载的土弁数目与档案记载的实际情况存在一定的出入。以贵州为例，如以上述乾隆四十六年福康安对黔省清查的结果，报部的 16 名，外加保留的 81 名，总共应有 97 名土弁、土舍等。若根据嘉庆《大清会典》的数目核算，则当时统计的黔省土弁总数为 63 人。这些数字的差异，或许是陆续裁汰后的结果。

再者，从后续光绪《大清会典》的记载来看，新增了陕甘总督统辖下的土弁，各省的土弁数目和分布情况也有了变化。总体而言，共有土游击 1 人、土都司 1 人、土守备 11 人、土千总 59 人、土把总 37 人、土外委 8 人，具体分布如表 4-2。

表 4-2　光绪《大清会典》记载的土弁分布情况

省份	所属府厅州县	职衔					
		土游击	土都司	土守备	土千总	土把总	土外委
甘肃	西宁府				1	1	
	狄道州				4	4	
	小　计				5	5	
四川	越嶲厅	1	1				
	雅州府			2		4	
	西昌县				1		
	小　计	1	1	2	1	4	
云南	云南巡抚属			2			
	丽江府				2		
	中甸厅				2		
	普洱府				4	2	
	元江州				2		
	临安府					1	
	新平县					1	
	永北厅				1	1	
	思茅厅					1	
	小　计			2	11	6	
贵州	贵阳府				1		
	都匀府					1	
	定番州				2		
	罗斛州				8		2
	黄平州				1		
	普安厅				1		
	麻哈州				1		
	郎岱厅				2		

省份	所属府厅州县	职衔					
		土游击	土都司	土守备	土千总	土把总	土外委
贵州	台拱厅				3	5	
	清江厅				6	7	
	古州厅				6	2	
	下江厅				1	1	
	八寨厅				1	3	
	丹江厅				3		
	都江厅				2		
	清平县				2	1	
	松桃厅			7	6	2	6
	小　计			7	46	22	8
合　计		1	1	11	63	37	8

注：光绪《大清会典》中将松桃厅列于云南巡抚之下，实则应在贵州巡抚之下。再，核算各属分布的土千总数为 63 人，与总括的 59 人，亦有差别。

不仅如此，在光绪《大清会典》卷四十五"兵部"的职掌之下，还进一步出现了屯弁、苗弁、苗卫等不同条目的细分。细究其根源可以发现，这既体现了"土弁"与"土司"的差异，又呈现了二者内在的某种关联。

二　土弁制度的推广与适用

要言之，通过梳理清初以来西南边疆的土弁设置与土弁制度的形成、确立过程可以发现，这是在改土归流的时代背景下，清政府在土司制度之外，基于边疆治理的实际需要而新设计并实践的一套边疆管理制度。在制定上述清厘土职、明确土弁的承袭章程后，清政府将逐渐成熟的土弁制度应用到其他新开辟的地区中。如乾嘉苗民起义后清政府在湖南苗疆、贵州铜仁以及兴义、安顺等地设立的苗弁、土弁，实际上便是前述土弁制度在这些地区的移植与拓展。

需要注意的是，虽然乾嘉苗民起义之后的土弁设置，在给予土弁的饷银方面参考了四川屯练制度的规定，但在具体的权责与管理方面，实际上还是基于上述在云贵两省的运作经验而来。乾隆十七年（1752），清廷平定四川杂谷土司，设厅改屯，始有"番屯"之设，并选用番弁以管理屯练。初设立土都司、守备三员，屯总五名及大小总旗等头目，分隶管束。后管理日臻严密，自守备、千总至外委，共设管屯土弁 112 名，实管藏族屯户 3000 户，每户额设屯兵 1 名。至乾隆四十一年平定大小金川之乱后，参用土弁乃成定制。① 屯练制度规定，每名土守备每年给饷银 24 两，每名土千总每年给饷银 16 两，以此类推，土把总 12 两，土外委 8 两。这些四川屯练须奉调出征，如乾隆末年远赴台湾平定岛内的动乱。

乾隆六十年（1795），以湖南湘西苗疆为中心，席卷湘、黔、川多省的乾嘉苗民起义爆发。清廷调各省大军平乱，并在善后事宜中议设土弁。按照制度设计，湖南苗疆的土弁选拔，应于各降苗内节经随同官兵打仗出力蒙恩赏给翎顶之人中，择其明白事体、众所推服者，照各省土司之例，酌设土守备、土千总、土把总、土外委等缺，俾令管束苗民。其额数之多寡，以所管之寨落多寡为定，仍由督抚衙门给札点充。嗣后凡有苗民格斗窃盗等事，均着落此种土官缉拿办理。该土弁等并归文武地方官约束。最终在湘西的凤凰厅、乾州厅、永绥厅、古丈坪厅、保靖县共设置了 486 名土弁。苗弁选拔程序较为严格，所有苗弁均由厅县考核提拔，送道查验，督抚衙门给札点充。清廷并酌给新设的苗弁饷银，苗守备一名每年给 16 两，苗千总一名每年给银 12 两，苗把总一名每年给银 8 两，苗外委一名每年给银 6 两，应给银均从湖南布政使司银库地丁银项中开支。② 由此，进一步明确了湘西苗疆土弁的饷银数额与开支章程。

从四川、云南、贵州的土弁设置乃至湘西苗疆的苗弁设置可以看出，清政府的目的是因地制宜地为当地少数民族头目设置土职官缺，并归由地方长官任命，只是任职期限与流官不同，除特殊情况（如有过失或年老有疾）外，一般是终身制。制度上，湘西苗疆的苗弁遇有事故出缺，所遗官缺，则仍照规定由厅县考核提拔，再送道验收拔补，而非由苗弁的子孙世袭顶充。

此外，嘉庆二年（1797），在贵州西南地区的南笼府爆发了南笼起义，府属永丰、册亨等多地响应，起义军逼近安顺、贵阳等府。清廷调

---

① 潘洪钢：《清代乾隆朝两金川改土归屯考》，《民族研究》1988 年第 6 期。

② 参见谭卫华《乾嘉之后湘西苗疆苗弁制度与基层社会控制探析》，《民族论坛》2018 年第 3 期。

兵进剿，并于平定战乱后将南笼府改为兴义府。与湘西苗疆并贵州东北之铜仁、松桃等地善后事宜的筹议类似，时任云贵总督鄂辉、贵州巡抚冯光熊在处理南笼起义善后事宜时，提出仿照湘西苗疆、贵州铜仁设立土弁之例，在兴义府属分设苗弁。尤为需要注意的是，清廷是在禁革把事、土舍、亭长等旧管苗寨的头人之后，酌设苗弁。按鄂辉、冯光熊的调查，黔省兴义、安顺二府，曾设有世袭的长官司以及在外给委的土千总、土舍、土目数十名。此外，兴义、安顺二府之下的州县中，每一州县尚有十余名亭长、兵目。这些土千总、土舍、土目、亭长、兵目乃管理各村寨的头人。其中，部分头人系因改土归流而递降为土目、亭长。在鄂辉等看来，随着年湮世远，上述这些土目、亭长等管寨头人已久无慑服苗人之威望。并且，由于地方州县长官疏于查察，这些管寨头人遂假公济私及借端派累，成为地方社会致乱的毒瘤。因此，鄂辉等奏请将兴义、安顺等处平日欺压苗众的土目、亭长等一律革除，并相应追究责任予以惩治。除此之外，更申明永远不许再立土舍、土目、亭长等项名目。

在此基础上，上述二人乃进一步奏请在兴义、安顺设立苗弁管束苗寨。其言称：

> 一，酌设苗弁以资管束各寨也。查兴义、安顺一带苗寨甚多，大小不一。今既将土舍、亭长、把事人等严行禁革，未便竟无稽查管束之人。若令汉人充当乡约、保正，恐致日久弊生，不可不杜其渐……此等出力苗人，本系各该寨晓事头目，向能约束群苗，军兴之时，或率众来投，或随兵打仗，均属真心效顺。此时若置之闲散，不独无以示劝惩，兼恐启恃符生事之渐。臣等熟加商议，其现经裁革土目、亭长各寨，应请照湖南三厅、贵州铜仁设立苗官之例，酌设苗守备、苗千把外委各官，分段管理。如兴义府属向分四乡者，应设苗守备四人为统辖之员，其余各随苗寨大小，设立千把外委分司管理，仍听守备约束。遇有应办事件，地方官行查守备，守备转行各弁，层层稽考，俾有专司。至此项苗弁，即从得有翎顶之顺苗、降苗内秉公遴充，如有不敷，再将从前出力降苗酌量拔补，遇缺遴选，不准子弟承袭。总以苗众悦服或著有劳绩之人，验明充补。仍令该管文武随时查核，分

别升降、赏革，以示劝惩。庶苗众咸知从逆者自蹈擒诛，效顺者得邀录用，自必互相感奋。而该苗弁既得顶带之荣，复有地方之责，更当顾惜颜面，认真管寨，不敢为匪矣。其应如何酌给钱粮暨设立额数之处，容俟查照湖南添设苗弁成例，另行奏咨办理。①

这一奏请此后得到批准，清廷于贵州兴义、安顺、贵阳、大定等府先后添设苗弁共 266 员。从档案的记载中可以发现，当时的清廷官员对这些苗弁、土弁的称呼并没有做严格的区分，而是常常混用。这在一定程度上或许可以解释为，称呼"苗人"是相对于"汉人"而言，如上述档案中提到在禁革土舍等人群后并不准许汉人充当乡约、保正，而是仍从苗人中挑选为苗众悦服或有劳绩之人来充当苗弁。李世愉亦认为，"苗弁"亦属土弁，只不过是"苗疆土弁"的简称。具体职衔，既可以称土守备、土千总、土把总，亦可以称苗守备、苗千总、苗把总，性质相同，冠以"苗"字，只是表示地区（苗疆）而已。②

　　这些苗弁同样负有稽查苗寨、约束苗众的责任，按年从地方官府支领工食银两，自土守备以下，每名每年支领工食银 10 两、6 两、5 两、4 两不等。核算之下，每年总共需支领工食银千余两。这对于本就荒穷的贵州地方州县而言，是一笔不小的开支。因而，基于前述不准子弟袭替，更为了杜绝靡费，此后遇有苗弁因故出缺而查无堪以充补之人，由地方官府节次禀报，贵州巡抚奏请裁汰。

　　如嘉庆十四年（1809），兴义府属兴义县土千总贺寿麟病故，经兴义府、县查明，认为该处民人向化已久，俱属安静，更有土守备黄天应足资经理，遂节次禀报后奏请裁汰。③ 再，嘉庆二十二年，兴义府属贞丰州属沙陯亭土把总王绍茂病故出缺，经兴义府州查无堪以充补之人，并认为该处苗人向化已久，地方安靖，且设有乡约、头人足资经管、稽查，向所属贵西道禀请将土把总王绍茂遗缺裁汰，再经布政使司、巡抚查核无异后奏

---

① 《奏为会筹黔省苗疆善后酌拟条款恭折具奏仰祈圣训事》（嘉庆三年三月初四日），台北"故宫博物院"藏朱批奏折，文献编号：404003768。

② 李世愉：《土司制度基本概念辨析》，《云南师范大学学报（哲学社会科学版）》2014 年第 1 期。

③ 《奏请裁汰兴义县属土千总缺事》（嘉庆十四年四月十四日），录副奏折，档号：03 - 1522 - 036。

请裁汰，并获得允准。①

自嘉庆九年，黔省将因事故出缺停支工食、查无充补合例之人，节次奏准裁汰。如兴义府属等原设土弁 266 名，至道光七年（1827）时则存137 名，此后亦根据实际情况继续裁汰。如道光七年十一月，裁贵州普安厅属土守备、平远州属土把总；次年十二月，裁贞丰州罗浪廷土把总；道光十年，裁普定县属上五花枝土千总；道光十二年，裁普定县属泷江土守备；等等。②

地方官府之所以同意并主动禀请将因相关事故出缺的土弁裁汰，相关的制度约束固然是一方面，但另一方面，地方社会中出现的类似内地州县基层社会的乡约、保长等职役能够承担起相关的职能，并为地方官府所用亦是不可忽视的因素。降低地方官府的财政负担，也是对因故出缺的土弁进行裁汰的一个原因。概因维持这些土弁的工食银正常发放，是地方官府一项不小的负担。如上述嘉庆年间于兴义等府设置的土弁，其工食银应由所属府厅州县地方官府发放。地方官府对此的应对，是将"苗乱"时的"逆绝"苗田入官，招佃领种，将所得租谷变卖，所得价银贴补土弁工食银两。此外，像安顺府、长寨厅、定番州、普定县、安南县、毕节县等六处，因无应征逆产租谷，则是从布政司银库支发土弁工食银两。③

概言之，乾嘉苗民起义之后，在黔东北、湘西苗疆，以及贵州兴义、安顺等处设置的土弁，不仅在数量上比乾隆初年在黔东南苗疆出现的通事、土弁的人数大大增加，更从设立之初即明确指出这是有别于世袭土司职官的设置，进而从职权上加以规范，严格执行选拔和裁汰的程序。这些变化，随后在典章制度与地方史志的记载中也得到了体现。如前述嘉庆朝《大清会典》将土弁与土司以不同的类目记载。再，道光年间编纂成书的《黔南职方纪略》虽将各土职统合登记在《土司卷》下，但进行了细分："贵州土司，有土同知二、土通判一、土推官一、土县丞四、土主簿二、土吏目一、土巡检二，其承袭也，吏部给号纸；正长官十、副长官二十四，其承袭也，皆兵部给号纸；土弁有外委土守备二、外委土千总四十

① 《奏为兴义府贞丰州属沙隘亭土把总王绍茂病故出缺无人充补请照旧章裁汰事》（嘉庆二十二年六月十二日），朱批奏折，档号：04 - 01 - 01 - 0572 - 020。
② 民国《贵州通志·前事志》第三册，第 450、456、464 页。
③ 民国《贵州通志·前事志》第三册，第 449 页。

五、外委土把总二十九、土舍二十七、土里目五，其承袭也皆总督给委牌；黄平营外委土守备，其承袭时巡府〔抚〕给委牌。土司、土弁共二百有五员。"①

　　当然，通过前述大量个案可以发现，清代西南边疆基层社会存在的土弁制度对于当地民众而言，某种意义上并非善政。清廷通过裁汰与整顿不法土弁，来约束、管控土弁，但这一操作最终能在多大的程度上得到落实，是需要辩证地予以审视的。基于此，黔东南苗疆境内的苗民，自始至终一直不间断地通过诉讼、军事斗争等各种不同的方式，来反抗土弁的管理。在复杂的历史过程当中，伴随着黔东南苗疆的土地开发与经济发展，苗疆基层社会的权力格局也在不断地发生着变化。这便是接下来笔者要讨论的内容。

---

① 罗绕典纂修《黔南职方纪略》，杜文铎等点校，贵州人民出版社，1992，第339页。

第五章　苗疆开发与基层社会
权力结构的变迁

通过第三、四章对档案、政书和方志等史料的梳理，笔者系统论述了苗疆土弁人群的身份演变，以及土弁制度在新辟苗疆的构建与确立过程。这个过程，既反映了清政府致力于将新辟苗疆地区纳入国家的直接管理体系，又呈现出清政府因应新辟苗疆的社会现实而进行行政管理制度的调适。

不仅如此，随着清廷永免新辟苗疆地区的钱粮征收，这一地区的赋税征收管理，有别于清政府在内地州县的赋税征收运作。这一制度性的差异，客观上带来了两个不同层面的影响。其一，苗疆开辟之初，由于历史、文化、语言的隔膜，地方官府的行政运作，如采买等各项事务均有赖通事、土弁人群的辅佐。通事、土弁遂在基层社会权力结构中占据着核心地位，并通过建造衙门等象征官权力的建筑来树立权威、彰显权力，确立土弁治苗的权力体系。其二，由于苗疆土地免纳田赋，以及区域内经济作物（如杉木）的种植、采运与发卖带动了土地开发，大量的外来人口进入苗疆并争夺土地资源，并逐渐形成了自身的权力体系。由此，土弁在苗疆基层社会的核心地位，受到了来自本地民众与外来移民的冲击，主要体现为两个方面的内容：其一，苗民与地方官府达成协议，归府管理，夫、粮自纳，脱离土弁的管辖、苛敛；其二，历经乾隆、嘉庆年间土地开发，以木材贸易等带动的经济发展，使苗寨基层社会的保甲等各种力量得以壮大，与土弁的管理形成抗衡，并开始逐步取代土弁在苗疆基层社会的核心地位。

以往的研究，已经翔实地梳理了清水江流域的苗疆地区（主要是清江厅、台拱厅）自开辟后商业发展与人群互动呈现的区域社会历史变化。基于此，笔者无意在下文中对上述地区过多着墨，而是试图以素为苗疆重地的古州厅为分析要点，呈现该地区基层社会的开发与人群互动过程，由此揭示苗疆基层社会权力格局嬗变的历史逻辑。

第一节　苗疆开发过程中的制度因应与人群互动

一　因俗而治的传统与困境

清代，新辟苗疆的社会历史发展始终与贵州东南部，尤其是清水江流域以木材采运为中心的区域经济发展有着密切联系。明代王朝国家对贵州历时二百余年的经营，特别是在清水江流域边缘地区先后设置的卫所和州县，加速了当地的开发过程。明代对于清水江流域的开发，仅限于该流域的东部和北部地区。至清朝建立之时，清水江流域绝大部分地区尚在王朝国家的直接统治之外。随着康熙中期清廷对"三藩之乱"的平定，中央政府逐步推进对清水江流域的开发以及黔东南苗疆的开辟。与此同时，来自地方社会内部的各种势力在发展壮大的过程中，亦寻求来自王朝国家的制度支持，以此来达到完善、维护自身势力在地方社会生活中的稳定发展。王朝国家与地方社会的互动，客观上共同推动了黔东南地区在清代中后期发展的繁荣。①

在这一历史背景下，通过对档案史料和民间文献的梳理可以发现，自清康熙中后期开始，黔东南地区出现了大量村寨民众向国家缴纳田赋、进入版籍而脱离土司统治的过程。在第三章中，笔者曾简述康熙三十九年（1700）黎平府属民人控告土司贪虐、需索无度，呈请民粮归府完纳的过程。这一过程，实际上还反映了清政府对于清水江流域的苗民或生苗，与普通民户进行了不同形式的田赋征收管理。主要体现为，苗民耕种的田地，地方官府并没有进行清丈，也没有订立田地的等则，要求其按等则缴纳田赋，而是允许由苗民自认一定的数额之后，向土司缴纳米谷或以鸡等米谷本色之外的物品代替，因此文献习惯上称之为苗民纳"无亩本色秋粮"或"口报鸡粮"。相似的情形，不仅在黎平府境内存在，在新辟苗疆邻近的其他州县也是同样。因此，在黔东南的州县境内，一直存在着针对

---

① 参见张应强《木材之流动：清代清水江下游地区的市场、权力与社会》，第18~28页。

不同人群进行不同形式田赋征收的情况。

黎平府境以北的镇远府天柱县，针对不同人群进行不同形式田赋征收的情况尤为明显。明初以来，明朝在天柱设置天柱千户所，万历二十五年（1597），明朝废天柱所，并将邻近的村寨归并后设置天柱县，隶属湖广行省直隶靖州。清雍正五年（1727）割隶贵州黎平府，雍正十一年改隶贵州镇远府。康熙《天柱县志》便专门叙述万历年间建县时，首任天柱县知县朱梓请求新设天柱县的管辖范围：

> 爰请割会同县洞乡四里、汶溪一所，并本所与原管苗寨三里，成一县治。又虑隔越于会之口乡，不能径达靖属，遂无以接承宣广文教，复请将口乡一里，割归天柱，即今之里名兴文是也。然里亩不均，难以定徭役之轻重，于是均洞乡四里之多寡，大都以一万二千亩为率，又以其余亩编新增一里、坊厢半里焉。统而记之：洞乡四里，口乡一里，新增一里，坊厢半里，苗寨三里，天汶二所，合九里一厢二所。庶几，经界正，井地均，而县治成矣。①

显然，明代天柱的管理体制变化，在从卫所到州县的过程中，地方官府并没有按照内地州县110户为一里的标准，建立基层社会的里甲体系，而是着眼于田亩的数额编排里甲。这说明，明代的里甲制度在各地实行的情况各有不同。与天柱县相似，明清时期贵州西北部大定府的里甲编排，实际上也是依据田亩的数额编订，与明初里甲制着眼于人户数量的原则不同。②

不仅如此，天柱县辖下的苗寨虽编为三里，但与其余六里一厢二所的民人遵照一定的科则缴纳田赋相比，苗寨向来是缴纳"无亩本色秋粮"。光绪《续修天柱县志》称"今考旧志田赋，内载遵例起科者六里一厢，其归化三里，仍纳无亩本色秋粮。又天、汶二所，虽已归并，俱属屯粮，故当时额则尚非定制，二十八年复清丈一次，又加新兴一里，合前六里一厢，是为八里。其三里，至雍正四年，邑令其更名居仁、由义、循礼，通详各宪，并革去归化一图、二图、三图之名。此后，凡应差考试，一切均

---

① 康熙《天柱县志·重修天柱县志序》，《中国地方志集成·贵州府县志辑》第22册，第50页。
② 温春来：《从"异域"到"旧疆"：宋至清贵州西北部地区的制度、开发与认同》，第232页。

照内地办理，通计一十一里。自割隶贵州之后，休养生息，垦辟益增，民氛益醇。乾隆四年，县主奉文均摊，通行丈量，则壤定赋，既不偏枯，亦无匿漏，盖天柱田赋至是始归划一焉"。① 这说明，清廷的地方官府始终致力于将归化的苗民纳入内地的一体化治理之中。当然，上述地方志的记载亦显示，到乾隆四年（1739）时，天柱县最终已将苗民的土地进行了清丈，由此，天柱县全境的田赋征收做到了整齐划一。

真实的情况远比上述地方志的记载更为复杂。近年来，学界对清水江流域民间文献的搜集、整理与研究显示，天柱县自乾隆四年开始的均摊、丈量，虽然解决了该县田赋原额的均摊问题，但没有也无法解决苗民仍是按照"无亩本色秋粮"的形式缴纳田赋，以及苗民欲借这一均摊的实施构建对土地（尤其是山土）产权的诉求。

从民间抄存的反映天柱县这一均田摊粮的记载中可以看到，天柱县民以"册籍遗编，户名变更，实有卖田不卖粮之陋习，致有田去粮存之偏枯，更有户绝遗丁之赔累"的理由，于乾隆元年（1736）申请彻底清查天柱县苗寨居仁、由义、循礼三里的田赋缴纳弊端及其衍生的赋役摊派不公等问题。② 经贵州总督张广泗饬令天柱县清查、妥议后详报均摊的方案。

此后，天柱县针对居仁、由义、循礼等苗寨三里的均摊方案，是按照各里认纳的原粮额，并三里丁数缴纳的丁银改征秋米数额，计算三里田土产出的禾稨总额摊派。稨，系当地用竹篾编制的量谷器具，在没有田亩数字核计田丘面积大小的情况下，用收获的禾把稨数来记录、形容田丘的大小。③ 具体而言，"计禾稨摊派粮额"的原则，是在明确了各里秋粮原额，并丁银改征米石的额数之后，将各里的田分为上、中、下三个等则，以上则田收获的禾稨为准，中则田的禾稨数按照上则田的80%折算，下则田的

---

① 光绪《续修天柱县志》卷三《食货志》，《中国地方志集成·贵州府县志辑》第22册，第191～192页。

② 贵州大学等编《天柱文书》第一辑第17册，江苏人民出版社，2014，第3～6页。

③ 清水江文书中表明产量的单位，多为"手""把""籽""稨"，一般四剪为手，十手为把；又存在六手或四手为一稨，还有六籽或四籽为一稨的计量。一般每稨重12斤、14斤、15斤、18斤不等。其计算进位，在天柱县各里之间并不统一，颇为复杂。官方一般用"稨"字，民间则俗称"编""边""扁""遍"等，系同音异字。并且，"手""把""籽""稨"等多为糯禾稻田产量的计量单位。参见栾成显《清水江土地文书考述——与徽州文书之比较》，《中国史研究》2015年第3期。

禾稐数按照上则田的60%折算，计算出各里之内上、中、下三则田禾把每稐的摊粮数值（税则），以此为基准，再根据每丘田的收禾把数，计算该丘田需要缴纳的田赋。

这一方案确立的天柱县苗寨三里的田赋缴纳则例，在后续民间收存的归户粮册中得到了体现。道光二十二年（1842）抄存的天柱县《柱邑粮册》显示：

> 柱邑粮册
>
> 道光贰拾年拾壹月吉日立
>
> 上田派二升三合一勺八抄六撮三圭四粒
>
> 中田派壹升八合五勺四抄九撮四粒
>
> 下田派壹升三合九勺一抄一撮七圭八粒
>
> 一户　姜廷谨　原名安海
>
> 地名皆雅第三丘团形上田收禾三籽
>
> 第四丘长形上田收禾拾稐
>
> 第玖丘半月形上田收禾壹稐
>
> 土名也求第拾丘三角形上田收禾壹稐
>
> 土名大孔第拾伍丘三不等形中田收禾贰稐
>
> 第拾陆丘蛇形中田收禾肆稐
>
> …………
>
> 实在粮柒升五合九勺七抄六撮四圭八粒①

这份粮册，起首即列明了循礼里九甲文斗寨上、中、下三个等则的田丘所要交纳的田赋粮额。随后，以户名为单位，记录下该户在不同的地段拥有的田丘情况，最后再汇总所需交纳的田赋总额。此外，"一户 姜廷谨 原名安海"的书写，进一步显示了道光年间的这份粮册，实际上是针对此前粮册的过割或誊抄，因此才会出现户名更迭的情况。

不仅如此，上述这份归户粮册登记的内容，还是乾隆初年天柱县苗寨三里借由均田摊粮这一实践的过程，形成了官方土地账籍——鱼鳞册（亦

---

① 陈金全、杜万华主编《贵州文斗寨苗族契约法律文书汇编——姜元泽家藏契约文书》，人民出版社，2008，第579~580页。

称鱼鳞图册）登记内容的体现。近年来，学界陆续发现并搜集的清水江流域鱼鳞册，主要便是在乾隆年间以后天柱县均田摊粮实施过程中编制形成的。明初以降，官府修造鱼鳞册用于征收田赋。一般而言，明清以来的鱼鳞册，不仅记载了土地类别、田块名称、地亩图形、田界四至、步尺面积、赋银总额等总体状况，有的还清晰地保存了每一田（丘）号的田形、四至、步尺、科则、面积、赋银、业户、佃户等详细内容。① 清水江流域的鱼鳞册，以土名为单位，先列每一土名的田形、四至，然后对这一土名所属各丘田地加以编号，从第一丘起依次详细登载。每丘登载的事项有：丘号、田主姓名、田形、田地等级、四至、收禾多少稱等。② 如以下这份清代天柱县循礼里春花寨的鱼鳞册记载：

循礼里下半三甲右春花鱼鳞册　　林喜云号

土名　高康　盘塘对门　塘冲头
　　　盘塘屋背　盘寨鹞　高墓冲
　　　湳隆　圭没

同治十二年　遵依原本　重抄

土名高康共计田壹百壹拾玖丘　田型四至　自北首起

东　至　南隆岭为界
南　至　盘塘坡为界
西　至　高康坡为界
北　至　高康坡为界

第壹丘　周国泰　五不等形　下田
东　至　杨通生
南　至　五不等形下田
西　至　本人田
北　至　本人坡　禾捌稱

……③

上述这份鱼鳞册，其中提及"同治十二年遵依原本重抄"，据前引栾

---

① 参见胡英泽《理论与实证：五十年来清代以降鱼鳞册地权研究之反思——以"太湖模式"为中心》，《近代史研究》2012年第3期。
② 栾成显：《清水江土地文书考述——与徽州文书之比较》，《中国史研究》2015年第3期。
③ 贵州大学等编《天柱文书》第一辑第17册，第31~32页。

成显论文的考证，其原本当是乾隆初年天柱县对辖境内居仁、由义、循礼三里进行土地清丈、攒造的鱼鳞册。

　　既有对清水江流域鱼鳞册的研究揭示，这批鱼鳞册与同时期内地州县（主要是徽州地区）攒造的鱼鳞册相比，主要存在以下区别：其一，清水江流域的鱼鳞册并不登记田形图；其二，清水江流域的鱼鳞册只登记"田"这一土地类型，并没有将"山"等其他的土地类型登载在内。① 再者，尽管清水江流域与徽州地区这两地的鱼鳞册存在着上述的区别，栾成显等学者认为两地的鱼鳞册在保障业户产权与征收赋役方面所起到的作用依然相同。那么，问题也就随之产生。清水江流域乃至贵州全境，历来是山多田少，在官方的土地账籍并不登载"山"的情况下，当地业户对于山的产权如何保障呢？

　　明清时期，官府将土地按照"田、地、山、塘（荡）"进行分类，编制鱼鳞册，作为征收田赋的依据；业户则借助鱼鳞册这一官方的土地账籍，来确认土地产权，是为这一时期一项基本的土地管理制度。鱼鳞册在赋役征收与土地产权确认方面发挥着越来越重要的作用。② 再者，在"田、地、山、塘（荡）"的土地分类体系当中，"山"是比较特殊的。近年来，学界对于东南地区山林产权确立的研究揭示，明清以来官府的土地清丈和鱼鳞图册攒造虽然都关注到"山"这一土地类型，但普遍不关注山业的实际形态、面积和界至，甚少对山业实行开弓丈量，大量的鱼鳞图册对山业只保留记录税亩。因此，鱼鳞图册在山场界址争端与产权纠纷等案件中的作用有限。虽然法律规定处理山场争讼须以鱼鳞图册为凭据，但地方官员理讼时常常面临着凭据全无的局面，最终地方官员只有通过履勘、调解、判决、出具判词等方式为争执的两造分立界址，明晰产权归属。并且，这一过程并不尽然经过丈量或升科等手续，争端解决之后，地方官员也不会主动要求将山场升科纳赋，并将其登记到国家的地籍系统之内。如此情境之下，民间社会则基本上以契约为主的山林确权凭证，并以向地方官府交纳税赋来获得荒山、无税之山的所有权；地方官府中负责赋税征收的吏役——册书等人员，则把持着核定普通民众通过升科纳粮获

---

① 陈洪波、龙泽江：《新发现贵州清水江侗族鱼鳞册评介》，《云南民族大学学报（哲学社会科学版）》2014年第4期。
② 梁方仲：《明代赋役制度》，中华书局，2008，第412页。

得山林所有权的权力。①

　　清水江流域鱼鳞册没有将"山"这一土地类型登载在册，不仅与上述鱼鳞册攒造普遍不关注山的实际形态的习惯有关，还与传统社会时期中央王朝对于西南地区的山并不征收赋税的制度密切相关。具体到天柱县而言，康熙《天柱县志》中的"田赋"内容，便只是登记了田、地、塘三种土地类型的等级、税亩和赋额：

　　　　按照康熙四年新订全书额载：实在中则田七百五十二顷一十七亩八分二厘（五里一厢兴文一里）……原额中则地二十六顷四十四亩一分六厘二毫，每亩科则不等……原额中则塘三顷一十二亩八分九厘七毫……实在原熟并逐年开垦成熟原额田、地、塘共计七百八十一顷七十四亩八分七厘九毫……②

不仅如此，光绪《续修天柱县志》中的"田赋"内容仍然保持了田、地、塘的田赋征收登记体系框架。综上可见，迟至晚清，天柱县的田赋征收体系中也没有对山业起科征税。

　　山免起科，基本上是传统社会时期中央王朝对西南地区土地管理一以贯之的规定。何炳棣曾指出，在中国传统社会的交通和技术条件下，尽管山具有一定的经济价值，但一般而论，山毕竟不是耕地。部分山变成了耕地，是由于宋代以来占城稻的传播以及晚明以来新大陆农作物的传播，促成南方土地利用革命性的改变——地势、气候、水源条件较好的丘陵地带被逐渐辟为农田。在明清两代土地数字编制指导原则之一"原额观念"的影响下，移民和大规模的开荒辟田并未反映在官方档册之中。不仅如此，由于新大陆玉米、甘蔗、马铃薯等作物的传播，自晚明经盛清至近代，东南沿海乃至西南云贵高原的丘陵和山地也逐渐被辟为农田，按照明代嘉靖年间"新增田地"的条例起科纳税，或如云南、贵州一带往往始终不入册

---

① 参见杜正贞《从"契照"到土地所有权状——以龙泉司法档案为中心的研究》，《中国经济史研究》2017 年第 3 期；《晚清民国山林所有权的获得与证明——浙江龙泉县与建德县的比较研究》，《近代史研究》2017 年第 4 期；《明清时期东南山场的界址与山界争讼》，《史学月刊》2021 年第 2 期。

② 康熙《天柱县志》上卷《田赋》，《中国地方志集成·贵州府县志辑》第 22 册，第 78 ~ 79 页。

起科。由于人口的持续增加，有些深山密箐渐次开辟为农田，清王朝对零星土地的垦殖和升科免科的问题相当注意，并在乾隆五年（1740）拟定全面的条例，针对各省的特殊情形做出具体的规定。①

因此，乾隆六年，清廷亦议准黔省零星土地永免升科纳税。该年，户部议复署贵州总督的云南巡抚张允随所奏，同意了"黔省地鲜平畴，凡山头地角零星地土，及山石掺杂、工多获少，或依山傍岭虽成丘段，而土浅力薄须间年休息者，悉听夷民垦种，永免升科。至有水可引，力能垦田一亩以上，照水田例六年升科；不及一亩者，亦免升科。无水可引，地稍平衍，或垦为土，或垦为干田，二亩以上照旱田例十年升科；不及二亩者，亦永免升科"。② 在此基础上，到了道光十二年（1832），清政府发布的全国性规定中进一步放宽了黔省零星土地免予升科纳税的亩数范围，称黔省的零星土地由民众自行开垦，不论顷亩，概免升科。③ 如此，清廷对于黔省免予升科的土地范围显然做了扩大化处理。

具体到天柱县苗寨三里而言，针对境内的山业归属，在乾隆初年攒造鱼鳞册的过程中曾定下"山随田管"的原则。乾隆四年八月，天柱县知县刘士缙在为三里攒造鱼鳞册而颁发的指导性条规中强调，各里要实际进行土地清查工作，并且确定好各里的界限，界限确定之后落实山的归属。其言称：

　　一、各里界限务要实力清查，或以岭为界，或以沟为凭，先定四至界址，插立木牌，书写某某里某某界字样，画一总图，以杜争竞。

　　一、各里各甲田块土名、东西南北四至，务要开清。某界连某处插立某木牌，不得夹杂越界。如有糊混不明，希图欺隐，查出治罪，其田按亩加赋。

　　一、有田处或冲、或坝、或溪、或膊，亦要分清四至，插立木

① 何炳棣：《中国历代土地数字考实》，台北：联经出版事业公司，1995，第104、114～115页。嘉靖"新增田地"条例，据何炳棣先生介绍，系指嘉靖九年，时任吏部尚书兼武英殿大学士的桂萼颁布的关于所有新辟田地以二亩、三亩折成一亩升科的全国性法令："今后新增产业，通查照弘治年间凡新涨洲田别立一册，谓之白册。升科事例，当法《周礼》之制，则以二亩或三亩视一亩。……复奉钦依合行该抚按查然〔照〕施行。"
② 《清高宗实录》卷一五〇，乾隆六年九月壬申。
③ 何炳棣：《中国历代土地数字考实》，第106页。

牌，书写某冲、某坝、某溪、某膊字样，以杜射影。

…………

　　一、凡一冲之内，尽系一寨之田，宜先分大界：东抵△人山，南抵△人山，西抵△人山，北抵△人山。安清界后，山随田管，方将冲内之田逐丘作形，开清禾把。数丘田共一冲，亦宜分大界毕，然后分清四至，鱼鳞开报，不得朦混颠倒，如违禀究。[1]

天柱县此次田地清查需确定的界限，大部分与山相关（冲、膊），而山岭、山沟更是用来分立里、甲、寨的界限。冲，即山冲，是指两小山中间的冲击小平地。[2] 刘士缙在条规中不断强调界址分立的重要性，自然是要规避因界限不清而可能引发的争端。然而，实际操作过程中，各里显然没有能够完全按照天柱县知县订立的条规，分清田地和各里的界址，且清查土地和攒造鱼鳞册进展缓慢。是以，半年之后，刘士缙再发出了一纸严催告示，并指出各里攒造的鱼鳞册存在理解不清和书写不明等问题。

　　查尔所造鱼鳞册，尚大差。但大小四至，或坡或岭，必须开清。土名不可糊涂，只开坡字岭字，其左右膊田，仍照条示逐细挨开。倘膊田中夹有小冲楼梯田者，须另开清四至……若将某冲处及左右两膊开完，一起招起一△冲，不须在近△寨字样，不惟省纸笔，且简明便查明也。若将△寨大小各冲开完，或有附近△寨小寨子，然后亦照前式逐一开报，总要据实开清，不得隐匿遗落，段更不可以上作中，以中作下，希图瞒官舞弊。挨开完竣，本县临田清查，如有前项弊端，一经查出，或被告发，除田入官，其户首、甲长连名互结之人，一概治罪，条规俱在……查鱼鳞册之说，凡自上而下，自左而右，挨次顺序，犹如鱼鳞之有层次而不颠倒、错乱、遗漏。非必各坝、各冲合一全鱼形而始谓鱼鳞也。[3]

① △符号为原文如此，代表某某。参见潘志成、吴大华编著《土地关系及其他事务文书》，贵州民族出版社，2011，第 79 页。

② 张明、安尊华、杨春华：《论清水江流域土地契约文书中的特殊字词》，《贵州大学学报（社会科学版）》2017 年第 1 期。

③ 潘志成、吴大华编著《土地关系及其他事务文书》，第 79~80 页。

从上述刘士缙的叙述中可以看到，天柱县苗寨三里的田地清查和鱼鳞册攒造，是以人、寨为单位，对各里之内各寨各冲的田丘的清查登记，呈现了点状的田地分布，并没有囊括各里范围内所有土地类型。因此，山随田管的条规，实际上只是一种习惯上的强调，并没有体现在鱼鳞册的登记当中。

因此，传统社会王朝国家对于西南地区不同类型土地的征税原则，深刻地影响了清水江流域山业买卖契约多为"白契"的形态特征的生成、同一时期不同类型的土地买卖契约文书的书写程式，以及当地民众对于不同类型土地的产权的构建、维护方式。

受山免起科这一原则的影响，现存清水江流域的山业买卖契约多为白契。白契指卖主、买主双方自行商定写就的契约文书；白契经过买主或买卖双方呈请官方查验，买主缴纳契税，官府于契约上钤盖官印，就变成了"赤契"，亦称"红契"。日本学者岸本美绪的研究指出，清水江流域山林契约文书几乎都是白契，徽州的山林契约文书则是红契居多；但是，清水江流域并非没有使用红契的习惯，实际上当地的田地买卖契多为红契。因此，她推测当地山林契约中白契占多数的原因，可能是当地的山林契约无须使用红契。[①] 事实上，明清时期民间土地买卖契约文书的形态由白契转变为红契，政治意义重大，其转变的关键则在于买卖过程中的赋税交割。王毓铨通过研究明代徽州府的契约文书指出，白契之所以变为红契，最主要的原因是推收过割，即卖主推出田地和田地上的差粮，买主收入田地和田地上的差粮。再者，契约文书中写明推收过割差粮文字是来自明代攒造赋役黄册格式的规定。在此基础上，红契是经官审定而成为合法文书的；从官府的立场上说，契约文书中最重要的内容，应该是关系着官府权力的内容，那就是田地差粮如实推收过割。[②] 可见，土地买卖契约文书形成红契是与土地所承担的赋役的推收过割联系在一起的。因此，在山免起科的原则下，清水江流域的山业买卖不涉及赋役的推收过割，就决定了涉及山

---

① 岸本美緒「貴州の山林契約文书と徽州の山林契約文书」唐立・楊有（コウ）・武内房司（主編）『貴州苗族林業契約文書匯編（1736～1950年）』第3巻（史料・研究編）、東京外国語大学アジア・アフリカ言語文化研究所、2003、165～190頁。该文经张微翻译，以《贵州山林契约文书与徽州山林契约文书比较研究》为题发表于《原生态民族文化学刊》2014年第2期。

② 王毓铨：《明朝田地赤契与赋役黄册》，《中国经济史研究》1991年第1期。

业买卖的契约文书不必经由地方官府审定而形成红契。①

　　从书写程式上看，清水江流域的山业买卖契约与田地买卖契约，在"对象地""立契手续""权利和义务"等三个方面的表述上，存在着很大差异。土地是否需要纳税，是导致这些差异产生的重要乃至决定性因素。杨国桢指出，明代中叶以后，土地买卖已经形成规范化的契约格式。依次按照立契人、土地所有权的说明、对象地、出卖原因、买主、立契手续、权利和义务、上手契的处理，书立契约。② 一般情况下，同一时期同一地区不同类型的土地买卖契约文书，书写程式上仍基本一致。如王毓铨指出，明代徽州的卖山契和卖田地契的书写程式完全一样。③ 而清水江流域同一时期不同类型的土地买卖契约文书，其书写程式则存在明显的不同。如以下这两份契约所展示的：

　　　　立卖田契人潘德成，今因家下帖小〔少〕财礼艮〔银〕，无从得处〔出〕。自己商议，将到□路冲田，四不等形，下田一丘，计禾贰拾三边，载粮一升三合七勺四抄〇七圭四立二粟八黍，欲行出卖。无人承讹，自己请中在内，问到房侄潘进林名下，一面承买为业，凭中议定卖价纹银贰拾柒两整。其田潘进林、进德兄弟子孙永远耕管为业。如有后来房族人等言论，在与卖主上前理落，不干买主之事。一

---

① 针对清水江流域山林契约文书多为白契这一现象，已有不少学者进行了讨论。如徐晓光指出，清政府于雍正十年（1732）曾有"将契纸契根之法永行禁止"的规定，但乾隆元年（1736）重新启用"官颁契纸"，在一定程度上刺激了白契的大量出现。因此，雍正以后才大量出现的清水江流域山林买卖契约文书，是国家"官颁契纸"这一契约制度变化所导致的；并且，国家制度的贯彻和文化水平的提高在这一原本最落后的地区需要时间，促成了该地林契"白契"大量存在并一直延续到清末。程泽时则认为，乾隆元年以后，清朝将契税限制在田和房屋的买卖上，朝廷本来就规定不允许对山契征收契税。因此，清水江流域出现的"断卖山场杉木约"盖有地方官府印戳的现象，说明了官府的违例征收。参见徐晓光《清水江流域林业经济法制的历史回溯》，贵州人民出版社，2006，第169～171页；程泽时《清水江文书之法意初探》，中国政法大学出版社，2011，第404页。清代以来的契税制度，顺治初年规定凡买田地房屋，必用契尾。乾隆元年契税调整，规定民间置买田地、房产投税，仍照旧例行使契尾，由布政使司编给各属，粘连民契之后，钤印给发，奏销时将用过契尾数目申报藩司考核。比对乾隆元年前后的契尾内容，实际上都包括对土地、房屋等项的买卖征税，并不存在所谓限制对山林买卖契约征收契税的规定。参见乾隆《大清会典则例》卷五〇《户部杂赋下》，《影印文渊阁四库全书》第621册，北京出版社，2012，第552～553页。
② 杨国桢：《明清土地契约文书研究》修订版，中国人民大学出版社，2009，第14～17页。
③ 王毓铨：《明朝田地赤契与赋役黄册》，《中国经济史研究》1991年第1期。

卖一了，父买〔卖〕子休。今幸有凭，立此卖契存照。

代笔 潘赞成

凭中 潘尔科

卖主 潘德成

乾隆二十年三月初三日   立契①

　　立卖竹山场人潘德成、潘尔和，今因家下要银使用，无从得处〔出〕。自己情愿将到寨边竹山一块，欲行出卖。无人承就，自己问到潘进林名下一面承买，凭中议定卖价纹银四钱整。其银德成、尔和父子亲领入手用度，□竹山付与进林□□永远耕管为业。以后不得言论，如有一人言论，在□卖主□□理落，一卖一了，二买二休。今幸有凭，立此卖契存照。

代笔 潘子玉

凭中人 潘赞成

卖主人 潘德成、尔和

乾隆二十五年正月初十日立卖契②

以上两份文书，分别是乾隆二十年（1755）天柱县循礼里高坡寨潘德成的卖田契和乾隆二十五年天柱县循礼里高坡寨潘德成、潘尔和的卖山契，均为白契。尽管两份契约涉及的土地买卖都只是在寨内房族中进行，但在关于"对象地"的说明上，两份契约的表述明显不同。在卖田契上，立契人详细地列明出卖田丘的形状、等则、收禾数量（面积）、田赋粮额；在卖山契上，则是简单地写明该山位于寨边，其他信息则全无。如前文所述，天柱县循礼里的田地在乾隆初年经历了均摊钱粮和清查、登记入册的过程。因此，在田地买卖契约文书订立过程中，田地及其相关赋税信息在文书中都详细写明了，并与卖山契中关于土地信息从略的写法形成了鲜明对比。

　　虽然上述两份契约都没有在"立契手续""权利和义务"中写明"推收过割"的内容，但对清水江流域土地交易文书进行梳理可以发现，

---

①　贵州大学等编《天柱文书》第一辑第 4 册，第 123 页。

②　贵州大学等编《天柱文书》第一辑第 4 册，第 127 页。

相关土地交易实际上仍是以官方的土地登记与赋役系统作为支持。这不单单在红契中得到体现，在白契中亦是如此。相关田地买卖白契中，同样写明了"粮跟田走""田不在粮册""其有随田粮，照册上纳"等内容，或者在契约中额外批注关于税粮交割的说明，如以下两份卖田契约：

> 立断卖田约人平鳌寨姜文照、文奇、绍尚。为因要银使用，自愿将到岩板坡田一丘，出卖与文斗寨姜映飞名下承买为业。凭中议定价拾肆贰钱，亲领入手应用。粮跟田走。其田自卖之后，恁〔任〕从买主子孙永远耕种管业，卖主房族弟兄不得异言。来路不明，俱在卖主理落，不与买主向〔相〕干。今恐无凭，立此断契存照。
>
> 凭中　姜甫周、启才
> 代笔　姜绍怀
> 乾隆五十九年十一月二十九日立①

> 立断卖田约人姜文甫。今因缺少用费，情愿将分内之田大小五丘，坐落地名冉翁出卖。请中问到邓大朝名下承买为业。当日凭中面议定断价银一十一两叁钱整，亲手领回应用。其田自断之后，凭〔任〕从买主下田耕种管业，而卖主兄弟族人不得异言。如有异言，在卖主向前理落，不干买主之事。恐人心不古，立此卖字世代子孙永远为照。
>
> 外批：其有天柱原粮，照册完纳。
>
> 凭中　姜岩生
> 代笔　姜廷望
> 嘉庆元年三月初三日立②

上述两份契约，乾隆五十九年的卖田契是钤盖有天柱县印的红契，嘉庆二

---

① 陈金全、杜万华主编《贵州文斗寨苗族契约法律文书汇编——姜元泽家藏契约文书》，第52页。此契盖有天柱县印，笔者根据书中所附契约原图，对整理者录文与契约原文不符之处进行了订正。

② 陈金全、杜万华主编《贵州文斗寨苗族契约法律文书汇编——姜元泽家藏契约文书》，第56页。

年的卖田契则是白契。但是，嘉庆元年姜文甫的卖田契约中，外批"其有天柱原粮，照册完纳"，则仍然是要求买主邓大朝自承买之后缴纳地名冉翁中五丘田的田赋粮额。因此，结合清代以来当地惯用并保存至今的归户粮册、实征册判断，乾隆初年以来，当地的土地交易是以前述均摊钱粮及由此形成的官方土地账籍鱼鳞册作为支撑的。与之形成鲜明对比的是，这一区域同时期的山业买卖契约中则没有存在涉及赋税推收过割的表述。这在某种程度上也预示着，当地的民众无法直接依靠官方的土地账籍，来构建山业的产权以及在山业产权争端中维护自身的利益。当然，当地民众对于山业的占有、转移和买卖，也并非过往研究者所强调的仅自发以契约为凭据形成山林的产权市场和经营秩序。①

实际上，在清王朝国家对于田、山等不同类型土地存在差异性管理的制度背景下，清水江流域乃至黔东南苗疆的民众，对于山业产权的维护，既通过民间社会既有的信用与契约系统，也努力地将山业登记在官方的土地账籍之上，进而通过向官府纳税来寻求对产权的保护。这是一个长期发展的过程。张应强揭示，在民间保留的记忆当中，过去清水江下游一带的挖山种杉，是"种"到哪里就"管"到哪里，似乎没有一个清楚的山场土地权属概念。此后，配合挖山种杉的生计活动，山场山林买卖租佃契约文书渐渐成为开辟苗疆以后规范不同利益主体行为的重要手段之一，这是外来的土地权属观念渐次被当地民众接受和采用的结果。② 在笔者看来，这一结果的形成实际上还包括了两个方面的原因。其一，山场山林的开发、种植带来的经济效益不断提高，客观上促使参与其中的不同利益主体维护自身的权属收益；其二，在此基础上，山免起科以及鱼鳞册没有登载"山"这一土地类型的制度前提，使当地的民众没有办法通过官方的土地账籍来构建及维护自身的产权，凭借当地独特的信用系统并通过订立契约文书来明确不同利益主体的权益归属，虽有其便利性，但某种程度上是退而求其次之举。正如我们在下文中将看到的，在乡村自有的信用系统无法

---

① 杜正贞在总结张应强、梁聪、罗洪洋等学者对于清水江流域林业开发、经营习惯和规则的研究的基础上，指出清水江流域的研究个案，一再证明和强调了明清时期民间山林开发过程中的林产占有、转移和买卖都仅依靠契约为凭据。参见杜正贞《晚清民国山林所有权的获得与证明——浙江龙泉县与建德县的比较研究》，《近代史研究》2017年第4期。

② 参见张应强《木材之流动：清代清水江下游地区的市场、权力与社会》，第204页。

解决山业产权的归属时，诉诸地方官府并谋求官方力量的审断来明晰山业产权的归属，同样是当地民众构建拥有山业产权的重要手段之一。

中国第一历史档案馆藏清代刑科题本档册中，记载了一桩乾隆十三年（1748）天柱县居仁里与循礼里之间由山土纠纷所引发的命案，可以代表性地说明当地民众通过官府的介入构建拥有山业产权的事实。从天柱县知县谢圣纶审问案犯得到的口供记录中可以看出，这起案件中相关争端的产生与前述天柱县居仁、由义、循礼三里均田摊粮的实施有直接关系。兹摘引口供记录如下：

> （谢圣纶）问：这梨木坡的地土，查卷，乾隆八年已经前县审明，断给他们张、马二姓的，为何今年六月又去争占、打架呢？
>
> （龙老添二弟龙老九）供：这麦地原是小的们种过的，至那日收割，小的并没有去，起衅打架根由要问龙坛乔们才知道……
>
> （张生乔）供：小的是本县循礼里高获寨民人，今年三十七岁。父母俱亡，止有一个哥子，一个老婆龙氏，二十多岁，还未生子。与龙老添平日并无仇隙。只因他住的居仁里与小的循礼里交界处，有梨木坡鬼闷冲山土一幅，原系荒地，后经垦熟，上纳鸡粮。乾隆八年，因奉文均摊粮亩，他说我们飞粮，告经前任罗县主，审断照田纳粮，并令各管各业。那麦地我们张、马二姓管业多了。今年小的们种了麦子，正当成熟。六月初一日龙老添、龙老三们许多人来强割……
>
> （谢圣纶）诘：现据龙坛乔供，那麦土自前县审断后，他于乾隆九年、十年，一连种了两年。因要歇一年不种，以待土性发旺，你们就乘机占种了几年，所以他家才来割收的。看来这麦土原是龙姓的了，你说管业多年，有什么凭据呢？
>
> （张生乔）供：这梨木坡鬼闷冲新开山土，在两里交界处，从前原是大家乱种。自乾隆八年审断后，这争的麦土，龙家果然种了两年。但小的听得老人们说，这山土小的们循礼里系一大股，他们是占我的。因此，小的们伙同去争种是实，并无别样凭据。如今求案下亲勘，分清界址，以后就不敢争占了。①

---

① 《题为会审黔省天柱县民张生乔等因占地割麦争闹伤毙龙老添案依律分别拟罪请旨事》（乾隆十四年十一月初七日），内阁刑科题本，档号：02－01－07－04965－004。

从谢圣纶审问张生乔等人得到的供述中可见，居仁里与循礼里相争地名为鬼闷冲的这块山土，按张生乔的说法，其原系荒地，经他们垦熟之后上纳鸡粮。在天柱县三里均田摊粮的背景下，乾隆八年（1743），居仁里龙老添们，以循礼里张、马二姓"飞粮"上告，指出张、马二姓人等是借纳税之名而行占有之实。因此，龙老添们请求县官审断，以明晰天柱县居仁里、循礼里二里交界处梨木坡鬼闷冲新开山土的产权归属。此外，张生乔招供时则强调，时任天柱县知县罗岳珪①将这块山土断给循礼里张、马二姓管业，并且要求张、马二姓将这块山土比照田丘缴纳税粮。不过，居仁里与循礼里之间，关于鬼闷冲山土的争端并没有因知县的审断而平息。居仁里龙姓，在知县将该山土断给循礼里张、马二姓后，仍连续耕种了两年，并自称要等"土性发旺"而歇种一年。于是，张生乔等又前去占种，最终引发了争端及命案。

这个案件的关键，某种程度上是争端双方对鬼闷冲山土均无管业"凭据"。谢圣纶在审问龙姓等人前，先查阅了乾隆八年罗县令审断的卷宗，知道鬼闷冲山土由前任县令审断，判给了张、马二姓纳税后进行管业，所以他疑惑为何龙姓仍去争种。龙姓则是以他们曾经种过作为理由回答，且未提及有管业凭据。此外，谢圣纶在后续的审问中即追问自称已经管业多年的张生乔是否有凭据。相信这个时候谢圣纶应该已经明了，尽管前任知县已对鬼闷冲山土的归属进行了审断，但应将该山土按照田地缴纳赋税后进行管业的张、马二姓，实际上并没有得到任何来自官府的缴税证明。当然，这某种程度上也反映了张、马二姓实际上也没有按照官府的要求，将该山土进行纳税升科。这一判断在随后张生乔的供答中得到了证实，张生乔并没有能够提供管业的凭据。最终，面对这一"凭据全无"的局面，犯了命案的张生乔服软，请求天柱县令亲自前往鬼闷冲踏勘，分清界址，由此来确认张、马、龙等姓人对于争议山土的各自管业范围。

由此可见，明清时期清水江流域的山林开发与经营秩序的构建，并不仅仅依靠契约凭据来维系。不单如此，学界既往研究实际上已经揭示，明清时期民间土地开发与交易，仅靠契约信用体系来维护并不牢靠。当土地争端出现时，结合官方的土地账籍、文书（如鱼鳞图册、执照、税契与契尾等）和民间的凭据（如买卖契约、合同、阄书等），并进行诉讼，不仅

① 罗岳珪，字元锡，福建晋江县人，乾隆六年起任天柱县知县。

是当时民众维护自身土地管业权利的主要途径，也是地方官员在处理这类案件时的审理逻辑。①

此外，不可忽视的一个事实是，基于上述的制度差异与社会历史背景，清初以来清水江流域山业的登记与产权的明晰，与同时期内地的土地登记与确权一样，往往需要借助地方官府在乡村社会的代理人，如乡约、保甲，以及地方官府在基层社会进行赋税登记、征收的册书、里书等群体的协商来维护并确立。并且，地方社会的力量在清水江流域山业开发与经营中发挥的作用更为突出。如以下清代天柱县居仁里甘洞、攸洞、地良等村寨的杨、伍、刘、龙等姓关于山业产权纠纷的记录显示，地方官府的审断，借助了地方保甲和各姓亲友的共同协商，才确定了各姓管业的界址，平息了争端。乾隆三十四年（1769）伍、杨、刘三姓人等订立的共业合同显示，先是乾隆十一年攸洞寨的龙姓人等越界争占杨、伍、刘等三姓的山业，经杨姓人等向天柱县知县谢圣纶控告，并经谢圣纶亲自踏勘，分清了界址，被争占的山业归杨姓人等管业。此后，龙姓人等抗横不遵官府审断，至乾隆二十五年经天柱县知县马士升重新踏勘，仍然遵从了谢圣纶的审断，并将该处争占的山土查勘定界，登记造册后归天柱县衙门存档，平息了这场争端。② 此后，由于杨姓后人起意独吞四姓共管的山业，伍、龙、刘三姓人等遂发起了针对杨姓后人的诉讼。民间抄存的诉讼文书内容同样显示了乾隆二十五年时，由天柱县衙门主导，地方保甲、各姓人等亲友共同参与协商、拟定界址的事实。

> 告状人伍子魁，四十岁；龙昌怀，二十八岁；刘上田，四十二岁。棍飞占串谋公业事。姓祖居攸洞，毗连黎属有土（归）求、归横、鬼累等处，墦土③屡被越占。三司府县案据，乾隆二十五年，蚁祖伍贵伯、贵卿，在归求小地名冲浮团山栽有杉木，与龙姓祖互争控。谢主依团书画断结，伍、杨等管东，龙姓管西，东南中之团山以为四姓共公之

---

① 参见林文凯《"业凭契管"？：清代台湾土地业主权与诉讼文化的分析》，《台湾史研究》第 18 卷第 2 期，2011 年。

② 贵州大学等编《天柱文书》第一辑第 12 册，第 258 页。

③ 墦土，此处指可耕种的土地，而非习惯意义上的"坟地"。当地习惯和文书书写中称坟地为"阴地"。参见栾成显《清水江土地文书考述——与徽州文书之比较》，《中国史研究》2015 年第 3 期。

地。龙姓复控，马主批示甘洞保甲、亲友、查勘定界，造册三本，立清白明了，各执一张存案，清白复株，各在团山栽杉种土无异。①

这一案例，某种程度上可视为清初以来清水江流域土地开发过程中出现产权争端的一般化处理模式。因此，窃以为，尽管此前学界对于清水江流域土地开发、交易的研究，主要强调了契约、当地民族习惯法在纠纷解决中发挥了重要作用，② 但我们仍然不可忽视当地民众在特定时空背景下，借助地方官府在乡村社会中的代理人力量来维护自身利益的事实。

更进一步地说，随着清廷对广袤苗疆的开辟，以及大量外来人口的迁入，这一地区的发展同样进入清水江流域乃至贵州东部地区以木材种植和贸易为主线的区域社会发展脉络之中。因此，当地的土地分配、开发与占有也随之进入新的阶段。正如前文所述，清江厅属雅慕土千总杨政衍滥差一案，实际上是区域社会经济发展过程中，不同人群有关土地资源争夺的一个缩影。其中，彼时在苗疆基层社会权力格局中占据核心主导地位的通事、土弁人群，则显然是各方人群维护自身利益的重要倚借力量之一。

二　苗疆多元人群的迁入、定居和互动

以往针对黔东南地区，尤其是清水江流域的研究揭示，当王朝国家的土地制度进入地方社会生活之后，地方社会以地权关系为核心的新型社会关系开始形成和发展。这也是清水江流域以木材种植、采运为主体的丰富的区域社会经济生活得以发展的重要基础。尤其是开辟新疆后，通过佃租山场栽杉种粟的外来人群，在沿江而上的过程中先后在不同地方慢慢定居下来，成为区域社会生活的一部分。

自雍正年间开辟以来，清廷对包括古州厅在内的广袤的黔东南苗疆腹地的管理，在土地制度与田赋征收的内容上，与黔省内地州县相比，最大的差异体现在永免新辟苗疆钱粮正赋。这也就意味着，此后这一地区的土地开发进程中将主要面临两个方面的问题。其一，从清代土地管理与赋

---

① 贵州大学等编《天柱文书》第一辑第 12 册，第 275 ~ 276 页。
② 参见罗洪洋《清代黔东南锦屏苗族林业契约的纠纷解决机制》，《民族研究》2005 年第 1 期；徐晓光《锦屏林业契约、文书研究中的几个问题》，《民族研究》2007 年第 6 期；《清水江流域传统林业规则的生态人类学解读》，知识产权出版社，2014；等等。

税征收的逻辑而言，永免钱粮正赋的制度设计，客观上决定了理苗厅地方官府并不需要对管辖范围内的田地进行清丈与登记，并编制官方的土地账籍——鱼鳞册，苗民显然也无法借由向官府缴纳赋税，获得官方给予的相关土地产权凭证。其二，从土地的类别而言，新辟苗疆与前述清水江流域以及黔省的内地州县出现的情形相类似，伴随着这一地区木材种植、贸易的日渐繁盛，不同人群对于山土开发的产权诉求与争端也逐渐爆发。

由此可见，清政府针对新辟苗疆的制度设计，尤其是永免当地钱粮正赋的决定，客观上影响了这一地区的土地开发秩序以及社会经济生活的发展、变化。道光《黔南职方纪略》便以清江、台拱两厅为例，提到苗疆土地免纳田赋吸引了各省客民前来开发，其称："清江、台拱苗地初平，非若各属苗田照内地则例起征，有秋折粮银，有改征米石；每年仅领采买，向有成数，照数完纳，故来者特多也……清江之地接黎平，清水江界乎其中，更有柳霁县丞借地设官之处为下河要区，天柱、邛水之客民易于蚕食而入，故清江客民又多于台拱。"[1]

从官方档案的记载看，前述乾隆十四年（1749）至乾隆十六年清江厅属土千总杨政衍辖下因土地争端而引发命案，实际上便是新辟苗疆境内关于山土争端的案例。在该案中，怂恿郜良求争夺土地、强砍树木、借命图产的郜进发，系岑等寨的苗人。岑等寨位于今贵州省三穗县台烈镇，在地理空间上位于该案中涉及的清江厅属龙卑、鬼怀两寨以北，属镇远县管辖。[2] 某种

---

① 罗绕典纂修《黔南职方纪略》，第 327 页。

② 近年来，该地亦有发现清代苗寨之间关于山土地界争端的民间文献。据报道，2010 年，贵州省三穗县档案局工作人员在该县台烈镇魁计村搜集"锦屏文书"资料时，发现清朝光绪年间的一份完整的《和息讼端清白合约章程》，并将其征集进局。该"和息章程"，幅长 86 厘米，宽 64 厘米，共有 27 列 460 余字，字迹清楚，有凭中人、代笔人，落款时间为光绪二十七年（1901）五月十六日，合约上签字人数达 24 人，既有县里的绅首，也有双方的寨老代表。它是一份式样齐全、内容完整的难得的民间土法律章程。在清代中期，苗族聚居的魁计大寨有 330 余户，岑等寨有 270 余户，双方为了争夺龙碑溪口河道至鸡关岩地界（3000 余亩），争执械斗不休 50 多年，伤亡 20 多人。为了争抢地盘，双方寨老曾召集全寨民众到寺庙菩萨面前杀鸡剁狗赌咒立誓言，但每年均有械斗发生，两寨矛盾激化，互不往来，弄得魁计、果介、岑等一带社会秩序混乱，民众不能安居乐业。为了结束事端，光绪二十七年五月十五日，双方互派寨老代表，在邛水县团防局和上里下里绅首的共同调解下，达成和解协议，五月十六日签订了"和息清白章程"，其主要内容为龙碑溪口至贵泥溪口河道及两边的山土归岑等管理，鸡关岩至干溪沟以下大贵泥棉香岭仍由魁计众姓管理，双方不得再发生械斗，各管各业，并在寺庙中凭神立据。以上信息出自黔东南信息港网站，http://www.qdn.cn/news/ss/201004/31028.shtml。

程度上，郐进发借端图谋清江厅属龙卑寨山场，是开辟苗疆后该区域木材贸易兴盛的背景下，黔省内地州县民人与新辟苗疆境内苗民关于土地产权诉求、争端的缩影。从中我们可以窥见不同人群的应对策略。例如，苗人龙金保首先想到的是寻求土弁杨政衍的帮助，以获得对该争端田土的确认；而郐进发则并不理会土弁授意下的讲和，继续强砍、抢割，意图强占，并借命案试图占据该争端的山土。虽然没有直接的证据说明郐进发一定深谙地方官府对土地归属的确认比土弁的讲和更具规范性、合法性的意义，但从档案记载的事态发展来看，其行为逻辑显然具备了这样的认识。

此外，结合田野调查搜集到的材料发现，有大量外来人群在开辟苗疆及雍乾"苗乱"后从黔省内地州县迁入新辟苗疆，并在土地开发的过程中与本地居民有了生动的互动故事。

外来人群移居苗疆的原因、途径是复杂、多元的。乾隆初年安设屯堡时招募人员到苗疆开垦，可能是这些外来人群移居苗疆的重要途径之一。这些外来人群进入苗疆充当屯军后，其生计则不单单只是从事军屯，当还包括其他的经贸活动。从相关档案史料的记载中可以看到，苗疆屯军在本职工作之外，非常活跃地参与到苗疆土地开发与商贸活动中。例如，通过谷会这一类互助性的民间经济组织来经营生理。乾隆十四年（1749），清江厅属台列堡胡兴德与乐安适等成立了一个谷会，共有十一人参股，议定轮年清还。乾隆二十一年，应轮胡兴德收谷。胡兴德向乐安适收谷，发生口角，争执中胡氏被乐安适的妻舅潘世道拾石打伤致死。该案中，潘世道的父亲潘秀系清江厅右卫屯户，胡兴德系潘世道堂姐夫。[①] 相似的案件也发生在清江厅左卫的章汉堡。乾隆二十七年，该堡屯军李彬、吴子臣等合股成立谷会。乾隆三十一年轮到李彬接收，因吴子臣欠会谷二石七斗，李彬向其屡讨不还。当年十月，李彬前往吴子臣家中再次催索时，双方发生口角，打斗中李彬用刀将吴子臣戳伤，致其流血不止殒命。[②]

---

① 《题为会审贵州清江厅屯民潘世道因妹夫被索还会谷社谷纠纷伤毙胡兴德案依律拟绞监候请旨事》（乾隆二十三年五月二十九日），内阁刑科题本，档号：02 - 01 - 07 - 05608 - 010。

② 《题为审理清江厅客民李彬因催索欠谷未得伤毙吴子臣一案依律拟绞监候请旨事》（乾隆三十二年七月十五日），内阁刑科题本，档号：02 - 01 - 07 - 06300 - 008。

　　上述命案某种程度上也反映了自乾隆初年以来，随着屯军等外来人口迁入苗疆，当地本已紧张的土地资源分配、开发显得更加蹙迫。乾隆十七年，云贵总督硕色上疏朝廷，建议督促开垦古州一带山头地角的空隙地，理由是从前将"叛苗"绝产作为屯田的土地已不敷屯军及其家属日用。乾隆皇帝出于维持苗疆稳定相安的考虑认为必不可行，驳回了硕色的建议。①此后，受乾隆三十五年下江党堆苗乱带来的冲击，清政府也在后续的治理过程中谋求在苗疆中继续扩大屯田的范围，来加强对生苗的防御。其中，较为值得关注的是乾隆四十二年拟在牛皮大箐试垦屯田的讨论。

　　当时，贵州地方当局基于寓防于屯的考虑，更因原先在苗疆设立的各卫屯军生齿日繁、额田不敷，议令丹江厅属威震等堡屯军派拨人员赴牛皮大箐认段试垦。②随后，根据贵东道等官员的勘查，探明牛皮大箐山腰之间有土名雷公地一处，以及雷公地以下欧收勇、荒蒿箐二处地势稍平，并有泉水流注可资灌溉，共可开垦田八百余亩。③最终，清廷议准，由丹江厅通判管理牛皮大箐的屯田开垦事宜，并督同丹江卫千总派近箐屯军子弟领取垦照，认段开垦，俟三四年后成熟，按则升科。④

　　上述相关史实都在一定程度上反映了屯军在苗疆的土地开发与社会活动，也说明了苗疆屯堡的设计与实践之间存在一定的差距。其中，最为显著的一点是，在地方商贸发展与土地开发的实际过程中，制度上明确限制、禁止屯军、客民典买苗民田产的规定成为一纸具文。以下古州右卫平定堡屯军龙起河在苗疆从乾隆朝至嘉庆朝逾一甲子的人生经历，便是一个生动、显著的例子。

　　平定堡是古州右卫统辖下十八堡之一，其位置距离寨蒿城约二十里，与古州厅八卫土千总的驻地八妹寨相邻。寨蒿城，位于古州厅境东北部。寨蒿不仅是绿营古州镇辖下寨蒿汛城的所在地，更是苗疆屯堡古州右卫千总的驻地。此外，距离寨蒿不远的八妹、高表等寨，更是雍乾包利、红银"苗乱"的爆发地。自乾隆初年"苗乱"平定后，寨蒿作为军事据点以加

---

① 参见陆韧、凌永忠《元明清西南边疆特殊政区研究》，第360~361页。
② 《清高宗实录》卷一〇二九，乾隆四十二年三月乙未。
③ 《奏为查明台拱八寨等处间箐地实在情形试垦屯田以资防御事》（乾隆四十二年六月十三日），台北"故宫博物院"藏朱批奏折，文献编号：403031763。
④ 《清高宗实录》卷一〇三七，乾隆四十二年七月丁亥。

强对周边苗寨管控的作用便越发凸显。乾隆八年（1743），清廷为解决寨蒿汛和朗洞营的绿营兵米供应问题，还曾疏浚古州至寨蒿以及寨蒿至高表的河道，以通舟运，减少兵米供应的运价支出。① 因此，某种程度上，寨蒿无疑是古州厅境东北部的中心。黎平境内的育洞河，与古州的八卫河汇合于此，至民国，其商贸之繁盛在当时的榕江县境内仅次于县城附近的古州镇。②

以下这通名为《万古流芳》的石碑，其内容是龙起河借叙述捐建石桥的过程，勾勒出其应募到平定堡充当屯军后逐步发家并投身公益（即修缮威远祠、捐建石桥）的来龙去脉。兹引述碑文如下。

万古流芳

雍正七年庚戌方辟新疆，至乾隆二年丁巳始设屯堡。时余方弱冠，遂应募，居平定，距蒿邑二十里。沿溪曲折，两岸皆石壁千百仞，行者□□，心窃念之，谓安得平此险巇，以慰行旅。偶于乾隆十六年辛未，同表兄石辉泉试放蜡林，得微息。堡固有威远祠，以二星存之。又乾隆十九年甲戌，因水青亦以二星存之。为年既久，生息遂多，逐年置贾田产，计租七十余石。岁至己亥，又积息二百余金。窃念庙貌倾圮，鸠工修葺。内而黝垩，外而甃砌，计费金一百余两。即今之巍然者是也！除用外，尚存九十二两，亦照旧生息。奈人心不古，生息无多。忽念吾生八十余岁老矣，少年情事，如在目前。曾几何时，视茫茫而发苍苍，遂已如此。唯此项□假手于人，以公资公用。因念诸同人，计从堡到蒿，将五次徒涉，夏涨冬冰，木罂难恃。以所余甃石而拱之，不亦荡平久远之乐耶？众曰唯唯。因刻日鸠工，阅五月而告成。夫以众人之所有，而为众人之所乐，此不独少年区区之念，借以自慰而已也！□□桥共费金三百余两。上二步乃神资所出，计费金一百一十三两，下三步悉为新募者。更以见好善为人之所同然。始终丁巳，如有数存。故叙其原始如此，以俾继起者有所考焉。

---

① 《清高宗实录》卷一八六，乾隆八年三月己巳。
② 詹承典：《寨蒿，榕江第二商场》，贵州省榕江县商业局等编《榕江县文史资料》第六辑（商业专辑），1993，第48~53页。

（捐款人姓名及银数略）

　　　　嘉庆二年丁巳闰六月龙起河敬撰　　时年八十有一①

按上述碑文中龙起河的自述，其于乾隆二年（1737）应募到平定堡充当屯军。显然，龙起河到平定堡后并没有安于屯田耕种，实际上在进行营育白蜡林的工作。② 十四年后，龙起河与其表兄开始对蜡林进行放蜡，获得第一桶金。龙起河并将出售白蜡所获之利，存放于平定堡的威远祠放贷生息。此后，龙起河的家产渐厚，至乾隆二十年其置买的田产每年可得租谷七十余石。该年，龙起河将存放威远祠出贷所得之利息二百余两捐修威远祠，只用去一百余两，余金照旧生息。此后，据龙起河自述，因人心不古而生息无多。在龙起河人生步入老年之际，其以威远祠的神资倡修从平定堡至寨蒿城的石拱桥，遂使行人免于涉水，成就了一桩善举。

　　上述碑文中提及的威远祠，即飞山庙，为湘黔界邻地区民间信奉及祭祀地方神明飞山公杨再思的庙宇。③ 现今榕江县平定堡仍存有飞山庙的建筑，该飞山庙始建于乾隆十一年（1746），于乾隆十五年建成。另据现今仍在该庙中保存完好的乾隆四十四年重修飞山庙碑记《千古流芳》记载，龙起河与石辉琼于乾隆十七年各自捐金以助祭祀。此后龙起河等与平定堡吴大展、李士珍、吴宏学、吴永吉等合作，并经由上述诸人委托龙起河将合作公费银出贷生息，获利颇丰，于乾隆四十三年冬月鸠工延匠，对飞山庙进行重修。④ 这部分内容与前述修建石拱桥的碑刻记载一定程度上形成

---

① 该碑位于今榕江县寨蒿镇寨蒿大桥西行，沿八卫河溯江而上约二公里处的山脚。笔者最初由油印本《榕江县文物名胜志》（榕江县文物管理所编，1988）的记载获得该碑文的信息，后于田野调查中得见该碑实物，并对碑文进行校对。惟石碑经风化，现录碑文中有几处已被磨平，无法辨识，兹以□替代。

② 明代包汝楫《南中纪闻》中有专门的白蜡生产过程记载："楚地产白蜡，而湖北尤多。取蜡之法，于四月内，将蜡虫置女贞树上，虫吸树脂，两三月后渐长，如蚕，遂吐蜡，卷抱树枝，莹白成片。九月间采取，煎熬作饼。各夷洞惯蓄蜡虫，县民但取蜡，不解蓄虫，每二、三月，进洞收买虫。凡一斗，常用价银一两四五钱，贵至二两外，贱极亦一两。蓄虫亦在四月中，布种女贞树，但虫必俟一年方收，蜡则半岁可得，故汉民多不蓄虫。虫与蜡，俱蜡虫所生，共在一壳内，大如豆，上面赤色者为虫，其下稍白者为蜡。虫一树止可放三四颗，蜡一树可放二十余颗。树放蜡者，虽有中辄死，不得生子。"参见包汝楫《南中纪闻》，中华书局，第8页。

③ 参见张应强《湘黔界邻地区飞山公信仰的形成与流播》，《思想战线》2010年第6期。

④ 现存平定堡飞山庙的清代碑刻有两通。除这通《千古流芳》碑外，还有一通刊刻于乾隆十五年，题为《名垂不朽》，记载了飞山庙初建时的捐款人名单及银数。

了互证，呈现出龙起河在平定堡的经营生活与人生经历。

此外，在上述《万古流芳》石碑外数米处，还保留有时任古州右卫千总陈士玉为修建石拱桥所作的序文，在进一步呈现出石拱桥修建相关史实的同时，某种程度上也反映了当时苗疆地方社会权力格局中屯堡与土弁的共生及其社会治理的实态。兹引述如下。

万古不朽

　　余于壬子春，承之蒿邑。此水以上所属之屯，均与八卫司绣壤相错。惟两岸壁立，一蚌中闻，郁雨蒸云，转瞬遽成澎湃，木罂之巧，岂能如古人之竟渡耶？时晤吴司，谓王制杠梁之成，且不需乘舆之济。此间溱洧，责有攸司，况不能如公孙者，其贻笑于此水不少也！吾侪其请试之，吴司唯唯，而愿卒未遂。丁巳春，起河龙公倡建二桥，而众擎共建三桥，兼修两岸道路，从此荡平正直，反侧潜消。吾两人之志可借此而慰，不亦快哉！夫事为二人所营心者，而庶人肩之；业为二人所倡首者，而众人成之，真足幸也！始知堂堂七尺躯老，以帅气推之，天下事何事不可为？亦在乎立志而已。古人炼石，断□有年，他道所谓体天地之馈者此也！造物岂足尸其功乎！吾愿彼□人士一切均可作此义。观斯其致力于三不朽者，尤不可限，讵此盈盈一水已耶！计三桥共费金三百余两，未可以镏铢而略之，兹皆□诸石而并数言以志于首。

嘉庆戊午年季春月知右卫事贵阳陈士玉拜撰

上述碑文中的壬子春，当指乾隆五十七年（1792）。该年，陈士玉任古州右卫千总。嘉庆三年（1798），其在五座石桥修好之后写下了这篇序文。文中讲到陈士玉初到寨蒿时，见交通不便，曾与古州厅八卫土千总吴氏会商，希望能共同出力解决渡河的难题。而土千总吴氏虽"唯唯"表示赞成，但修桥一事终未能成功。直至此后龙起河倡建而众人共擎，才使寨蒿至平定堡、八卫司的道路成为坦途。

事实上，如果将上述碑刻史料加以整理分析即会发现这样一个事实，古州右卫对屯军龙起河置买田产（不知是苗民还是屯军）一事，视若无睹。乾隆初年，清廷在设计苗疆屯堡章程时便已规定"嗣后如有屯军人等将屯田私自典卖与人，应照盗卖他人田，一亩以下笞五十，每五亩加一等，罪止杖八十，徒二年，系官田加二等律分别定拟，仍革退屯军，另行招募，其出银私行当买者与同罪，追价入官。百户、总旗、小旗失于觉察，应比照守把仓库以致盗物出仓库而不觉者，减本犯罪二等律治罪，或互相徇隐者，与犯人同罪。若通同作弊分赃者，计赃照枉法律从重论，仍革去百户、总旗、小旗。如该卫弁不行清查，应比照此县之引卖与别县者，未经查报之府厅官例，罚俸一年"。① 因此，无论是屯军购买苗民田产，还是屯军内部土地的私相典卖，均违反上述章程的规定。然而，上述个案中，龙起河因白蜡贸易而积聚了大量财富后，显然并未遵守相关的制度规定，而是在当地典买了大量的田产。这一现象，在苗疆开辟之后的社会发展中极为普遍。《黔南职方纪略》便曾记载、叙述屯户典买苗产、盘剥苗民的种种不端，并一针见血地指出清廷并未禁止外来移民住居屯堡的制度漏洞，使屯军、客民依傍屯堡而侵蚀苗产的不法行为得以实施。以古州厅为例，其言称：

> 通计厅属三百五十一寨，共设古州左、右二卫，屯军二千六百余名，领之以千总二员，分屯各堡，星罗棋布，与各苗寨牙交绣错。原其设屯之始，所以讦奸禁暴，稽察汉奸播煽愚苗，及熟苗潜入，私相勾引。迄今日久，其流弊几与前明之五开、铜鼓二卫相等。现在外来客民未易窥测，而两卫屯军实逼处此，侵削、刻剥，其病既深，况住居苗寨有干例禁，而住居屯堡则未有明文。迩年以来，客民之依傍屯军，潜身汛堡而眈眈苗寨者，亦复不少矣。②

这再次说明，开辟苗疆与平定雍乾"苗乱"以后，清廷构建的民苗隔离政策，并没有能够真正保护苗民财产免受侵夺。屯军及大量外来移民典买苗产已是不争的事实，并且，苗疆地方官府对于民苗政策的执行也并不存在初期得力、此后逐渐懈怠的过程，而是自始至终都可能没有严格落实、执行。《黔南职方纪略》中记载了住居典买苗产的客民数量等，如古州厅的情况，据记载称："今统计土弁、土舍所管并归厅管辖各苗寨，住居典买

---

① 《鄂尔泰等奏革除苗疆派累并厘定屯堡章程折》（乾隆三年十月初五日），《清代前期苗民起义档案史料汇编》上册，第264页。
② 罗绕典纂修《黔南职方纪略》，第324页。

苗产客民共一千二百六十七户，贸易、手艺未典买苗产客民共一千零八十户，蓬户共一千一百八十户，两卫典买苗产屯军及住居屯堡客民典买苗产未填丁口者二百二十一户。"这一定程度上只是反映了当时的结果，并没有呈现出上述的过程。①

开辟苗疆之后逐步进入苗疆的人群，除了各省外来人群之外，当还包括黔省内地州县的非汉人群。历史上，水族村落故衣寨从迁徙地来到新辟苗疆定居的故事，便是这类故事中的一例。故衣寨，位于今黔东南苗族侗族自治州榕江县三江水族乡东北部约 15 公里的半山腰上，海拔 630 米，主居水族，是榕江县第二大的水族聚居村落。故衣名源于苗族，称水族为"故"，山寨为"衣"，意即水家寨。②《榕江县三江水族乡故衣村水族乡土知识调查》报告称：

> "故衣"，是当地苗族对水族称谓的苗语音译。"故"是"水族"，"衣"则是"地方"的意思。关于"故衣"这一地名，当地有两种说法：一说是"水族前来投靠或依靠苗族的地方"，另一说是"水族居住的地方"。但无论哪种说法，均表明同一个道理，那就是苗族同胞作为此地的最早开发者，他们对后来才迁入此地与之杂居的水族的一种认同，而"故衣"一词，显然是水族定居该地之后才产生的苗族专指水族"居住地方"的专用名词。③

上述调查报告显示出故衣寨水族人群的祖先从外地迁入，并在苗族居住过的地方住居、繁衍生息的事实。相比较这一事实本身，故衣水族人群接受"故衣"这一苗族对水族称谓的寨名，还有另外一个流传至今、故衣寨水族人群认为值得夸耀的故事。该故事值得引起我们的注意。

> 传说，水族初到故衣时，当地已有苗族和汉族居住，以苗族为多。当时，苗族的农业生产主要是种植禾糯，但耕种极为粗放，他们既不施肥或很少施肥，也不除草，每年栽秧下去之后，就只等收获，

---

① 罗绕典纂修《黔南职方纪略》，第 324 页。
② 榕江县地方志编纂委员会编《榕江风物》，中国文化出版社，2013，第 6 页。
③ 贵州省民族事务委员会、贵州省民族研究所编《贵州"六山六水"民族调查资料选编·水族卷》，贵州民族出版社，2008，第 305 页。

缺乏田间管理，而且稻田中禾糯的行距足有"一排长"（一个人平举双臂时，左右手中指两端以内的直线距离）。于是水族祖先就向苗族同胞讨要田中禾糯行距间的空地来种植籼稻，并许诺给稻田施肥和除草，而且说明每年的农业生产均由苗族先栽种，水族后栽种，到收获季节时则是水族先收割，苗族后收割。其目的在于说明，水族借用苗族禾糯行距间空地来栽种籼稻，不会影响苗族的栽种与收获，但水族有责任给整块稻田施肥和管理。由于当时苗族同胞只知道栽种禾糯，他们不了解籼稻生长期较禾糯生长期短得多的生物习性，出于好奇和看水族的笑话，他们便答应了故衣水族祖先的要求。几年下来，年年都是苗族先种后收，而水族后种先收，由于水族对稻田的不断施肥、除草，加强田间管理的原因，也使苗族的禾糯长势和产量都比以前有了较高的提高，但禾糯的收成总是比不上水族的籼稻收成。于是苗族同胞便认为水族"太厉害"、"搞不过他们"，就举族迁往他处，将故衣地方完全让给了水族。①

2015 年 1 月，笔者前往故衣寨做田野调查时亦访得类似的口承故事。②这个口承故事的内容，一方面反映了历史上不同族群之间饮食习惯和生计方式的差异，另一方面则透露出历史上不同族群在故衣这个地方居住顺序的先后，以及苗族人群将故衣让给水族人群住居、定居的结果。

结合田野调查资料可见，故衣水族的祖先从原住居地迁徙至故衣寨的时间，当大致在清乾隆年间。故衣村，分上寨与下寨。上寨人员以潘姓为主，下寨则以石姓为主。据计算，潘家在故衣居住已有近 300 年历史。下寨石姓也由今三都水族自治县的三洞乡一带迁入，但他们迁入的时间要比潘姓晚三代人左右。潘姓允许石姓人住故衣，据说当时是为了通婚的需要。由于水族奉行"同宗不婚，异姓开亲"的原则，而初到故衣的潘氏水族又不能像现在这样，可以较顺畅地与周围其他民族通婚，因此选择同一民族的不同姓氏毗邻而居以利于人口繁衍，曾是许多由居住中心外迁的水

---

① 《贵州"六山六水"民族调查资料选编·水族卷》，第 305 页。
② 2015 年 1 月 21～23 日，笔者同贵州民族大学叶成勇教授及研究生石本钰、赵兴鹏、袁金凤等在故衣村调查。此为 1 月 21 日下午，在故衣上寨的访谈所得。

族姓氏家族解决婚姻问题的主要办法。① 从田野访谈中得知，下寨石姓祭拜的祖先，其实并非姓石而是姓潘，并有石碑为证：

> 阳命生于乾隆癸巳年十一月辛巳日寅时
>
> 孝男潘老更、吕、奢、引　孝孙仕明、某、贵、报、娘
>
> 清故恩考潘公讳故洪之墓
>
> 孝孙仕刚、挺、类　孝重孙文才
>
> 道光二十八年二月初七日　立②

据故衣下寨村民介绍，其祖先曾改姓为潘的缘由，系清代地方官府拉夫修城墙，规定一姓修一段，石姓人少，遂改为潘姓，合上寨潘姓共修一段，以此减轻负担。③ 虽然这一口承故事并没有其他相关史实可以佐证，但某种程度上反映了在当地人的历史记忆中，如何巧妙地应付地方官府的夫役征派。

上述史实无形中也透露出以下一系列值得思考的问题。如苗疆地方官府如何对这些数量庞大的外来移民进行管理、苗疆基层社会的秩序以及权力格局将发生怎样的变化，等等。概言之，大量客民的流入和耕种土地活动，使清前期苗疆地区原以军屯为主的土地利用方式转向了流民等开垦居多。④ 随着这些人群的迁徙与社会变化，苗疆旧有的基层社会秩序与权力格局必然发生变化，而首当其冲的就是土弁在苗疆基层社会权力格局中的核心地位开始受到冲击，其相关的权责也逐渐为地方官府构建的保甲体系所取代。这正是以下我们将集中展开讨论的内容。

---

① 据韩荣培等人的调查，故衣潘家在此地定居已经有近 300 年的历史，而石家的迁入则稍晚。据说潘家的祖先原居住在现今三都水族自治县三洞乡的板南村，大约清代中期开始东迁，先到现今三都水族自治县的坝街地区居住了一段时间，然后才迁到榕江县的平永，再到乐里的党扣，又到现今三江水族乡的冷衣村。冷衣村是故衣村的近邻，随河而上时，先到冷衣，再到故衣，现今冷衣村仍有一个水族寨子。参见《贵州"六山六水"民族调查资料选编·水族卷》，第 304 页。

② 该碑位于故衣下寨北面山坡。2015 年 1 月 21 日，在故衣下寨村民石本铚的引领下，笔者前往现场查看并抄录碑文。

③ 2015 年 1 月 21 日晚，笔者在与故衣下寨村民石开荣先生访谈时得知。

④ 杨伟兵：《云贵高原的土地利用与生态变迁（1659～1912）》，上海人民出版社，2008，第 195～211 页。

第二节 理苗厅基层社会权力格局的嬗变

客观而言，尽管土弁自其出现便成为苗疆地方官府实施基层社会治理以及夫役编派、兵米采买等诸多事务的主要依靠力量，但其在基层社会权力格局中的地位并没有想象中稳固，尤其是在土弁的身份、权力合法性受到质疑以及土弁自身的婪贪令苗民无法忍受的情形下，土弁的地位与权威不断受到挑战。

例如，光绪《黎平府志》在叙述古州厅辖下各苗寨的地理情况时，便提到苗寨经历近百年的漫长斗争后才摆脱土弁管束的史实。据称："洛乡三爪各寨，向系卫土司管束。土司与寨民生隙，迭控雍正、乾隆，迄无定局。嘉庆十三年，近城三瓜〔爪〕复控，断令该寨等归厅管束。如案勒石，俾遵恪守。今将归府管束各寨，照碑列之：九歪、观音山、俾奶、怎九、岭贾、岭国、盘牙、定弄、乌路孖。"① 洛乡，又称乐乡，卫土司即古州厅属乐乡世袭土千总卫氏。② 这说明，上述苗寨村落的民众可能自苗疆开辟设立土弁始，即不服膺土弁的管理，并且，苗民为脱离土弁的管束而进行的反抗斗争时间历经雍正、乾隆、嘉庆三朝，极为漫长。当然，苗民脱离土弁管理后的结果，是归厅（同知习惯上又称分府）管理。这也意味着，苗疆地方社会的人群与村落联盟在跳脱土弁的管理后，与地方官府之间可能达成新的利益联盟。此外，结合田野调查搜集到的更多信息综合来看，在嘉庆十三年（1808）这个相近的时间内，苗疆社会中确实有越来越多的基层村寨脱离土弁而归厅直接管理，地方官府也在这些村寨中委派新的头人，并逐步建立保甲体系加以管理。

一 土弁以治苗为己任的愿景与现实

上述洛乡三爪各寨脱离土弁而径归古州厅管理的史实，揭示了"流土并治"格局下苗疆普通民众对土弁治苗的应对策略。虽然地方志的记

---

① 光绪《黎平府志》卷二《地理志》，《中国地方志集成·贵州府县志辑》第17册，第108页。
② 光绪《古州厅志》卷八《秩官志》，《中国地方志集成·贵州府县志辑》第19册，第433页。

载中并未直接说明土弁与寨民生隙的原因，但结合前文相关史实以及田野调查材料大致可以推断，极有可能是苗疆土弁对寨民需索、派累无端而引发了双方的矛盾。对于苗疆的普通民众而言，通过"赎买"方式自行向苗疆地方官府纳赋应役，成为摆脱土弁强加赋役派累的主要方式。

嘉庆十八年（1813）古州厅通倒等寨以刻立石碑的形式，记录了寨民脱离土弁管理并与古州厅达成纳粮应役合同的史实。兹将碑文抄录如下。

府属碑记

通倒寨、火烧寨、乌松寨，当年系杨越管理。近因采买一项、加买一项、孙府台上省赴任一项、捏称上宪亏空一项、造户口税一项、牛油船木一项、勾穷告富一项、借米一项，共苛去银四百九十一两，层层苛虐，民不聊生。因控于道宪张，批府宪普周查实情由，断归府管辖。又蒙金府主给委头人，兵米给册，米占五石四斗四升七合，自领自纳，大小一应公事自办，人归府管，粮上府纳，夫分三排，户有三十，粮分三股，通岛两排，占米三石陆斗三升二合，乌松火烧一排，占米一石八斗一升六合，永远归府，著为定章，传之青石，用垂不朽，以示后人云。

归府状首老皆、老海、老衰、老金、杨廷选、老把、起文、补乔、老勾、补生、补英、补七、老勒、补忌良、补息几、补柳、老刹、老马、包祥、□虐、老四、老枉，共计三十户人烟。

嘉庆十八年四月孟夏府属合同①

在这一份由三十户烟户与古州厅订立的合同中出现的通倒寨、火烧寨和乌松寨，位于今贵州省黔东南苗族侗族自治州榕江县仁里水族民族乡。其中，通倒寨为今通倒村，火烧寨即今乔腮村，乌松寨为今乌兄村。② 光绪《古州厅志》称八卫世袭土千总"南至琴台土千总属通倒寨四十里"，并

---

① 该碑立于乔腮村水井边。碑眉横书正楷阴刻"府属碑记"四字，碑文竖向正楷阴刻。笔者最初于《榕江县文物名胜志》中读到此碑碑文。2015 年 8 月 6 日前往乔腮进行田野调查期间，依据石碑原文对《榕江县文物名胜志》的录文进一步补正。

② 参见《榕江县地名志》，第 176～177 页。

"琴台世袭土千总杨翰枝，驻琴台寨"。[1] 因此，碑文中提到的三个寨子在琴台土千总的管辖范围之内，而杨越则为当时或此前的琴台土千总。另据光绪《黎平府志》的记载，孙府台指乾隆五十七年至五十九年的古州同知孙鉴，府宪普为嘉庆十五年（1810）至十七年的古州同知普恩，金府主为嘉庆十七年至十九年古州同知金淳，道宪张则是指嘉庆十二年至二十年任古州兵备道的张晖吉。[2]

显然，通倒、火烧、乌松三寨对土弁杨越的控告，在于其作为地方官府在基层社会的代理人，借采买、加买及捐献等名目进行层层苛敛。其中所谓的采买，即前文所述苗疆绿营兵米供应，部分地由地方官领取价银转发土弁向苗民籴买米谷，但在实际运作中，采买演变成土弁向苗民的强征、苛派。孙府台上任一项，则是指地方官借赴异地上任缺少路费向民众苛敛。此外，捏称上宪亏空、造户口税、牛油船木、勾穷告富、借米等名目，则说明了清廷虽然永远免除了当地苗民的钱粮正赋，但苗民仍然要向地方官府上纳各种苛捐杂税。再者，通倒等三寨苗民通过诉讼、赎买的方式与古州厅达成协议，主动认纳兵米并承担相应夫役，说明这虽然仍是无奈之举，但相较土弁的层层苛敛，将兵米额数与夫役任务固定化，在通倒等三寨苗民看来，无疑还是减轻了负担。因此"著为定章"，勒之青石，避免日后土弁和继任的地方流官的再次苛敛、摊派。

值得注意的是，乾隆初年贵州地方当局欲在新辟苗疆基层村落签立头人的制度设计，一直延宕到嘉庆朝才得以实施。光绪《古州厅志》称："嘉庆十九年编查保甲。除苗民仍归土司稽查外，所有合境汉民共五千一百一十二户，男女二万四千四百零六口。是汉民仅及苗民十之二。"[3] 据此，苗民虽仍归土司（即土弁）稽查，但也出现了通倒等三寨由古州厅同知金淳给委头人取代土弁的事实。这一过程的延宕，与开辟之初地方官府并没有足够的力量向下拓展建立保甲体系有关，亦与苗民在语言和习惯上对通事、土弁的依赖不无关系。此外，虽然没有证据说明洛乡三爪各寨以

---

① 光绪《古州厅志》卷八《秩官志》，《中国地方志集成·贵州府县志辑》第19册，第433页。

② 光绪《黎平府志》卷六《秩官志》，《中国地方志集成·贵州府县志辑》第17册，第601~602页。

③ 光绪《古州厅志》卷一《地理志》，《中国地方志集成·贵州府县志辑》第19册，第302页。

及通倒等三寨在较为相近的时间内上诉并获准归府管理，与地方官府的保甲编查有直接的关系，但从田野调查搜集到的材料来看，在嘉庆朝中后期，确实有越来越多的苗疆村寨与地方官府达成协议，签立头人并建立了保甲，由此跳脱出土弁的控制而直接归属地方官府管辖。当然，在具体实践过程中可能还存在顺序的差异，即有些村寨是签立头人、建立保甲在前，脱离土弁而归属地方官府管辖在后。

以下古州厅境北路苗寨乌商等建立保甲及其村寨管辖归属的演变，呈现了苗疆基层社会权力格局嬗变的另一种形式。嘉庆二十四年（1819），乌商、养汪、养堤、官舟、旁岑、寨牙四寨、岑门、帚洞、保里、三梭、勇东等苗寨中的头人今尤格改、今沟、包通冒三、委往高三、格近陵、今委等，认为上述寨分所承担的夫役和兵米负担轻重不一，各寨对此重视程度不同。考虑到各寨可能拖延与抵抗，故而今尤格改等头人齐集各寨保甲，对兵米采买等项进行商议后，订立了合同。合同具体内容如下。

立公议合同碑

立公议合同乌商、养汪、养堤、官舟、旁岑、寨牙四寨、岑门、帚洞、保里、三梭、勇东，今尤格改、今沟、包通冒三、委往高三、格近陵、今委等，为因各项公件、米石，各寨有踊跃急公者、疲玩急婚者，兼兹公件均皆不一。今众保甲齐集，公同酌定开列于后。

计开：

一、采借各项米石，票调头人赴古（古州）承领发价，散给各寨，今照上刻。

一、各项米石，各寨保甲督催赶紧上纳，不得拖延。每石取包银四两一钱，内头人抽一钱，下古换纹银上纳。倘有抗票，送赴古。

一、各寨百事不听乌济，各办各事，不得抗玩。

一、各寨告状，原、被规费，婚姻田土六两六钱，酗酒口角三两三钱，焉微小事二两二钱不等。三公照老爷改得规费，见两抽一钱相送。

一、差人鞋脚六两六钱，抽三两二钱不等。

一、被告立人差提即速赴案，不得抵抗。

一、出票往各寨，差一名供应一钱，不得多。

一、散户被告逃走，着落保甲要人，不得推诿。

一、各寨有事即赴本官具禀，不许赴朗（朗洞）控告。

一、各案讯问不结，由本官详送赴古。

一、告状些微小事，原、被上一两四钱下六钱不等。

每得寨头人包虽、叶简同办。

嘉庆二十四年润〔闰〕四月十六日中头人同立①

以上碑文中出现的地名，基本上集中在古州厅属朗洞县丞驻地的周围，亦即前述高表土千总管辖范围以北毗邻清江厅属的区域。碑文中所涉及的寨分，原先曾归属土弁或土舍管辖。光绪《古州厅志》记载："道光十二年，裁汰土舍杨通义，所属之岑载、定向、岑门、孖俾十五寨，无人抚绥，同知司河委正秀（正秀即平江土把总杨正秀——引者注）管理，共三十七寨，颇能约束，苗民安谧无事。"②但是，随着土舍杨通义的裁汰，并岑门等寨头人已通过保甲承担起采买与地方公件等事项，地方官府在此后仍将岑门等寨委托给平江土把总管理，则似乎有向平江土把总示好之意，并暗含对苗民保甲、头人仍缺乏足够的信任。当然，嘉庆二十四年各寨保甲公议合同的举措，显然已为道光十二年（1832）裁汰土舍杨通义埋下了伏笔。

从碑文内容上看，各寨保甲达成的协议主要集中在米石上纳与公件承担两项。主要体现在：其一，古州厅为仓储稳定、兵米供应而进行的采买，由头人前往古州厅领价发给各寨，改变过去名为采买，实则强征、摊派苛敛的状况；其二，在采买之外，苗民须另外上纳米石，并且以折色的形式交纳，保甲从中抽成，作为代办之费；其三，碑文中对各项"规费"③的数额

---

① 该碑现仍立于榕江县朗洞镇宰岑村土地祠边，碑高89厘米，宽65厘米，厚6厘米。

② 光绪《古州厅志》卷八《秩官志》，《中国地方志集成·贵州府县志辑》第19册，第432页。

③ 规费，大多用以馈赠书吏、差役，亦有缴纳州县衙门者，名目繁多，各省情形不一，亦与吏治良否有关。官清则规费名目少，官浊则规费名目多。书吏需索规费，其名目有戳记费、挂号费、传呈费、取保费、纸笔费、出结费、和息费、买批费、出票费、升堂费、坐堂费、衙门费等。差役需索规费，其名目有命案检验费、踏勘费、鞋袜费、车马费、舟车费、酒食钱、解绳费、解锁费、到案费、带案费、铺班费、进监礼、保释礼、和息费、结案费、招解费等。参见那思陆《清代州县衙门审判制度》，文史出版社，1982，第63页。

做了细致的规定。从行文的措辞来看，各寨缴纳的规费除用作具体词讼事宜的开支外，更兼有向古州厅衙门贡献"三公"经费的作用，即"见两抽一钱相送"。

此外，碑文亦申明了保甲在催征钱粮、缉捕奸顽事务上的责任。这些事务过往基本上是交由土弁、土舍办理。如果说通倒等寨的《府属合同》订立是直接道明因土弁苛敛，而烟户祈求归府管理，那么乌商等寨保甲体系的建立并取代土弁，究竟是因为管辖该处寨分的土舍办事不力，还是保甲的力量已足够强大，致使地方官同意做出此种改变，则不得而知。但是，我们可以明确的一点则是，各寨的保甲力量愿意承担起相关差遣，必定是从中可以获得相关的利益回报。

从田野调查中搜集到的材料来看，在这一波苗寨脱离土弁管辖的风潮中，土弁的心态也发生了变化。以下古州厅高表土千总迁建衙门并刻碑立说的行为，便是当时情境下土弁重塑身份合法性与权威性的表达。

现存档案和方志史料并未记载高表土千总最初获职的过程，但在高表土千总李氏后人的记忆中，其祖先获授土千总仍是与开辟苗疆获得的军功有关。从田野调查的口述访谈中可了解，高表土千总的首位获职者李大有，原生活在黎平府锦屏隆里，年轻时挑盐到古州贩卖。苗人贫苦，有时无钱买盐，李大有心善，便时卖时送。李大有常到的地方便是高表，今天李氏后人的口承中仍有"三百高表，四百孖娄，三千育洞，八万古州"的说法。其中的数字，他们告知笔者是户数，并强调都是短裙苗，时下居住在这些地方的侗族都是后来迁来的。高表苗人心喜李大有的善举，与其结为兄弟。尔后，张广泗攻打古州不下，李大有立下大功，被封为土司，建衙门于高表。[①] 从李大有的墓碑信息中可以大致了解其生卒年月和子嗣情况，兹抄录如下。

　　　　　万代佳城
原命生于康熙乙亥年正月初三日申时受生受年七十四岁
大限殁于乾隆戊子年二月十七日未时在家告终

---

① 2015 年 8 月 1 日，笔者在孖略、高略村调查期间，听李氏后人李作乾先生讲述。李作乾时年 74 岁。

　　皇清诰封登仕郎显考李公讳大有字元吉之坟墓碑

　　孝男舒锦、英率孙李琳、瑞、璋、珂、琰、瑚、琏、珠、玢①

从上述碑文可知，李大有生于康熙乙亥年（1695），殁于乾隆戊子年（1768）。雍正年间开辟苗疆之时，李大有正值壮年。至于李大有的军功和获职的具体过程，我们不得而知，或许与前述经由通事向土弁转变过程一致。李大有生有二子，即舒锦、舒英。舒锦生五子，珂、璋、瑞、琰、珠。李珂生四子，天培、天锡、天材、天钟。至嘉庆年间，李大有的曾孙李天培承袭高表土千总一职。光绪《古州厅志》载："高表世袭土千总李天培，开泰人，驻高表寨，离厅城一百二十里。东至黎平洋洞寨二十五里，南至黎平经历司属争云寨一百二十里，西至八卫土千总属高纽寨十五里，北至清江寨〔厅〕属南孟寨一百五十里。"② 显然，在地方志书的记载中，土千总李天培的衙门驻地是在高表，而非孖略。并且，至李天培承袭时，李氏在高表已至少有三代人的经营，但在嘉庆二十年前后，李天培将土弁衙门从高表迁建至孖略，这又是为何呢？

　　口述访谈资料显示，李天培是因不堪繁重的接待任务，而将位于旧时经由古州到朗洞官道上的高表土弁衙门迁建至富庶而又略为偏僻的孖略的。③李氏后人另外还提到，高表是八妹吴土司的地盘。④ 据称最初李氏选定要迁建衙门的寨子并非孖略，但吴土司认为仍在其地盘之内，因而要求李天培再往远一些，另找地方建衙门，这才到了孖略。这或许还说明，李氏土弁衙门的迁建，与吴、李二土弁之间的地盘争端有关。

　　高表土千总衙门遗址，即今当地人称为"烂衙门"的孖略土司衙门遗址，位于今榕江县寨蒿镇孖略寨东 200 米处的溪岸上。据榕江县文物管理

---

① 李作乾先生抄录之碑文。

② 光绪《古州厅志》卷八《秩官志》，《中国地方志集成·贵州府县志辑》第 19 册，第 433 页。

③ 关于这一点，以下材料亦可供佐证。《清高宗实录》卷一八六，乾隆八年三月己巳条载："户部议准，贵州总督兼管巡抚张广泗疏称，古州挽送寨蒿营米，向须水陆店运。自寨蒿陆运朗洞米石，亦险远难行。今勘古州至寨蒿，有盘挨、干列二滩，开修舟运，较为便利。自寨蒿至朗洞，有开出高表一带捷径，亦近至三十余里。嗣后二处运脚，俱可酌减给发。从之。"

④ 八妹，地名，亦称八卫。光绪《古州厅志》载："八卫世袭土千总吴登理，黎平人，驻八妹寨，离厅城一百一十里。东至黎平经历司属育洞寨四十里，南至琴台土千总属通倒寨四十里，西至滚纵土千总属领培寨六十里，北至朗洞县九董寨四十五里。"

所的实测，孖略衙门坐北朝南。三面环水，一面靠山。树木蓊郁，环境极
为优美。衙门规模较为宏大，两侧建有高封火山墙，其内沿中轴线自南而
北建有仪门、两厢、大堂、二堂、三堂、后室及下房，皆为悬山顶木结构
建筑。总占地面积 3100 平方米。清末，衙门毁。1961 年，孖略苗胞在土
司衙门遗址上建房居住。1968 年，因住户不慎失火，衙门遗址复为废墟。
1970 年，当地百姓在衙门遗址上开田种稻。[①] 从上述遗址信息的介绍中，
想必仍可猜想当日衙门之恢宏。

　　当下，尽管衙门遗址已成稻田，但稻田之中却仍树立着一通字迹清晰
的石碑，记录着当初历史。这一通青石碑长 1.56 米，宽 84 厘米，厚 7 厘
米，上书《或陋堂记》，碑文竖向正楷阴刻。其碑文如下。

或陋堂记

　　《鲁论》记孔子欲居九夷，或曰陋。此间侗称八万，固夷薮也。
僻陋者夷之地，鄙陋者夷之民，朴陋者夷之俗。而培以庸陋质袭卑陋
官，鸠藏株守此至陋极陋之乡，过而陋之，盖不仅一。或其人也，虽
然陋于弃，不陋于取；陋于貌，不陋于心；陋于积习，不陋于渐摩；
陋于因仍，不陋于整顿。不为陋病，奚为陋讳，于是榜斯堂曰“或
陋”。培之居斯堂而莅斯民也，思夫启荒造昧，天子不以其陋而疆理
之；宣威布令，长吏不以其陋而经营之；乘危冒险，立信推诚，即培
先世亦不以其陋而招徕抚字之。或而陋，或之见也。培也食先世德，
承长吏命，沐天子恩，其敢泄泄沓沓，因或之陋，存或之见故。烟茅
雨箐，地或陋耶？当有以辟治之。魋结鸟言，民或陋耶？当有以薰陶
之。酣歌跳月，渎礼任情，俗或陋耶？当有以移易而变化之。劳来匡
直，以期无忝先世德，废长吏命，孤天子恩。庶几因或之陋而奋发，
刮磨以抵于君子何陋。或之陋，或之贶也，可不大书特书，志或之

---

① 今遗址存次第上升的方形高台屋基六级，每级皆由非常规则的青条石（长 1 米左右，宽
40 厘米，厚 18 厘米）砌成。有的台基高达 2.5 米，一级台基面阔 25 米，进深 10 米。前
有长十余米、宽 1.9 米的石板台阶路。二级台基面阔 25 米，进深 14 米，中有宽 4.8 米
的大道，由边长 60 厘米的正方形青石板铺砌而成，前有青石台阶五级。三级台基面阔
39 米，进深 20 米，前有青石台阶三级。四、五级台基，均为面阔 39 米，进深 14 米，前
有青石台阶三级。六级台基面阔 40 米，进深 14 米，前有青石台阶六级。参见《榕江县
文物名胜志》，第 62 页。

陋，而嘉或之贶。

嘉庆二十四年岁在屠维单于陬月之吉
花林李天培自记①

李天培迁建土弁衙门一事，在特定的时空中发生，显然需赋予其更为复杂的考量。土千总每年可领工食银二十两。② 如果仅以这份薪酬来建造如此规模之衙门，困难可想而知。那么，在实际的建造过程中，李天培得到来自地方上苗民的"贡献"或许不会少。但从孖略衙门的建造与李天培自撰之《或陋堂记》中也不难看出，李天培是放低了姿态，在叙述自身身份合法性与权威性的同时，也不忘强调为清王朝抚驭苗民、治理苗疆的决心。事实上，署名李天培自记的这篇《或陋堂记》，乃仿明代大儒王阳明因罪被贬至贵州龙场驿所作《何陋轩记》而写。③ 因而，《或陋堂记》通篇围绕"陋"字，前半部分道出自榜该堂为"或陋"的缘由；后半部分则是李天培表达愿为王朝国家管理、教化夷民的决心，以期不辜负皇帝的恩赏、地方官长的委任和祖先的世德。这或许也说明了当时苗寨脱离土弁归属地方官府管辖的一系列个案所呈现出的态势，确确实实对土弁的心态产生了影响。

事实上，以前的研究强调说，新疆六厅范围内的保甲体系的建立，是在乾隆元年，镇远府知府方显奏请之后即已设立，实则不然。在较长的一段时间内，"新疆"范围内苗寨的管理仍然是由土弁在实施。苗疆地方头人签立、保甲体系建立的延宕，部分地由于在开辟之初地方官府并没有足够能力在基层苗寨内部培植起代理人，部分地来自苗民对土弁的认同。这种认同，或许是言语上的便利，或许是"新疆"周边长期以来都是土官羁縻管理的习惯使然。但无论如何，随着苗疆社会的发展，其基层社会的权力格局已如上述情形所呈现的一样，在嘉庆朝已经出现了明显的改变，并在道光朝时呈现出保取代土弁的总体趋势。

---

① 现立于烂衙门遗址之上。笔者最初于《榕江县文物名胜志》中读到此碑碑文。2015 年 8 月 1 日前往孖略进行田野调查期间，依据石碑原文对《榕江县文物名胜志》的录文进一步补正，并重新标点。

② 光绪《古州厅志》卷一《地理志》，《中国地方志集成·贵州府县志辑》第 19 册，第 297 页。

③ 《王阳明全集》中册，吴光、钱明、董平编校，上海古籍出版社，2015，第 735 页。

二　苗寨头人逐渐取代土弁

在上述自下而上的苗疆村落脱离土弁管辖的个案中，土弁的权力与势力范围逐步受到了削弱。在随后的发展中，贵州地方当局也再次意识到这些土弁存在的危害性，因此也自上而下地从制度上加强对苗疆土弁的管理，苗疆基层社会的管辖权力亦从土弁逐渐向本土地方精英转移。

道光二年（1822），护理贵州巡抚、布政使廪奇瑜奏请酌立苗疆应办事宜条款，提出要裁汰冗役，详查土司、土弁功过，以昭核实而示劝惩。廪奇瑜做出这一判断，乃是注意到黔省的土司、土弁等为卫苗而设之人，并没有实力从公，而是懈于稽查，甚有倚势欺凌，专干毒苗之事。廪奇瑜认为整饬之法中，约束流土官役，使绝繁苛，当为要务。

是故，他根据实际情形及参照所见所闻，在与其他人商议后，提出整顿流土官役的办法，"查嘉庆八年，兴义添设之土外委韦应洪病故，因无苗众悦服之人充补，经前抚臣福庆奏明，将缺裁汰。臣以土司多一属下之人，即苗人多一索扰之累，与其虚设滋弊，莫若酌量革除。拟将各属所辖土弁、土目，俟其开缺后，查明应充应裁，仿照韦应洪之案，随时核实，奏明办理。至近来苗人晓习汉语，通事一项亦可酌减，免滋弊端。臣亦饬令各属查明议详，一俟充补时分别查办。所有各寨土司、土弁，如果一年之内化导有方，所管苗人实皆安分守法，勤俭谋生，并无偷窃为匪、逞凶构讼之案，由该管地方官于年终开具事实，加具印结，详报督抚，两司会衔给予花红匾额。三年之内毫无事故者，由督抚衙门给予花红匾额，以示嘉奖。其不能约束所管苗人，致有偷窃、诉讼及命盗案件层见叠出者，一年之内详明，记大过二次；二年之内予以责惩；三年之内即褫革，另选苗众悦服之人补充，俾知儆畏。倘有依势欺凌、贪酷妄为者，随时访拿，严行治罪。如此酌汰冗役，功过有归，似于边情不无裨益"。[①]

但是，在制度运作的过程中，常常出现事与愿违的情形。尤其是在地方督抚要求对土司、土弁严加管控的情况下，府厅州县却阳奉阴违，包庇、纵容这些土官的滥权、欺凌行为。

---

① 民国《贵州通志·前事志》第三册，第 440 ~ 441 页。

例如前文述及的康熙年间贵州黎平府属苗民控诉各长官司的不法行为的现象，虽经历朝整顿，并将不法土司裁汰，但类似的事情屡有发生。道光年间，黎平府属龙里长官司杨元复行勒折浮收，遭所属苗民杨昌隆等控告。黎平府知府依据此前定例，对杨元进行批饬。最终杨元出具甘结，称龙里长官司所属各寨钱粮，历蒙恩判，任凭苗民自行赴府完纳，龙里司不得讼塞，自取罪累。据此，当地苗民勒石记录，将贵州地方当局的审定与龙里长官司甘结作为凭证，以防后续不肖土司翻悔并再行苛索。

其中，更提及道光八年贵西道周廷绶禀请贵州巡抚嵩溥，请求严禁各属土司、土目、土弁派累、庇纵、私刑情弊。其言称："查土司、土目、土弁等，原为约束苗众，稽查奸宄而设，至于钱粮、夫马、差役以及苗民词讼事件，俱归地方官经理，土司、土目、土弁不得干预。"① 此外，其所称派累、庇纵、私刑三条，具体指：

> 所禀"派累"一条称：各土司、土目、土弁等赋性贪饕，训谋无厌，或以帮贴夫马为词，或以应付差使为词，多方苛取，串通官吏，要结胥差，讼风日炽，拖累无穷。
>
> 又所禀"庇纵"一条：据近来各土司不但不能约束苗众勿轻犯法，事犯到官，地方官责令传唤，尚复多方徇庇，擅不交出。更有甚者，纵令所管苗民行抢行劫，坐地分赃。又有□□□□之家，尤使所管苗民□□毁抢，以图泄愤，遇有此等□□弁，包庇愈甚，地方衙门官究办理愈难。
>
> 又所禀"私刑"一条：查苗民一切词讼应付〔赴〕地方衙门控理，土司等不得干预，即苗民中有实系奸宄不法之徒，原许土司等拟请禀送地方官衙门听候究办。据称，近来各土司竟敢自行听讼，私设刑具，并有重枷、大链以及棒、棚子等名，种种残虐甚于官刑，大干法纪。②

贵州巡抚嵩溥、布政使祁𡏕认为贵西道所禀"派累""庇纵""私刑"三

---

① 《严禁土司擅受民词及擅收钱粮碑》，安成祥编撰《石上历史》，第53页。
② 碑文中磨损无法辨认者，用□代替。笔者对碑文进行了重新标点。参见《严禁土司擅受民词及擅收钱粮碑》，安成祥编撰《石上历史》，第53页。

条均属实在情形，但若仅出示禁止晓谕而不进行严惩，于事无益。因而，嵩溥要求黔省各府州县长官亲赴所属各土司逐一清查，查实有上述三条情弊者，即将该土司严行枷责。此外，他再次申明："嗣后，苗民一切词讼，悉令地方官审断，不得干预。倘再行擅理，私设刑具，即行详革，照例究办，将缺裁去，不准袭替。且各府、厅、州、县耳目较近，土司、土目、土弁等之是否安分守法，应即责成各府、厅、州不时稽查。倘地方官明知故纵、徇庇不办，别经告发或被访闻，一并严参。如此立法惩办、督饬稽查，庶土司、土目等知所敬畏，苗民可期安靖。"①

道光十七年（1837），贵州布政使庆禄上任后不久，同样札饬各属地方官要严查土司的不法行为。庆禄称："照得黔省苗疆各处应征地丁米谷，多由该管土司督催完纳。推原其故，盖因苗民不惯入城亲纳，恐里差约甲往催，难免从中滋□，需索盘费、饭食，骚扰良民，是以交于土司经理。此乃国家格外体恤之恩。从前，该土司皆知畏法，公事公办，苗民均悦听从。地方官、大宪见其相安无事，□办□率由旧章，不为裁革归于州县。该土司等自当感激奋勉，秉公从事。近闻土司等奢侈繁华，一代甚于一代。惟知剥削苗民，遇事派累，串同恶役将苗民应纳米谷勒折浮收。昔日一斗可完，今渐加至数倍。任意妄为，毫无体恤苗民之心，以致穷民艰于度日，有挺身上控者，有携家远逃者，有藐法为盗者，有求乞而填沟壑者。言之足悯，深堪痛恨。"② 庆禄本着不忍不教而诛的心态，对保留黔省苗疆土司并令其办理督催完纳钱粮的起源、合理性做了一番解释、阐述，要求各属地方官莫存回护、包庇之心，而应严查究办。

正因为贵州地方当局自上而下对基层土司、土弁的职权加以约束并再次强调，黎平府属苗人对龙里司长官私收钱粮的行为加以控告，黎平府知府审理后，除严词申斥不许土司勒折浮征、包收外，再次重申，要求苗民如有一切词讼、钱粮事务，自行赴府呈控、赴仓完纳，不得赴土司处完纳、控理；如有赴土司具告、完纳者，一经告发，无论曲直，先予重责。经此，黎平府实际上既严禁土司私征、包揽钱粮以及擅受民词，也禁止苗民通过土司的代理来完成对王朝国家缴纳赋税的义务以及诉讼争端的解决。

---

① 《严禁土司擅受民词及擅收钱粮碑》，安成祥编撰《石上历史》，第53～54页。
② 《严禁土司擅受民词及擅收钱粮碑》，安成祥编撰《石上历史》，第54页。

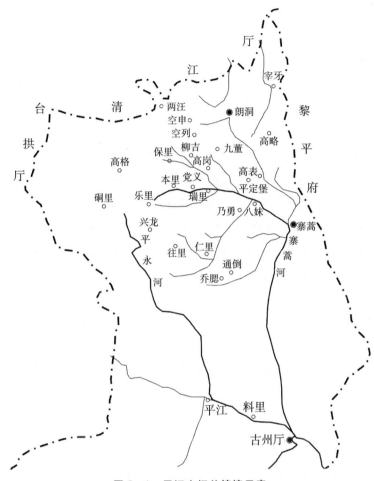

图 5 - 1　平江土把总辖境示意

图片来源：民国 32 年榕江县全图。

　　从道光初年贵州地方当局对土司、土弁一体加以约束的过程中可以看到，土弁的职权也同样经历了被约束管控的相关过程。此外也应该注意到，随着鸦片战争的爆发，近代中国逐渐走向沉沦，清王朝的财政愈发困窘，缩减行政经费支出也客观上削弱了土弁势力。是故，道光二十二年，因应户部力求搏节的奏请，贵州巡抚贺长龄遵旨请裁黔省通事、土弁、苗弁、苗兵、冲僻各路驿夫六项的经费，计每年可节省银一万八千七十余两。①

――――――――

　　① 民国《贵州通志·前事志》第三册，第 487 页。

由此可见，清代贵州地方当局始终在制度规范与职权范围等多个方面加强对省内土司、土目、土弁等一系列土职的限制。但是，屡禁不止的土司、土弁违例擅受、滥差等情弊，在一定程度上也可以说明，土职的不法行为是苗疆地方行政管理中无法回避的内容。从研究者的角度，亦无法忽视土司、土弁、土目在整个地方行政治理中的作用与实际职能。换言之，既要注意到弊端的存在，又要分析弊端存在的某种合理性。

在对土弁等土职加以约束之外，贵州地方当局也在积极筹办苗疆保甲。道光六年（1826），贵州巡抚嵩溥指出，黔省汉苗杂处，晚近以来客民渐多，并非土司所能约束，自应将现居苗寨内的客民编入保甲，以便稽查。① 这也就意味着，虽然土弁仍然管辖苗民，但随着针对住居苗寨客民保甲编排行动的进行，客观上苗民也能够跳脱出土弁的管辖，而通过保甲体系与地方官府形成联结。

因此，延续了嘉庆朝以来越来越多的苗寨脱离土弁而直接归属地方官府管理的趋势，前文述及的古州厅属寨牙（即宰牙）等村落，虽在道光十二年裁汰土舍杨通义时拨归平江土把总管辖，但相关的催征、缉捕事务等公事，则由地方官府在苗寨中签立新的头人并给予委照办理。道光二十一年，古州同知颁给宰牙等四苗寨民众新签立头人的委照，以碑刻的形式保存了下来。

府示立碑

贵州黎平府分驻古州清军府加五级纪录十次庞为给委事。照得宰牙四寨，业经本府讯断归府，所有一切公事及捕盗等事，自应验放头人，给委办理。兹据宰牙四寨苗民杨应昌具公禀，保得苗民龙朗想、杨应华、龙今来、龙威肚、龙今牛等，为人正直，办事老成，堪从承充该寨头人，约束苗众，稽查奸匪。如遇地方有大小公件，务须秉公办理，毋许丝毫扰众，勿得始勤终怠，毋违！须至讯照者。

道光二十一年二月十九日出示新照②

由此可见，虽然宰牙寨此时仍然是土弁的驻地，但其村落管辖权已不归属

---

① 《清宣宗实录》卷九九，道光六年六月庚辰。
② 该碑现仍立于榕江县朗洞镇宰岑村土地祠边。

于平江土把总。这意味着土弁与以杨应昌等为代表的头人力量形成了某种均势或互为竞争的关系，从中似乎也可以看出杨应昌等代表的村落联盟力量的日益强大。与宰牙《府示立碑》同名，今同立于宰岑寨脚的另一块石碑，可以印证上述事实。该碑记载了二十年后，杨应昌并宰牙四寨人等承买客民李老考被充公之田土，但因买价太低，引发李老考亲属不满上告；古州同知要求杨应昌并宰牙四寨人等加增价值，买补李老考被充公之田土，以助军饷。杨应昌等同立此碑，是为了将买得田土的产权通过官府的告示加以确认，避免日后的争端。该碑记载：

府示立碑

　　署黎平府分驻古州清军即补正堂田为出示晓谕以除后患事。照得本府案准，前任署府袁，移交平江土司杨秉贞属内。上年因代办朗洞营参将戴国祯查知，客民李老考蓄发改装投贼，缉获申详古州总镇桂、□主周案下，批准在朗洞正法，将所置田产账项归官卖充。旋经李老考之弟侄等心怀不平，具控袁署府案下，愿以此项田账帮捐军饷等情。后查戴国祯将田出售，为价太低，酌派买户公同照依田账价数，加增价值，以助军需。拟派杨应昌宰牙四寨共出钱二百六十千文，除袁署府收过钱八十千文，下余之项，本府饬差如数催收。四寨补缴钱一百四十千文，杨应昌缴钱一百八十千文，收清支销军饷。所有田土应听宰牙四寨各买户耕食管业，以后地方痞棍不得再行控告，衙役人等不得从中需索，致于查究，凛慎勿违，切切此示等因。奉此，我众人等同集，刊碑以垂远久。

　　宰牙四寨杨应昌、吴国相、龙委丢、龙写金扛、包金远、今贺、龙委绞、三咸斗并各散户人等同立。

同治元年五月初十日公立①

显而易见，杨应昌等最初以低价买得田土，与实际处理该田土买卖的朗洞营参将戴国祯从中斡旋不无关系。不过，该田土既已归官卖充，所得款项本应归官，而李老考的弟侄愿将该项田账帮捐军饷，动机何在？是纯粹要搅局，让买主加价购买，还是另有所图，则不得而知。

---

① 该碑现仍立于榕江县朗洞镇宰岑村土地祠边。

　　再者，该碑内容仍有些难以琢磨之处。例如，该田土的实际卖值，以及在此碑文中以铜钱作为单位写明资费的用意何在？按碑文字面之意，似乎拟派二百六十千文即是低价，而袁署府收过八十千文为四寨所出，后四寨补一百四十千文，加杨应昌缴一百八十千文，则实际卖价或为四百千文，即银四百两左右。显然，这也不是一笔小数，而杨应昌可以出资近半，家资想必亦是殷盛。同理，客民李老考能置买如此之田土，其强大的经济实力亦可见一斑。这也是自雍正年间开辟苗疆之后，随着贵州地方当局对清水江、都柳江河道的疏浚和清理，苗疆社会以木材种植、贸易为根本的经济生活得到迅速发展的体现。

　　除了上述古州厅的情形外，苗寨脱离土弁而直接归属地方管理的相关案例在同期"新疆六厅"范围内的其他地区也发生了。如道光二十五年（1845）清江厅属乌连、九连、羊条、斩岗四寨的头人，控诉土千总王中兴拖欠粮石、包夫违误，以致遗累地方，禀请归府管理，便是相类似的案件。乌连等寨头人控诉指出，王中兴将各寨上纳的兵粮私收挪用，又令伊等重征代赔。伊等不堪受累，遂禀请归府管理。清江厅通判核查后，同意乌连等寨的申请，允许此四寨归府管理，并不准土弁再借名派累，要求各寨苗民每年所有应纳粮石务须亲身赴通判衙门照章上纳，不许拖延违误。同时，清江厅通判还对附居四寨的苗汉人等发布告示，要求他们将应纳的粮石和承担的夫役，务必交给头人一并办理，不得违误，违者即驱逐出寨。① 这说明，苗疆基层社会的权力结构发生了改变，至少在承担钱粮征收与夫役编排的任务上，村寨头人已逐步取代了土弁的角色，同时村寨头人的身份与权力还得到进一步发展、外延，对流寓住居苗疆的外来人群也行使管辖的权力。当然，这是一个逐渐累积并慢慢转变的过程。

　　综上，嘉庆、道光年间，"新疆六厅"基层社会中土弁管理苗寨的权力结构开始出现明显松动，苗寨脱离土弁而归属流官政府直接管理的现象不断出现。并且，尽管由于"新疆六厅"的广袤，辖境内苗寨各自发展的态势不同，但脱离土弁的管束与侵渔，是开辟之后基层苗寨一以贯之的诉

---

① 据地方志的记载，该事件的叙述按照《清江府示碑》的记载。碑现存于剑河县西南 67.4 公里，在太拥乡巫脸村口田埂上。碑高 1.17 米，宽 0.59 米，厚 0.1 米。参见贵州省剑河县地方志编纂委员会编《剑河县志》，贵州人民出版社，1994，第 1040～1041 页。

求。土弁借公派累，苛索无度，显然是造成这一基层社会权力结构发生改变的重要原因。再者，尽管在地方衙门的行政运作中充当着重要角色，但这些土弁一直以来便受到来自苗民、客民、屯军等不同人群的冲击与挑战。归府诉求的诸多案例说明，土弁在地方官的视角中，已从过往的事事依赖转变为并非不可或缺。地方官府关心的，不是土弁的权威，而是如何保障其自身的利益，因而，当苗民通过"赎买"的方式，愿意主动向地方官府上纳钱粮与承担夫役，土弁便被舍弃。不过即便如此，苗民并不一定能够摆脱土弁的苛敛，归属流官政府管理的结果，带来的也可能是双重的赋役负担。

此外，苗寨自身力量的发展与壮大，同样是改变基层社会既有权力结构的重要因素。在此过程中，苗寨内部的力量亦得到整合与发展。因此，由苗寨推举头人获得流官政府的承认与委任，逐渐取代此前的苗疆基层社会管理者土弁，并以保甲等组织形式承担起流官政府对苗寨的钱粮征收和夫役编派。这一基层社会权力结构的演变也说明，此前的研究成果认为苗疆开辟之后在基层社会中便建立了由土司和寨老（头人）相结合或由头人辅佐土司对基层苗寨社会进行控制的论断，并不精当。头人、保甲承充的案例让我们更加清楚地看到，基本上是土弁治苗在前，头人代理在后。随着地方精英力量的壮大，土弁人群便被逐渐取代或裁汰。这一改变过程，亦非此前学界认为新辟苗疆的改土归流。当然，自始至终我们并没有看到这些土弁相关的反抗记载，这或许与其自身的力量微弱有关，但更关键的，可能还是其地位本身即不牢固。

总而言之，嘉庆、道光年间，在"新疆六厅"基层社会管理者逐渐发生转变的过程中，民众的自觉与诉求、苗寨内部力量的发展以及土弁自身苛敛无度，应该都起到了不可忽视的作用。

在此之后，晚清地方动乱进一步削弱了土弁的势力与管辖范围。咸同之际，与广西接壤的黔东南苗疆，在太平天国运动的影响下亦爆发了大规模的动乱并席卷全省，旧史亦称"咸同苗乱"。"咸同苗乱"中，黔东南苗疆范围内各土弁势力受损严重，几乎被摧毁殆尽。如八寨厅禾坝司土千总，排调司、永安司、扬武司三家土把总，丹江厅黄茅岭司、鸡讲司、乌叠司三家土千总，古州厅八开、八卫、乐乡、琴台、滚纵、高表六家土千总及平江土把总，以及清江厅除革东土弁外，均在"咸同苗乱"中被参加动乱的民众摧毁。[①] 但更值得注意的则是动乱平定之后，贵州地方当局在善后规划中提出的裁革土司之议，以及黔东南苗疆地方流官政府的应对之策，由此可进一步窥见当时土弁在基层社会权力格局中地位的式微。

---

① 参见杨胜勇《清朝经营贵州苗疆研究》，第 67 ~ 68 页。

第六章　苗疆土弁势力的式微

"咸同苗乱"是继雍乾包利、红银苗民起义之后,"新疆六厅"范围内各种矛盾的集中爆发。以往相关的研究,已经对"咸同苗乱"的爆发背景、原因、经过及善后等方面的内容,做了详细的梳理。[①] 对于这部分内容,笔者无意在此做过多的赘述。

"咸同苗乱"之后,苗疆社会管理秩序的重构,是当时清中央政府和贵州地方当局共同关注的议题。在此情境之下,除将"苗乱"的发生归结为土弁的苛敛,有志于改革的贵东道易佩绅等官员对乾隆朝以来的苗疆基层社会管理,绿营兵米供应等制度、旧章重新进行了审视,提出了对"新疆六厅"行政管理制度、赋役征派等的改革建议,希望缓和王朝与普通民众之间日益紧张的利益冲突,维护苗疆社会的长治久安。但在具体实践中,苗疆地方官府仍被诸多难以摆脱的制度旧章掣肘。以裁革土弁为例,虽然其势力已式微,但因循旧章的贵州地方当局并没有足够的勇气和决心将其彻底革除。究其缘由,概因裁革土弁仍然牵扯到苗疆地方官府复杂的利益关系。当然,廓清苗疆基层社会民众在"咸同苗乱"中抵抗动乱的人群组织形式,及其在动乱之后的重构,将有助于理解动乱后土弁在苗疆基层社会权力格局中的地位变迁,以及土弁制度作为一项苗疆基层社会管理制度的式微乃至消亡。

第一节　各方对"咸同苗乱"的因应与善后

贵州荒穷,全省的赋税收入向来不多。因此,清代贵州行省的行

---

① 参见周春元等编《贵州近代史》,贵州人民出版社,1987,第38~65页;杨胜勇《清朝经营贵州苗疆研究》,第56~69页;Robert D. Jenks, *Insurgency and Social Disorder in Guizhou: The "Miao" Rebellion, 1854–1873*, University of Hawaii Press, 1994;等等。

政、军事费用皆仰赖他省的协济。太平天国运动对东南各省的冲击，亦导致这些省份自身财政困难而无法接济黔省，黔省财政支绌的形势更加严重。

咸丰三年（1853），黎平府知府胡林翼禀告贵州巡抚蒋霨远，提醒在复杂的形势和财政支绌之下，界邻粤西的贵州东部应密切注意的十五条事项。其中，"新疆六厅"中地方官吏、土司、通事、差役对于苗民苛敛带来的各项弊端尤其严重，需引起关注并解决。胡林翼称：

> 苗产尽入汉奸，而差徭采买仍出于原户。当秋冬催比之际，有自掘祖坟银饰者。蒿目痛心，莫此为甚。各厅并无钱粮盈余，专恃差徭采买，一切陋规，以为公私之用。近年民力日绌，官事日多，即令如数收纳，尚呼瘠苦，何能禁止而强以不情！且力役粟米之征，一概停止，则苗民脱身化外，不复知有上下之分，是禁之固难。将纵之而任其多取乎？则穷愁怨叹，苗民日见其瘗；将更法而归于受田之汉民乎？则差徭采买，有已成之俗例，而非赋役之正供。苗寨本无钱粮，汉民岂肯领受！讦告纷纷，上下其手。可虑四也。

> 官取于苗者十之三，土司、通事、差役之取于苗者十之七。取良民之精血，以供其宴安鸩毒之资，台拱、丹江、古州、八寨、清平其弊犹深。可虑五也。[①]

这也进一步说明了"新疆六厅"地方官府的财政困难。后世的地方史志亦将动乱爆发的原因归结于苗疆地方官府强征苗民粮赋。以台拱厅为例，该厅定例永免征收苗粮，而台拱同知为供支台拱营的兵米，责令苗民照常纳米，却不给价银。至咸丰初年，在各项弊端日益加重的情况下，台拱厅同知张礼度不知收敛，反而变本加厉勒令苗民将粮谷折价交银，不仅如此，还对苗民苛征丁税。苗民不堪重压，遂借抗粮聚众"作乱"。[②] 由此，在胡林翼看来其弊犹深的台拱、丹江、古州、八寨等地，随着台拱厅苗民张秀眉的揭竿而起，很快纷纷响应，与同时期贵州各族农民起义一起，造成

---

① 《论东路事宜启》，《胡林翼集》第二册，胡渐逵、胡遂、邓立勋校点，岳麓书社，2008，第110~111页。
② 民国《贵州通志·前事志》第三册，第565~566页。

了咸同之际贵州近二十年的社会动荡。当时贵州的十二府十四厅十三州三十四县，只有贵阳、遵义、安顺、黎平四府，水城、郎岱二厅，平远州，毕节、龙泉、余庆三县幸免，其余均被攻占。[①]

在饷需难以为继、兵民皆困的情况下，胡林翼提出了编排保甲、办团练为救时善政的应对策略，随后保甲、团练也成为苗疆社会抵御"咸同苗乱"冲击的组织形式。[②] 以古州厅七十二寨团练为例，其联结了屯堡、土弁以及苗寨等不同的人群组织，抵挡了动乱对自身所在乡村社会的冲击，也为动乱后苗疆地方社会秩序的重建奠定了基础。

一　土弁与七十二寨团练

由第五章的叙述，我们大体上可以了解到嘉庆、道光年间苗疆基层社会权力格局发生的改变，原先处于核心地位的土弁逐渐被苗寨头人取代。尽管如胡林翼所言，"咸同苗乱"前苗疆地方社会中土弁已与苗、汉人群势同水火，但需要注意的是，"咸同苗乱"中土弁还曾与地方社会的相关人群联合，以团练的形式防御、抵抗动乱人群对本地社会的冲击。古州厅土弁与屯堡及七十二寨团练的联合，便是这类情形中的一个例子。

关于贵州"咸同苗乱"的相关记述，以清光绪年间罗文彬、王秉恩编纂的《平黔纪略》和民国年间出版的凌惕安的专著《咸同贵州军事史》最有名，又以后者最为详备。该书于1932年印行，共五编九十二章。是书在《平黔纪略》的基础上，参考各种遗稿、文集、年谱、方志资料，将原来编年纪月、以事系日的记载，改编成纪事本末的体裁，令读者对"咸同苗乱"相关史事可以有比较清晰、全面的了解。

《咸同贵州军事史》一书的第九章以"军事期间人民自卫团体之组织"为题，叙述当时黔省各府厅州县筹办团练的状况。在凌惕安的笔下，"新疆六厅"之中，有古州厅、清江厅、丹江厅筹办了团练组织以自卫。细读这些记载可以发现，各厅筹办的团练组织存在着不同，而尤以古州厅

---

① 周春元等编《贵州近代史》，第65页。
② 胡林翼任黎平府知府期间，曾下令黎平府及其所辖古州厅、下江厅、开泰县、永从县、锦屏县严编保甲，制定并颁布《保甲团练章程》。参见吴大旬《清朝治理侗族地区政策研究》，民族出版社，2008，第255~256页。

"三里七十二寨"的组织最为完备。兹为说明上述三厅的团练组织情况，摘抄如下：

> 古州厅 古州隶属黎平府。黎平清〔靖〕镇堡总旗蒋贵矩，势力足及古州。古州向少团练之组织。迨事亟，段志铎、廪生陈锡元，以城守危急，往黎平乞援，死于八匡。而土司杨占先，素忠勇。总兵桂林，激以义愤，使协守，亦死于阵。其后，廪生陈建寅、杨有道、杨国隆、杨嘉隆起义兵助攻剿，颇著成效。而三里七十二寨，尤为尽心捍卫，有曰款军者，组织尤为完备。
>
> …………
>
> 丹江厅 丹江为苗江〔疆〕要隘。汉人势力微弱，建土城于高山之上。土地荒芜，屯卒寥落。咸丰四年，通判严锡珍到官，始招集流亡，一时复业者数百家。苗事亟，乃捐廉，募练五百人。择地扼要，先机防御，苗不敢犯。已而巡抚误抚悍苗，祸乱日亟，锡珍复添募二千人，朝夕训练，数却敌。与参将乌尔滚珠同心协守，以二千疲乏之众，御苗六万人，其不保者，势也。
>
> …………
>
> 清江厅 咸丰初，州〔通〕判韩超知黔将乱，抵任后，募勇丁六十名。一日三操，教以战阵，数月悉成精锐。上下同心，一以当百。嗣后人数日众，深资得力，四出征剿。地方人士，争相则效，多募练自保。其时清江练勇，颇为著名。①

从上述三厅的记载中可以看到，丹江厅、清江厅主要是在地方官员的倡导、招募下组织起练勇以防御、自卫。丹江厅的团练力量，终因人数悬殊而被消灭。清江厅的团练力量，则在官员韩超的训练下日益发展，并为地方人士所仿效，形成规模。此外，古州厅的情形较为特别。从上引材料的描述中可以看到，古州向来少有团练组织，在动乱形势危急时，土司和绿营虽先后投入防御，但均不敌。这在某种程度上说明古州厅地方官府并未像丹江厅、清江厅一般招募练勇以防御，而主要是廪生陈建寅等领导的义兵以及"三里七十二寨"的款军发挥防御作用。

---

① 凌惕安：《咸同贵州军事史》，文海出版社，1967，第 171～176 页。

《咸同贵州军事史》之外，《平黔纪略》一书的记载中则提到了古州厅的屯堡、土弁及"三里七十二寨"款组织协同防御。咸丰五年（1855）六月，都匀府境内斋匪罗光明乱起，联合都江厅书吏余正纪陷都江厅城。尔后，罗光明、余正纪率众犯古州，抄掠古州左卫各堡。古州左卫总旗蒋贵矩率团民据守，而洛、本、保三里七十二寨为声援。《平黔纪略》并称，"洛、本、保，三里名。洛里、保里，皆在厅北百五十里。本里，北百八十里"，"斋、苗等贼数逼黎平，多文（黎平府知府——引者注）檄蒋贵矩等率团驻怀来堡，击斩斋匪吴文明。自都江变起，贵矩即联洛、本、保三里七十二寨及高羊各款，扼险拒守，时赴黎、古之援，保全颇众，多文因畀以右堡军事"，以及"三里近太平山，山属上江，西百二十里，在乔桑、乌洛间，高可二十余里，上平坦，足屯万人，罗光明初据之，后归老科（即余正纪——引者注）。古州未陷，三里时助剿，佐军食，不附贼"。① 再者，光绪《古州厅志》还记载了蒋贵矩倡导团练团结了平江土千总杨正秀等进行协防。"贵矩乃与同堡生员蒋翠亭、吴邦彦、廖百川等纠集堡寨，联合团款固守四牌御贼。四牌者，架里、孖尧、苗勒、归布附近小寨也。于是，古州长官司杨占先、平江土千总杨正秀，洛、本、保、往、遂七十二寨团首杨正科、杨士吉、林玉球、杨兴文、潘起凤、吴文兴等，相率齐围，互相救援。"② 至此，以上的叙述指明了三里的位置所在及其联合防御动乱的事实，但至于三里同七十二寨，究竟是并列的两支力量，抑或以三里为首统领七十二寨组成的力量，则不得而知。

不仅如此，从地方志的记载中还可以看到土弁督率团练参与对动乱人群的作战。光绪《古州厅志》称八卫土千总吴之和在"咸同苗乱"中亲率团练，与蒋贵矩合力，屡攻截"斋苗"。③ 这一段叙述中所讲吴之和督率的团练组织，极有可能即指三里七十二寨团练。

从前文的叙述中可以看到，洛、本、保三里均位于古州厅境北部。据当代地方志工作者的调查与描述，包括洛、本、保三里在内的七十二寨主

① 罗文彬、王秉恩编撰《平黔纪略》，贵州大学历史系中国近代史教研室点校，贵州人民出版社，1988，第34、66、67页。
② 光绪《古州厅志》卷九《补遗》，《中国地方志集成·贵州府县志辑》第19册，第447页。
③ 光绪《古州厅志》卷九《补遗》，《中国地方志集成·贵州府县志辑》第19册，第448页。

要分布在今榕江县境北部，以乐里为轴心，以侗族为主体，向瑞里、平阳、两汪、朗洞等乡镇扩展，包括乐里 44 寨、仁里 9 寨、平阳 5 寨、两汪 6 寨、寨蒿 5 寨、崇义 2 寨、朗洞 1 寨（大致范围请参见图 5-1）。至于七十二寨的形成时间与称谓来源，因无文字史料可考，故长期来一直是个谜。今天的地名志实际上也没有能够更进一步解释七十二寨以及"里"的内涵。如洛、本、保三里之外，光绪《古州厅志》提及的"往里"，据今《榕江县地名志》称，系侗语译音，"往"意为几个寨子联合起来，"里"即七十二寨之通称。① 此外，从地名志的记载看，洛、本、保三里在今天对应的地名分别是乐里、本里和保里。

对于历史上七十二寨的来历及其组织性质，研究者有两种解释。其一，七十二寨是清代古州厅八卫土千总管辖村落的简称。八卫土千总驻地八妹寨，位于古州瑞里河及孖妹两河口交汇处，水上交通便利，由此乘舟下可达古州，上可达乐里、本里、保里等侗族村寨和其他一些苗寨。包括乐里等在内的 72 个寨子对八卫土千总的管理存有意见及反感，但又不能另取其他新名，便以七十二寨土司之名而指八卫土千总。此后更省去"土司"二字，简称为七十二寨。此即七十二寨地名的产生与由来，可见并未将其等同或指向侗族的款组织。② 其二，七十二寨是历史上以"侗款"形式而存在的村落联盟，但参加联盟的不一定都是侗族村寨，也包括苗族村寨。七十二寨这个名称的来源，民间比较统一的说法是村寨的数量，但到底是一个约数还是一个准确的数字，则说法不一。此外，七十二寨是大款，下面还有两个层次，款下为"里"，里下为村寨。有的村寨还分为几个自然聚落点，即自然寨，村寨之下是家族。七十二寨大款一共有六个里，分别是乐里、仁里、硐里、瑞里、本里、往里。里内的各村寨文化更加接近，语言更一致，服饰更加趋同。里与里之间最大的同一性是款约，最大的区别是节日，里内最一致的文化是节日，一个里所有的节日都是相同的。③

---

① 《榕江县地名志》，第 263 页。

② 榕江县政协文史委员会、榕江县侗学研究会编《七十二寨》，德宏民族出版社，2014，第 2~3 页。

③ 吴佺新：《七十二寨稻作技术与文化变迁——仁里个案研究》，知识产权出版社，2014，第 27 页。

虽然七十二寨的来历已无从考证，但上述的史实或许可以说明，这一组织在"咸同苗乱"爆发之前便已存在。因而，当都江乱起，蒋贵矩方能与土弁及七十二寨组织取得联络，共同抵抗来自都江的"斋匪"。并且，七十二寨不但没有归附"斋匪"，还能够佐军食、助剿，则不仅说明这一组织与"斋匪"人群有着不同的利益诉求，更有相当可观的经济基础。这或许得益于苗疆开辟后多元人群迁入带动这一地区的商贸发展。虽然没有办法进一步呈现当时古州厅境内土弁与七十二寨合作的史实，但我们进一步全面认识"咸同苗乱"时至少多了另一种视角。这或许也意味着，土弁在苗疆基层社会中的地位以及苗民对他们的观感，并不尽然是当时清廷地方官员描绘的那般卑劣。不过，贵州地方当局在应对"咸同苗乱"的善后举措中，首先便是严禁土弁继续对苗民苛敛、侵扰。这一方面既是为苗疆地方社会纾困，另一方面也可理解为贵州地方当局将苗疆社会动乱的责任推卸给土弁。

二　禁派夫役与地方的应对

苗疆开辟之后，清廷曾规定地方官凡雇募苗民应夫供役，须按照定数给价，不得滥派、作短和欺凌。[1] 当然，在具体的实践过程中该规定常常形同空文，是以如前文所述，苗民最终通过"赎买"而和地方官府订立合同，明确钱粮缴纳的额数以及夫役编派的细则。

"咸同苗乱"之后，贵州巡抚曾璧光[2]发出告示，严令地方官绅并土司衙门，除主考、学院过境，照旧派夫迎送外，不准派令苗民应夫供役，并将一概供应陋规尽行革除，希望以此剔除过往积弊来抚绥苗民。[3]这一示谕，随后被刊刻成碑竖立于"新疆六厅"各处，以示贵州地方当

---

① 《张广泗奏革除苗疆派累厘定屯堡章程折》（乾隆三年七月二十八日），《清代前期苗民起义档案史料》上册，第 239 页。

② 曾璧光，四川洪雅人，祖籍广东。道光三十年（1850）进士，咸丰二年（1852）授编修、上书房行走。九年，授贵州镇远府知府。同治元年（1862），署贵东道。四年，署按察使。六年署布政使，八月，署巡抚。七年七月，补贵州巡抚。光绪元年（1875）八月，卒于贵州巡抚任上。

③ 光绪《古州厅志》卷三《田赋志》，《中国地方志集成·贵州府县志辑》第 19 册，第 323 页。

局禁革地方官和土司滥派夫役的决心。① 该严禁派令苗民应夫供役的文告称：

> 为出示严禁事。照得苗疆粗定，民困未苏，亟应别除积弊，加意抚绥，以作长治久安之计。兹据通省善后总局，转据都匀府罗守具禀，地方官及土司衙门，向有苗民轮流当差应夫，并供应器具什物。每遇差使过境或因公下乡，土司、书役联为一气，勒派夫马酒食，无不恣意苛求。且有营汛、弁勇、绅团，责令苗民服役，其弊相等。各路防营，见而效尤。遇有移营、樵采，亦相率擅用苗夫。似此劳烦民力，朘削民膏，实不堪命。应即严行禁革，以安闾阎。除行善后局分移镇、道，并行各营属遵照外，合行出示严禁。为此示仰各属地方官绅，及营汛员弁并土司、书役、民苗人等知悉。嗣后除主考、学院过境，照旧派夫迎送，此外无论何项差使，不准派令苗民应夫供役。一概供应陋规，尽行革除。倘有仍前勒派索扰情弊，一经查出或被告发，即行照例分别参处究办，决不稍宽。勿谓言之不预也。②

学院、学台、学差等，均为清代学政的别称。清制，各省学政为京官奉使出学差，巡考所属各府州，又称为"巡考地方"。学政与各府州县官的事务交叉，主要是合办岁科两试（包括童子试）。这些府州县官在学政考试生童中扮演的角色比较固定，基本可以用本职、承办官和提调官三类区分。其中，承办、提调实为府州县官在学政考试期间充任的"差"。清制，学政按临时的吏役、衣物、饮食、桌椅等各项度皆由承办官供应。学政与承办官常因供应事务产生纠葛，表现为学政需索供应，常常逼迫承办官超支供应费用和物品，而承办官则往往借机盘剥士民，转嫁

---

① 其中，计划寨的告示以《永垂不朽》为名，立于同治十三年冬月。摆赖寨的碑文以《永垂千古》为名，由古州同知照录曾璧光的文告，于光绪十三年十一月十三日竖立。韩荣培在贵州三都县（清代都江厅范围）的调查，亦发现同治十三年都江厅千家寨等五十三寨曾以《革除夫役永远碑示》为名，书立曾璧光的示谕，参见《贵州"六山六水"民族调查资料选编·水族卷》，第133~134页。

② 光绪《古州厅志》卷三《田赋志》，《中国地方志集成·贵州府县志辑》第19册，第323页。

压力。①

是以，贵州巡抚要求各地于学差过境时仍派夫迎送，却又不明定章程，此举引发地方官员的不满。苗疆地方官员在经费支绌之下，复倚土司派令苗民应夫供役，时有发生。这也反映出贵州地方当局的决策与地方官府行政运作之间的矛盾。

苗疆地方官员也对贵州地方当局尽革夫役的决策表达了不同看法。古州厅同知余泽春在其主持编纂的《古州厅志》中便申明，尽革夫役是取快于一时，将来必有变本加厉之弊。他指出，"伏读书中有禁派夫役一政，差事过境，地方官既〔暨〕土司滥派勒帮，差役之需索，兵勇之骚扰，诚有如宪虑之所云者。自吴、罗两道禀请示禁，宪台莅任以来，又复严行禁革。现今地方官、土弁、差役、兵勇，无敢再派夫役者矣。然去岁学台过境，需夫已经四百余名。且复勒抑州县，责成土司、头人，每站折价百余金、数十金不等。以致烂土司、土官借此苛敛苗民，每户出银三钱，迄今讦告不休。转瞬，明春学台又将复来，近复奉藩、臬札饬，学台经过地方，一律预备夫役，支应出境。倘有推诿，一经查出，定行彻参等因。是大宪禁州县之苛派，而学台复自蹈之也。属吏何所适从乎？照律，学台过境，照职衔大小，供给引马若干匹，余俱自发价雇夫马，并不勒抑地方官供应。试问此律今能行乎？否乎？现在下游疾苦之鈌，俱仰局宪发给月费，始免饥寒，尚能垫此巨款乎？"② 显然，余泽春的不满，既由于苗疆地方官府缺少贵州地方当局的财政经费支持，又由于学差过境人数众多所费不赀，更有勒索折夫银两等陋规弊端。

因此，余泽春将垫付学差过境派夫的开支，禀请贵州善后局按照驿站章程计算发给，以免赔累。但善后局以学差过境，向无给差费的前例，无法为古州厅一处开此先例为由，拒绝支付此项经费。种种章程不明，致使余泽春苦不堪言。无奈之下，光绪四年（1878）正月，余泽春禀请贵东道易佩绅、贵州布政使林肇元拨给经费或协商学差改路行走，或明定章程，剔除一切勒折陋规。他说：

---

① 安东强：《清代学政规制与皇权体制》，社会科学文献出版社，2017，第133～137页。
② 光绪《古州厅志》卷三《田赋志》，《中国地方志集成·贵州府县志辑》第19册，第332页。

　　窃古州地瘠民贫，向无丁粮杂税，清苦素著。自经兵燹后，收复未久，遍野荆棘，满目蓬蒿。民间苦况百端，不堪言状。上年学院按试黎平，由卑厅一带地方经过，夫价供应，卑职大费支持。只有月给经费一项，些须之数，凡百皆出于此……查前署东道吴，详定派用民夫，每夫一名，由官日给力资钱一百六十文，通行在案。而此项夫价，并未载明作何开销，在有钱粮州县，或可暂行挪垫。若卑职一厅，苦况甲于通省，并无钱粮可挪，又无公款可垫，勉力支应一次，已属万分掣肘。转瞬又将按临，莫不深为焦急。使卑职稍于力所能支，靡不勉事承应，顾全体面，断不敢以此冒昧琐渎，致贻宪虑。惟念今非昔比，地方当凋敝之时，倘再借资苛派，势必民怨患生，攸关大局。与其开罪种种，何若先事预陈。再四思维，惟有具词肃禀，仰恳大人俯赐查核，或酌给经费，或移咨改路行走，或明定章程，剔除一切勒折陋规。如何办理之处，请示饬遵，实为公便。①

　　显然，此前贵州巡抚曾璧光禁派夫役以及前任贵东道对学差过境派夫迎送的请求，均未得明定章程。因此，作为地方长官的余泽春，为顾全体面只能勉力支撑，内心实则苦不堪言。余泽春之苦，不仅在于派夫迎送所需之食物、供具难获，更在于应夫之外，还要应付学差的勒索。并且，学差过境，苗民应夫供役所需之夫价，并无专款可供报销，而地方官府亦无赋税收入可供挪用。是故，余泽春认为地方官除了苛派苗民之外，别无他法。如此一来，势必引起更大的祸端。于是，余泽春请求林肇元拨给经费或协商学差改路行走。

　　林肇元在接到余泽春的禀告后，批示办理学差过境迎送地方官府每次准派用民夫 150 名。"查无驲地方，学差过境，无项支应，本系实在情形。业经本司酌定，准派用民夫一百五十名，即饬所属苗民轮流应役，按站交替。但俱派用实夫，不准私向折价，致滋科敛……至馆餐之资，所费无多，该厅等身任地方，地主之谊亦宜略尽，查照前任支应，以全大局是为至要。"②

---

① 光绪《古州厅志》卷三《田赋志》，《中国地方志集成·贵州府县志辑》第 19 册，第 324 页。

② 光绪《古州厅志》卷三《田赋志》，《中国地方志集成·贵州府县志辑》第 19 册，第 324 页。

此外，从民间存留的碑刻文献中可以看到，林肇元严禁妄派民夫及派夫折价的张贴文告中，还对派用民夫按站交替、轮流充当的具体做法提出建议，要求地方以汉、苗分派，或按寨分派，或合数寨轮流充当。具体的应役方案，则由地方公议后禀明地方官并刊立石碑，永远遵行。① 易佩绅据此也要求古州厅遵照林肇元订立的章程办理学差过境，并否定了余泽春酌给经费及移咨改路行走的请求。

如此情境之下，苗疆地方官府对学差过境的应对，除了令苗民应夫迎送之外别无他法。因此，这不仅如余泽春指出的，是学差勒抑州县，责成土司、头人将站夫折价进行苛索；而且作为地方官，尽管苗寨中早已由苗民推选出保甲头人，但从便宜行事的角度考虑，以余泽春为例的苗疆地方官在习惯上也仍然是派令土弁来管理学差过境的应送站夫。

需要注意的是苗疆基层社会对应夫迎送一事的应对，以及土弁身处其中的地位和作用。前述余泽春所言苗民因每户出银三钱折价应夫而评告不休，实情是，光绪二年十一月，学差过境，古州厅派令各土弁办理应送站夫，但苗疆动乱多年，久不办站，摊派不清。平江土把总旧管各寨互相争持之下，具控于古州厅。余泽春批示各寨照旧摊派，并令平江土把总与滚纵、六百、八卫、乐乡等土弁从中查例劝改。光绪四年二月，古州厅境内的平江、料里、歹摆、当鸠、俾拉等寨，在头人潘老或、石老三、吴国政、陈保长、吴补梅等的带领下，与宰牙寨、上下绍洞、岑门、美德、苗养、乌济、养汪、官舟等寨，订立了夫役摊派合同，并言明所有平宇一站，每百夫平江司该占五名，系我平江、料里等寨自行担当。所有朗洞该站人夫，系宰牙、绍洞、养汪、美德、岑梗以上各寨承担，日后不得混杂。最后，在这份乐乡土千总代笔书写的合同中，滚纵土把总、六百土把总、八卫土千总、平江土把总作为中人见证，确认朗洞一站各寨夫役的分配情况。合同中开列朗洞一站各寨的应夫情况：

定旦夫碑

立遵批公议照旧例应送站夫清白合同字人，平江、料里、歹摆、当鸠、俾拉一爪等寨头人潘老或、石老三、吴国政、陈保长、吴补梅

---

① 《严禁妄派民夫碑》，安成祥编撰《石上历史》，第50页。

等。因光绪贰年十一月内，学宪过境、府宪札司官办理站夫。缘以叛乱多年，久不办站，故尔摊派不清。以致我等各寨，与寨牙（宰牙）寨、上下绍洞、岑门、美德、苗养、乌济、养汪（两汪）、官舟、孖俾撖等处头人，互相争持，具控府主余案下。蒙批：照旧摊派。并蒙各司与本官杨土司，于中查例劝改。所有平宇一站，每百夫平江司该占五名，系我平江、料里等寨自行担当。所有朗洞此站人夫，系宰牙、绍洞，养汪（两汪）、美德、岑梗以上各寨承担，日后不得混杂。我等二比遵劝，照例息讼，不得再生事端。如有复行多事，任凭执字送官究治。今恐无凭，立此清白照例合同碑，永远存照。

外批：此合同以洋布写，交母司盖印，存在绍洞杨老万处。

计开：

宰牙四寨一爪：杨士荣、龙今三咬。

养汪四寨一爪：杨漏丢。

乌济、向扭、官舟、岑敖一爪：杨应昌、杨三石。

俾得、高兴、归女一爪：姜委召、王老端。

上绍洞一爪：杨再元、杨正刚。

岑门、下绍洞一爪：龙文开、吴洪庭。

岑梗、高归七一爪：江补抗、杨定条。

岑最、苗养、归得一爪：姜老乜、龙老八。

孖俾报四寨一爪：丢佑朗。

外有定向小寨不在爪数，夫亦同众。

中　滚纵刘老爷　六百杨老爷

各司　八卫吴老爷　平江杨老爷

代笔　乐乡司卫老爷

光绪四年贰月初三日榖旦①

这份合同，实际上存在着两层合约关系。其一，系平江、料里等寨，与宰牙等寨，就平宇一站夫数的摊派合同；其二，是宰牙四寨等就朗洞一站的夫役合同。这份合同的订立，显然与碑文所说的"摊派不清"有关，究其

---

① 该合同以《定旦夫碑》为名，立于今榕江县朗洞镇宰牙村（包括卡寨、苗寨、侗寨、宰岑四个自然寨）中的侗寨寨脚土地祠内，碑高98厘米，宽65厘米，厚5厘米。

原因，可能还包含了对余泽春要求各寨照旧摊派的要求的不满，更与前述林肇元批准地方社会公议应役方案形成定例的要求有直接关联。此外，平江、料里与宰牙四寨等虽距离较远，但统归平江土把总所辖。道光十二年（1832）裁汰土舍杨通义，将岑门等十五寨委平江土把总管理，宰牙成为平江土把总杨秉森的驻地。此外，合同中列明的杨应昌等人，在道光二十一年宰牙四寨归府管理一案中曾保举苗民龙朗想、杨应华等四人承充该寨头人。同治元年（1862），在购买客民李老考因投贼被抓的充公田产案中，杨应昌并寨牙四寨共出银四百两（其中杨应昌出资一百八十两）。从中亦可窥见杨应昌的财力与其在当地乡村社会中的地位。相关内容可参见笔者在第五章中的叙述。

上述苗疆地方官府与基层社会对贵州地方当局严禁滥派夫役的应对说明，历经"咸同苗乱"的冲击，尽管地方官府在派令苗民应役习惯上仍是要求土弁办理，但不准借端滥派夫役的禁令，令地方官和土弁在办理过程中亦不得不小心谨慎，不敢一如过往苛敛无度，土弁也仅充当中人出现在上述夫役合同订立的场景中。再者，以杨应昌等为代表的苗疆基层社会基于公平的诉求，实际上延续了前述苗疆基层社会内部精英力量逐步壮大并取代土弁在地方权力格局中核心地位的趋势。此外，当时贵州地方官员对于苗疆吏治的整顿以及裁革土司（土弁）的讨论，也令土弁在苗疆社会中的身份、地位进一步发生变化。

第二节　清廷裁革苗疆土司与理苗厅治理体系重构

一　"咸同苗乱"后的整顿

为了平定"咸同苗乱"，清政府调动川、湘、滇、桂、黔五省兵力数十万人对起义者进行镇压，并在动乱平定后调整对贵州的治理策略与施政措施。以往的研究对清政府以及贵州地方当局在吏治整顿、恢复生产、加强军政控制等方面已多有着墨，笔者无意在此赘述。① 但是，针对有论者

---

① 参见赵宏章《贵州咸同军事时期清政府的"善后政策"》，《贵州师范大学学报（社会科学版）》1991 年第 2 期；杨胜勇《清朝经营贵州苗疆研究》，第 65～69 页；吴大旬《清朝治理侗族地区政策研究》，第 223～270 页。

指出当时清政府希望继续发挥土司、土弁的作用以加强军政控制，笔者认为有必要加以缕析，以呈现当时贵州地方当局和地方官员的苗疆治理思路与苗疆管理体制重构诉求上的真实面貌。首先值得梳理与说明的，包括贵州官场权力格局的更替以及不同层级的地方官员对于苗疆治理的认识差异，尤其是贵东道官员易佩绅在苗疆善后整顿中发挥的作用。这是以往的研究者较少关注的内容。

分巡贵东道，辖贵州东部黎平府、都匀府、镇远府、思州府、铜仁府、松桃直隶厅，与贵西道一起，成为清代贵州省与府之间的一级行政机构。明清时期由于疆域辽阔、人口众多，省—府—县三级制的行政区划无法满足管理需要，因此省以下分设巡道和守道（即"行政道"），作为省的派出机构，以分管诸府、直隶州、直隶厅等。这些辖有固定区域的巡道、守道设置，反映了中央对地方管理的强化。① 清代道员的职能，主要是对地方所属官员及其管辖事务进行督催和查察。道员能否充分发挥其职能，直接关系到地方吏治风气的好坏与社会秩序是否稳定。近年来，已有不少论著从巡道、守道与地方行政治理的关系论述清代中央政府对地方管理的强化。② 此外，虽然清代道员的职能在不断扩大，但监察的职能始终是其在省与地方之间承上启下的关键，不可忽视。

前文已叙及的贵东道易佩绅，其任职期间，适逢贵州遭受"咸同苗乱"，百废待兴，政务频仍，亟须兴利除弊，以求长治久安。易佩绅亦充分发挥其道员的监察职能，希望整顿地方吏治并变革苗疆治理体制。但由于易佩绅个人的书信、公牍不易获见，学界较少注意到易佩绅在苗疆善后中的诉求与作用。因此，以下即主要从梳理同光之际的贵州地方政局态势

---

① 参见周振鹤《中国地方行政制度史》，上海人民出版社，2005；傅林祥、林涓、任玉雪、王卫东《中国行政区划通史 清代卷》，复旦大学出版社，2013；林涓《政区改革与政府运作（1644~1912）》，云南大学出版社，2016。
② 参见梁元生《上海道台研究——转变社会中之联系人物，1843~1890》，陈同译，上海古籍出版社，2003；苟德仪《清代川东道的辖区与职能演变——兼论地方行政制度中道的性质》，《中国历史地理论丛》2008年第3期；《川东道台与地方政治——以黎庶昌为个案的分析（1891~1895）》，《四川师范大学学报（社会科学版）》2012年第2期；周勇进《清代地方道制研究》，博士学位论文，南开大学，2010；邹建达《清前期云南的督抚、道制与边疆治理研究》，博士学位论文，云南大学，2011；庄林丽《清代台湾道、台湾道台与台湾社会》，社会科学文献出版社，2015；等等。

入手，呈现当时贵州巡抚与贵东道关于善后调整的政务互动，由此揭示清政府官员对地方善后兴利除弊的治理策略。

易佩绅（1826～1906），湖南龙阳（今汉寿）人。咸丰八年（1858）中举，从军川陕间，积功授知府，同治六年（1867）办理援黔营务，同治九年以贵州候补道摄理安顺府知府，光绪二年（1876）署贵东兵备道，光绪四年补授。六年十二月升贵州按察使。此后历任山西、四川、江苏布政使，十三年十二月辞江苏布政使后归隐。易佩绅仕宦虽非显达，但都有政声，郭嵩焘称其为"良吏"。易佩绅亦自述"生平服官，颇不负所学者，安顺半年，贵东五年耳。盖事以难而获济，且在省会外可先自主张而后闻。人以为异于今，而自以为合于古也。其后在桌在藩，皆无难事。而省会或督或抚，朝夕相闻，不能过立异，故自觉平平焉"，对自己在安顺府、贵东道任内所得的政绩，引以为豪。① 易佩绅生平所学得以展开，特别是在贵东道任上遇事可先自主张而后闻于省，与时任贵州巡抚黎培敬②的信任有直接关系。

以吏治整顿为例，其实际上呈现出极为复杂的景象。同治十二年十一月，在动乱初平之际，皇帝便谕令贵州巡抚曾璧光整顿吏治，对黔省地方官吏不能胜任者严行纠参。③ 以此为契机，咸同兵燹后，清廷意识到黔省军务初平，疮痍未复，地方官洁己秉公、安良除暴，才能与民休息，治理得当。此后，至光绪元年曾璧光卒于任，这位贵州巡抚仅奏请将黔省贪诈的官员程云淼等四人分别降职、革职。④ 光绪元年十二月，易佩绅在写给湖南巡抚王文韶的信中称："黔之现状堪忧，苗变可能再起；而前宪（曾璧光）治理有误，黎宪正艰难维持。"⑤

黔省吏治败坏的积弊，加之曾璧光的包庇，贵州地方当局的吏治整顿工作有所延宕，遂使黔省又有再乱之机。是故，黎培敬委托彼时尚在贵阳

---

① 易佩绅编《贵东书牍节钞·叙目》，北京师范大学图书馆藏光绪十八年刻本。
② 黎培敬（1826～1882），号简堂，湖南湘潭人。咸丰十年进士，同治三年出任贵州学政，六年任贵州布政使，光绪元年任贵州巡抚。五年因上疏请释前总督贺长龄处分而遭降三级调用，补授四川按察使。六年升漕运总督，七年调补江苏巡抚（未到任），八年病逝于长沙，谥文肃。
③ 《清穆宗实录》卷三五九，同治十二年十一月壬子。
④ 《清德宗实录》卷三，光绪元年正月甲寅。
⑤ 陈松青：《易佩绅易顺鼎父子年谱合编》，湖南师范大学出版社，2018，第154页。

修书局总纂《平黔纪略》的易佩绅兼办营务。易佩绅曾因营务不能管吏治而愤懑不已。① 光绪二年，黎培敬上奏保举候补道易佩绅，力荐其乃堪胜大任者，其言曰："臣来黔十年，于各属吏相习最久，求其文武兼资、堪胜大任者甚少……贵州候补道佩绅，抱负不凡，留心时务，整军治吏，俱极精详，堪胜司道之职。"② 随后，当贵东道出缺，经黎培敬奏请，易佩绅署任贵东道。此后，黎培敬对吏治的整顿是光绪初年黔省吏治得以肃清的关键，但这一成果也离不开贵东道易佩绅的推动与助力。

易佩绅上任后，以严查、速查永从县令吴延尧而求惩一儆百的效果。易佩绅赴贵东道任上，便致函黎培敬称"吴令劣声四达……此事若不正办，黔南断无转机"，拟惩治贵东道辖下黎平府永从县知县吴延尧。③ 随后，他进一步向黎培敬介绍永从县的惨状与贵东官吏的贪劣："永从苗民苦况……每寨向有牛二三百头，今无一矣，自十岁至三十岁之妇女，今无一矣，所存之民多掘草根以食者。各军惟刘顺德一营差强人意，余营皆极无状。而永从吴令，尤出人意外，有不能罄述者。"④ 贵东官吏的劣迹，显然超乎易佩绅的想象，他称："职道所过地方，无一称职之官。即如某守之懈驰，固所素知，而不料其徇庇差役、横逞意气，更出意外。此在黔员素称佼佼者，今且若此，其他复何言哉！"⑤ 因此，至古州上任后，他又专门上书黎培敬，请求严查吴延尧。光绪二年六月，他致书贵西道曾纪凤，称"各僚吏为理法所不当容者甚多，皆尚未举发。只一吴令是人所共知之巨凶，不先举发，难问其余。亦俟先举发，而省中能按法行诛，乃可问其余，亦俟按诛一人而各吏知警而速改，亦可不问其余"。⑥ 不过，现实并没有能够按照易佩绅的设想发展——"各吏知警而速改"，而是"乃甫举发此一人，遂有苛刻之目"。对于无法放手整顿吏治，易佩绅颇感受挫。

起初，黎培敬亦不赞成速惩吴延尧，这令易佩绅更感受挫。因此，他

---

① 陈松青：《易佩绅易顺鼎父子年谱合编》，第 155 页。
② 《奏为保举贵西兵备道曾纪凤候补道易佩绅事》（光绪二年二月二十一日），录副奏折，档号：03 - 5105 - 061。
③ 易佩绅编《贵东书牍节钞》卷一，第 1 页。
④ 易佩绅编《贵东书牍节钞》卷一，第 1 页。
⑤ 易佩绅编《贵东书牍节钞》卷一，第 2 页。
⑥ 易佩绅编《贵东书牍节钞》卷二，第 2 页。

对曾纪凤表达了对黎培敬的不满，认为其同曾璧光一样，心存阿私纵弛之心，"吾为黔民滋戚矣。渠又述中丞语，云颓风已久，殊不易挽，当徐为之。夫惟其颓，故当挽，惟不易挽，故当力挽。今日徐徐，明日徐徐，其尚有挽之期哉？不惟不能挽也，将益颓矣。不意中丞刚直之气，积年以来，为曾文诚濡染，乃亦若此。嗟乎！以曾公之阿私纵弛，号称和平，可以致高位、得美谥。以易子之悲悯忧愤，力求匡济，不过一候补道，人亦孰肯不为曾公之所为，而为易子之所为哉？吾为世道滋戚矣"。其后更言"兄既无人可用，其何能有造于黔哉！兄于中丞之谊，断不忍轻言一去字，然恐或虚拘或徒劳，则可惜此一番过合矣。老弟其何以教我也"。①

易佩绅的不满与受挫，还在于贵州布政使吴德溥告诫他不宜将举发吴延尧贪腐一事宣扬、传播。为此，他进行了反驳："来示家有墙垣所以合好掩恶，谓吴令事于滇湘处少及云云。湘固毋庸及也，滇岂可不及者哉。夫合好掩恶，指饮食男女之类耳，合好无论矣。所谓恶者，盖饮食有醉饱之愆，男女有狎昵之失，掩之可也。若家有一人焉，夺一家之饮食，杀一家之男女，此可掩耶？可于其家长处亦掩之耶？滇黔总督固与黔抚同为黔之家长也，可不及耶？"② 处理劣令吴延尧的不顺，甚至使易佩绅意气用事地向曾纪凤提出黔吏可用书痴而治久安的想法。他说："吾尝谓黔吏必尽用书痴而后可图久安之治。此言虽近偏矫，实因一种油滑无赖之人所激而然也。乃反其道者，必尽用油滑无赖之人，即稍有书气者，亦必使消磨净尽而后用之，则吏治尚可问耶？"③

随后，易佩绅整顿吏治的诉求获得转机，黎培敬最终支持易佩绅严查吴延尧。光绪二年七月，黎培敬奏请将吴延尧革职审办。《清德宗实录》载："谕内阁，黎培敬奏请将贪婪不职之同知革职审办等语，署永从县知县候补同知吴延尧，借办理善后为名，辄向六硐各寨苗民任意苛敛，实属荒谬糊涂。吴延尧着即革职，提省审讯确情，照例究办。"④ 以此为契机，该年底黎培敬上奏参劾黔省贪劣官员 39 名，此后更陆续参劾贪污渎职的黔省官员多名。

---

① 易佩绅编《贵东书牍节钞》卷二，第 3 页。
② 易佩绅编《贵东书牍节钞》卷二，第 1 页。
③ 易佩绅编《贵东书牍节钞》卷二，第 4 页。
④ 《清德宗实录》卷三七，光绪二年七月乙亥。

　　另外，易佩绅严禁贵东道辖内各官私设厘卡抽收厘金，也是其整顿吏治的重要内容。厘金抽收，始于太平天国运动时期清廷为筹集军饷而新增对百货流通的征税。各省一般在省城设立厘务总局进行办理，总局之下，设立各局卡，分布于全省各府县及各口岸进行抽收。① 这无疑加重了民众的负担。设于贵东道辖境内的五官坝厘局因抽收过重且密，发生了商民对抗厘局的行为。易佩绅闻报后饬令严拿目无法纪的商民，并进一步通过实地查访向黎培敬禀报，指出商民抗法不能尽归咎于商民，而应追究五官坝厘局委员的营私行为，并认为抽厘委员的营私行为较叛逆更甚，理应严惩。②

　　易佩绅指出省局分设厘金之外，各属地方官私设关卡征收厘金作为地方官府办公的经费，有违朝廷法纪，应予以严禁。莅任贵东道伊始，易佩绅先将属于贵东道经费一项的南嘉堡厘金裁撤，并发布告示，严禁贵东道辖内各属私设厘金。③ 随后，思州府知府主动裁撤私设的东门厘金。易佩绅赞许之余，向该知府进一步阐明革除私厘与革陋规的不同。他称："虽地方清苦，若陋规尽革，于官不便。然苟能以俭养廉，屏去浮费，亦安见廉吏之不可为耶？况厘金因勇饷而设，乃朝廷不得已之举。若地方官私设厘局，则是大干法纪，非仅如寻常陋规也。是革私厘并不得谓为革陋规也。"④ 对此，地方官员有不赞成的声音。如铜仁府知府请求暂缓裁撤厘金，以资办公。对此，易佩绅批示："扰民之事不休，民生不遂，何能禁民为匪？徒使二三绅士依倚，地方官借公科敛，何日是弭乱之期？即使有需费举办之善后事宜，应由地方官禀请省局，酌发经费。"以此告诫铜仁知府不得以筹措办公经费为借口暂缓裁撤私厘。⑤

　　除通过惩治吴延尧和严禁私厘来整顿吏治外，易佩绅在巡行辖境时亦不断发布告示，以求剔除地方弊端，与民休息。此外，易佩绅通过对属员在刑名、钱粮事务上存在的措置不当之处的批示、纠参，发挥了道员在地方行政运作中的作用。

---

① 罗玉东：《中国厘金史》（上），大东图书公司，1977，第68页。
② 易佩绅编《贵东书牍节钞》卷三，第12页。
③ 易佩绅编《贵东书牍节钞》卷四，第2页。
④ 易佩绅编《贵东书牍节钞》卷四，第12页。
⑤ 易佩绅编《贵东书牍节钞》卷四，第12页。

易佩绅的施政，备受黎培敬的肯定。于是，当光绪四年（1878）初清廷谕令各直省督抚整顿吏治、保荐人才以备录用之际，黎培敬保举易佩绅补授贵东道。黎培敬陈述易佩绅的政绩，称"臣察其为政，以爱民为主，督饬各地方官培养元气，勤恤民瘼，教养兼施，务求实际。属吏有不肖者，廉实揭参，守正不阿，风声所树，实足顺民心而肃吏治。该道品学端方，性情忠亮，克任艰巨，器识深宏，实堪司道之任……倘荷圣恩，迁擢录用，必能保障地方，有裨时局"，更担保"如不称职，臣甘受滥举之咎"。① 最终，黎培敬奏请易佩绅补授贵东道事获得批准。②

二　变革旧制与裁革苗疆土司

整顿吏治与严禁私厘之外，易佩绅更进一步思考对苗疆管理体制进行变革。由此，他也推动了贵州地方当局乃至清廷在光绪初年对黔省苗疆现行管理体制的变革。在《咸同贵州军事史》一书中，凌惕安曾梳理了曾纪凤、罗应旒、吴德溥、陈宝箴、邓善爕等人关于筹办黔省苗疆善后的建言。这些建言中，既包括了将苗疆各厅改置州县、添设巡道等从管理体制出发的变革措施，也包括了变苗为汉、兴设学校等文化、认同上的构建，更包括了裁革土司以消除地方官府与苗民之间隔阂的一系列措施。③ 从中也不难发现，这些善后建言，大多触及了旧有管理体制存在的问题，以及对这些存在的问题提出了改进措施。

易佩绅《禀请变通旧制事宜》一文，系统阐释苗疆的兵米采买、挽运与土弁、通事设立的旧制，是激化苗疆地方社会矛盾和动乱的根源，亟须进行变革。光绪三年八月，易佩绅致函黎培敬，称"今职道又上变通各事宜之牍矣，缕缕六千余言，筹度数月而始具稿，点窜数四而始定，有考证，有体验，非徒逞臆见而不愿成法舆情者。伏求宪台勿厌琐屑而徐阅之，可行者即行之，若仍匆匆过目而即置之，则职道之心血为空耗矣。若但为将来职道文集中存一议而未行之稿，亦可惜矣"。④ 随后，易佩绅系

---

① 《奏为遵旨保举贵州贵西曾纪凤候补道易佩绅并密陈考语事》（光绪四年五月十七日），录副奏折，档号：03-5129-096。

② 《奏请易佩绅补授贵东道事》（光绪四年六月十八日），录副奏折，档号：03-5130-043。

③ 参见凌惕安《咸同贵州军事史》，第 1186~1202 页。

④ 易佩绅编《贵东书牍节钞》卷一，第 22 页。

统阐述其改革思路。

其一，停止苗疆兵米采买、挽运的供应方式，改为折价买食。清廷构建的苗疆兵米供应体系，并没有在实践中得到切实施行，出现了本书前述的折交情弊，以及地方官府强令苗民上纳和侵吞兵米价银的陋弊。如乾隆三十六年（1771），土千总欧韵清向苗寨勒索银 700 两和米 52 石，以及嘉庆十八年（1813）古州厅内通倒、火烧、乌松等村寨，向古州厅及其上级官府告发土千总借采买之名苛索兵米，均是现存官方档案与民间文献提供的苗疆地方官府及其在基层社会的代理人土弁借兵米采买苛敛的相关例证。苗疆兵米供应的陋弊引发阶层对立与冲突，给当地社会经济的发展与稳定也带来了严重破坏，使晚清贵州地方当局终于意识到要对有名无实的苗疆兵米采买、挽运供应制度进行变革。光绪三年（1877），经黎培敬奏请，贵州全省绿营拟按照五成的比例恢复制兵额数。自乾隆初年以来屡经裁汰之后，至咸同年间贵州全省绿营兵丁额数为 34000 余名，按照五成的比例，即应募足 17000 余名。对于苗疆兵米采买、挽运的旧制，易佩绅首先指出，苗疆自乾隆、嘉庆以来的开发、繁衍，本地的产出已足以供应采买，而挽运和接收的地方官府之间遂串通一气，空领运价、粮价而中饱私囊。因而，苗疆兵米的供应，是"采买虐民，挽运罔上，公私交失"。①古州厅同知余泽春也持相同的观点。他指出，苗疆兵米供应体系周密，但日久弊生，最初地方官将采买之数摊派给苗民，令其上纳，同时短给价银；此后，地方官变本加厉，名为采买，实际上并不发给苗民价银，但仍令苗民照数上仓纳粮或加倍侵渔。久而久之，地方官府的采买进而演变为以折色上纳。咸丰年间，古州厅境内甚至出现了苗民照章上纳本色米石，而同知仍令尽行折色交纳，致使苗民上纳米石露积河沿而朽坏的惨状。②

事实上，借由停止兵米采买、挽运的动议，易佩绅不单单是制止地方官府借挽运、采买兵米牟利，还要进一步将挽运、采买所耗费的运价、粮价等节省下来，以解决贵州地方官府的津贴。他指出，采买、挽运两项每

---

① 光绪《古州厅志》卷三《田赋志》，《中国地方志集成·贵州府县志辑》第 19 册，第 319～320 页。

② 光绪《黎平府志》卷五《武备志》，《中国地方志集成·贵州府县志辑》第 17 册，第 469 页。

年靡费银 36560 余两，如果能停止采买、挽运，将贵州各府州县秋粮及改征米进行折色征收，解交贵州粮储道库房，再转发各营将弁摊发兵丁，由兵丁自行在市场上采买月粮，则采买之银均归实用，苗民免白粮之累，地方官府也无挽运之烦。并且，以挽运脚价、绳索、口袋银 17230 余两，补不敷米 6255.5 石所需的价银，尚可剩余银 11000 两。① 在此基础上，易佩绅希望将挽运脚价等项余银拨作地方官的津贴，以厚官禄而革陋弊。光绪三年十二月，易佩绅在致函贵西道曾纪凤的信函中，阐明了兵米改为折价买食可以厚官禄的缘由："兵米折价，能除民害，虽不能省费，亦当为。况每岁可省二万余金耶！然昨有言者，采买，官利也；挽运，官利也。粮不解省而就地作兵米，亦官利也。今尽改之，官更难作矣。兄初议，原谓厚官禄而后可以革陋弊，今陋弊革而官禄未厚，且入者减而出者反增焉。诚不可以不计，其即以所省之二万余金，分作各瘠缺之津贴，可乎？"② 采买、挽运在实践中呈现出的弊端，令贵州地方当局不得不做出改变。

黎培敬采纳了易佩绅的建议，于光绪四年二月上奏请求剔除贵州全省绿营兵米采买、挽运弊政。最终，清廷批准了该奏请，将苗疆兵米供应改为由贵州省粮储道折价发给兵米买食。③

不过，易佩绅拟将黔省停止采买、挽运后节省下来的余银用作地方官津贴的方案，最终未获通过。光绪五年正月，他致书已署贵州按察使的曾纪凤商议速定津贴之议。易佩绅指出，"乃近来各官告苦，每谓折征解库，取于民不敢多，而解于道不能少，且有盈焉！但为粮道书办之利，而甚为地方官之累。不知执事亦有闻见，亦曾虑及否？是必速定，分别津贴之议，而力杜道书之弊，则老弟与兄倡议之初心始可无憾也。惟亟图之为祷"。④ 然而，随着该年黎培敬因上疏请释前总督贺长龄处分而遭降三级调用，以及各省协济贵州的军饷迟迟没有到位，易佩绅此项动议因缺乏人事与财政的支持而告吹。

---

① 易佩绅编《贵东书牍节钞》卷三，第 7 页。
② 易佩绅编《贵东书牍节钞》卷二，第 25 页。
③ 《奏为黔省各营兵粮停止采买挽运拟由道库发给米折银两事》（光绪四年二月初三日），录副奏折，档号：03 - 6070 - 001。
④ 易佩绅编《贵东书牍节钞》卷二，第 35 ~ 36 页。

　　其二，废苗疆土司、通事。结合前述胡林翼描绘的苗疆土司、通事苛敛的情境，以及苗民已通汉语，地方官府在苗寨签立的头人、建立的保甲体系已能够为流官政府差遣，"咸同苗乱"的善后中屡有废苗疆土司、通事之议。但即便此时的土司、通事势力早已式微，对于裁革土司、通事之议，当时参与讨论的各方，仍有不同的意见。

　　易佩绅力主应废苗疆土司、通事。易佩绅首先指出，土司、通事朘剥苗民，与地方官的吏治弊端结合在一起，是地方的流弊之一。[1] 而吏治的整顿，不仅需要惩治贪官污吏，也应该革除贪官污吏借以苛索平民的爪牙——土司、通事。易佩绅称："查雍正年间，土司已多褫革不准承袭者，而府厅州县收粮名册，往往在土司之手，据为护符，官不能不委任之；抑或不肖官吏，倚为腹心爪牙，以苛索平民而委任之。守土则营私便安，土舍则夤缘代理，谓之明革暗不革，上革下不革……当日土司、通事之不可不设者，苗民言语不通，地方公事必资之而始举也。今各寨皆有能通汉语之苗，可择为保正、团首以备差遣，则土司、通事可废。"[2] 因此，欲正本清源，以求长治久安，须废土司、通事。不过，这项改革动议提出后，同样迟迟得不到落实。直至两年后，关于土司、通事裁革的讨论才重新展开。

　　光绪五年清廷关于裁革苗疆土司的讨论，源于曾任都匀府知府的罗应旒通过都察院代奏拟革除苗疆积弊的条陈。[3] 罗应旒同样认为苗疆土司、通事可以废除，理由既包括对土司、通事苛敛的认识，也包括其认为苗民通汉语者已多可用为保正、团首。当然，从稳定局势的角度而言，罗应旒则希望将土司、通事按云骑尉等例准予世袭、收入绿营补用，但不准地方官员再对其加以任用。其言称："土司、通事挟其诈力，朘剥无已，一切食米烟火、丧葬嫁娶、夫马供应之费，无不取之于苗民外，此又复千百其术，借事勒索，不倾其家不止，而苗民之生机绝矣……念其先人之劳，但准其承袭，比于云骑尉、恩骑尉之例，收入营标补用，

---

① 易佩绅编《贵东书牍节钞》卷三，第6页。
② 易佩绅编《贵东书牍节钞》卷三，第7页。
③ 罗应旒因与巡抚黎培敬有隙而离任赴京。易佩绅称："罗道自曾文诚在任时，已隐与黎前宪不合。谓但由职道之推荐而非黎宪所心许，乍到思、铜，即具牍请引见。而黎宪不留，罗道遂去矣。"见易佩绅编《贵东书牍节钞》卷二，第45页。

不准干预地方公事。地方官如任用之或委充团首、保正者，皆从严处。"①
皇帝览阅后，谕令称："该道久在黔省，熟悉地方情形，言之自能确实。
似此弊窦丛生，亟应力图整顿。着刘长佑、岑毓英详细查明，妥筹办
理，务将以上各弊革除尽净。罗应旒所拟办法各条，是否可以照行，并
着酌量采择。贵西道曾纪凤，贵东道易佩绅，皆在黔年久，自必洞悉苗
情。即着刘长佑、岑毓英，督饬该二员实力筹办，并着将如何办理情形
妥筹具奏。"②

　　与罗应旒所拟将土司、通事以云骑尉等例准其世袭、收入绿营补用的
处理意见不同，易佩绅仍力主应裁撤土司，并不准其世袭。易佩绅接旨后
称罗应旒所陈苗疆积弊皆从前所有之事，其更曾与罗应旒商议，而罗应旒
所奏禁用苗夫及停止苗疆兵米供应的采买、挽运均已实行，或暗指罗应旒
对革除苗疆积弊的建言已稍显滞后。易佩绅认为应裁撤土司、通事并不准
其世袭的理由是：

　　　　查贵州土司之设，初以熟悉苗情，借资管束，故使之世承其职，
　　迨前明以及国朝陆续改各宣慰安抚使司卫所为府州县，复设丞倅各
　　官，改各土司为土目、土舍、通事，只令承袭其职，不准干预民词。
　　所存土司之名，不过十余员耳。其不理词讼，仍与土目、通事等。惟
　　各土司、土目所驻之处，大率离地方官百里以外，地方官或以协提案
　　件等事委之，彼因相距较远渐至擅受擅理，募役设卡搕害多端。职道
　　访察其情，虽屡经示禁，然只能防范于目前，究难杜弊于永远。且查
　　各属土司，当兵燹之后，多无嫡裔应袭之人，往往同姓有力者，贿弊
　　冒袭，其人既非勋旧之遗，而其权足为苗民之害，甚非国家综名复
　　实，弭盗安边之至计也。职道前请裁撤，实为时会事体所并宜速断
　　者。今罗道所拟，若怜其先世有劳足录，准其承袭云骑尉、恩骑尉
　　等语，窃谓前代之勋旧，其功德什倍于土司，而泽因世斩，恩以义
　　断者多矣。土司之承袭，历世久远，泽既无余，食报亦足，今因其
　　后嗣有害于民，绝而不续，诚不为过。前既降为土目、土舍，而犹

　　① 《钦定平定贵州苗匪纪略》卷四〇，《清代方略全书》第 200 册，北京图书馆出版社，
　　　2006，第 644～652 页。
　　② 易佩绅编《贵东书牍节钞》卷三，第 13 页。

自冒为土司，今若复承袭世职，安知不仍故辙，似不如一体编为平
民之为净也。①

显然，在易佩绅看来，只有彻底废土司、通事，才能永远杜绝苗疆治理的
积弊。但是，贵州巡抚岑毓英并没有支持易佩绅裁革土司的建议。在收到
易佩绅等的禀复后，光绪七年（1881）正月云贵总督刘长佑、贵州巡抚岑
毓英会奏，称："伏查土司朘削苗民，在承平时确有如此情状，军兴以来，
土司颠沛流离，无复从前气习，若如原奏概行裁革，则无以服其心，且恐
另生枝节；若改为云、恩骑尉世职，亦属太多，似非尽善之道。臣等拟分
别良莠，随时办理，谕令各土司自今以往，于所部苗民，不准科敛凌虐，
并不准包揽钱粮，擅理词讼。违者立即革黜治罪，不另请袭职，则土司之
弊可除。"②

岑毓英等的处理方案，显然也更符合苗疆地方官员的心意。古州厅同
知余泽春此前与易佩绅的书信往来中，在获知易佩绅有裁革土司之议时，
便表示不必裁革。其称："今之土司，非复如明之安氏、宋氏，骄悍横溢，
虐民抗官也。自张经略开辟以来，渐次裁抑。所存者，不过如保长、寨
头，仅供驱使，小有剥削而已。洞苗、犵苗、狆家，已渐摩圣化，更易服
色，通言语。科目、武功不一而足，土司无从苛刻。惟生苗言语不通，嗜
欲不同，非土司不能通其性情，彼亦自便于土司，而不便于汉官。昔诸葛
武侯征蛮，不设官吏，惟以蛮治蛮，此又无须乎裁革者。且其先亦著有微
劳，圣恩高厚，袭职食土，为我朝不侵不叛之民，似又不必议革，以广皇
仁。惟时加约束，不得擅受擅理而已。"③ 结合前述古州厅在办理学差过
境应夫迎送时的安排即不难看出，这实际上是苗疆地方官欲对土弁有所倚
重思路的延续。

如此情境之下，对于苗疆土司的裁革之议暂时未有定论。值得注意的
是，上述光绪七年（1881）岑毓英等的奏复中，还策划在黔东北铜仁、松
桃等地设立苗弁、苗兵，在黔东南苗疆古州、台拱、清江、八寨、丹江、

---

① 易佩绅编《贵东书牍节钞》卷三，第 14～15 页。
② 《酌拟革除苗疆积弊折》（光绪七年正月十九日），《岑毓英集》，黄振南、白耀天标点，
广西民族出版社，2005，第 230 页。
③ 光绪《古州厅志》卷三《田赋志》，《中国地方志集成·贵州府县志辑》第 19 册，第
333 页。

都江等厅同样实施。此举既有加强苗疆防御之意，亦有取代土司之议。按岑毓英的核查，上述黔东南苗疆各地因地方财政收入匮乏，无法添设苗弁、苗兵，因而拟做变通，将铜仁府、松桃厅等地苗弁、苗兵进行调拨，部分划归古州等厅，用来维护基层社会秩序的稳定。具体的安排是："查铜仁府县原设苗弁十五员，松桃厅原设苗弁一百一十三员。今照章将铜仁府县苗弁拨出十缺，应留五缺，苗兵拨出七十名，松桃厅苗弁拨出八十缺，应留三十三缺，苗兵拨出八十名。现于古州、台拱、清江、丹江、八寨、都江、下江七厅，酌量分设苗弁五十六员、苗兵一百零四名，先资约束。当经责令剃发、改装，已有成效。倘该苗弁等或有苛虐情事，应由该地方官详革、另补。所遗苗弁三十四缺、苗兵四十六缺，拟暂行截留。由该地方官随时察看。如有应行添设之处，再行禀请酌补，以昭慎重。"①此事于光绪八年由升任的贵州巡抚林肇元核查后，称均已办理妥善。

在此期间，贵州地方当局亦严禁土司借端勒收兵谷及一切规费。光绪八年，林肇元要求黔省各地方官刊立"严禁土司勒收兵谷及一切规费"石碑，分立各寨。碑文告示称，黔省土司向以苗民愚朴可欺，常有勒收兵谷及假借地方官府衙门一切名目科派规费的情弊。而国家养兵自有粮饷，断无派及苗民供纳兵谷之理。再者，地方官办理公事，各有廉俸、津贴以资公用，亦无派及苗民供应杂费之理。此后如再有土司勒收兵谷及衙门规费等事，准苗民将土司扭禀地方官，照"蠹役诈赃例"从重治罪。②

苗疆土司裁革一事，至光绪九年才有定论。该年升任云贵总督的岑毓英与贵州巡抚林肇元联合上奏，拟将苗疆土司一概改为世职归入绿营，给予世俸，并将土司旧管的苗民，由地方官另为设立保正、里长，全数编入保甲管理。

> 一曰苗疆土司宜酌照世职归标学习也……其（指土司——引者注）欺苗、夷之不识汉字，不通汉语也，乃反假地方官之教令，颠倒诡诈，以行其朘削，恶归官而利归己。苗、夷日穷，怨毒日蕴，变乱之作岂可委之运数使然？不为变通，害伊胡底……臣等愚以为凡管苗、夷之已袭职土司，饬地方官查取宗图凭札，详由该管道移由藩司

---

① 民国《贵州通志·前事志》第四册，第754页。
② 《严禁土司勒收兵谷及一切规费碑》，安成祥编撰《石上历史》，第63页。

验看，申送巡抚复验，概照恩骑尉世职给予世俸，分拨各镇标收营学习，五年期满，由各镇咨送巡抚考验，其材技可用者，酌拔千、把各缺。但其拨归之标，并远离其里居之地，如古州镇属之土司，则拨归镇远镇标营。如此者，改世职以易其土司之名，给世俸以赡其身家之用；归标营，拔千总，使范围趋向有所歙动，以潜移之用化其贪顽。其旧管之苗、夷，则官为另设保正、里长，使尽编入保甲，以稽察联属之。世俸之所增者少，苗、夷之所益者多。其未袭者严究冒滥，其本支已绝者即予删除，有作奸犯科者严为褫革。夫而后土司之害去，而苗、夷可以永安。其杂居于汉民之间者，则不在此议。①

岑毓英等拟改土司为世职的做法，与前述雍乾改土归流之际，对湖广等地土司自请改流者拨入绿营镇标学习、任用的做法类似。因此，某种程度上也可将光绪九年清廷将苗疆土司改为世职归入绿营的做法，理解为苗疆基层社会的"改土归流"。自此之后，苗疆基层社会土司旧管的苗寨村落也正式以编入保甲的形式，归入地方流官的管理之中。② 此后，苗民也得以保甲的形式对抗仍欲行派累的土司后嗣。如前述于道光二十五年已归府管理清江厅属乌连寨等四寨，光绪初年再遭土千总王中兴后裔派累，被乌连等寨的头人告发，并在保甲的带领下与之对抗。光绪十八年，清江厅针对此事出示晓谕，申斥土弁后嗣不得再借名派累。③

至此，黔东南苗疆从雍正年间的初辟、治理，到经历了一百五十多年的开发与动荡，至光绪初年终稍归平静。从当时贵州地方当局的善后变革措施来看，历史车轮转了一大圈之后，似乎又回到了起点，回归到土司存与废的讨论之中。从中也不难发现，乾隆初年制定的苗疆管理体制，存在着制度设计与社会历史现实并不相符的情形。光绪初年，清廷痛定思痛后才将苗疆兵米供应的采买、挽运旧制，以及土司、通事设置分别予以停

---

① 民国《贵州通志·前事志》第四册，第 760~761 页。
② 光绪四年（1878），黎培敬进京陛见之际，林肇元暂护贵州巡抚一职。其间，林肇元颁布通行保甲新章条规十条，对办理保甲的经费筹措，总甲、里长、甲长的人员选择，以及要求总甲、里长、甲长不准干预钱粮、词讼等做了明确要求。参见吴大旬《清朝治理侗族地区政策研究》，第 260~261 页。
③ 《万古流名碑》，碑现存于剑河县西南 67.4 公里，在太拥乡巫脸村口田埂上，碑高 1 米，宽 0.58 米，厚 0.13 米。碑文自右至左竖写，楷书阴刻。参见贵州省剑河县地方志编纂委员会编《剑河县志》，第 1041 页。

止、裁革。当然，此后由于贵州地方当局人事、权力格局调整，清廷及贵州地方当局没有也无法根除相关的制度弊病。这对苗疆历史的演进来讲，无疑是一段惨痛的记忆。

本章从梳理"咸同苗乱"后贵州地方政局的态势入手，呈现当时贵州地方当局关于善后调整的政务互动。从中可以清晰地看到，贵州地方当局、地方官以及苗疆基层社会的民众等不同层级对苗疆管理体制改革的回应，态度不一，凸显出这样一个现象，即似乎除了地方官之外，省级官员与基层社会的民众都在努力摆脱土司、土弁的牵连。地方官的态度看似明确欲与土司、土弁进行责任切割，实则仍抱着侥幸的态度，欲因循其旧。但随着土弁自身势力的式微、消亡，以及本土社会精英的成长、保甲体系的构建，"咸同苗乱"后，苗疆基层社会的管理权力最终发生了转移。由此观之，与内地州县自太平天国运动之后地方自治日渐增强不同，此时清政府对黔东南苗疆的治理则呈现出日益强化之势。

结　语

　　通过全书的梳理可以看到，清代土弁的制度规范完全有别于传统土司制度。清代土弁的颁授，程序上，应经中央政府批准后，由督抚佥给委牌委任，而非由中央政府颁给印信、号纸进行直接任命；隶属关系上，土弁始终归属地方流官管辖，而非像土司一般相对独立、割据并与流官形成"流土并治"格局。因此，在一定程度上我们可以认为，土弁制度是独立于传统土司制度之外，清代在西南边疆的治理中新确立的一套管理体制。当然，在边疆社会治理、发展的实际运作实践中，土弁最终仍不可避免地演变为类似于土司但又不完全等同于土司的一类职官。并且在称谓上出现了土司、土弁混用，或者土司即包括了土弁的事实。基于此，本书将清代黔东南苗疆社会的治理及变迁，理解为再造土司的过程。

　　清代黔东南苗疆基层社会土弁管理制度的确立，一定程度上是自下而上发展起来的。对黔东南苗疆的治理，清中央政府否定了朝臣提出设立土司管理苗疆的"以夷治夷"思路，支持经略苗疆大臣张广泗的筹划，在苗疆设立"新疆六厅"实行流官统治，仿照内地州县在基层社会的保甲设置，要求地方流官在苗疆签立头人而约束苗民。而初任苗疆的地方官员，由于言语不通、路径不熟，遂倚借熟悉苗疆社会、精通苗语并参与清廷开辟苗疆、征苗有功的差役——通事，协助其治理苗民。并且，出于塑造权威而巩固通事对苗疆基层社会的治理，贵州地方官员罔顾中央政府的法令，违例授予通事土弁职衔，遂使通事的身份由在官人役转变为如土司般的世袭职官。尽管这一有违定例的土弁职衔授职、委任此后被终止，但在地方官府阳奉阴违的纵容之下，逐渐形成了"新疆六厅"流官之下，土弁治理苗民的"流土并治"管理模式。

　　清政府在西南边疆少数民族地区改土归流的推行，强化了其对西南地区的管控。在此情境下，改土归流之后土司制度的内涵已经发生了变化。

在中央政府加强管控之下，承袭时"照流官例更替"① 与不理村寨等规定使存留土司在地方的威权大大降低。但土流并治是土司制度推行过程中的常态，即便是改土归流之后，这一相互制衡、互为补充的局面仍然存在。②由于清政府没有迅速培植起一个在儒家意识形态中更具正统性的绅士阶层以协助官府管理地方社会，部分土司及其势力集团在地方社会中继续发挥了重要作用。"新疆六厅"土弁由吏役到职官的身份转换，亦说明了地方政府与中央政府在对待土司问题上不一致的步调，呈现了西南边疆民族地区内地化进程的复杂路径。

正如笔者在本书第四章中所呈现的，直到乾隆朝后期，清廷才系统性地对黔东南苗疆土弁的身份进行制度上的确认。通过云贵总督李侍尧的奏报，并后续接任的总督福康安的清查，清廷中央终于知悉黔东南苗疆乃至黔省、滇省之中，督抚等封疆大吏直至地方流官在未经中央政府批准的情况下，违例擅设了数量众多的土弁人员。经调查，这些土弁人群中，确有祖先曾立过战功而经督抚奏请后由中央政府赏授的，但更多则是地方官员滥设的。清廷最终的处理意见，是裁汰了绝大多数由地方官员滥设的土弁，对部分设立程序失当，但祖先确有功劳且设立合理的土弁，从国家立法的层面予以保留、承认，并对承袭程序等内容制定出相关制度规范。由此，清代这样一套有别于土司的土弁委任、承袭制度被构建起来。这些被称为土弁的土职人员，其身份与职权以及相关的制度规范自此得到了明确的落实。这也意味着，清廷在黔东南苗疆的基层社会治理，在经历了不设土司治苗的初步坚持之后，历经四十余年的时间，仍然走向了类似土司而实际为土弁的治苗体系。从土弁制度的形成与确立而言，这是一个相对漫长的过程；从实际运作的层面而言，黔东南苗疆的地方官府乃至黔省地方当局则显然并未遵从制度的约束，当然，这一定程度上也是因为清廷最初并未订立清晰的制度规范。

然而，具体到边疆地区的治理实践中，封疆大吏的擅专以及地方流官

---

① 赵心愚通过分析雍正时期清政府在川西高原为确保有效的治理得到落实而设置了大批的土司，指出了这批土司的袭替须"照流官例更替"的特点。参见赵心愚《雍正时期清政府在川西高原设置土司的行动及特点》，《中山大学学报（社会科学版）》2018年第3期。

② 杨庭硕、李银艳：《"土流并治"：土司制度推行中的常态》，《贵州民族研究》2012年第3期。

的便宜行事，都使土弁制度在最初的实践中出现了不少弊端。不过，屡禁不止的土司、土弁违例擅受、滥差等情弊，在一定程度上似乎也可以说明，这本身就是地方行政管理中无法回避的部分。从研究者的角度，亦无法忽视土司、土弁、土目等在整个地方行政治理中的作用与实际职能。换言之，既要注意到弊端的存在，又要分析弊端存在的某种合理性。

这就意味着，对土弁的理解实际上要置于清代地方州县行政与财政运作的框架中。就地方行政运作而言，土弁一定程度上是苗疆地方官府供应绿营兵米运作的关键。客观而言，清廷逐步构建并不断调整的苗疆兵米供应体系，是在充分考虑了苗疆及周边州县产粮实际、路途远近、成本支出等因素，以及在兵、民日食均能得到满足的基础上，因地制宜实施的一套方案。但是，该体系看似章程严密，不料竟成为地方官府敛财、套利乃至腐败的温床。这也说明，基于不同利益出发点，清廷的制度设计与苗疆地方官府的行政治理实践相去甚远。

更为重要的是，苗疆兵米供应体系的构建及嬗变深刻呈现了清代国家治理存在的制度缺陷问题。关于清代地方财政史与地方行政制度史的研究揭示，清代的地方财政中存在着并行的正式、非正式经费体系。地方官府的非正式经费体系虽不合规定，但有一定的合理性。[①] 不仅如此，类似于驿站、屯田和漕运等本属于中央层面的事务，发包给地方官府承担后，本身即存在制度上的缺陷，由此也不可避免地带来了地方官府的腐败。[②] 苗疆地方官员借兵米的采买、挽运进行婪贪、谋利，在永免钱粮正赋的前提下，苗疆地方官府失去了正常条件下通过地丁余银的收入来支付州县行政运转经费的办法，由此通过兵米的采买、挽运来获得陋规收入，满足个人的贪欲以及应付地方官府行政运作的经费需求。因此，地方流官政府有违定例颁给通事以土弁职衔的做法，既是为了鼓励并树立土弁的威权，维护和巩固地方官府对苗民的统治，更是为了让土弁兵米征派、夫役编派等并

---

① 参见岩井茂树《中国近代财政史研究》，付勇译，社会科学文献出版社，2011；白德瑞《爪牙：清代县衙的书吏与差役》，尤陈俊、赖骏楠译，广西师范大学出版社，2021；等等。

② 参见周黎安《行政发包制》，《社会》2014年第6期；吴琦、肖丽红《制度缺陷与漕政危机——对清代"废漕督"呼声的深层分析》，《中国社会经济史研究》2006年第4期；吴琦、何晨《道光后期州县征漕收支及其陋规加派的关系——以浙江乌程县为中心的考察》，《中国经济史研究》2020年第1期。

非其理应承担的任务具备合法性。此后土弁的苛索不仅是满足其自身贪欲，更是为了完成地方官府的任务。因此，在这个层面上，土弁又体现了对于苗疆地方州县财政构建的作用。

借由土弁在苗疆地方行政运作与州县财政运作的角色与作用，我们也可以窥见苗疆民众与王朝国家依附关系的变迁。自明代后期开始，特别是入清以后，随着白银货币进入王朝国家赋役征派领域，其作为资源运用、分配和支付的手段，不仅使国家与百姓的关系从基于人身控制的"纳粮当差"的关系，转变为人民用不同的纳税账户名义向国家缴纳货币或实物定额比例赋税的现代国家税收意义上的关系。由此，国家财政的实现方式、国家行政运作的方式，以及在这个基础上王朝国家的形态与社会结构都发生了重大的转变。[①] 从黔东南苗疆的历史进程，尤其是通倒等寨归府诉求的案例中来看，制度上的赋税蠲免，某种程度上反而给当地民众带来了加倍的向地方官府交纳赋税的负担。因此，当地民众始终构建摆脱地方官府、土弁无休止的夫役派差而走向以定额比例交纳赋税的诉求。而随着苗疆社会经济的发展，以及本土社会精英的成长，此前延宕的签立头人做法得以陆续付诸实践，并部分取代土弁对苗疆基层社会的管理。但苗疆地方流官政府从便宜行事的角度考量，仍不愿放弃对土弁的依赖。是以，土弁经历"咸同苗乱"冲击而自身实力已大不如前，更有裁革之议拟对土弁进行废除，但身任苗疆的地方官员显然更愿意让土弁保留下来。这也显示出苗疆治理体系运转的特性。

清代土弁的出现与存废，一定程度上反映了清政府对于西南边疆地区直接治理的推进程度与地方社会开发的境况。土弁的长期保留，固然有地方流官对土司政治的惯性依赖，但相关的治理举措无法直达基层社会的现实，是西南边疆许多地区"流土并治"格局长期存在的直接原因。不仅是在笔者系统讨论的黔东南苗疆，在云南的西双版纳地区，一直到民国初年仍然保持着"流土并治"的局面。[②] 当然，清政府自始至终并没有对边疆

---

① 刘志伟：《从"纳粮当差"到"完纳钱粮"——明清王朝国家转型之一大关键》，《史学月刊》2014年第7期。
② 参见王文成《土流并治在近代云南边疆的全面确立》，《云南师范大学学报（哲学社会科学版）》1993年第4期；胡绍华《土流并治的典范——清末民初西双版纳土流并治研究》，《中南民族大学学报（人文社会科学版）》2005年第5期。

地区治理出现的情弊放任不理，虽然因地制宜、因俗而治地进行土弁设置，但更因时制宜地确立土弁的承袭章程并裁汰地方官擅设的土弁，从而在制度规范与运作实践上对边疆管理体制进行调整，以适应边疆治理形势的变化。因此，正如杨庭硕先生等强调的，中央王朝在土司制度的执行过程中制定了一整套的规范，并非毫无章法地任由土司目无法纪、胡作非为，而是对违法、犯罪的土司进行严惩，严重者直接将土司地区进行"改土归流"。那种将土司制度理解成独立王国，可以毫无法纪地对所辖部民施暴，显然是对西南历史的误读。① 我们不仅要明晰这一区别，更要加强对清代构建统一的多民族国家、促进西南边疆地区与内地的一体化思想的感悟，以及对这一构建所展现的西南边疆融入大一统中国的机制与历史过程的体认。

　　土司、流官，这一看似二元对立的职官体系，在探讨元明清以来西南本地社会的历史演变进程中，常常被研究者所采用。这样的一套分析体系，或许有助于让研究者区分中央王朝对不同地区的治理策略，但若一概而论，则有可能模糊了不同阶段的应对策略与历史发展的实际态势。诚然，当下随着土司遗址"申遗"的成功，土司制度及其相关的内容势必会受到越来越多的关注。在此情境下，我们对清代的土司制度以及土司、土官、土弁等名词展开探讨，或许不应过多地受其他方面的影响，过度地追求名词的规范化，从而引起可能存在的泛化论述。恰如论者所言，边疆土司是一种地方性的社会制度和政治体系，对其进行研究不能仅仅从王朝国家的层面去考察，过于强调国家的主体性作用，而忽视地方历史传统的内在动力。对于土司政治的考察，相对于共时性的横向分析，研究者更应考察其在具体民族地区展开的历时性过程，王朝国家、土司势力与地方族群三者的互动，以及这一过程如何在现实的社会生活和文化观念上反映出来。② 因此，作为清代土司制度发展中出现的一个新变化，我们理应意识到其出现的历史背景，而不是简单地引用改土归流的一般性理解，对土弁的产生及其演变进行论述。概言之，通过全书的分析可见，与自上而下的土司授职不同，清代土弁的授职与制度的确立，体现的是自下而

---

① 杨庭硕、杨曾辉：《论中国土司制度与西方殖民活动的区别》，《贵州民族研究》2014 年第 3 期。

② 参见陈贤波《土司政治与族群历史：明代以后贵州都柳江上游地区研究》，第 13 页。

上的制度构建。

　　或许，我们更应该关注的还不止于此。近代以来，中国西南边疆民族地区的国家化或内地化建设，一直是学界关注的热点。学界的研究，或从意识形态上以儒家"教化"推动西南边疆社会的行为观念同化，或从制度上以边疆社会与内地的行政治理渐渐归一，论述中央王朝对边疆地区的国家化或内地化构造。① 作为一般性理解的清代地方行政区划的厅的出现，是边疆地区向内地转化过渡阶段中行政建置的选择。在府、州、县之外，别创的这套地方行政管理体制，与州县管理体系的区别，或许不只在职官的品级、衙署以及属官的差异上，更多的或许还应该是在基层管理体系的差异以及不同的地方行政运作机制上。这一点，在"新疆六厅"的具体事例中，或许可归结为"厅"这一地方行政区划层级钱粮正赋与行政经费的缺失。是以，在流官的管理体系之下，置以土弁管理村寨，实际上放弃了对基层社会的直接管控，而回归到"以蛮治蛮"的状态。同样的，将此后引起黔东南苗疆社会秩序动荡的"咸同苗乱"爆发的原因，归结为土司的苛敛，而不细思开辟"新疆"之后的地方行政管理体制存在的弊端，显然模糊了历史发展的实质。因此，"咸同苗乱"之后，在地方官上奏的治苗方略中，最根本的核心，实际上是要改变苗民免交钱粮正赋、革除屯军的状态，在解决地方行政管理机构经费来源的基础上，以一般化的郡县体制管辖之——尽管最终这种状态并没有得到改变，仍是因循旧章。

---

　　① 　参见陈征平《近代西南边疆民族地区内地化进程研究》，人民出版社，2016，第 2~3 页。

附录　清代土弁分布汇总[*]

土弁归属	土弁名称	基本信息及出处
四川 松潘直隶厅	芝麻寨土守备	芝麻寨土司，其寨主杨生荣，清同治时由松镇禀请委任土守备职，有委牌，无号纸、印信。其地……四至共三百一十里，管辖五寨。（民国《松潘县志·土司》）
	中田寨土守备	中田寨土司，其寨主杨观成，清同治时由松镇禀请委任土守备职，有委牌，无号纸、印信。（民国《松潘县志·土司》）
	勿谷寨土千总	勿谷寨土司，其寨主土目抽西踏清，清同治时由松镇禀请委任土千总职，有委牌，无号纸、印信……管辖八寨，番民共一百九十六户，七百八十二丁口。每年每户征麦一斗，交南坪营折充兵米。（民国《松潘县志·土司》）
	边山寨土守备	边山寨土司，其寨主雷登云，清同治时由松镇禀请委任土守备职。有委牌，无号纸、印信……管辖八寨，番民共一百八十二户，七百四十一丁口。每年每户征麦一斗，交南坪营折充兵米。（民国《松潘县志·土司》）
四川 理番直隶厅	杂谷脑屯土守备 阿氏	阿咱纳。于乾隆十七年剿除土司苍旺投诚，补给屯守备之职。三十八年阿咱纳病故，子阿吉承袭。曾经出师金川、兰州、台湾等处，蒙恩赏戴花翎并给都司衔，四十九年奉派进京一次。五十三年阿吉病故，子阿拉承袭，于五十六年出师廓尔喀有功，五十七年蒙恩赏戴花翎并给罗丹巴图鲁名号，六十年出师黔楚，剿捕苗人有功，加副将职衔，五十八年及嘉庆十四年进京二次。（嘉庆《四川通志·土司志》）

　*　本表根据龚荫《中国土司制度史》（四川人民出版社，2011）下编"各家土司纂要"中记载的土弁，并结合该书未载而地方史志实载的内容汇总而成。此外，乾隆末年至嘉庆初年在贵州东北部和湖南西部连片苗疆设置的土弁、苗弁，数量多达数百家，地方史志多未细载，故无法一一列出，特此说明。

土弁归属	土弁名称	基本信息及出处
四川 理番直隶厅	杂谷脑屯土守备 桑氏	沙加豆氏。于乾隆十七年剿除土司苍旺投诚，补给屯守备。三十八年沙加豆日病故，子桑桑承袭。五十年桑桑病故，子桑嘉斯塔承袭。（嘉庆《四川通志·土司志》）
	乾堡寨屯土守备	阿忠。乾堡寨屯土守备阿忠，于乾隆十七年剿除土司苍旺投诚，补给屯守备。二十八年病故。桑吉斯太，阿忠子，承袭父职，四十九年出师石峰堡有功，蒙恩赏戴蓝翎，随派京当差。遗缺以胞侄策楞纳尔布承袭。（嘉庆《四川通志·土司志》）
	上孟董屯土守备苍氏	美诺更噶豆耳日。于乾隆十七年剿除土司苍旺投诚，补给屯守备。三十七年病故。美诺更噶豆耳子阿朋，承袭父职，五十六年病故。阿朋子班马根赞，承袭父职，五十七年病故。班马根赞无子，遗缺以堂兄纳耳吉承袭。该屯守备于六十年出师苗疆打仗有功，蒙恩赏戴花翎；又攻克纳共山等处苗寨，奉旨赏喇嘛遵巴图鲁名号；又攻克平陇一带，蒙恩赏给行营参将；嘉庆二年在大宁东乡一带追剿教匪有功，嘉庆四年奉派赴京一次……每年认纳科粮一百二十四石二斗二升一合八勺一抄，赴理番厅衙门上纳。（嘉庆《四川通志·土司志》）
	下孟董屯土守备苍氏	班马。于乾隆十七年剿除土司苍旺投诚，补给屯守备。五十二年病故。班马子日朋承袭父职，五十四年病故。日朋子沙加噶舍承袭。（嘉庆《四川通志·土司志》）
	九子寨屯守备杨氏	阿太。于乾隆十七年剿除土司苍旺投诚，补给屯守备。三十六年出师金川病故。阿太子阿忠，承袭父职。五十六年出师廓尔喀打仗有功，蒙恩赏二品顶戴并戴花翎。六十年出师苗疆病故，阿忠子杨桂承袭父职。（嘉庆《四川通志·土司志》）
四川 懋功直隶厅	懋功屯属攒拉八角碉屯土守备	懋功屯属攒拉八角碉屯守备，小金川番人，乾隆三十七年金川逆酋不法，大兵进剿，木塔尔率众首先投诚，随同打仗，历著劳绩。四十一年平定金川，改土为屯，即以木塔尔为该屯守备，蒙恩赏戴花翎，给三品顶戴，并给守备委牌一张，五十一颁给攒拉八角碉屯守备图记一颗，又加木槵巴图鲁名号。嗣出师兰州，奉旨赏给二品顶戴，事竣，蒙恩赏给一品顶戴，加散秩大臣衔；又出师廓尔喀，蒙恩赏给副都统衔。木塔尔病故，其子阿申接顶。阿申病故，以阿申之子甲木初接顶，并无号纸。（嘉庆《四川通志·土司志》）

土弁归属	土弁名称	基本信息及出处
四川 懋功直隶厅	懋功屯属攒拉八角碉屯土守备	土守备住八角碉屯。管地……四至三百一十里；所管屯番二百三十三户；每年认纳科粮五十石零六斗零四合。（嘉庆《四川通志·土司志》）
	懋功屯属攒拉汉牛屯土守备	懋功屯属攒拉汉牛屯守备，小金川番人，乾隆三十七年金川逆酋不法，大兵进剿，工噶率众投诚，四十一年改土为屯，即以工噶为该屯守备，管领屯番。给领委牌一张，五十一年颁给管理攒拉汉牛屯守备图记一颗。工噶病故，以伊子纳旺接顶，并无号纸。 土守备住汉牛屯。管地……四至共五百三十里，所管屯番二百九十五户，每年认纳科粮六十二石二斗零七勺五抄。（嘉庆《四川通志·土司志》）
	抚边屯属攒拉别思满屯土守备	抚边屯属攒拉别思满屯土守备，理番厅人，原属松岗土司苍旺之番目。自雍正元年至乾隆十三年，迭经奉调出师西宁、青海等处，打仗出力。乾隆十七年苍旺滋事，王师出剿，阿忠布率领番众乞降。乾隆三十七年金川逆酋不法，调派阿忠布随征，攻克小金川，蒙恩赏戴花翎并给丹巴巴图鲁名号，特赏给三品顶戴，又给行营都司委牌。四十一年平定金川，即令阿忠布管理别思满屯，五十年颁给攒拉别思满屯守备图记一颗。阿忠布殁，以伊子郎尔结承袭。该处屯守备郎尔结出师西藏、台湾，著有劳绩，加给行营游击衔，恩赏给二品顶戴并花翎，又给喀底布巴图鲁名号，无号纸。（嘉庆《四川通志·土司志》）
	章谷屯属攒拉宅垄屯土守备	章谷屯属攒拉宅垄屯土守备，系小金川人。乾隆三十六年因土司僧克桑不法，大兵进剿，安本首先投诚，四十一年平定金川，改土为屯，即以安本为该屯守备，五十年颁给管理攒拉宅垄屯守备图记一颗，并给屯守备委牌一张。嘉庆元年安本病故，以撒尔结接顶，历经出师廓尔喀、台湾、石峰堡等处有功，赏花翎并给喇布章巴图鲁名号，加三品顶戴衔，无号纸。（嘉庆《四川通志·土司志》）
	崇化屯属促侵河东屯土守备	崇化屯属促侵河东屯守备丹拜西拉布，于乾隆三十九年在金川投诚，打仗有功，四十一年充补土职。嗣因出征兰州、石峰堡、台湾等处出力，蒙恩赏戴花翎并给巴图鲁名号，加副将衔。五十三年改土为屯，额食养赡。五十三年出师西藏出力，该屯守备出兵四次，朝觐三次，奉恩旨赏食部司俸。（嘉庆《四川通志·土司志》）

续表

土弁归属	土弁名称	基本信息及出处
四川 懋功直隶厅	绥靖屯属促侵河西屯土守备	绥靖屯属促侵河西屯土守备达固拉约尔瓦，于乾隆四十年在金川投诚，立功充补土职。五十三年达固拉约尔瓦病故，遗缺以伊子色木拉顶补。色拉木五十六年出征廓尔喀，在军营病故，遗缺以伊弟雍蜂顶补。嘉庆十一年出师宁、陕有功。（嘉庆《四川通志·土司志》）
四川 宁远府	河西宣慰司宣慰使（后降土千总）安氏	河西土千总安正隆，其先安泰宁之次子安承引、妻岭氏同子安吉茂投诚，康熙五十一年颁给河西宣慰司印信、号纸。康熙五十七年吉茂殁，无子，岭氏抚伊兄越嵩土司岭安泰之子为子，更名安祥茂。雍正六年改土归流，将河西宣慰司印信呈缴，赏给土千总职衔。（嘉庆《四川通志·土司志》）
四川 嘉定府	胆巴家土千总、土把总	胆巴家土千总纳哉、土把总一平，嘉庆十三年剿办猓夷善后案内选放，共给委牌一张。（嘉庆《四川通志·土司志》）
	哈纳家土千总、土把总	哈纳家土千总月恩、土把总年都，嘉庆十三年剿办猓夷善后案内选放，共给委牌一张。（嘉庆《四川通志·土司志》）
	蜇瓜家土千总一、土把总二家	蜇瓜家土千总哈合、土把总六虫、土把总约格，嘉庆十三年剿办猓夷善后案内选放，共给委牌一张。（嘉庆《四川通志·土司志》）
	魁西家土千总、土把总	魁西家土千总庚乎、土把总作根，嘉庆十三年剿办猓夷善后案内选放，共给委牌一张。（嘉庆《四川通志·土司志》）
四川 叙州府	雷波卫属土千总沙氏	土千总沙氏，于雍正七年归诚授职，未颁给印信、号纸，并无认纳税银、粮、马。（雍正《四川通志·土司》）
	雷波天姑密土千总安氏	雍正六年，土舍安保投诚，管束夷众，无印信、号纸。住牧天姑密，裔孙安贞吉入永善县武库，安国玺以剿夷务功赏千总职衔，安纲鉴以办理防夷功赏六品军功，以次承袭。（光绪《雷波厅志·土司志》）
云南 大理府	归化里老窝土千总段氏	云龙州归化里老窝段氏，其先段维精，明土知州段保之裔。段维精，清乾隆十二年率土练随总兵官谢岳征秤戛夷，招抚鹅毛顶夷民十寨归顺，屡立战功，十七年授千总世职。（民国《新纂云南通志·土司考》）
	六库土千总段氏	段复健。明土知州段保之十七世孙。清乾隆十二年随总兵官征秤戛夷，生擒其首有功，十七年授千总世职。（民国《新纂云南通志·土司考》）

续表

土弁归属	土弁名称	基本信息及出处
云南 大理府	鲁掌土千总茶氏	茶尚庆，土住民，旧系土巡捕。乾隆十二年从征秤戛猓猓，著有勤劳。总统副将给以土千总功牌，分管鲁掌，防御野夷。三十八年，尚庆年老，请以子承袭。经知县汪朝銮详，奉兵部给发札付，发春传茶耀宗，现袭。（光绪《永昌府志·土司》）
	登埂土千总段氏	段联芳，云龙州六库住民。以土巡捕从征秤戛猓猓有功，总统军务给以土千总功牌，分管登埂各寨，防御野夷。乾隆十七年颁发兵部札付，准其世守。凡三传，段豫现袭。（光绪《永昌府志·土司》）
	卯照土千总段氏	段联甲，上江南莫住民，久悉夷情，知县顿权详准承充，嗣联甲死，乾隆四十六年又经知县潘钰详准以联甲子允伸世守。允伸传段珍，现袭。（光绪《永昌府志·土司》）卯照土千总段赓华。（民国《新纂云南通志·土司考》）
	漕涧土把总左氏	明洪武十五年授土千总，后废除。左文灿。清顺治十八年以堵御功，授长官司。左世英，文灿曾孙，乾隆十二年率土练随总兵官征秤戛夷有功，授把总。（民国《新纂云南通志·土司考》）
云南 临安府	稿吾卡土把总龙氏	龙在渭。本纳更司土目，当清初雍正间随官军进剿元、普夷有功，临元镇总兵董芳给以土把总职衔。（民国《新纂云南通志·土司考》）
云南 镇边厅	镇边厅土司二十一家（土守备、土千总、土把总）	清光绪十二年云贵总督岑毓英檄文官王德浩、武官尉迟东晓，至上下改心招抚，保授威远李芝隆为土都司，普洱李朝龙、朝凤为土守备，李齐芳为土千总，石廷子、张天福为土把总，肖修武、李大昌为土外委，并颁赐顶帽、补服、靴鞋，镌发钤记，一体准予世袭。而李朝龙之孙李春先，归化最早，亦授土千总。（民国《新纂云南通志·土司考》）
云南 丽江府	阿墩子土千总禾氏	禾良斗。阿墩子禾良斗，清嘉庆七年奉调带夷练随征康普傈夷，以功赏戴蓝翎，世袭阿墩子土千总。（民国《新纂云南通志·土司考四》）
	北路土千总喃氏	喃珠。北路喃珠，由工龙土职带练从征傈夷。递传至世禄，世禄传良弼，良弼故，子文翰袭。世居康靖地方，东至康普白岩山三十里，南至怒江五十里，西至窝路岩桥三十里，北至岩瓦岩桥七十里。有功，赏给土千总，准其世袭。（民国《新纂云南通志·土司考》）

续表

土弁归属	土弁名称	基本信息及出处
云南 丽江府	奔子栏土千总王氏	神翁。清雍正七年改土归流，奏准充当土千总世职，防守川藏隘。神翁递传至三家七里之子，改名王世昌。（民国《新纂云南通志·土司考》）
	奔子栏土把总柏氏	别马。奔子栏土把总柏长青，其始祖夷名别马，后改姓柏，清雍正七年奏准世袭。（民国《新纂云南通志·土司考》）
	澜沧江土把总赵氏	赵谟。澜沧江赵谟，清乾隆七年，岩瓦洛傈夷不靖，随营效力，屡立战功，奏准世袭沿江土把总。（民国《新纂云南通志·土司考》）
	其宗喇普土把总王氏	王忠。其宗喇普土官，其先夷名七里吉布，原充其喇土目，清雍正七年改土归流，奏准世袭其喇土把总，更名王忠。王氏管理其宗喇普、加料、下塔城等村寨。（民国《新纂云南通志·土司考》）
	西路土把总王氏	西路土官王氏，清雍正七年王连带练助剿阵亡，奏准世袭西路土把总职。（民国《新纂云南通志·土司考》）
	阿墩子土把总桑氏	桑上达。清嘉庆七年，从征康普傈夷，以功赏戴蓝翎，授阿墩子土把总世袭。（民国《新纂云南通志·土司考》）
	临城土把总王氏	王仁。清雍正七年率众投诚，授土把总。后随征傈夷有功，奏准土把总世袭。（民国《新纂云南通志·土司考》）
	中甸厅土守备二家、土千总五家、土把总十六家	土守备二员，系于清雍正二年将原有迭巴所改者。管大小中甸、江边、格咱、泥西五处地方。缺出于土千总内拔补。听文武辖治。 土千总五员，均于清雍正二年将原设之神翁改为者。一管大中甸，辖二卡、汉木、碧怒、处底、结底等村。缺出于土把总内考拔。一管理小中甸，辖康节、吉竹瓦等村。一管理江边，辖拦马、五竹、白地等村。一管理格咱，辖木鲁、独岗、东瓦等村。一管理泥西，辖都跻、木藏、流立等村。 土把总十六员，咸于雍正二年改土归流，将原设之迭宾改为者。各管一村，直隶于千总。（民国《新纂云南通志·土司考》）
	石鼓、中江等地土守备一家、土千总二家、土把总十六家	尚有设土守备王育圻。 石鼓设土千总和锡坤、土千总杨如桐、土把总齐灿文、土把总徐世勋、土把总牛福星、土把总齐祖望、土把总七友才、土把总马玉龙、土把总陈纪、土把总黄毓英、土把总何世昌、土把总刘汉鼎、土把总刘奎斗、土把总松培祖、土把总乌间期。 中江设土把总和锡铨、土把总何耀臣。（民国《新纂云南通志·土司考》）

土弁归属	土弁名称	基本信息及出处
云南 普洱府	普藤土千总刀氏	刀猛比。清雍正五年从征橄榄坝逆夷有功，授土守备职衔。十年又于普洱、思茅军务效力，令其管理地方。刀猛比传至刀先猛，降等承袭，为土千总。（《道光云南志钞·土司志》）
	倚邦土千总曹氏	曹当斋。清雍正七年从征普思逆夷，杀贼有功，给土千总。乾隆三十二年军功升守备衔。当斋子秀，承袭土把总。（民国《新纂云南通志·土司考》）
	猛遮土千总刀氏	刀细闷（《道光云南志钞·土司志》作"刀细闷纳"），随征普思夷匪有功，给土守备。细闷死，召喃降等承袭土千总。传至刀廷柱，嘉庆十五年袭。廷柱死，子平宝袭。平宝死，子承钧光绪二年袭。（民国《新纂云南通志·土司考》）
	猛戛土千总刀氏	刀希锦。清乾隆二十年充补土目，诇察边夷贼盗勤劳，二十九年镇沅府请给土千总职衔。（民国《新纂云南通志·土司考》）
	儒林等里土千总施氏	施腻勒。清雍正五年从征茶山有功，授土千总。施腻勒传子配臣，乾隆三十一年从征普洱，给土守备职衔。施配臣传至雨春，降等承袭为土千总。（民国《新纂云南通志·土司考》）
	定南等里土千总龙氏	龙那甲。清康熙四十六年从征孟连有功，给土千总职衔。龙那甲递传至遵化，授土把总管理地方。（民国《新纂云南通志·土司考》）
	整董土把总召氏	召音。清雍正十年从征普洱、思茅有功，授土把总。（民国《新纂云南通志·土司考》）
	猛旺土把总召氏	召猛冈。清雍正五年从征橄榄坝有功，授土把总。（民国《新纂云南通志·土司考》）
	猛乌土把总召氏	召圕。清雍正七年从征橄榄坝有功，授土把总。（民国《新纂云南通志·土司考》）
	乌得土把总刀氏	清乾隆六年普洱镇府会给土把总职衔。乾隆三十年以军功授土把总。（民国《新纂云南通志·土司考》）
	猛戛土把总刀氏	刀成秀。清乾隆十三年充补乡长，稽察匪类，防范外夷，与刀希锦并著勤劳，镇沅府请给土把总职衔。嘉庆六年，兼荫云骑尉。（民国《新纂云南通志·土司考》）

续表

土弁归属	土弁名称	基本信息及出处
云南 普洱府	猛班土把总周氏	周靖。清乾隆三十年从征缅贼有功，授土把总。 周朝经。嘉庆元年，威远猓夷作乱，靖奉调从征阵亡，靖子朝经，复奉调续往，擒斩甚众。奉旨："土把总周靖，照七品土官例赏恤，给予云骑尉世职，袭次完时，给予恩骑尉世袭罔替。"即令朝经兼袭云骑尉。十八年南兴张辅国抗违不法，朝经奉调会剿，事竣，奉旨赏给四品顶戴，并赏蓝翎。（民国《新纂云南通志·土司考》）
	橄榄坝土把总喇、叭、刀氏三家	喇鲊斋。清乾隆三十年从征普洱逆夷有功，授土把总。三十九年以不能约束夷众黜革。喇鲊斋革，以土目叭龙闲充补。 其后年老革退，复以土目刀太昌充补。刀太昌传子奏凯，清嘉庆七年，为猛笼土把总刀永和土练戕害。十一年，奏凯以子承袭。（民国《新纂云南通志·土司考》）
	六顺土把总刀氏	刀国辅。清雍正间从征逆夷有功，授土千总。国辅死，子镇降等承袭。（民国《新纂云南通志·土司考》）
	猛笼土把总五家	叭先。清雍正七年普思夷民作乱，有叭先者，从征有功，授土把总。叭先死，无子，传侄刀阿与。阿与传弟刀圌猛。乾隆三十八年车里宣慰司刀维屏挈家潜逃，经过其境，圌猛不能阻截，黜革，迁徙江西。后以土目邵庆补其职。邵庆死，无嗣，继以猛遮土千总刀朗代理。刀朗传至叭先竜。叭先竜有病告退，以土目刀永和补充。（民国《新纂云南通志·土司考》）
	猛阿土把总召氏	召叭占。清雍正七年从征逆夷有功，授土千总。叭占死，子召占降等承袭。召占死，无子，嘉庆十七年，夷众请以族舍召翁袭，从之。（民国《新纂云南通志·土司考》）
	猛腊土把总召氏	召糯。清雍正七年从征逆夷有功，授土千总。召糯传子文，降等承袭为土把总。（民国《新纂云南通志·土司考》）
	易武土把总伍氏	伍乍虎。清雍正间带练随征普思夷有功，授土把总。乍虎死，子朝元袭。乾隆三十一年军功升土千总。（民国《新纂云南通志·土司考》）
云南 永昌府	猛板土千总蒋氏	猛板土千总蒋家俊。（民国《新纂云南通志·土司考》）
	明光隘土把总杨氏	杨建国。清乾隆十二年从征秤戛，有功授职。（民国《新纂云南通志·土司考》）

续表

土弁归属	土弁名称	基本信息及出处
云南 永昌府	古勇隘土把总杨氏	杨德深。江西金溪人，客居古勇隘。从征秤戛（清乾隆十二年），有功授职。（民国《新纂云南通志·土司考》）
	茨竹寨土把总左氏	左正邦。从征秤戛（清乾隆十二年），有功授职。（民国《新纂云南通志·土司考》）
	大塘隘土把总刘氏	刘尔游。从征秤戛，有功授职。（《道光云南志钞·土司志》）
云南 永北直隶厅	华坪土千总李氏	其先某，缘清康熙三十四年四川中所番夷作乱，奉调随营征剿，以功保授土千总职，世袭。（民国《新纂云南通志·土司考》）
云南 元江直隶州	儒林等里土守备施氏	施糯利。清雍正五年随征镇沅、威远、茶山，十年随征普洱、思茅，授土守备。糯利死，子配贤降等袭土千总。（民国《新纂云南通志·土司考》）
	喇哺土千总普氏	普应祥。新平县喇哺普应祥，清雍正十年从讨叛夷杨昌礼有功，乾隆五年授土千总。（民国《新纂云南通志·土司考》）
	元江土千总刀氏	刀世龙。随征有功，清雍正八年授给土千总委牌。（民国《新纂云南通志·土司考》）
	斗门磨沙土千总邱氏	邱国良。新平县斗门磨沙邱国良，清雍正十年从讨叛夷杨昌奉等有功，授土千总。（民国《新纂云南通志·土司考》）
	元江土千总八员	廖盛魁。元江土千总，康熙五十六年详给廖盛魁土千总委牌。（民国《新纂云南通志·土司考》）
	他旦土把总普氏	普洪亮。清雍正十年随父讨叛夷有功，乾隆三年授洪亮土把总。（民国《新纂云南通志·土司考》）
	老是达土把总李氏	李张保。清雍正十年从征叛夷有功，乾隆五年授土把总。（民国《新纂云南通志·土司考》）
	茄革里土把总方氏	方国用。茄革里方山苏，清康熙三十八年充从化里土目，约束夷众。山苏死，子国用接充。雍正七年从征茶山、江坝，总督尹继善给以土把总职衔。（民国《新纂云南通志·土司考》）
	岩旺土把总李氏	李显智。随父毓芳讨叛夷有功，清乾隆三年授显智土把总。（民国《新纂云南通志·土司考》）

续表

土弁归属	土弁名称	基本信息及出处
贵州 贵阳府	太平伐西排土守备宋氏	太平伐西排宋氏，管西排、罗布等寨。宋三纲，太平伐长官司宋应祥之别子也。清康熙十二年从征普安有功，授西排土守备，后改为外委土舍。（道光《贵阳府志·土司传》）
	芭圩土守备黄氏	芭圩土守备黄氏，黄淮之胄也。 黄时海。嘉庆九年授黄时海为土守备。管芭圩亭苗民三十八户。（道光《贵阳府志·土司传》）
	罗斛土千总黄氏	罗斛土千总黄氏，管本城及绿降、归凌、零蒋、黎亭四亭苗民，共四百五十一户。其先曰黄淮，丰城人。宋南渡后从征罗坐八种蛮有功，授土指挥使，世袭职。顺治十五年改授土千总。雍正五年，分其子孙五人各授外委土千总世袭，罗斛外委土千总其一也。乾隆三十七年改土千总。（道光《贵阳府志·土司传》）
	罗化土千总黄氏	罗化土千总黄氏，黄淮之胄也。雍正五年授外委土千总，管罗化亭苗民六十三户。乾隆三十七年改土千总。（道光《贵阳府志·土司传》）
	芭羊土千总黄氏	芭羊土千总黄氏，黄淮之胄也。雍正五年授外委土千总，管芭羊亭苗民一百八户。乾隆三十七年改土千总。（道光《贵阳府志·土司传》）
	罗㛚土千总黄氏	罗㛚土千总黄氏，黄淮之胄也。雍正五年授外委土千总，管罗㛚罢它苗民二百十五户。乾隆三十七年改土千总。（道光《贵阳府志·土司传》）
	打拱土千总黄氏	打拱土千总黄氏，黄淮之胄也。雍正五年授外委土千总，管打拱亭苗民八十二户。乾隆三十七年改土千总。（道光《贵阳府志·土司传》）
	昂亭土千总王氏	昂亭土千总王氏，其先曰王盛，余姚人。宋南渡后从征罗佐诸蛮有功，授土职将领。顺治十五年内附，授土千总职。雍正五年分其族裔为五，咸授外委土千总。昂亭其一也。管昂洒、那副三亭苗民一百三十四户。乾隆三十七年改土千总。（道光《贵阳府志·土司传》）
	膏亭土千总王氏	膏亭土千总王氏，王盛之胄也。雍正五年授外委土千总，管膏、周、磊、古宜、那应、罗苏六亭苗民四百三十二户。乾隆三十七年改土千总。（道光《贵阳府志·土司传》）

土弁归属	土弁名称	基本信息及出处
贵州 贵阳府	长流土千总王氏	长流土千总王氏，王盛之胄也。雍正五年授外委土千总，管长流亭苗民六十三户。乾隆三十七年改土千总。（道光《贵阳府志·土司传》）
	罗敖外委土千总王氏	罗敖外委土千总王氏，王盛之胄也。雍正五年改外委土千总，管罗敖苗民五十五户。（道光《贵阳府志·土司传》）
	何往外委土千总王氏	何往外委土千总王氏，王盛之胄也。雍正五年授外委土千总，管何往亭苗民五十七户。（道光《贵阳府志·土司传》）
	绷亭土千总黄氏	绷亭土千总黄氏，黄淮之胄也。黄永烈。嘉庆九年授黄永烈为土千总，管绷亭苗民五十七户。（道光《贵阳府志·土司传》）
	罗磨土千总黄氏	罗磨土千总黄氏，黄淮之胄也。黄际寿。嘉庆九年授黄际寿为土千总，管罗磨亭苗民四十六户。（道光《贵阳府志·土司传》）
	罗央土千总黄氏	罗央土千总黄氏，黄淮之胄也。黄表章。嘉庆九年授黄表章为土千总，管罗央亭苗民八十五户。（道光《贵阳府志·土司传》）
	相亭土千总黄氏	相亭土千总黄氏，黄淮之胄也。黄世德。嘉庆九年授黄世德为土千总，管相亭苗民百九户。（道光《贵阳府志·土司传》）
	罗球土千总黄氏	罗球土千总黄氏，黄淮之胄也。黄际华。嘉庆九年授黄际华为土千总，管罗球亭苗民九十二户。（道光《贵阳府志·土司传》）
	怀亭土把总黄氏	怀亭土千总黄氏，黄淮之胄也。黄际恩。嘉庆九年授黄际恩为土把总，管怀亭苗民三十八户。（道光《贵阳府志·土司传》）
	拱亭土把总黄氏	拱亭土千总黄氏，黄淮之胄也。黄世奎。嘉庆九年授黄世奎为土把总，管拱亭苗民三十六户。（道光《贵阳府志·土司传》）
	俸亭土把总黄氏	俸亭土千总黄氏，黄淮之胄也。黄天林。嘉庆九年授黄天林为土把总，管俸亭苗民百六户。（道光《贵阳府志·土司传》）
	罗赖土把总黄氏	罗赖土千总黄氏，黄淮之胄也。黄章元。嘉庆九年授黄章元为土把总，管罗赖亭苗民八十四户。（道光《贵阳府志·土司传》）

土弁归属	土弁名称	基本信息及出处
贵州 大定府	毕节县龙场土千总 余氏	余继先。土目。余国栋。以从征南笼苗狆有功，授土千总。（民国《贵州通志·土司志》）
	毕节县龙场土千总 杨氏	杨天钦。土目。杨瑞。以从征南笼苗狆有功，授土千总。（民国《贵州通志·土司志》）
	毕节县龙场土千总 杨氏	杨阿约。土目。杨瑛。以从征南笼苗狆有功，授土千总。（民国《贵州通志·土司志》）
贵州 安顺府	打罕哨土守备（后降土舍）王氏	王应时。洪武二十年随征裸土营美鲁福有功，世职土守备职衔，领有印信。王琏。万历三十七年，应时十世孙王琏年幼，遗失印信，革去土职。王胜恒。乾隆四十年，清厘土职案内奏准应留土缺，饬令王胜恒承袭，领有云贵总督委牌。（道光《永宁州志·土司》）
	乐运哨土守备（后降土舍）王氏	乐运哨土舍，原籍浙江余姚人。始祖王国宾于宋时随征有功，授长官司职世袭。王隋。于前明天启七年缴销号纸。康熙十九年随征吴逆（吴三桂——引者注）有功，赏给土守备职衔。王正邦。雍正六年，王定（与王隋何属不详——引者注）之孙正邦随杨提督化海生苗，赏给土千总职……嘉庆十年发给钤记一颗，管理乐运一马地方。（道光《永宁州志·土司》）
	乐坝哨土守备（后降土舍）王氏	乐坝土舍系王国宾后裔。传至十三世孙王珍于顺治十五年率土投诚，呈缴印信号纸。康熙九年，随征有功，赏给土守备职衔。雍正六年，王珍之孙正泰化海生苗，赏千总职衔……领有钤记一颗，道光五年呈缴。（道光《永宁州志·土司》）
	乐举坉土守备（后降土舍）王氏	乐举坉土舍系王应时后裔，原籍浙江余姚县人。应时次子国卿，分管乐举地方。康熙十九年，王国卿十二世孙世美随征有功，赏给土千总职衔。（道光《永宁州志·土司》）
贵州 兴义府	阿计营土守备（后降土把总）龙氏	阿计营土司，土司龙氏，亦于矢酉之裔，为土目。土目者，土兵之弁目也。在前明属于普安土州同，后归安南卫辖。盖慈长支庶之子，初姓陇，后改龙。清初大兵南征，土目陇安仁随军立功，事定叙奖，授阿计营土总。陇安仁卒，其子陇安汇袭。孙龙天麟递袭。嘉庆二年苗变，屠定头城。天麟闻难，自裹行粮，率土兵千名，从参将卓布泰进复定头城……随军克复南笼新城等名城。事平叙功，受授土守备，世袭罔替。（民国《贵州通志·土司志》）

土弁归属	土弁名称	基本信息及出处
贵州兴义府	鲁土营土千总龙氏	龙氏为普安州土同知。改流后，会三江苗乱，调元吉从征有功，未经议叙瘴死，以其子健为土舍。 龙德正。雍正六年，粤西八达苗乱，健从征瘴殁，妻姬氏抚孤德正代理土舍。乾隆三年，兵部案行土弁赵世兴承袭例，呈请承袭。因曾改流，未便奏请。帝念龙氏两世捐躯，著有劳绩，予德正土弁，委为土千总，管理土务。（光绪《普安直隶厅志·土司》）
	楼下营土千总龙氏	适恭，明洪武十六年归附授普山知府。十七年置马乃、阿计、安三营，二十二年并置鼠场、楼下二营。至清顺治十八年，马乃营营长龙吉兆，遥结明将李定国，与鼠场营营长龙吉佐、楼下营营长龙吉祥同叛，云贵总督赵廷臣讨平之。嗣后，马乃、鼠场土司故绝，唯存楼下一营……嘉庆二年苗变，龙泽海随征有功，得袭楼下营土千总。（民国《普安县志·土司志》）
	阿计营土把总陇氏	陇安仁。清初大兵南征，土目陇安仁随军立功，事定叙奖，授阿计营土把总。（民国《贵州通志·土司志》）
	安逸营土把总陇氏、龙氏	安逸土司龙氏，于矢土酋之裔。明代卫安逸土目，初姓陇，继姓陇安，复姓陇。其出处同阿计营土目龙氏，本慈长之支庶也。国初有陇安清者归诚，随大兵南征，事平以功授土把总职世袭，管安逸营土务。（民国《贵州通志·土司志》）
贵州都匀府	夭坝安抚司安抚使（后降土把总）夭氏	夭坝，元至元十三年置长官司，明洪武十八年升安抚司……雍正六年丹江、八寨苗叛，夭世美奉调随师征剿，著有劳绩。夭世美病故，子建新袭。提督哈元生赏给土把总委牌，仍命随师征讨，运粮有功，赏给银物有差。征剿事竣，抚远元展成赏给土千总委牌，管理八寨地方土务，原管之巴椰等处割归府管，议叙一等军功题奏。乾隆四十八年清厘土职案内，咨部换给八寨夭坝长官司委牌。乾隆六十年，奉司道札，委运都江兵米三千石至铜仁无误，督部堂富尼善咨明发给八寨土千总委牌。（民国《八寨县志稿·土官》）
	上牌土把总王氏	其先有王宗贵者，雍正十三年征苗有功，授外委土把总，累传至恩荣，现袭职。属八寨同知。（道光《黔南职方纪略》）

续表

土弁归属	土弁名称	基本信息及出处
贵州 都匀府	中牌土把总雷氏	其先有雷起风者，清平县人，雍正十三年以功授外委土把总。累传至镇宇，现袭职。属八寨同知。（道光《黔南职方纪略》）
	下牌土把总杨氏	其先有杨先荣者，都匀县人，雍正十三年征苗有功，授外委土把总。累传至元春，现袭职。属八寨同知。（道光《黔南职方纪略》）
	归化营土千总白氏	其先有白登科者，独山州人，雍正六年以功授外委土千总。累传至应华，现袭职。属多江通判。（道光《黔南职方纪略》）
	顺德营土千总张氏	其先有张纯熙者，独山州人，雍正八年以功授外委土千总。累传至凤麟，现袭职。属多江通判。（道光《黔南职方纪略》）
	鸡讲土千总黄氏	其先有黄正色者，清平县人。雍正六年以功授外委土千总。累传至廷楷，现袭职。属丹江通判。（道光《黔南职方纪略》）
	黄茅土千总刘氏	其先有刘汉宗者，清平县人。雍正六年以功授外委土千总。累传至启莱，现袭职。属丹江通判。（道光《黔南职方纪略》）
	乌叠土千总余氏	其先有余凯者，雍正十三年以功授外委土把总。累传至江，现袭职。属丹江通判。（道光《黔南职方纪略》）
	养鹅土千总王氏	其先原为平浪长官司长官，清康熙五十三年降为外委土千总……同治十年乱平，清锡袭……司治在城北三十里，辖仰古、杀雅、六坪、团坡等处三十六寨，纵横四十余里。（民国《麻江县志·土官传》）
	宣威土千总蒙氏	明洪武二年，蒙闻以功授独山长官司。九传至蒙天眷，万历十二年，以军功授宣威土千总世职。清嘉庆时，颁铃（记）一颗，辖比户、桃花、蜡白等二十二寨，纵横三十里。改革后无承袭者。（民国《麻江县志·土官传》）
	普安土千总（后降土舍）张氏	张氏，原籍湖广襄阳府均州人。由烂土长官司张均分支。张宏谟。康熙二十一年，烂土长官司张大统、张宏谟争袭，抚院于檄分烂土司东北隅普安地方给予张宏谟管理。康熙四十四年，复奉抚部院于檄调赴省，给土千总职衔。宏谟传绳武。雍正六年檄调赴剿八寨、丹江，雍正八年檄调剿抚来牛、摆调、方胜等处，抚院张加给土千总札付一道。绳武传极。乾隆十一年内，极滥派，革职，伊叔体乾代理。乾隆二十七年，体乾被苗民控告短扣采买价银，革职。详请琼顶袭。（乾隆《独山州志·土官》）

土弁归属	土弁名称	基本信息及出处
贵州黎平府	八开土千总林氏	林氏，先是洪州副长官司林天锦，雍正六年清理苗疆，随师调遣，至古州招抚，八开、高同、佳化等五十一寨无管生苗投诚认纳折色苗粮；后带土兵百名同土舍吴和禧、外委党世泰，于都江一带开通运粮河道，并探逆情……巡抚张广泗、总督鄂尔泰迭有赏赐。乾隆四年，部准议叙，照把总例军功加二等。乾隆九年，长子维垣仍袭洪州副长官司，次子维新专管八开各寨苗民。三十五年，下江逆苗香要谋逆，随营效力，始换给土千总委牌。（光绪《古州厅志·土官》）
	六百土千总杨氏	杨白珩，土人，驻山丹寨，离厅城九十里。东至黎平经历司属受洞寨十里，南至琴台土千总属耸拜寨十里，西至八卫土千总属八妹寨二十里，北至八卫土千总属高婆寨十五里。（光绪《古州厅志·土官》）
	八卫土千总吴氏	吴登理，黎平人，驻八妹寨，离厅城一百一十里。东至黎平经历司属育东寨四十里，南至琴台土千总属通倒寨四十里，西至滚纵土千总属领培寨六十里，北至朗洞县九董寨四十五里。（光绪《古州厅志·土官》）
	乐乡土千总卫氏	卫国栋，开泰人，驻乐乡寨，离厅城三十里。东至六百土千总属寨麻寨四十里，南至古州左卫忠诚堡十里，西至滚纵土千总属归教寨十里，北至黎平经历司属受洞寨五十里。（光绪《古州厅志·土官》）
	琴台土千总杨氏	杨翰枝，驻琴台寨，离厅城六十里。东至六百土千总属寨蒿寨五十里，南至定旦汛九十里，西至古州左卫平引四十里，北至朗洞县城九十里。（光绪《古州厅志·土官》）
	滚纵土千总刘氏	刘义纬，靖州人，驻八遂寨，离厅城四十里。东至平江土把总属料里寨十里，南至琴台土千总属有路寨六十里，西至清江厅属格东土千总属羊韶寨一百三十里，北至高文土舍属俾邦寨二十里。（光绪《古州厅志·土官》）
	高表土千总李氏	李天培，开泰人，驻高表寨，离厅城一百二十里。东至黎平洋洞寨二十五里，南至黎平经历司属争云寨一百二十里，西至八卫土千总属高纽寨十五里，北至清江寨属南孟寨一百五十里。（光绪《古州厅志·土官》）

续表

土弁归属	土弁名称	基本信息及出处
贵州 黎平府	平江土把总杨氏	先为三郎司长官司。原籍吉安，始祖杨昌茂，雍正六年清理苗疆充乡导，运军粮无误，委员古州诸葛营地建城署。七年，引大军剿梅得根，抚平江二十一寨，生苗投诚，认纳折色苗粮。又招车、妹二寨头目归化，赏银缎有差。八年，随攻定旦，擒逆苗银田等二十余名，又擒蜡岑寨逆苗老用、老索，车寨逆千茂等九名，并获子母炮六位，铁盔甲百余副，弓弩、鸟枪、刀矛数百件，赏给一等军功委牌。九年，滚纵苗叛，随师攻剿，运粮无误。复委修古州西门城垣、营房。十二、十三年，屡随征伐。乾隆二年苗乱平，委查绝产，修筑恩荣、德化、和顺、宣化、嘉会五堡墙垣、炮台、城楼，同知邓澜详请，杨昌茂自开辟古州即在疆任事，始终勤苦不息，请给以土千总。□未授，昌茂死，长子胜模生员，不便管理地方公务，次子承先年未及岁，以族子承震代办。二十四年始详给承先土把总职、委牌，管理平江二十二寨……咸丰五年苗逆，斩获有差。六年四月伤发，死。（光绪《古州厅志·土官》）
贵州 镇远府	高坡土千总周氏	周国相。清雍正六年，镇远周国相从大军征苗有功，授外委土千总。管交工、汪江、交密、牛南弓、巫西、巫细、四登、掌吉等寨。数传至周钧瑞，于咸丰六年苗变，御贼阵亡。光绪八年，胞侄周兴德袭职。光绪中年停袭，遂废。（民国《贵州通志·土司志》）
	番招土千总杨氏	杨运世。清雍正六年，施秉杨运世从大军征苗有功，授外委土千总。管李子、桐木、歹忙、鸡甲、交汪、交架、番招、乌脚、交乌、脚南、养门、麻栗坳等寨。累传至杨廷瑞，咸丰六年苗变，御贼阵亡。光绪八年，廷瑞胞弟廷章袭职。无嗣，光绪中遂废。（民国《贵州通志·土司志》）
	南市土千总赵氏	赵良佐。清雍正九年，湖南赵良佐从大军征苗有功，授外委土千总。管南市、台雄、排札、红寨、乌龟箐、展皆圭、在邦、大德诸寨。数传至赵必贵，于咸丰六年苗变，御贼阵亡。无嗣，遂废。（民国《贵州通志·土司志》）
	番陇土千总曹氏	曹应雄。清雍正六年，镇远曹应雄从大军征苗有功，授外委土千总。管番陇、稿午、交洗、八郎、东郎、南箕、翁荀等寨。应雄传正学，正学历传至士凤……无嗣，光绪中年遂废。（民国《贵州通志·土司志》）

土弁归属	土弁名称	基本信息及出处
贵州 镇远府	乌漏土千总王氏	王德祖。清雍正九年，施秉王德祖从大军征苗有功，授外委土千总。管乌漏、巫尧、排略、展峨、巫相等寨。数传至世衍，又数传至胜禄，咸丰六年苗变，御贼阵亡。无嗣，遂废。（民国《贵州通志·土司志》）
	龙塘土千总张氏	张士贵。清雍正九年，镇远张士贵从大军征苗有功，授外委土千总。管龙塘、水牛、台盘、交酱、镰厂、南瓦、格卷、南庄等寨。数传至应源，卒，无嗣，道光末年废。（民国《贵州通志·土司志》）
	镰刀弯土千总何氏	何模。岩门长官何瓒远次子模，以兄子其仁年幼，代理土职。雍正九年，台拱苗叛，招募乡勇，随营有功，授镰刀弯土千总。雍正十三年何模阵亡。乾隆五年，赐继子其美承袭，数传至宗英，宗英卒，未经请袭。（民国《贵州通志·土司志》）
	谷山土把总张氏	张世卿。清雍正九年，台拱张世卿从大军征苗有功，授外委土把总。管容山、平敏、格色、白土、长老寨、羊屯、稿仰、长滩、岩板、偏寨、新寨等处。累传至张青峰，咸丰六年苗变，御贼阵亡。光绪七年青峰胞弟壹峰袭职，殁后无嗣。光绪中遂废。（民国《贵州通志·土司志》）
	趯架土把总梁氏	梁成鉴。清雍正十一年，镇远梁成鉴从大军征苗有功，授外委土把总。管登猓、交毗、黄毛、展夏等寨。累传至宗禄，于咸丰六年御贼阵亡。光绪八年宗禄胞侄必用袭职。光绪中停袭，遂废。（民国《贵州通志·土司志》）
	柳利土千总杨氏	杨胜铉。镇远邛水司人。祖文辉，于雍正七年应募充当通事，招抚诸苗。柳罗、柳受等寨争先降服，惟公鹅、柳利、白索十余寨不受招抚，攻劫官兵，张抚军统兵进剿，奉令夜夺船只，兼谕柳受诸苗驾舟济师，攻击贼寨，擒获首犯。十一月内，鸡呼党、东库、白汗、白索等寨聚众劫营，侦报官军分路追杀，擒斩逆犯。随奉令招谕鸡呼党、公鹅、柳杆、东兜、东库……余党缴械投诚。十年内，九股苗变，围困台拱。官兵进援，各苗俱溃散，潜匿高坡。十一年，哈提督发兵进剿，引导清江官兵前往，擒获逆苗噶今商等。十三年，贼首包利、红银煽诱诸苗围困清江。文武官以柳利、公鹅逼近城垣，虑其从逆，令往两寨晓谕，带领头人东奴等守御后山，一面改装，日行夜伏，暗递上下公文，随大兵攻击，获逆苗我计太等四十八名。乾隆元年，奉贵东道宋令，同官兵搜剿乌包、展磨、雅磨、平夏一带山箐，拿获引仲往等，追缴器械。三年，议叙军功头等，详请经略张咨部给委，承袭今职。（乾隆《清江志·土官》）

续表

土弁归属	土弁名称	基本信息及出处
贵州 镇远府	格东土千总王氏	王开甲。黎平府开泰县人。曾祖君奇，于雍正七年应募充当通事，招抚柳罗、柳受等寨，争先降服，惟公鹅、柳利、白索、白汗十余寨不受招抚，攻劫官兵，张抚军统兵进剿，受令夜夺船只，兼谕柳受诸苗驾舟济师，攻击贼寨，擒获首犯。十一月内，鸡呼党、东库、白汗、白索等寨聚众劫营，侦报官军分路追杀，擒斩首恶。随奉令招抚，格东、范牌、昂焉、昂宿等三十五寨俱各投诚。十年内，九股苗变，围困台拱。官兵进讨，各苗溃败，走匿高坡。十一年，哈提督发兵进剿，引导清江官兵前往攻击高坡、番祥、交篾、交工大箐等处，拿获首犯，解赴行营。十三年，贼首包利、红银等诱惑诸苗围攻清江。奉委办理夫役、军粮并引导官兵攻剿，擒获首恶，复招谕余党。乾隆元年，奉监军宋调赴军营，引导官兵攻剿乌罗、范排、南工、交包、鸡花大箐等处，又擒获白索、白汗、乌连鸡寨叛苗，解赴行营。三年，议叙军功头等，详请经略张咨部给委，承袭今职。（乾隆《清江志·土官》）
	雅慕土千总杨氏	杨通略。镇远邛水司人。雍正六年，邛水司长官司杨再带领土兵随师协剿丹江、八寨诸苗。父杨政衍随营效力，著有微劳。七年内，奉镇远府方委，作乡导招抚。雅慕、展摩、乌包等二十五寨望风归附，惟公鹅、鸡摆尾等寨抗拒不服。奉令踏勘进兵道路，引导右路官兵攻打得胜。十一月，鸡呼党等寨逆苗计包辛，诱众攻劫清江军营。随师征剿，擒获首逆正法。十年内，九股苗变，围困台拱。大兵进讨，各苗溃败，走匿高坡。十一年，提督哈檄发三路官兵会剿，奉广西左江镇霍调令，随师先后攻剿乌罗及莲花屯等处，身先奋勇，俱有斩获。十三年内，清江逆苗复叛，奉贵东道宋委，随行营传译苗语，办理军务。乾隆元年，委查各寨叛苗绝产，拨并田土，并协同知事朱寅建筑柳受、东岭二汛城池，起造营房。三年内事竣，议叙军功头等，详请经略张咨部给委，承袭今职。（乾隆《清江志·土官》）

土弁归属	土弁名称	基本信息及出处
贵州 镇远府	柳旁土千总曾氏	曾德观。镇远府邛水司人。祖继美，雍正七年应募充当通事，引导官兵攻克鸡呼党、党宜二寨，擒获噶今条等一十三名。八年，督办夫役，建筑清江土城。十年内，番招、交汪等百余寨逆苗，阻截官兵粮道，围困台拱城。奉令引导官兵前往救援，攻打番招、交汪、鸡甲等寨，拿获叛苗噶罗等一十二名，又随攻莲花险屯，斩获逆首，并招抚歹浓、登裸等寨，投诚归附。十三年，逆苗围困清江，改装投递告急公文，引导官兵救援。又随攻打鸡摆尾寨，拿获凶苗噶古等七名，招抚余党。乾隆元年，随师搜剿下柳旁等寨，拿获逆党并招抚柳霁、柳核、柳富等寨。二年内，奉委协查叛苗绝产，拨补田土。三年事竣，议叙军功头等，详请经略张咨部给委，承袭今职⋯⋯光绪十六年，奉岑抚军令裁撤。（乾隆《清江志·土官》、民国《贵州通志·土司志》）
	赤溪浦洞土千总吴氏	吴守隆。原籍江西庐陵县人。始祖世铭，于前明洪武年间随师征剿苗寨有功，授黎平府赤溪浦洞长官司。国朝改为土千总。雍正七年至乾隆元年，苗民叛服不常，大兵进剿，父吴谦奉调，带领土兵屡从攻击，积有微劳。三年内事竣议叙，复蒙经略张咨部给委，世袭今职，拨隶清江。（乾隆《清江志·土官》）
	赤溪浦洞土千总杨氏	杨秉焜。原籍江西丰城县人。始祖杨通谅，于前明洪武年间随征有功，授黎平府赤溪浦洞长官司。国朝改为土千总。雍正七年至乾隆元年，苗民叛服不常，大兵进剿，祖昌燕奉调，带领土兵屡从攻讨，积有微劳。三年内事竣议叙，复蒙经略张咨部给委，世袭今职，拨隶清江。（乾隆《清江志·土官》）
	南孟土把总姜氏	姜岩寿。黎平府开泰县民籍。曾祖姜福海于国朝雍正十三年，因逆苗叛乱，四出烧劫，纠集本寨乡勇竭力堵御，斩获逆苗一十六级，飞报黎平府县，请师救援⋯⋯乾隆元年，奉委清查逆苗绝产，拨补田土，俱各清楚。三年内事竣议叙，详请经略张咨部给委，承袭今职。（民国《贵州通志·土司志》）

土弁归属	土弁名称	基本信息及出处
贵州 镇远府	范黔土把总杨氏	杨光祖。镇远府邛水人。祖政和，于雍正七年应募充当通事，奉令招抚……乾隆元年，随师攻打交汪等寨，斩获有功，又差查叛产，拨换田土，俱各清楚。三年内事竣议叙，详请经略张咨部给委，承袭今职。（乾隆《清江志·土官》）
	鸡摆尾土把总李氏	李奇玕。镇远府民籍。伯祖尚忠，于雍正六年应募充当通事，随营效力……乾隆元年，奉委清查鸡摆尾、乌溜等寨逆苗绝产，掉〔调〕拨田土，协办屯务，俱各清楚。三年内事竣议叙，详请经略张咨部给委，承袭今职。（乾隆《清江志·土官》）
	平夏土把总杨氏	杨再保。镇远府人。父进忠，雍正六年应募充当通事，随营效力……乾隆二年内，差查绝田，拨补屯堡。三年内事竣议叙，详请经略张咨部给委，承袭今职。（乾隆《清江志·土官》）
	柳罗土把总杨氏	杨通吉。镇远府人。祖胜然，于雍正七年应募充当通事，随师效力……三年内事竣议叙，详请经略张咨部给委，承袭今职。（乾隆《清江志·土官》）
	范美土把总张氏	张友灼。镇远府邛水人。祖应明于雍正七年应募充当通事，随师效力……安设九仪、柳金等四堡。三年内事竣议叙，详请经略张咨部给委，承袭今职。（乾隆《清江志·土官》）
	范号土把总王氏	王廷槐。原籍湖广武冈州人。祖锡珍，于雍正年间应募充当通事，随师效力……三年内事竣议叙，详请经略张咨部给委，承袭今职。（乾隆《清江志·土官》）
	旁洞土把总杨氏	杨再爵。镇远府邛水人。曾祖昌玺，于国朝雍正七年应募充当通事，随营效用。时有乌连、阳条、鸡花、旁洞等寨负固不服，奉令招谕，俱各投诚。八年，奉委随同玉屏县知县卢督办夫役，建筑清江土城。十年，逆苗围攻台拱，引导官兵前往攻剿，搜缉鸡戛箐，擒获逃窜叛苗正法。十三年，贼苗谋攻清江，奉令前往镇远请师，由梁上、白济关一带进援，攻踏苗垒关隘，苗众溃散，清江围解。随同官兵搜缉台立、寨头、六甫、鸡佑、党宜、鸡摆尾一带。乾隆元年，同官兵搜捕……又差查上下九州、白罗叛苗绝田，丈量归并，安设柳金、九仪、德阜、章汉四堡，督工建筑柳拉、白索二汛土城。三年内事竣议叙，详请经略张咨部给委，承袭今职。（乾隆《清江志·土官》）

征引文献

一　未刊档案、史料汇编

朱批奏折，中国第一历史档案馆藏。

录副奏折，中国第一历史档案馆藏。

内阁汉文题本，中国第一历史档案馆藏。

清代宫中档奏折及军机处档折件，台北"故宫博物院"藏。

张伟仁主编《明清档案》，中研院历史语言研究所，1987。

中国第一历史档案馆编《清代吏治史料》影印本，线装书局，2004。

中国第一历史档案馆等编《清代前期苗民起义档案史料》，光明日报出版社，1987。

中国第一历史档案馆等编《雍正朝内阁六科史书·吏科》，广西师范大学出版社，2002。

中国国家博物馆编《中国国家博物馆馆藏文物研究丛书·明清档案卷·清代》，上海古籍出版社，2007。

二　正史、政书

光绪《大清会典事例》，中华书局，1991。

嘉庆《大清会典事例》，文海出版社，1991。

《清代方略全书》，北京图书馆出版社，2006。

《清实录》，中华书局，1985。

三　地方史志

爱必达纂修《黔南识略》，杜文铎等点校，贵州人民出版社，1992。

道光《黎平府志》，道光二十五年刻本。

道光《永宁州志》，收入《中国地方志集成·贵州府县志辑》第 40 册，巴蜀书社，2006。

方国瑜主编《云南史料丛刊》第八卷，云南大学出版社，2001。

光绪《古州厅志》，收入《中国地方志集成·贵州府县志辑》第 19 册，巴蜀书社，2006。

光绪《黎平府志》，收入《中国地方志集成·贵州府县志辑》第 17、18 册，巴蜀书社，2006。

光绪《叙州府志》，收入《中国地方志集成·四川府县志辑》第 29 册，巴蜀书社，1992。

光绪《续修天柱县志》，收入《中国地方志集成·贵州府县志辑》第 22 册，巴蜀书社，2006。

贵州省剑河县地方志编纂委员会编《剑河县志》，贵州人民出版社，1994。

贵州省榕江县地方志编纂委员会编《榕江县志》，贵州人民出版社，1999。

贵州省榕江县商业局等编《榕江县文史资料》第六辑（商业专辑），1993。

贵州省文史研究馆编纂《贵州通志·土司土民志》，贵州人民出版社，2008。

嘉靖《贵州通志》，收入《中国地方志集成·贵州府县志辑》第 1 册，巴蜀书社，2006。

剑河县人民政府编《剑河县地名志》，编者印行，1986。

康熙《天柱县志》，收入《中国地方志集成·贵州府县志辑》第 22 册，巴蜀书社，2006。

雷山县人民政府编《雷山县地名志》，编者印行，1984。

罗绕典纂修《黔南职方纪略》，杜文铎等点校，贵州人民出版社，1992。

民国《贵州通志》，贵州文史研究馆校勘，贵阳人民出版社，1988。

乾隆《独山州志》，收入《故宫珍本丛刊》第 225 册，海南出版社，2001。

乾隆《清江志》，收入《中国地方志集成·贵州府县志辑》第 22 册，巴蜀书社，2006。

　　乾隆《镇远府志》，收入《中国地方志集成·贵州府县志辑》第 16 册，巴蜀书社，2006。

　　榕江县地方志编纂委员会编《榕江风物》，中国文化出版社，2013。

　　榕江县人民政府编《榕江县地名志》，编者印行，1987。

　　榕江县文物管理所编《榕江县文物名胜志》，油印本，1988。

四　笔记、文集

　　包汝楫：《南中纪闻》，中华书局，1985。

　　《岑毓英集》，黄振南、白耀天标点，广西民族出版社，2005。

　　《胡林翼集》，胡渐逵、胡遂、邓立勋校点，岳麓书社，2008。

　　林溥：《古州杂记》，清刻本。

　　谢圣纶辑《滇黔志略》，古永继点校，贵州人民出版社，2008。

　　徐家干：《苗疆闻见录》，吴一文校注，贵州人民出版社，1997。

　　薛允升著，王庆西等编写《读例存疑点注》，中国人民公安大学出版社，1994。

　　佚名：《南征日记》，中华全国图书馆文献缩微复制中心，1994。

　　易佩绅编《贵东书牍节钞》，光绪十八年刻本。

五　民间文献、社会调查资料

　　安成祥编撰《石上历史》，贵州民族出版社，2015。

　　陈金全、杜万华主编《贵州文斗寨苗族契约法律文书汇编——姜元泽家藏契约文书》，人民出版社，2008。

　　贵州大学等编《天柱文书》第一辑，江苏人民出版社，2014。

　　贵州省民族事务委员会、贵州省民族研究所编《贵州"六山六水"民族调查资料选编·侗族卷》，贵州民族出版社，2008。

　　贵州省民族事务委员会、贵州省民族研究所编《贵州"六山六水"民族调查资料选编·水族卷》，贵州民族出版社，2008。

　　锦屏县政协文史资料委员会、锦屏县志编纂委员会办公室编《锦屏碑文选辑》，姚炽昌选辑、点校，油印本，无出版时间。

　　《民委民族问题五种丛书》云南省编辑委员会、《中国少数民族社会历史调查资料丛刊》修订编辑委员会编《西双版纳傣族社会综合调查》修订本，民族出版社，2009。

潘志成、吴大华编著《土地关系及其他事务文书》，贵州民族出版社，2011。

张子刚搜集整理《从江古今乡规民约实录 从江历代告示实录》，中国科学技术出版社，2013。

笔者田野调查搜集到的民间文献、口述史料等。

六　专著

安东强：《清代学政规制与皇权体制》，社会科学文献出版社，2017。

白彬菊：《君主与大臣：清中期的军机处（1723~1820）》，董建中译，中国人民大学出版社，2017。

白德瑞：《爪牙：清代县衙的书吏与差役》，尤陈俊、赖骏楠译，广西师范大学出版社，2021。

柏桦编纂《清代律例汇编通考》，人民出版社，2018。

陈春声：《市场机制与社会变迁：18世纪广东米价分析》，中国人民大学出版社，2010。

陈锋：《清代军费研究》，武汉大学出版社，2013。

陈松青：《易佩绅易顺鼎父子年谱合编》，湖南师范大学出版社，2018。

陈贤波：《土司政治与族群历史：明代以后贵州都柳江上游地区研究》，生活·读书·新知三联书店，2011。

陈征平：《近代西南边疆民族地区内地化进程研究》，人民出版社，2016。

陈支平：《台湾文献与史料钩沉》，商务印书馆，2015

成臻铭：《清代土司研究：一种政治文化的历史人类学观察》，中国社会科学出版社，2008。

成臻铭：《土司制度与西南边疆治理研究》，社会科学文献出版社，2016。

程泽时：《清水江文书之法意初探》，中国政法大学出版社，2011。

党为：《美国新清史三十年：拒绝汉中心的中国史观的兴起与发展》，上海人民出版社，2012。

邓敏文、吴浩：《没有国王的王国——侗款研究》，中国社会科学出版社，1995。

邓章应、白小丽编著《〈维西见闻纪〉研究》，四川大学出版社，2012。

段金生：《南京国民政府的边政》，人民出版社，2012。

段金生：《南京国民政府对西南边疆的治理研究》，社会科学文献出版社，2013。

高志英：《藏彝走廊西部边缘民族关系与民族文化变迁研究》，民族出版社，2010。

龚荫：《中国土司制度》，云南民族出版社，1992。

何炳棣：《中国历代土地数字考实》，联经出版事业公司，1995。

何耀华：《何耀华学术文选——中国西南历史民族学论集》，云南人民出版社，2016。

侯清泉编《贵州历代职官一览表》，中国近现代史料学学会贵阳市会员联络处，2002。

胡恒：《皇权不下县？——清代县辖政区与基层社会治理》，北京师范大学出版社，2015。

黄国信：《国家与市场：明清食盐贸易研究》，中华书局，2019。

经君健：《清代社会的贱民等级》，浙江人民出版社，1993。

李斌等：《清代清水江流域社会变迁研究》，贵州民族出版社，2016。

李汾阳：《清代仓储研究》，文海出版社，2006。

李良品：《中国土司制度与土司文化研究发展报告 (1908～2012)》，群言出版社，2016。

李鹏年等编著《清代六部成语词典》，天津人民出版社，1994。

李汝春主编《唐至清代有关维西史料辑录》，维西傈僳族自治县志编委会办公室，1992。

李世愉：《清代土司制度论考》，中国社会科学出版社，1998。

梁方仲：《明代赋役制度》，中华书局，2008。

梁元生：《上海道台研究——转变社会中之联系人物，1843～1890》，陈同译，上海古籍出版社，2003。

林涓：《政区改革与政府运作 (1644～1912)》，云南大学出版社，2016。

林芊等：《明清时期贵州民族地区社会历史发展研究——以清水江为中心、历史地理的视角》，知识产权出版社，2012。

林耀华：《林耀华学述》，浙江人民出版社，1999。

林耀华：《从书斋到田野》，中央民族大学出版社，2000。

刘伦文、谭志满编著《民族社会发展与文化变迁：土家族乡村社区调查研究》，民族出版社，2005。

刘志伟：《溪畔灯微：社会经济史研究杂谈》，北京师范大学出版社，2020。

刘志伟：《在国家与社会之间：明清广东地区里甲赋役制度与乡村社会》，中国人民大学出版社，2010。

刘子扬：《清代地方官制考》，故宫出版社，2014。

陆韧、凌永忠：《元明清西南边疆特殊政区研究》，人民出版社，2013。

陆韧主编《现代西方学术视野中的中国西南边疆史》，云南大学出版社，2007。

罗尔纲：《绿营兵志》，商务印书馆，2011。

罗玉东：《中国厘金史》，大东图书公司，1977。

马国君编著《〈平苗纪略〉研究》，贵州人民出版社，2008。

马国君编著《〈清史稿·地理志·贵州〉研究》，贵州人民出版社，2010。

那思陆：《清代州县衙门审判制度》，文史出版社，1982。

内藤乾吉：《六部成语注解》，程兆奇标点，程天权审订，浙江古籍出版社，1987。

潘志成：《清代贵州苗疆的法律控制与地域秩序》，九州出版社，2013。

潘志成等编著《清江四案研究》，贵州民族出版社，2014。

彭陟焱：《乾隆朝大小金川之役研究》，民族出版社，2010。

瞿同祖：《清代地方政府》修订译本，范忠信、何鹏、晏锋译，法律出版社，2011。

全汉昇：《中国经济史论丛》，新亚研究所，1972。

森正夫等编《明清时代史的基本问题》，周绍泉等译，商务印书馆，2013。

佘贻泽：《中国土司制度》，正中书局，1944。

沈云龙：《近代史事与人物》，文海出版社，1973。

石开忠：《侗族款组织及其变迁研究》，民族出版社，2009。

岁有生：《清代州县经费研究》，大象出版社，2013。

孙秋云：《核心与边缘——十八世纪汉苗文明的传播与碰撞》，人民出版社，2007。

孙喆、王江：《边疆、民族、国家——〈禹贡〉半月刊与20世纪30～40年代的中国边疆研究》，中国人民大学出版社，2015。

孙喆：《江山多娇：抗战时期的边政与边疆研究》，岳麓书社，2015。

谭琪：《清代州县治安制度研究》，中国工人出版社，2015。

王文光等：《中国西南民族通史》，云南大学出版社，2015。

王彦芸：《江河、商镇与山寨：都柳江下游的人群互动与区域结构过程》，社会科学文献出版社，2020。

王振刚：《民国学人西南边疆问题研究》，人民出版社，2013。

温春来：《从"异域"到"旧疆"：宋至清贵州西北部地区的制度、开发与认同》，社会科学文献出版社，2019。

吴昌稳：《晚清协饷制度研究》，社会科学文献出版社，2018。

吴大旬：《清朝治理侗族地区政策研究》，民族出版社，2008。

吴康零主编《四川通史》卷六《清》，四川人民出版社，2018。

吴佺新：《七十二寨稻作技术与文化变迁——仁里个案研究》，知识产权出版社，2014。

吴雪梅：《回归边缘：清代一个土家族乡村社会秩序的重构》，中国社会科学出版社，2009。

吴永章：《中国南方民族史志要籍题解》，民族出版社，1991。

吴永章：《中国土司制度渊源与发展史》，四川民族出版社，1988。

萧公权：《中国乡村：19世纪的帝国控制》，张升、张皓译，九州出版社，2018。

肖明华：《云南古代官印集释》，文物出版社，2015。

徐晓光：《清水江流域林业经济法制的历史回溯》，贵州人民出版社，2006。

岩井茂树：《中国近代财政史研究》，付勇译，社会科学文献出版社，2011。

阎步克等：《多面的制度：跨学科视野下的制度研究》，生活·读书·新知三联书店，2021。

杨庭硕、罗康隆：《西南与中原》，云南教育出版社，1992。

杨庭硕：《相际经营原理——跨民族经济活动的理论与实践》，贵州人民出版社，1995。

杨伟兵：《云贵高原的土地利用与生态变迁（1659～1912）》，上海人民出版社，2008。

杨煜达：《乾隆朝中缅冲突与西南边疆》，社会科学文献出版社，2014。

尤中：《中国西南边疆变迁史》，云南大学出版社，2015。

约瑟夫·洛克：《中国西南古纳西王国》译校本，刘宗岳等译，云南美术出版社，1999。

曾小萍：《州县官的银两：18 世纪中国的合理化财政改革》，董建中译，中国人民大学出版社，2005。

张胜彦：《清代台湾厅县制度之研究》，华世出版社，1993。

张应强：《木材之流动：清代清水江下游地区的市场、权力与社会》，生活·读书·新知三联书店，2006。

张中奎：《改土归流与苗疆再造：清代"新疆六厅"的王化进程及其社会文化变迁》，中国社会科学出版社，2012。

张中奎：《西南民族研究》，中国社会科学出版社，2016。

赵世瑜：《吏与中国传统社会》，浙江人民出版社，1994。

中国第一历史档案馆编《清代文书档案图鉴》，岳麓书社，2004。

周保明：《清代地方吏役制度研究》，上海书店出版社，2009。

周春元主编《贵州近代史》，贵州人民出版社，1987。

周振鹤：《中国地方行政制度史》，上海人民出版社，2005。

庄林丽：《清代台湾道、台湾道台与台湾社会》，社会科学文献出版社，2015。

庄裕光主编《西南瑰宝》，江苏科学技术出版社，2014。

John E. Herman, *Amid the Clouds and Mist: China's Colonization of Guizhou, 1200 – 1700*, Harvard University Asia Center, 2007.

Robert D. Jenks, *Insurgency and Social Disorder in Guizhou: the "Miao" Rebellion, 1854 – 1873*, University of Hawaii Press, 1994.

七 期刊论文

常建华：《清朝刑科题本与新史学》，《清华大学学报（哲学社会科学版）》2018 年第 5 期。

常建华：《清雍正朝改土归流起因新说》，《中国史研究》2015 年第 1 期。

陈洪波、龙泽江：《新发现贵州清水江侗族鱼鳞册评介》，《云南民族大学学报（哲学社会科学版）》2014 年第 4 期。

陈季君：《清代土司承袭流转时限考——以清代 55 件档案为中心的考察》，《遵义师范学院学报》2018 年第 2 期。

陈季君：《试论清代土司承袭中的册结及其作用》，《青海民族研究》2016 年第 4 期。

陈维新：《鄂尔泰与雍正对云南改土归流的"君臣对话"——台北故宫博物院所藏朱批奏折选件》，《思想战线》2018 年第 4 期。

陈雪：《川运与汉运：顺治年间陕西的军粮筹措》，《清史研究》2016 年第 1 期。

成臻铭：《五十四年来明代土司研究存在的问题及对策》，《广西民族师范学院学报》2011 年第 4 期。

邓小南：《走向"活"的制度史——以宋代官僚政治制度史研究为例的点滴思考》，《浙江学刊》2003 年第 3 期。

杜树海：《土地权与人身权：清代广西土司地区土地文书研究》，《中国经济史研究》2017 年第 2 期。

杜正贞：《从"契照"到土地所有权状——以龙泉司法档案为中心的研究》，《中国经济史研究》2017 年第 3 期。

杜正贞：《明清时期东南山场的界址与山界争讼》，《史学月刊》2021 年第 2 期。

杜正贞：《晚清民国山林所有权的获得与证明——浙江龙泉县与建德县的比较研究》，《近代史研究》2017 年第 4 期。

傅林祥：《清代抚民厅制度形成过程初探》，《中国历史地理论丛》2007 年第 1 辑。

谷口房男：《明代广西的土巡检司》，《学术论坛》1985 年第 11 期。

苟德仪：《川东道台与地方政治——以黎庶昌为个案的分析（1891~1895)》，《四川师范大学学报（社会科学版）》2012 年第 2 期。

苟德仪：《清代川东道的辖区与职能演变——兼论地方行政制度中道的性质》，《中国历史地理论丛》2008 年第 3 期。

韩昭庆：《康熙〈皇舆全览图〉的数字化及意义》，《清史研究》2016年第4期。

韩昭庆：《康熙〈皇舆全览图〉空间范围考》，《历史地理》第32辑，上海人民出版社，2015。

韩昭庆：《清初贵州政区的改制及影响（1644~1735年）》，《历史地理》第23辑，上海人民出版社，2008。

韩昭庆：《雍正开发贵州的决策过程、原因及其影响》，《历史地理》第24辑，上海人民出版社，2010。

侯绍庄：《古州考》，《贵州文史丛刊》1983年第1期。

胡恒：《厅制起源及其在清代的演变》，《文史》2013年第2期。

胡绍华：《土流并治的典范——清末民初西双版纳土流并治研究》，《中南民族大学学报（人文社会科学版）》2005年第5期。

胡英泽：《理论与实证：五十年来清代以降鱼鳞册地权研究之反思——以"太湖模式"为中心》，《近代史研究》2012年第3期。

黄国信、温春来、吴滔：《历史人类学与近代区域社会史研究》，《近代史研究》2006年第5期。

黄国信：《清代乾隆年间两广盐法改埠归纲考论》，《中国社会经济史研究》1997年第3期。

黄敬斌、张海英：《春花鱼鳞册初探》，《贵州大学学报（社会科学版）》2015年第2期。

贾霄锋：《二十多年来土司制度研究综述》，《中国边疆史地研究》2004年第4期。

蓝武：《广西土司制度研究的回顾与前瞻》，《广西民族研究》2006年第2期。

李彬：《〈南征日记〉作者考》，《贵州文史丛刊》2017年第4期。

李良品：《"因俗而治"：明清时期土司地区的国家治理政策》，《西南民族大学学报（人文社会科学版）》2017年第9期。

李良品：《清代土司分袭制度的生成逻辑与构建路径》，《中央民族大学学报（哲学社会科学版）》2018年第2期。

李良品：《中国土司研究百年学术史回顾》，《贵州民族研究》2011年第4期。

李林：《"开化"与"殖民"两套诠释话语的论争与困境——兼与 John E. Herman 教授商榷》，《中央研究院近代史研究所集刊》第 80 期，2013 年 6 月。

李世愉：《清前期治边思想的新变化》，《中国边疆史地研究》2002 年第 1 期。

李世愉：《清雍正朝改土归流善后措施初探》，《民族研究》1984 年第 3 期。

李世愉：《清政府对云南的管理与控制》，《中国边疆史地研究》2000 年第 4 期。

李世愉：《土司制度基本概念辨析》，《云南师范大学学报（哲学社会科学版）》2014 年第 1 期。

李世愉：《研究土司制度应重视对清代档案资料的利用》，《青海民族研究》2013 年第 1 期。

林建曾：《清朝前期完善贵州省建置、开辟"苗疆"及其影响》，《贵州民族研究》1992 年第 2 期。

林文凯：《"业凭契管"?：清代台湾土地业主权与诉讼文化的分析》，《台湾史研究》第 18 卷第 2 期，2011 年。

凌纯声：《中国边政之土司制度》，《边政公论》第 2 卷第 11、12 期，1943 年；第 3 卷第 1、2 期，1944 年。

凌永忠：《雍正年间"开辟苗疆"对商业经济的影响》，《贵州文史丛刊》2008 年第 3 期。

刘建莉：《边地秩序：明代云南西南边疆地区的"内"、"外"之别》，《中国边疆史地研究》2020 年第 3 期。

刘锦增：《1720 年清军驱准保藏中的军粮供应问题》，《西藏民族大学学报（哲学社会科学版）》2020 年第 1 期。

刘锦增：《"筹备军粮"与"节省国帑"：乾隆年间新疆兵屯作物种植结构调整问题研究》，《云南民族大学学报（哲学社会科学版）》2021 年第 3 期。

刘志伟：《从"纳粮当差"到"完纳钱粮"——明清王朝国家转型之一大关键》，《史学月刊》2014 年第 7 期。

龙泽江、陈洪波：《新发现的侗族田赋实征册考释——兼论清代贵州清水江下游的田粮负担与地权分配》，《史学月刊》2015 年第 8 期。

鲁西奇：《内地的边缘：传统中国内部的"化外之区"》，《学术月刊》2010 年第 5 期。

栾成显：《清水江土地文书考述——与徽州文书之比较》，《中国史研究》2015 年第 3 期。

罗洪洋：《清代黔东南锦屏苗族林业契约的纠纷解决机制》，《民族研究》2005 第 1 期。

罗康隆：《"苗疆六厅"初探》，《中南民族学院学报（哲学社会科学版）》1988 年第 5 期。

罗中、罗维庆：《共识缺失：土司研究泛化的成因》，《云南师范大学学报（哲学社会科学版）》2015 年第 2 期。

罗中、罗维庆：《制度与符号：流变中清代土司制度的多样性发展》，中国社会科学院历史研究所清史研究室编《清史论丛》2016 年第 2 辑，社会科学文献出版社，2016。

马大正：《深化中国土司制度研究的几个问题》，《云南师范大学学报（哲学社会科学版）》2011 年第 2 期。

马国君、李红香：《明清土司被"和平改流"的途径、原因及善后研究》，《广西民族研究》2017 年第 6 期。

马国君：《雍正朝"改土归流"动因新议》，《吉首大学学报（社会科学版）》2007 年第 2 期。

马琦：《清代贵州盐政述论——以川盐、淮盐、滇盐、粤盐贵州市场争夺战为中心》，《盐业史研究》2006 年第 1 期。

毛亦可：《清代广东省兵米及其折价》，《中国经济史研究》2015 年第 2 期。

莫代山：《改土归流后土家族地区土司权威的遗存与调控》，《中南民族大学学报（人文社会科学版）》2017 年第 6 期。

潘洪钢：《清代八旗驻防与绿营待遇之比较》，《军事历史研究》2018 年第 6 期。

潘洪钢：《清代乾隆朝两金川改土归屯考》，《民族研究》1988 年第 6 期。

彭姣：《从清代档案看土司袭职程序的规定及其运作》，中国社会科学院历史研究所清史研究室编《清史论丛》2017 年第 2 辑，社会科学文献出版社，2017。

彭文斌：《近年来西方对中国边疆与西南土司的研究》，《青海民族研究》2014 年第 2 期。

孙宏年：《新世纪中国西南边疆研究回顾与展望》，《中国边疆史地研究》2019 年第 2 期。

孙明：《清末四川乡职身份良贱之两歧——以团保首人为重点》，《近代史研究》2018 年第 2 期。

谭卫华：《乾嘉之后湘西苗疆苗弁制度与基层社会控制探析》，《民族论坛》2018 年第 3 期。

王文成：《土流并治在近代云南边疆的全面确立》，《云南师范大学学报（哲学社会科学版）》1993 年第 4 期。

王晓卫：《清前期贵州绿营营制及布防》，《贵州大学学报（社会科学版）》2006 年第 3 期。

王毓铨：《明朝田地赤契与赋役黄册》，《中国经济史研究》1991 年第 1 期。

王宗勋：《赤溪湳洞长官司考辨》，《贵州文史丛刊》1988 年第 2 期。

温春来：《行政成本、汉夷风俗与改土归流——明代贵州贵阳府与新贵县设置始末》，《中山大学学报（社会科学版）》2004 年第 5 期。

温春来、黄国信：《改土归流与地方社会权力结构的演变——以贵州西北部地区为例》，《中央研究院历史语言研究所集刊》第 26 本第 2 分，2005 年。

席会东：《明清地图中的“苗疆”与“生苗”》，《中国历史地理论丛》2020 年第 1 期。

席会东：《清代厅制初探》，《中国历史学会史学集刊》第 43 期，2011 年。

谢祺：《清代湘黔苗疆的粮饷供给模式及其分化原因探析》，《中国农史》2021 年第 4 期。

谢晓辉：《当直接统治遭遇边疆风俗：十八到十九世纪苗疆的令典、苗俗与“乱苗”》，《中央研究院近代史研究所集刊》第 104 期，2019 年。

徐晓光：《锦屏林业契约、文书研究中的几个问题》，《民族研究》

2007 年第 6 期。

徐新建：《苗疆再造与改土归流——从张中奎的博士论文说起》，《中南民族大学学报（人文社会科学版）》2011 年第 3 期。

徐中煜：《左宗棠收复新疆过程中的军粮采运》，《新疆大学学报（哲学·人文社会科学版）》2010 年第 2 期。

燕宝：《"苗王"小议》，《贵州民族研究》1981 年第 2 期。

杨德芳：《从〈南征日记〉看雍乾之际"新疆六厅"的社会现状》，《贵州文史丛刊》2012 年第 1 期。

杨庭硕、李银艳：《"土流并治"：土司制度推行中的常态》，《贵州民族研究》2012 年第 3 期。

杨庭硕、杨曾辉：《"改土归流"：土司家族政治命运的转型》，《中央民族大学学报（哲学社会科学版）》2011 年第 6 期。

尤佳：《从不理村寨与非世袭的土司看雍正朝以后土司制度出现的新变化》，中国社会科学院历史研究所清史研究室编《清史论丛》2017 年第 1 辑，社会科学文献出版社，2017。

尤佳：《分袭制度中的土司职衔——兼论清政府在土司地区统治手段的选择》，《青海民族研究》2018 年第 2 期。

余宏模：《清代雍正时期对贵州苗疆的开辟》，《贵州民族研究》1997 年第 3 期。

张江华：《民胞物与、一视同仁——清代广西土司地区的"国家政权建设"与国家化》，《西南民族大学学报（人文社会科学版）》2016 年第 10 期。

张江华：《晚清时期"文明"概念在广西土司地区的传播与实践》，《民族研究》2018 年第 3 期。

张凯、成臻铭：《清代改土归流后地方社会权力结构的变动——以湘西永顺地区为例》，《中央民族大学学报（哲学社会科学版）》2018 年第 1 期。

张明、安尊华、杨春华：《论清水江流域土地契约文书中的特殊字词》，《贵州大学学报（社会科学版）》2017 年第 1 期。

张楠林：《明清时期黔西南的"土流并治"与赋役征收》，《中国边疆史地研究》2019 年第 1 期。

张振国：《论清代"苗疆缺"的演变——以贵州省所属文官为中心》，

《清史研究》2017 年第 2 期。

张振国：《清代地方佐杂官选任制度之变革》，《历史档案》2008 年第 3 期。

张振兴：《清雍正朝乌蒙、镇雄土司"改流"动因考——兼论清朝"改土归流"之实质》，《吉首大学学报（社会科学版）》2015 年第 5 期。

张中奎：《清代"苗疆缺"官制研究》，《求索》2012 年第 8 期。

张中奎：《清代苗疆"国家化"范式研究》，《广西民族大学学报（哲学社会科学版）》2014 年第 3 期。

赵宏章：《贵州咸同军事时期清政府的"善后"政策》，《贵州师范大学学报（社会科学版）》1991 年第 2 期。

赵世瑜：《结构过程·礼仪标签·逆推顺述——中国历史人类学研究的三个概念》，《清华大学学报（哲学社会科学版）》2018 年第 1 期。

赵世瑜：《亦土亦流：一个边陲小邑的晚清困局》，《近代史研究》2015 年第 5 期。

赵心愚：《雍正时期清政府在川西高原设置土司的行动及特点》，《中山大学学报（社会科学版）》2018 年第 3 期。

周黎安：《行政发包制》，《社会》2014 年第 6 期。

朱映占、张媚玲：《通事在近代康区治理中的作用及思考》，《云南师范大学学报（哲学社会科学版）》2017 年第 3 期。

邹建达：《雍正初土司政策转变的原因新探》，《中国史研究动态》2020 年第 1 期。

八　学位论文

白林文：《清代贵州"苗疆六厅"治理研究》，博士学位论文，华中师范大学，2016。

吴正心：《清代厅制研究》，硕士学位论文，台湾中正大学，1995。

杨胜勇：《清朝经营贵州苗疆研究》，博士学位论文，中央民族大学，2003。

周勇进：《清代地方道制研究》，博士学位论文，南开大学，2010。

邹建达：《清前期云南的督抚、道制与边疆治理研究》，博士学位论文，云南大学，2011。

后　记

这本小书，是笔者在博士学位论文基础上修改并增补而成的。笔者不揣谫陋，将这一稚嫩的学步作品呈现在读者面前，既是向一直以来关心我成长的师友们的一次阶段性成果汇报，也希望博雅君子有以教我，以利于我改正、成长。

以清代黔东南苗疆的土弁作为博士学位论文的研究对象，于我而言，虽属意外，但也在情理之中。自 2005 年 9 月入读中山大学历史学系，笔者最初的兴趣是在中国近现代史，并先后参与了赵立彬教授、何文平教授主持的"近代珠海历史文化名人乡土口述史料"项目和在珠海市平沙镇的口述史实践调研活动。从 2007 年秋天开始，我在中山大学历史人类学研究中心勤工俭学，负责该中心庋藏的贵州清水江文书的编目整理工作。这一文献整理的经历，激发了我对中国南方民族史和明清社会经济史的兴趣。此后，我在温春来教授的指导下，以《蠲免钱粮与均田摊粮：以文斗寨为例试析清水江下游地区清代田赋征收的形成与演变》为题目完成了本科学位论文的写作，对清代黔东南地区的治理与开发有了粗浅的认识。2009 年本科毕业后，我又以项目制助理的身份在中心工作了一年，并利用业余时间复习准备考研。2010 年，我顺利通过硕士研究生入学考试，进入历史学系。随后，承蒙温春来教授、刘志伟教授、黄国信教授等不弃，给了我硕博连读的机会。读研期间，我最初的想法是希望在搜集、整理民间文献的基础上，结合刑科题本等官方档案，继续探讨清王朝在黔东南苗疆实行的土地制度与社会变迁的关系。于是，我于 2012 年 4 月和 6 月两次到北京的中国第一历史档案馆阅读档案，从中注意到了本书第四章讨论的清江厅属雅慕土千总杨政衍滥差滋事和赤溪湳洞土千总杨正私设衙役伤毙人命的案例。随着对史料的系统梳理，并结合田野调查搜集到的材料，在导师的启发下，我初步意识到清代土弁的设置，虽借鉴了土司的管理形式，却又是与土司截然不同的一项制度设计。因此，我将研究的中心转到对清代黔东南苗疆土弁的系统梳理，并以《土司、流官还是差役：清代"新疆六厅"的土弁研究》为题目，完成了博士学位论文的写作，于2016年底顺利通过答辩，获得了博士学位。此后，经过五年多的修改，形成了目前这部专著。

回顾拙著自萌发到完稿的过程，我首先要感谢业师温春来教授的教诲和栽培。在康乐园求学的日子里，老师耳提面命，令我如沐春风。此外，老师不仅在学业上给予我点拨，还在生活上和研究经费上给予我帮助。2011年11月，我在聆听了杨庭硕研究员题为"植物与文化：人类历史的又一种解读"的报告后，仰慕于先生的学问，萌生了前往湘西的吉首大学进行短期访学、追随先生学习生态人类学和西南民族史的想法。当我向老师汇报了这一想法后，恩师不仅完全支持，更在我申请学校的访学经费未果后，慨然给我提供了经费支持，使我湘西访学计划得以成行。当我走上工作岗位后，老师仍一如既往地关心我的成长，为我继续前行增添了信心与力量。当我向老师汇报此书的修改进展并向老师请序时，老师欣然应允，令我深受鼓励。如果说，拙著在既有研究的基础上还算是有所推进的话，其思想火花的迸发，则要归功于业师孜孜不倦的教诲与启迪。

其次，我还要感谢中山大学一众师友的关照与厚爱。明清史导师组的黄国信教授，自始至终给予我耐心的指导与关怀，更为拙著阶段性成果的发表贡献了智慧与力量。刘志伟教授在2009年夏天给我提供了项目制助理的工作机会，并允许我参加2009年、2010年、2011年举办的第七、第八、第九届历史人类学暑期高级研修班，使我可以近距离地聆听各位对历史人类学有精深研究的大家的教诲。程美宝教授和曹家齐教授则在不同的阶段提供了科研助手津贴的资助，让我减轻了生活的负担，可以更专注于学业。吴义雄教授、赵立彬教授、何文平教授不仅引导我初识近代史研究的魅力，更在获知我拟应聘中国社会科学院近代史研究所时，予以积极推荐和鼓励。张应强教授指导了我最初对清水江文书的整理工作，并允许我在2008年夏天随队前往黔东南的从江县开展为期一个月的田野调查实习，让我得以在亲身接触苗乡侗寨的风土人情之余，萌发了研究当地历史的兴趣。何高强、彭凤明、刘勇、杜文静、潘东、唐金英、谢湜、黄晓玲、安东强、姜帆等朋友，在学业和生活上给予我以及我小家庭的帮助同样重要，令我至今想起仍深受感动。我感恩与 2005 级历史学系本科的同学们一起走过了从榕园到康乐园的青葱岁月，也感恩研究生阶段一起结伴同行的明清史方向的兄弟姐妹们。他们没有嫌弃我学识的浅陋，愿意与我分享他们的真知灼见，同样使我获益良多。

此外，我还要特别感谢湘黔地区的师友们。杨庭硕老师没有因为我"外来者"的身份而对我有所保留，不仅在我访学期间给予悉心指导，此后数年间更多次关心我论文的进展。吉首大学历史与文化学院的李汉林教授、罗康隆教授、瞿州莲教授、张振兴博士以及学院的老师们，为我解决了访学期间生活上和学业上遇到的难题。凯里学院的李斌教授、吴才茂教授、谢景连博士、王健博士等师友，不仅惠赐大作，更慷慨分享文献资料，令我获益匪浅。书稿前期田野调查工作的展开，则受益于以下师友的帮助。锦屏县方志办王宗勋主任，接待并协调安排我在 2012 年 2 月开始的清水江流域田野考察，并在我前往都柳江流域展开调研时，帮忙联系了榕江县方志办杨通林主任。在杨主任的帮助下，我顺利考察了旧时古州厅的屯堡和土弁管理的苗寨。与贵州民族大学叶成勇教授结识则是在田野调查中偶然相遇，我跟随他和贵州民族大学研究生石本钰等在榕江县顺利地开展了调研。半年后，我又在石本钰及榕江县故衣村石鸿俊的帮助下，进一步到榕江县七十二寨地区开展调研。此外，锦屏县加池村的姜绍明、剑河县牙么村的洪加义，以及榕江县的周年荣、王国银、杨通顺、龙家贵等先生，或为我提供文献线索，或为我提供田野考察期间的食宿，或陪我走乡串寨，这些机缘为书稿田野文献的搜集、积累奠定了基础。

感恩中国社会科学院近代史研究所通过了我的求职申请。有清一代，西南和台湾地区在较为相似的脉络下，经历了清王朝的治理与开发。参考台湾史学者的成果，与台湾史学者展开交流与对话，是中山大学西南研究的一个传统。从西南到台湾的研究转变，是我既往研究一个自然而合理的延伸。庆幸的是，近代史研究所尤其是台湾史研究室的师友们认可我的这一番论述，并接纳我成为研究所、研究室的一员。入职后，我又得以通过所里和台湾"中央大学"的合作项目，于 2018 年和 2019 年前往台湾交流，进一步补充了书稿的文献材料。在此，尤其需要向李细珠研究员表示感谢，没有他的鞭策和鼓励，拙著可能还要延宕许多年才能与读者见面。

　　自博士学位论文写作以来，笔者还先后得到了李世愉研究员、赵世瑜教授、刘正刚教授、刘永华教授、吴滔教授、杜丽红教授、唐晓涛教授等以及谢晓辉、陈丽华、叶锦花、李晓龙、徐靖捷、任建敏、陈海立等朋友的批评指正，他们从不同的角度给我的写作提出了富有建设性的修改建议。拙著的阶段性成果以单篇论文发表时，受到《近代史研究》《社会科学研究》等杂志各位编辑老师以及匿名审稿专家的点拨。他们纠正了稿件中的谬误，令我在认识到自身不足的同时，进一步得到了提高。书稿与社会科学文献出版社结缘，并获得国家社会科学基金后期资助项目的资助，离不开徐思彦编审和历史学分社郑庆寰社长的提携与厚爱。书稿的责任编辑陈肖寒兄，专业、细心、耐心、负责、高效，对拙著进行了认真的编辑、校正和文字润色，为书稿增色不少。借此机会，一并诚恳地向以上提到的各位师友致以深深的谢意。

　　最后，我真诚地感谢家人的理解与支持。我的太太，长期容忍又进而支持了我颇为自私的追求。为了支持我的学业，她舍弃了家乡稳定的工作与宜居的环境，到广州打拼。2012 年我前往湘西访学，恰逢她怀孕初期，她独自一人既要工作，又得照顾自己，真是吃了不少苦。当她终于等到我毕业，以为我可以对这个家有所贡献时，我竟然选择了离开广州北上求职，而她同样义无反顾地放弃在广州打拼积累的事业，随我北漂。能得到贤妻宽宏大量的支持，真是我莫大的幸运。由于我的愚钝与懈怠，拙著自萌发到完稿，已经历了十年，这也是我的女儿从出生到成长的十年。作为父亲，我时常感到遗憾的是，在女儿的成长中有太多缺位，没有很好地尽到陪伴的责任。每每想起，总是深感愧疚。唯有寄希望于未来，继续努力工作，并更多地陪伴家人，以回报她们的支持！

2022 年 3 月 15 日
于北京小鹁鸽胡同 12 号

图书在版编目（CIP）数据

再造土司：清代黔东南的社会治理及变迁／卢树鑫
著. -- 北京：社会科学文献出版社，2022.5
国家社科基金后期资助项目
ISBN 978 - 7 - 5201 - 9788 - 5

Ⅰ.①再… Ⅱ.①卢… Ⅲ.①社会管理 - 研究 - 中国
- 清代 ②社会变迁 - 研究 - 中国 - 清代 Ⅳ.①D691

中国版本图书馆 CIP 数据核字（2022）第 031539 号

·国家社科基金后期资助项目·

再造土司：清代黔东南的社会治理及变迁

著　　者／卢树鑫

出 版 人／王利民
责任编辑／陈肖寒
责任印制／王京美

出　　版／社会科学文献出版社·历史学分社（010）59367256
　　　　　　地址：北京市北三环中路甲29号院华龙大厦　邮编：100029
　　　　　　网址：www.ssap.com.cn
发　　行／社会科学文献出版社（010）59367028
印　　装／三河市龙林印务有限公司

规　　格／开本：787mm × 1092mm　1/16
　　　　　　印 张：18.75　字 数：306 千字
版　　次／2022 年 5 月第 1 版　2022 年 5 月第 1 次印刷
书　　号／ISBN 978 - 7 - 5201 - 9788 - 5
定　　价／89.00 元

读者服务电话：4008918866